湖北省公益学术著作
Hubei Special Funds 出版专项资金
for Academic and Public-interest
Publications

# 横渠经学理窟注译集解

邸利平 撰

长江出版传媒 | 崇文书局

图书在版编目（CIP）数据

横渠经学理窟注译集解 / 邸利平撰 . -- 武汉 ： 崇
文书局， 2025.2. -- ISBN 978-7-5403-7785-4

Ⅰ . Z126.274.4

中国国家版本馆 CIP 数据核字第 2024YB8197 号

责任编辑　王　璇
封面设计　甘淑媛
责任校对　侯似虎
责任印刷　邵雨奇

横渠经学理窟注译集解
HENGQU JINGXUELIKU ZHUYI JIJIE

出版发行　长江出版传媒｜崇文书局
地　　址　武汉市雄楚大街 268 号 C 座 11 层
电　　话　(027)87679712　　邮政编码　430070
印　　刷　湖北新华印务有限公司
开　　本　880 mm×1230 mm　1/32
印　　张　20.875
字　　数　443 千
版　　次　2025 年 2 月第 1 版
印　　次　2025 年 2 月第 1 次印刷
定　　价　118.00 元

（如发现印装质量问题，影响阅读，由本社负责调换）

教育部人文社会科学研究青年基金项目
"张载《经学理窟》校注及其经学思想研究"
（编号 16YJC720005）结项成果

国家社科基金重大项目
"宋明清关学思想通论（七卷本）"
（编号 19ZDA029）阶段性成果

# 序

　　张载（1020—1077，字子厚，世称横渠先生）是北宋理学的共同创建者和关学宗师，他的重要传世著作《正蒙》《横渠易说》等都程度不同地与经学有关，但在其所有著作名称中出现"经学"二字的，却只有《经学理窟》这一部。"经学理窟"，意为经学义理的渊薮。宋代理学与经学之间的关系相当密切，故有前辈学者把以理学为核心的宋学称作"新经学"（周予同语），后来又有学者把宋代理学称作"理学化经学"（姜广辉语）。在宋代理学中，张载及朱熹等人学说的哲学思辨色彩最为浓厚，因而也可以把张、朱等理学家的思想学说称作"哲学化经学"。

　　南宋晁公武（1102—1106）所撰《郡斋读书志》卷十称："《理窟》二卷。右题曰金华先生，未详何人，盖为二程、张氏之学者。"晁氏认为"金华先生"是"二程、张氏之学者"，但对其人却"未详"。今人孙猛在其《郡斋读书志校证》中提出，"疑此'金华先生'"乃《理窟》的"编者"，这就更确切了。此后，南宋以降各家官私书目多认定《经学理窟》的作者为张载。赵希弁所撰《读书附志》约成书于淳祐九年（1249），著录《横渠先生经学理窟》一卷，其解题曰："右张献公载之说也。"南宋理学家魏了翁（1178—1237）说："横渠先生之书行于世者，惟《正蒙》为全书，其次则《经学理窟》。"（《横渠礼记说序》）南宋陈振孙（？—约1261）《直斋书录解题》卷九著录"《经学理窟》一卷，张载撰"。明清学者也都把张载视作《经学理窟》的作者。今有学者以《经学理窟》中有二程语录混入为由，将张载、二程并列为《经学理窟》的作者，似不妥当。

　　《经学理窟》传世的最早版本，是宋理宗端平二年（1235）黄壮猷修补印行的《诸儒鸣道集》本，题《横渠经学理窟》五卷。其他版本还有，明嘉靖元年（1522）黄巩刊刻的《横渠经学理窟》五卷，明嘉靖八年（1529）吕柟刊刻的《横渠张子抄释》所收《理窟》节选本二卷，明万历三十四年（1606）徐必达辑编的《张子全书》所收《经学理窟》三卷。清代刊刻的《张子全书》有多种不同版本，《经学理窟》也都被收入其中。在所有这些不同的版本中，南宋《诸儒鸣道集》所收《横渠经学理窟》五卷和明代黄巩刊刻的《横渠经学理窟》五卷，最为精善。关于《经学理窟》的成书年代，已难详考，但可推断其大致完成于张载治学历程的中期，亦即他四十岁前后；《经学理窟·自道》篇有若干言论是张载五十多岁时所说，若从他治学历程的分期看，这些言论则属于其学说演变的后期。

　　读者现在看到的这部三十余万字的书稿《横渠经学理窟注译集解》，是邸利平博士主持的教育部人文社会科学研究青年基金项目的结项成果。通览之下，我认为这部书稿有以下三个重要特色。

　　**第一个特色：体式经优化组合。**利平主持的教育部人文社会科学研究青年基金项目，题目是"张载《经学理窟》校注及其经学思想研究"。其项目研究工作包括两部分，一是《经学理窟》的文献整理，二是《经学理窟》的经学思想研究。本书主要是对《经学理窟》的文献整理，原计划"校勘"与"注释"并重，后经反复斟酌，将其调整为以注释为主，以校勘为辅。

众所周知，读古籍若不参看注释，则不容易读得懂。古籍的注释，起源于汉代，主要包括释词和串解。从历史上看，古籍整理的各种体式，亦即古籍整理著作的体裁和方式，几乎都是因应注释的需要而越来越多样化的。张载的代表作《正蒙》以文字艰深难读著称，故自南宋至清，历代注本不绝，传世者近二十种。与此不同，《经学理窟》则罕有注本问世，而该书的许多文字同样也比较艰深，不易读懂，有今注的必要。由于汉语的历史变迁，与古人相比，今人读古籍面临的困难更多，因而"今译"这种古籍整理体式便应运而生。古籍的今译，是基于古籍整理两方面的工作而形成的。一方面，古代学者对古籍进行注释时，有时予以串解；另一方面，现代学者对古籍的今译，则需要把原书的古代汉语翻译成现代汉语。古籍的今译，与古代对古籍的串解有相似之处，只不过今天需要用现代汉语取代古代汉语。把古籍的今注与今译结合在一起，便构成了近几十年流行于学术界和出版界的古籍"注译"或"译注"体式。例如，前者影响比较大的，有陈鼓应的《老子今注今译》《庄子今注今译》等；后者影响比较大的，则有杨伯峻的《论语译注》《孟子译注》等。利平对《经学理窟》的整理，采用的是"注译"这一体式。此外，由于《经学理窟》罕有古注，因而保留在朱熹和吕祖谦合编的《近思录》中的《经学理窟》旧注,以及后来保留在多种《近思录》"集解""集注"著述中的《经学理窟》旧注,就显得弥足珍贵。这也是利平以"译注"体式整理《经学理窟》的同时,兼采"集解"体式的主要理由。正是基于以上这些考虑,利平最终把书稿的名称确定为《横渠经学理窟注译集解》。需要补充说明的是,他在整理《经学理窟》时,在注译、集解体式之外,特意采用了古代"目录"多种义项中的"解题",置于每篇之前,以概要说明全篇主题和论述特点。此外,利平在整理工作中还采用了古籍注释"章句体"中的"章指"(也称"章旨"),置于每章之后,以通释全章大意。

总之,中国古籍整理的体式多样,资源丰富。利平基于整理《经学理窟》的需要,精心拣择,对传统体式优化组合,使本书有了融学术性与可读性为一炉的良好效果。

**第二个特色:重在"以不校校之"。** 如上所述,宋理宗端平二年(1235)黄壮猷修补印行的《诸儒鸣道集》所收《横渠经学理窟》五卷,是传世的最早版本。值得注意的是,南宋《横渠经学理窟》五卷本是经过修补的本子,在全书十二篇中,其《义理》篇的大部分,以及《学大原》上下、《自道》、《祭祀》、《月令统》、《丧纪》等篇中都有一些文字为修版时所补抄。在这些补抄的篇章中,文字错误比较多,甚至出现个别句子错乱的现象。南宋《诸儒鸣道集》所收《横渠经学理窟》五卷本最古,而明代嘉靖元年黄巩刊刻的《横渠经学理窟》五卷本其文字错误则比较少,因而经由这两种版本的对校比勘,能够纠正大部分文字错误,使所得到的《经学理窟》本子更加精善。

被日本学者神田喜一郎称作"清代校勘第一人"的顾千里（1766—1835），曾提出"书必以不校校之"的口号。顾千里曾对其校勘学理论做过具体说明。他"每言书必以不校校之：毋改易其本来，不校之谓也；能知其是非得失之所以然，校之之谓也"（顾千里《礼记考异跋》）。利平整理《经学理窟》的书稿，便尽量运用了顾氏"以不校校之"的校勘学原则。以下试举一例加以说明：

南宋《诸儒鸣道集》所收入的《横渠经学理窟》，其《气质》篇第4章云：

> ……人须常存此心，及用得熟却恐忘了。若事有汩没，则此心旋失；失而复求之，则才得如旧耳。若能常存而不失，则就上日进。立得此心，方是学不错，然后要学此心之约到无去处也。立本以此心，"多识前言往行以畜其德"，是亦从此而辨，非亦从此而辨矣。以此有心，则无有不善。

末句"以此有心，则无有不善"，明清注本及今人校本皆作"以此存心，则无有不善"。应当如何判定"以此有心"或"以此存心"这二者的是非得失？以"以此存心"为是，其校勘依据是孟子有关"存心"的修身方法，此章类似的表述还有"常存此心"和"常存而不失"。问题在于，就"以此存心"这个短句看，"此"指上面以"存心"为重点的各种修身方法。于是，句子的完整意思便成为：依据以上"存心"方法实施"存心"工夫。这不免使句子陷入了同语反复的尴尬境地。

与此相反，利平则认为，应当以"以此有心"为是。这里的分析思路是：（1）"有"，此处意为获得。《玉篇·有部》解释说："有，得也，取也。""心"，此处意为"无有不善"之心。（2）与"存心"方法有关，此章还说："若事有汩没，则此心旋失。失而复求之，则才得如旧耳。"这句话，暗用了孟子"求其放心"的修身方法。（3）孟子还说："求则得之，舍则失之，是求有益于得也。"（《孟子·尽心上》）其中的"得"字，其意涵正是此章末句的"有心"之"有"。显然，"求"是实践过程，而"得"或"有"则是"求"的结果。（4）在使用"存""求"方法的修身过程中，其"心"还不可能达到"无有不善"的境地。（5）此章末句的"以此有心"的"此"，指对心的"存""求"方式和实践努力，还包括"立得此心"，"多识前言往行以畜其德"，对是非善恶的辨识等多种方法。（6）总之，经由"存""求"的努力，便获得了"有心"这一结果，这时的"心"才有可能是"无有不善"的。

在这里，利平的整理工作所遵循的正是顾千里所谓"能知其是非得失之所以然，校之之谓也"。而就校勘结果"以此有心"看，利平遵循的则是顾千里所谓"毋改易其本来，不校之谓也"，从而保留了宋本的本来面目。这是依据顾千里"以不校校之"的校勘学原则，不轻改原文、改必有据的成功案例。

**第三个特色：注译准确有新意。**由于涉及更深层次的理论问题，哲学类古籍的注译要避免望文生义，不仅需要重视训诂根据，还需将理解建立在扎实的文本分析和思想研究基础上。著名古文字学家、古文献学家蒋礼鸿提出了把"训诂""文势""义理"相结合作为校勘方法的"大要"。他说："训诂既讲得通，文势又接得上，那末义理也就能寄托于训诂、文势之中而妥帖平稳了。所谓义理者，不过是更深刻的内在意义而已。训诂、文势是表，义理是里，是互相联系着的。从训诂、文势来看义理，从义理来看训诂、文势。校勘的方法，具体来说虽然有许多情况，大要却不过如此。"（蒋礼鸿《校勘略说》）蒋礼鸿的校勘方法要点，是对戴震等清代学者"训诂通义理"学风的传承，同时又有所发展。

按照"辨章学术，考镜源流"的要求，任何研究成果的新意主要是通过与既有研究的比较加以呈现的。我们以《经学理窟·学大原上》篇第 12 章的注译为例，比较一下本书与既有理解的不同。

　　学者不可谓少年，自缓便是四十、五十。二程从十四岁时便锐然欲学圣人，今及四十未能及颜闵之徒。小程可如颜子，然恐未如颜子之无我。

这一章主要是张载结合自己一生为学的亲身经历，对成学艰辛的总结。张载曾说："某唱此绝学亦辄欲成一次第，但患学者寡少，故贪于学者。"（《张子语录·语录下》）可见，张载是把"学者"看得很重的。依照古代的传统，为学必先立志，只有"成学"之后，才有资格被称为"学者"。二程"十四岁时"，是初学时的年龄，属于"少年"时期，这时还不能被视作真正意义上的"学者"。张载二十一岁才开始向学，已属于"青年"，即使青年张载也绝不会以为自己作为初学就可以成为"学者"了。张载属于为学成长缓慢型的学者，直到四十、五十岁才成为真正的学者，这里用"自缓"正是要说明学者成学一般都需要经历一个缓慢的用功过程。

有学者把第一句的"学者"译为"学习者",把"少年"译为"年轻",对关键词"自缓"不加注释,却径译为"自认为年轻"和"自我放松",从而把第一句译为:"学习者不能自认为年轻,自我放松很快便是四十岁、五十岁。"(张金泉注译《新译张载文选》,台北三民书局 2011 年版)。显然,这句话的译文,尤其是对"自缓"的注释和翻译,是缺乏训诂及思想根据的。针对这一点,利平在注释时认为,"自"字不是代名词,其意思不是"自己"或"自我";而是假设连词,其意思是"苟""若""如果";"缓"字,此处意思是"为学成长缓慢"。基于此,利平将这一句翻译为"学者不可以指少年,如果成学缓慢,就到了四五十岁",相较而言显然更加准确。

多年前,我曾先后对所指导的多位博硕士研究生说过,今后你们若从事中国古代哲学的教研工作,至少要有点校过一种古书的经验,若另有注释过一种古书的经验,那就更好了。现在看来,我的学生中点校过一两种古书并得以正式出版的已不止一人,其中也包括利平博士;而他所撰写完成的这部《横渠经学理窟注译集解》,在古书注译方面又下了很大的功夫,这令我深感欣慰。利平的这部新书一定还有许多可圈可点的精彩之处,相信读者自能发现和体会。深感欣慰之余,略述张载《经学理窟》的学术价值和版本特征,以及我阅读利平这部新书的点滴感想。是为序。

林乐昌

2024 年 9 月 7 日于西安

# 目　　录

# 前　　言

张载（1020—1077），字子厚，世称横渠先生，与周敦颐、邵雍、程颢、程颐并称"北宋五子"，是北宋理学的创立者之一。作为儒学的一个新的发展阶段，北宋理学的一个突出特点是以"道"自任，不仅批评佛老异端，而且激烈地批评汉唐儒学。不过，虽然理学家以跨越汉唐、回归孔孟自命，但作为儒学载体的"经学"其实仍然是其义理体认的文本依据和话语来源，只不过由于其理论建立在"性与天道"的基础上，从而使其经学形态与汉唐经学有了明显的甚至是质的差异，故而在经学史上常将之另称为与"汉学"相对的"宋学"。这一点在张载身上也有显著反映。一方面，张载提出了为今人所乐道的"为天地立心，为生民立命，为往圣继绝学，为万世开太平"的高远理想①，这里的"绝学"固然可以理解为孔孟儒学传统对天道心性的体认，但也是通过经典表达和传承的义理；另一方面，在后世的评价中，

---

① 这四句话在宋本《张子语录》中作"为天地立道，为生民立道，为去圣继绝学，为万世开太平"。宋明清以至近现代，多有学者引用，但版本略有差异。详明考察见肖发荣：《"立道"、"立极"、"立命"新探——"横渠四为句"的版本流变及其时代精神》，《天府新论》，2014 年第 4 期；朱锐：《"横渠四句教"小考》，《史学史研究》，2017 年第 3 期。

《宋史》称张载之学"尊礼贵德，乐天安命，以《易》为宗，以《中庸》为体，以孔孟为法"①，王夫之也称"张子之学，无非《易》也，即无非《诗》之志，《书》之事，《礼》之节，《乐》之和，《春秋》之大法也，《论》《孟》之要归也"②，这都是立足于经学对张载学术特点的定位。

## 一、"经"与"经学"的性质

顾名思义，所谓"经"乃指"经典"，是经过一个相对较长的时段确定下来的具有权威性、基础性的文化典籍，这些经典往往在人们的社会、政治、道德、宗教生活中发挥着表达、传承、塑造以至凝聚某种价值观念的意义，而"经学"就是对这些经典进行研究、理解和诠释所产生的学术形态。在中国学术史上，"经"的意义常常被理解、等同于"常道"，后世无论是从"经，织也"的本义还是从"经，常也"的引申义来对"经"做解释，其实都无非是对经典这一"文化"意义的自觉或不自觉反映。③

---

① 脱脱等：《宋史》卷四百二十七，北京：中华书局，1977年，第12723页。《关学编》改为"以《易》为宗，以《中庸》为体，以礼为的，以孔孟为法"（见冯从吾：《关学编》卷一，陈俊民、徐兴海点校，北京：中华书局，1987年，第3页）。《宋元学案》又改为"以《易》为宗，以《中庸》为的，以礼为体，以孔孟为极"（见黄宗羲、全祖望：《宋元学案》卷十七《横渠学案上》，北京：中华书局，1986年，第663页）。

② 王夫之：《张子正蒙注》，《船山全书》第12册，长沙：岳麓书社，1996年，第12页。

③ 许慎《说文解字》曰："经，织也。"段玉裁注："织之从丝谓之经，必先有经而后有纬，是故三纲五常六艺之天地之常经。"（见段玉裁：《说文解字注》第十三篇上，许惟贤整理，南京：凤凰出版社，2015年，第1120页。）《白虎通》曰："经所以有五何？经，常也。有五（转下页）

　　具体到中国传统文化，儒释道三家固然各自有其"经"与"经学"，也都各自发挥了重要的历史影响，但儒家的"五经""九经""十三经"尤其对人们的政治生活和日常生活有着重要的指导意义。如在传统的图书文献"四部"分类法中，"经"为首部；在科举考试中，唐代即设有"明经"科，宋明科举考试主要考察对儒家经典的了解情况；而近代变革的一个重要事件是关于儒家"经学"之内涵、意义、地位的大讨论，其结果则是儒家"经学"的史学化及其从政治、观念、民众日常生活中的退出。

　　20 世纪以来，对传统文化持批判态度的学者往往将古代社会对儒家经学的尊崇单纯归因为皇权专制政府的扶持。但这种理解其实忽视了文化除了受政治影响的一面，还有影响政治的一面。因此，作为一种文化形式的经学并非全部受政治约束，它可以超出政治，同时在一定程度上起到规范政治的作用。正如池田秀三强调，古代的经学家大多把经学建立在个人信仰之上，试图从中寻找具有指导意义的"真理"，即使"名物训诂"之学亦是如

---

　　（接上页）常之道，故曰"五经"：《乐》仁、《书》义、《礼》礼、《易》智、《诗》信也。人情有五性，怀五常，不能自成，是以圣人象天五常之道而明之，以教人成其德也。"（见陈立：《白虎通疏证》卷九，吴则虞点校，北京：中华书局，1994 年，第 447—448 页。）这里的解释固然包含着汉代人的特定理解、比附和信仰，但亦说明"经"的确立与现实生活及人的观念的关联。直至 20 世纪，当代新儒家的代表之一熊十力著《读经示要》，开篇第一讲便是"经为常道不可不读"，认为不但义理、经济、考据、辞章"四科之学，无一不原本六经"，而且佛学、西学亦可被经学含摄（见熊十力：《读经示要》，上海：上海古籍出版社，2019 年，第 8—11 页）。

此。<sup>①</sup> 徐复观也说："经学是由《诗》《书》《礼》《乐》《易》《春秋》所构成的。它的基本性格，是古代长期政治、社会、人生的经验积累，并经过整理、选择、解释，用作政治、社会、人生教育的基本教材的。因而自汉以后两千年来，成为中国学术的骨干。它自身是在历史中逐渐形成的。"<sup>②</sup> 后世儒家学者虽然衍化出"传道之儒"和"传经之儒"的不同，但无论如何绝不存在无"思想"的"经学"。<sup>③</sup>

于是，我们可以继续追问：作为一种"信仰"的经学是如何可能的？从人类学的意义上说，这显然源于人是一种"文化"动物，思想、观念、语言和意义是文化创造的前提，而"文本"（text）则是思想传播的基本媒介。一旦当思想、观念、语言和意义凝结于文本之中，从而具备了较广泛的可保存性和可交流性，同时又被进一步赋予普遍的典范性和权威性的时候，"经典"（classic）便产生了。因此，文本化和权威性是构成经典的两个基本要素。纵观世界各大文化体系，经典往往都居于各种意识形态的核心，在一些宗教中甚至更被赋予"神圣律法"（canon）的意义。由此也反映出经典的意义收敛性特征，表现在传统的经学家身上便是信仰性。

经典体现了文化、价值、意义的原创性、累积性、神圣性，也具有丰富的诠释性。使经典具有这种性质的原因大概有这么几

---

① 池田秀三：《经学在中国思想里的意义》，石立善译，载彭林主编：《中国经学》第 14 辑，桂林：广西师范大学出版社，2014 年版，第 1 页。
② 徐复观：《中国经学史的基础》，《徐复观论经学史二种》，上海：上海书店出版社，2006 年，第 6 页。
③ 徐复观：《中国经学史的基础》，第 52 页。

个方面：一是作为源头的经典，其意义总是创造性的、开放的、多方面的，因而具有理论的不断可回溯性；二是时代的变化使得语言、社会环境、人生体验等都发生相应的改变，因而要使经典在当下能够被人理解，也需要做出一定的诠释；三，更为重要的是，经典的意义总是在创造性的诠释中不断被呈现的，这实际上也就是经典的实践性。因此，各种诠释在追寻经典原义的同时，实际上也在创造着意义，从而赋予经典以新的生命。对经典在实践基础上的不断理解和解释就构成"经学"。可以说，经典是经学的基础，而经学又是经典之所以能够维持其权威地位的重要前提，经典与经学是相辅相成的关系。一旦经学的生命力枯竭，经典也必然丧失其作为经典的地位。

正是在诠释过程中，经典才成为"经学"。从文体形式看，中国学术史上产生了大量的注解类附属文献。如"传""纪""说""解""诂""训""笺""注""释""诠""述""学""订""校""考""证""微""隐""疑""义""疏""音义""章句"等。① 这些诠释注解与经典本身相结合，在文本上构成一个不断层累的经典系统。一方面，从文化总体来看，经典系统及对经典义理的理解可以依经学流派的不同而不同，也可以随着时代的变化而变化，这样就会产生诸多思想争论。另一方面，由于经典总是在注解或诠释中呈现意义，在一定阶段被公认为权威的注解或诠释也可以成为经典。由此，我们可以将经典区分为"原始经典"和"衍生经典"。衍生经典，可以包括对原始经典的传记

---

① 周大璞主编：《训诂学初稿》，武汉：武汉大学出版社，2011年，第27—35页。

说解，也可以包括一些"仿经"之作。不过，衍生经典总是依附于原始经典的。衍生性经典的权威性可能会在学术发展过程中遭到质疑，进而使经典系统不断调整重组，但原始经典的地位往往是不变的，这种稳定性保证了经典系统在历史上的逐层累积。

作为对经典的研究，经学不但具有历史性，而且有多方面的结构和功能，比如在文字方面的训诂学，在义理方面的解释学，在制度方面的考证学，等等。由于将经典看作是"常道"的文本载体，"常道"在客观世界与主观世界都无所不在，经典的意义自然便可以不随时间的变化而变化，同时又弥散于学术的任何一个领域。这种理解必然使对经典文本的解释一方面走向抽象，另一方面又与具体时代的知识体系和问题意识相结合，而呈现出明显的开放性。抽象与开放的辩证，是经学生命力的表现，其深层根源在于理论与实践的不同性质和相互关系。作为文本的经典当然首先提供了一种理论观照，但经典产生于实践，经学的问题意识也根源于实践。由此亦可看出历史上经学盛衰反复的一个规律：凡是失去实践关怀的经学便走向衰落，凡是能够满足实践需要的经学便走向兴盛。

## 二、由"经学"到"理学"

在儒家"六经"之中，《诗》、《书》、礼、乐较早定型。其中，《诗》《书》是文献，礼、乐是操作。因而，《礼记·王制》又将之分为两组对待："乐正崇四术，立四教，顺先王《诗》、《书》、礼、乐以造士，春秋教以礼乐，冬夏教以《诗》《书》。"徐复观根据《左传》《国语》中的文献记载推证，《诗》、《书》、礼、乐在春秋时已成为培养贵族弟子的教材。① 在先秦诸子中，儒家对经典的这一教育意义尤为重视。孔子明确将《诗》、《书》、礼、乐当做培养人格的基本途径。《论语·述而》记："子所雅言，《诗》、《书》、执礼，皆雅言也。"《论语·泰伯》记："子曰：'兴于《诗》，立于礼，成于乐。'"正是经过孔子对经学义理的提升和对其德性培养功能的进一步确认，六经之学最终得到实质性的确立。

经过儒学转化的经典系统在《诗》、《书》、礼、乐之外，又增加《周易》和《春秋》。《周易》本为卜筮之书，《春秋》是鲁国国史记录，都是孔子前就已经存在的资料，其所发挥的功能原本都比较实际，未必与德性培养相关，但经过儒家的重新定位后，二者成为论述天道和人道及其关系的"天人之学"。王国维说："《易》为卜筮之书，《春秋》为鲁国史，孔子以前，其行世不及《诗》《书》《礼》《乐》之广。儒家以孔子赞《易》，修《春秋》，遂尊之为经。故《诗》《书》《礼》《乐》者，古代之公学，亦儒家之外学也。《易》《春秋》者，儒家之专学，亦其内学也。其尊之为经者，以皆孔子手定之故。"② 王氏将《诗》《书》《礼》《乐》和《易》《春秋》区别为内外学，可谓有见。

虽然六经文本源于先秦，六经的意义纲维设定于孔子，但作为明确的制度化学术形态并要发挥实际的政治、道德功能，还需要依赖于具体的社会历史条件。经学的正式确立，是在汉代特

---

① 参见徐复观：《中国经学史的基础》，第 9 页。
② 王国维：《经学概论》，载《王国维全集》第六卷，杭州：浙江教育出版社，2009 年，第 313 页。

殊的社会政治背景下完成的。汉承秦制，完成国家的大一统，政治的统一要求思想的统一。"罢黜百家，独尊儒术"以后，作为官方意识形态的经学得以成立。钱穆注意到，此所谓尊儒，实际上是尊经、尊术。① 而"六经"之称继而也更多地被代之以"六艺"。② 在汉儒看来，六经皆礼，经学的主要意义在于对社会政治秩序的建构。

由重"学"转变为重"术"，随之而来的，一方面是儒学的"通经致用"之政治功能的发挥，另一方面则是学术独立性特别是道德精神的衰微，最终导致儒家学术只能在章句训诂中辨别是非，这便等于从功能到形式两方面都走向了"工具理性"。越六朝隋唐，儒学仅仅成为汉代经学的余续，外在形式遮蔽了内在精神。玄学的兴起虽然仍需要以"援道入儒"的方式展开，但其意义则在于以道家的超脱精神改造儒学，因而导致与儒家精神偏离。与此同时，理论更为完备的佛学，无论在心性论，还是在宇宙论上，都远胜玄学，对儒学提出更加强有力的挑战，也使士人对"道"的追求从根本上完全越出了儒家六经之外。

北宋儒学复兴经历了一个由"通经致用"向"明体达用"发

---

① 参见钱穆：《两汉经学今古文评议》，北京：商务印书馆，2001 年，第 277—281 页。
② 蒋国保指出："汉儒以'六艺'称谓'六经'（五经），表明他们已从'术'的意义上重视《诗》《书》《礼》《乐》《易》《春秋》的政治作用，已不再像原始儒家那样偏重从'道'的意义上发挥'六经'的思想教化意义。这一价值取向上的改变，有深意在，它似表明儒学由重'道'转向了重'术'，意味着儒家精神蕲向已由原始儒之重道德理性转向了汉代儒家之重工具理性。"（见蒋国保：《汉儒称"六经"为"六艺"考》，载《中国哲学史》，2006 年 04 期。）

展的过程。汉儒经学不立意于探求道德性命之微言，但也不失其用心于制度、规范、教化之用的积极意义。宋初中期儒学，从范仲淹、欧阳修、李觏到胡瑗、孙复、石介，虽然已经多有创新，但仍旧延续着汉唐以来"通经致用"的传统。胡瑗教学分"经义""治事"两斋，较早地提出儒学之"体""用"两方面内容。不过，所谓"体""用"，只有经过周敦颐、邵雍、张载、程颢、程颐等理学家在心性义理方面的改造之后才真正具有新的色彩。①

受西方哲学影响，当代中国哲学界很长时间以来在研究理学思想时，往往注重对其宇宙论、人性论、认识论、历史观作哲学分析，忽视其思想的经学基础，这就使理学作为一种长时期积累下来的文化信念失去丰富的历史语境。理学虽然重"理"，却是不同于玄学、佛学乃至西学之"理"，而这一核心要义的保持就有必要通过考察"理学"与"经学"这种文化形式的血脉关联来理解。

### 三、《经学理窟》的成书及作者问题

张载最有代表性的著作无疑是《正蒙》，此外他还著有大量的经说。朱熹在编撰《近思录》时，曾参考过张载的《正蒙》

---

① 吴国武看到："自张载、二程等人变'经义'之体为'性理'之体、'治事'之用为'万物'之用，'明体达用'遂变为理学家专有之词。"（见吴国武：《经术与性理——北宋儒学转型考论》，北京：学苑出版社，2009年，第 152 页。）这一转变之所以可能，最重要的根源就在于理学家对待六经的方式由"术"转向了"意"，而这一点也是理学家同当时王安石新学以及三苏蜀学等同讲"道德性命"之学相互辩论的结果。

《语录》《文集》以及《易说》《礼乐说》《论语说》《孟子说》等
著作。① 但张岱年早已注意到，朱熹《近思录》"引用书目"中并
无《经学理窟》，而稍早于朱熹的晁公武在《郡斋读书志》虽然
著录了"《理窟》二卷"，其提要则说："右题曰金华先生，未详
何人，盖为二程、张氏之学者。"② 张岱年由此推断说："疑宋代
《理窟》有两个本子，一题金华先生，一题横渠先生。金华先生
可能是编者。这本书当是张载、程颐语录的类编，后人因其中张
载的话较多，所以算作张载的书了。书中只是门人的记录，不是
张氏手著的，不完全可信。"③

　　不过，朱熹在写于乾道九年（1173）的《答汪尚书》中提
到："横渠《理窟》亦有变服之说。"④ 此外，《朱子语类》中
对《理窟》也有谈及："守约问：'横渠说"绝四之外，心可存
处，必有事焉，圣不可知也"。'曰：'这句难理会。旧见横渠
《理窟》，见他里面说有这样。大意说无是四者了，便当自有个所

---

① 参见朱熹编：《近思录·引用书目》，朱杰人、严佐之、刘永翔主编：《朱
　子全书》第 13 册，上海：上海古籍出版社，合肥：安徽教育出版社，
　2002 年，第 161 页。关于张载诸经说的版本情况，可参考胡元玲：《张
　载易学与道学》附录一《张载著作及版本考》，台北：台湾学生书局，
　2009 年。关于张载诸经学说的辑佚，可参考林乐昌编校：《张子全书》（增
　订本），西安：西北大学出版社，2021 年。
② 晁公武：《郡斋读书志》卷十《儒家类》，孙猛校证，上海：上海古籍
　出版社，2011 年，第 454 页。
③ 张岱年：《关于张载的思想和著作》，见《张载集》，北京：中华书局，
　1978 年，第 15 页。
④ 朱熹：《晦庵先生朱文公文集》卷三十《答汪尚书》，《朱子全书》第 21 册，
　第 1312 页。

向，所谓圣不可知。只是道这意思难说。'"①。据此，朱熹是见到过《经学理窟》的，并明确将之作为张载的著作。那么，他为何没有在《近思录》"引用书目"罗列呢？实际上，细检《近思录》，虽然朱熹没有在"引用书目"提及《经学理窟》，但其中引用的出自《横渠先生语录》的资料，绝大部分不见于今本《张子语录》，却见于今本《经学理窟》。②明人黄巩《经学理窟跋》说："考之《近思录》，凡取之先生《文集》、《语录》、诸经说者，乃皆出于《理窟》。"③取之《文集》、诸经说者虽非如此，取之《语录》者诚然。因此，一个可能的解释是，朱熹所见到的张载《语录》不同于今本，其中包括了大部分《经学理窟》的内容；另一个可能是朱熹把《经学理窟》当做《语录》的一种，故而没有单独标明。

晁公武所见到的《理窟》并不标注张载所撰，而是"题曰金华先生"，这也值得注意。晁氏说："右题曰金华先生，未详何人，盖为二程、张氏之学者。"④详检今本《经学理窟》的内容，其中确实既有见于《张子语录》者，也有见于《河南程氏遗书》

---

① 黎靖德编：《朱子语类》卷第三十六，北京：中华书局，1986 年，第955—956 页。

② 关于《近思录》所选张载文献的详细出处，可参见陈荣捷《近思录详注集评》，上海：华东师范大学出版社，2007 年；其引用的总体情况可参见林鹄：《〈经学理窟·宗法〉与程颐语录——兼论卫湜〈礼记集说〉中的张载说》，《中国哲学史》，2015 年第 2 期。《近思录》共引张载《语录》35 条，其中 31 条见于《经学理窟》，另有 1 条前半部分见于《理窟》，后半部分见于《拾遗》。

③ 黄巩：《经学理窟跋》，见《张载集》，第 304 页。

④ 晁公武：《郡斋读书志》卷十《儒家类》，第 454 页。

者，这证明晁氏所见之《理窟》当即《经学理窟》，且诚如张岱年所言，所谓"金华先生"只能是《理窟》编者而非作者。但其中有程颐语录，却不能证明这就是"张载、程颐语录的类编"。

《经学理窟》现存最早版本为南宋端平二年（1235）黄壮猷修补《诸儒鸣道集》本，题为"横渠经学理窟五卷"。⑤《诸儒鸣道集》所收《经学理窟》的卷数、作者，都与晁氏所见"理窟二卷"不同，甚至书名也小有出入，但与今本基本相同。显然，此时的《经学理窟》已经定型为张载的代表性著作了。

《诸儒鸣道集》，《宋史·艺文志》《郡斋读书志附志》《直斋书录解题》均有著录，今有上海图书馆藏刊本和国家图书馆藏影宋抄本。《诸儒鸣道集》乃丛书体例，可证《经学理窟》必在此之前已有单独刊印和流传。据陈来考证，"《鸣道集》的编成年代大致在1159—1168年，最晚不至迟于1179年"⑥。田智忠进一步推断："从避讳、刻工以及思想史这些方面综合考虑，我们基本可以得出结论：《诸儒鸣道》原刻时间的上限是乾道二年（1166），即朱子首次编订《语录》之年；而其刊刻时间的下限则是乾道四年（1168）或稍后，即朱子刊刻《程氏遗书》和《后定本》《上蔡语录》之年或稍后。"⑦如果此论成立，且"横渠

⑤ 孔子文化大全编辑部：《诸儒鸣道》（影印本），济南：山东友谊出版社，1992年。该书目录和各卷卷首都题作"诸儒鸣道"，但书后有黄壮猷题记，中作"诸儒鸣道集"，历代目录书著录也均作"诸儒鸣道集"。

⑥ 陈来：《中国近世思想史研究》，北京：生活·读书·新知三联书店，2010年，第20页。

⑦ 田智忠：《〈诸儒鸣道集〉研究》，北京：中国社会科学出版社，2012年，第48页。

经学理窟五卷"等字也为《诸儒鸣道集》初刊本所题而非修补本
所改，那么至迟在南宋孝宗乾道四年（1168）之前，《经学理窟》
就已经被作为张载的著作流传了。

　　《经学理窟》的《诸儒鸣道集》本与晁氏所见本虽在书名、
卷数、作者（或编者）上都有不同，但似乎也可以发现二者之间
的一些联系。据陈来推测，《诸儒鸣道集》"其编者可能是浙江学
者或曾在浙江为官"[1]。而"金华"乃是婺州旧称，也在今浙江
省，故晁公武所见之"金华先生"同样是浙江学者无疑。由此推
断，《经学理窟》的不同版本应该又有着共同的源头。如果《诸
儒鸣道集》编成于1166—1168年之间，《郡斋读书志》初步成书
于1151—1184年，[2] 则二者时间接近而稍有先后。那么，除了
如张岱年推测此时有两个本子流传，还有一种可能是《诸儒鸣道
集》的编者或同时的其他学者对此前晁公武所见《理窟》本作了
改动，使得成为今貌。

　　无论如何，到了南宋宁宗嘉定十三年（1220），魏了翁在为
张载请谥时奏道："然同时如崇文殿校书同知太常礼院张载，讲
道关中，世所传《西铭》《正蒙》《理窟》《礼说》诸书，所以

---

① 陈来：《中国近世思想史研究》，第20页。
② 据孙猛考证，《郡斋读书志》初步成书于绍兴二十一年（1151），后又不
　　断增补，至孝宗淳熙七年（1180）至十一年（1184）初刻四卷本，约淳
　　熙十四年（1187）前补刻二十卷本。理宗淳祐九年（1249），游钧重刻
　　二十卷本，是为衢本。同年，黎安朝重刻四卷本和赵希弁《读书附志》，
　　次年又补刻赵希弁据衢本摘编而成的《读书后志》，是为袁本。（见孙猛：
　　《郡斋读书志衢袁二本的比较研究》，收入《郡斋读书志校证》附录四。）

开警后学，有功亦不在周敦颐及程颐兄弟下。"① 以此证明，至少在此时，《经学理窟》就与《正蒙》一样，已经成为张载的代表性著作了。在《横渠礼记说序》中，魏了翁更详细说道："横渠张先生之书，行于世者惟《正蒙》为全书，其次则《经学理窟》及《信闻录》，已不见于吕与叔所状先生之言行。至于《诗》《书》《礼》《乐》《春秋》之书，则方且条举大例，与学者绪其说而未及就。其在朝廷，讲行冠昏丧祭郊庙之礼，乃以孤立寡与，议卒不用。既移疾西归，欲与门人成其初志，亦未及为，而卒于临潼。今《礼记说》一编，虽非全解，而四十九篇之目大略固具，且又以《仪礼》之说附焉。然则是编也，果安所从得与？尝反覆寻绎，则其说多出于《正蒙》《理窟》《信闻》诸书。或者先生虽未及定著为书，而门人会萃遗言，以成是编与？亦有二程先生之说，参错其间。"② 以上魏了翁之言，可注意者有四：一，《正蒙》《经学理窟》及《信闻录》，都是当时可见之张载行世著作；二，《诗》《书》《礼》《乐》《春秋》等诸经说，在张载身前只具大例，未有全书；三，魏了翁所见《礼记说》，与《正蒙》《经学理窟》及《信闻录》多有重复，他推断其当为门人汇集张载各种遗言所编定；四，《礼记说》中也混入了二程之说。

　　值得注意的是，朱熹编《近思录》时用到的张载《语录》几乎都见于《经学理窟》；理宗淳祐九年（1249）赵希弁为《郡斋读书志》所续补的《读书附志》中录有"《横渠先生经学理窟》

---

① 魏了翁：《鹤山集》卷十五《贴黄》，文渊阁四库全书本。
② 魏了翁：《鹤山集》卷五十二《横渠礼记说序》，文渊阁四库全书本。

一卷"，其篇目与今本全同，并且也列于"语录类"之中；① 明代汪伟也指出："若《理窟》者，亦分类语录之类耳，言有详略，记者非一手也。虽然，言之精者固不出于《正蒙》，谓是非先生之蕴不可也。"② 因此，历代学者都是把《经学理窟》当作张载的语录来看待的。

　　总之，《经学理窟》当为张载的著作，但并非他生前已成之书，而是他去世后弟子所编，其内容主要是张载的讲学语录，或许也有一些札记。《经学理窟》与《张子语录》的性质相同，并且吴坚刻《张子语录》三卷本也不应当是张载语录的全部，可惜这些语录除《经学理窟》《张子语录》及编入后世各种经解之中者，其他已不可复见。其实，张载虽然喜好深思，所谓"终日危坐一室，左右简编，俯而读，仰而思，有得则识之，或中夜起坐，取烛以书"③，他亦自言"学者潜心略有所得，即且志之纸笔，以其易忘，失其良心。若所得是，充大之以养其心，立数千题，旋注释，常改之，改得一字即是进得一字。始作文字，须当多其词以包罗意思"（6·40）④，但未必有撰写系统性理论著作的想法，即使《正蒙》也是"譬之枯株，根本枝叶，莫不悉备，充

---

① 赵希弁：《读书附志》卷下《语录类》，见孙猛：《郡斋读书志校证》，第1207页。
② 汪伟：《横渠经学理窟序》，《张载集》，第247页。他还对为何《经学理窟》中的一些条目与《河南程氏遗书》所载相同作为解释，认为是"先生平昔与程氏兄弟议论之同，而非剿以入也"。
③ 吕大临：《横渠先生行状》，《张载集》，第383页。
④ 以下凡引《经学理窟》，均在文中夹注本书章节序号；凡引张载其他著作，均夹注篇名。

荣之者，其在人功而已"①，他所注重的主要在于体认、实践以及教学，这也是理学家著作的共同特点。

## 四、《经学理窟》与张载其他著作的关系

在张载的所有著作中，《经学理窟》分类编排，其系统性有似《正蒙》；论述为学之道尤其细致，用辞通俗，有似《语录》；由经学以发挥义理，言必有本，有似经说。以下我们先对《经学理窟》的内容做一个概述，继而再将其与张载其他著作进行对比，从中了解《经学理窟》的特点。

（一）《经学理窟》的内容概览

首先来看"经学理窟"这一书名的内涵。所谓"理窟"，指义理的渊薮或深奥处。"经学理窟"自然指的是由儒家经典的阅读、修习而得来的丰富义理体认。由"经学"二字很容易联想到该书同儒家经典相关，甚而推测其当是对经典的解释。不过，这种理解虽然不错，却是表层的。张载对待经典的态度，主要立足于义理的体认，论述为学工夫的《气质》《义理》《学大原》《自道》诸篇当然如此，即使论述制度、礼仪的《周礼》《宗法》《礼乐》《祭祀》《月令统》和《丧纪》也不例外。可以说，这充分表现出理学家经学不限于训诂制度而使经学"义理化""哲学化"的特点。

今本《经学理窟》共分十二篇，依次为《周礼》《诗书》《宗法》《礼乐》《气质》《义理》《学大原上》《学大原下》《自道》

---

① 苏昺：《正蒙序》，《张载集》，第3页。

《祭祀》《月令统》和《丧纪》，大体以类相从，与《正蒙》相似。总的来看，《周礼》《诗书》《宗法》《礼乐》较多涉及经典的理解，《气质》《义理》《学大原》转入为学工夫，最后在《自道》《祭祀》《月令统》和《丧纪》又逐渐转入礼学问题的再次讨论。

古书取篇名往往有取篇首二或三字之例，如《论语》《孟子》。张载《正蒙》十七篇的取名方法即用此例，个别篇如《参两》《神化》不用首二字，而是用了首句中两个对应性的关键字，可以看作变例。与之相比，《经学理窟》各篇篇名则主要是对主题的概况。如第一篇"周礼"，虽然出自篇首，但因该篇内容与《周礼》经书相关，亦可看作是主题词。第二篇"诗书"二字未见于该篇前几句，而是对全篇内容的概括，即对《诗经》《尚书》的解释。第三篇"宗法"见于首章，同时也是该篇主题。第四篇"礼乐"，见于首句"礼反其所自生，乐乐其所自成"，但同样是该篇主题。第五篇"气质"，见于首句"变化气质"，该篇主要论述修养工夫，"气质"是为学之起点。第六篇"义理"，见于第二句"吾徒饱食终日，不图义理，则大非也"，该篇同样主要论述为学的方法。《学大原》因篇幅较长而分为上下篇，此三字不见于各章，当是对主题的概括。所谓"大原"，就是根源、根本的意思，这仍然是讨论如何为学。第九篇《自道》主要论述张载个人在为学过程中的感受和实践，第十篇《祭祀》主要讨论祭礼，第十一篇《月令统》是对治国之道的讨论，篇幅较短，第十二篇《丧纪》主要讨论丧礼，都是对主题的概括。

（二）《经学理窟》与《正蒙》的对比

《经学理窟》的编排很有系统性，与《正蒙》有类似之处。

据苏昺序，《正蒙》是张载晚年所出之书，在张载著作中最为后世重视。又据《郡斋读书志》，该书初无编次，经苏昺分类编排为十七篇，因而有明显的系统性。① 该书在宋元明书目中皆作十卷，流传有序，没有缺佚。现存最早的版本也是《诸儒鸣道集》本，该本为八卷，但十卷本"有待制胡安国所传一卷，末有行状一卷"②，因而《正蒙》正文实只八卷，故《诸儒鸣道集》本与其他十卷本除有部分异文外并无其他差异。

《正蒙》全书十七篇，《太和》《参两》《天道》《神化》论天道，《动物》论万物，《诚明》论性，《大心》论心，《中正》《至当》论德行工夫，《作者》《三十》《有德》《有司》解读《论语》《孟子》，《大易》《乐器》《王禘》解读《周易》《诗经》《尚书》《礼记》《春秋》等五经，《乾称》总结。虽然该书以体大精深、思参造化为后世称道，但与经学的关系其实也十分密切。前五篇《太和》《参两》《天道》《神化》《动物》主要涉及《周易》，《诚明》《大心》《中正》《至当》与《中庸》《孟子》《论语》关系密切，其后的七篇更是专门解读《论语》《孟子》和五经。张载之所以在最能代表其思想体系的著作中仍然频繁涉及儒家经典，是因为"体系"常常是今人所重视的，而理学家其实更重视的是为学之道，是个人身心的义理体认，而"学有本原"是义理体认的前提。因而，或是直接，或是间接，理学的义理论述总是离不开

① 见晁公武：《郡斋读书志》卷十，第 451 页。与之类似，《经学理窟》的分类编排，也极可能是张载去世后的门人后学所为。
② 陈振孙：《直斋书录解题》卷九，徐小蛮、顾美华点校，上海：上海古籍出版社，1987 年，第 276 页。

经学的话语。

　　比较《经学理窟》与《正蒙》，有两点明显的不同：一是《正蒙》特别重视天道论，《经学理窟》则较少谈及天道，也很少涉及易学，其内容主要集中在人道论层面的礼学和为学工夫上；二是《正蒙》主要为张载自著，《经学理窟》则主要是平日教学语录的类编。这两个不同其实也是相互联系的。作为理论体系的《正蒙》当然涉及面更宽一些，而平日讲学，理应更注重引进后学，循循善诱，不可好高骛远。因此，如果说《正蒙》更重视的是对儒家"上达"之基本理论的建构，那么《经学理窟》则更侧重"下学"之为学工夫。

　　以此而论，《经学理窟》比《正蒙》的论述范围相对要小一些，但对《正蒙》有两点重要补充：其一是在为学工夫论上，相对《正蒙》中《诚明》《大心》两篇的直指心性，以及《中正》《至当》两篇的规模宏大、义理丰富，《经学理窟》中的《气质》《义理》《学大原》《自道》更加贴近个人实际，亲切有味；其二，在经典解释上，《经学理窟》比《正蒙》更为详尽地讨论了井田、封建、宗法、祭礼和丧礼这些具体的制度及其意义，后世对张载这方面思想的讨论即主要源于《经学理窟》的记录。

　　因此，如果说《正蒙》的特点是注重天道宇宙论的"形上"建构，那么《经学理窟》注重的则是礼学"形下"层面的政治、社会落实和学者个人的修身工夫。《正蒙》中固然包含着张载成熟的宇宙论和心性论哲学而应受重视，《经学理窟》中所包含的如井田、封建、宗法、礼乐、祭祀、丧葬、为学工夫等方面的材料，亦不容忽视。

（三）《经学理窟》与《张子语录》的对比

《经学理窟》的编排系统性类似《正蒙》，其性质则类似《语录》。载于《郡斋读书志·附志》和《遂初堂书目》的张载《语录》都作三卷，其他书目不载。明代徐必达编《合刻周张两先生全书》所收之本为吕柟《张子抄释》的节本，以后被历代《张子全书》沿袭。但幸运的是，三卷本实际上并没有佚失，而是有南宋吴坚本和《诸儒鸣道集》本存世，二本内容相同。章锡琛点校本《张载集》中的《张子语录》部分，即据吴坚本抽换了原底本。

据今本《张子语录》，其所谈的内容同样与《正蒙》中的《诚明》《大心》《中正》《至当》篇相近，通过大量诠解《论语》《孟子》《礼记》的内容，较多讨论为学工夫。其用词平易，在理论层面较少直接涉及天道论，在经典上也基本不涉及《周易》。这都与《经学理窟》非常相近，而且很多论述的意思非常接近。但与《经学理窟》不同的是，《张子语录》不但较少谈论天道，也很少涉及礼乐制度问题，因而显得比《经学理窟》的主题更为狭窄。此外还值得注意的是，《张子语录》与《经学理窟》在相似的主题之下，表述重复的比例并不高。这是否是后世编者有意为之，亦未可知。

总之，无论是研究张载经学，还是研究《经学理窟》，都不仅有必要将《正蒙》《经学理窟》和《语录》相互参读，而且由于这些著作都是在解读儒家经典基础上自出新意，故而有必要将之与其儒家经典出处相对照，作出深入的剖析。

## 五、《经学理窟》与张载的理学化经学

从经学史的角度来看，张载经学对五经的解释，打破汉唐训诂之法，并没有试图去作全书解读，而是以"说经"方式，转入心性义理的体认，进而使经学的侧重点落在了个体的德性修养和社会实践之上，因而其最突出的特色是义理解经或哲学解经，从而使其经学显示出明显的理学色彩，可以称之为"理学化的经学"或"理学经学"。以下我们先主要依据《正蒙》对张载的理学思想体系做一概观，然后再依据《经学理窟》来看张载经学的特色。

（一）张载的理学思想体系

从思想体系上讲，张载理学是天人之学，包括天道论和人道论两部分，前者又包括本体论和宇宙论，后者包括心性论和实践论。

首先，"太虚本体"论是张载理学的出发点。在天道论上，张载独具特色地提出"太虚无形，气之本体"（《正蒙·太和篇》）、"由太虚，有天之名；由气化，有道之名"（《正蒙·太和篇》）的观点。以气为宇宙的物质构成基础，是传统宇宙论思想的共识。张载则更进一步，提出"气之本体"的问题。所谓"本体"，较早被王弼玄学以及之后的佛学所强调；而"虚"或"太虚"等概念则较多被道家使用，较早见于《庄子》《淮南子》等典籍，之后较多见于道教特别是内丹学。与"气"作为一种实体性存在不同，"虚"或"太虚"主要是一种性质，由此又派生出价值意义。在这一意义上，"本体"问题也就是"性"的问题，而气之流行

就是"天道"问题。在二者的关系上，作为"本体"与"性"的"太虚"为作为"天道"的气化流行提供价值基础。故而，所谓"太虚无形，气之本体"，或"由太虚，有天之名"，并不仅仅是一个由感官确认的实然命题，同时也是超出经验感知之后翻转出的可以通过道德体认来确定的价值本体论命题。这样也便很容易理解张载为何反复强调"天地以虚为德，至善者虚也。虚者天地之祖，天地从虚中来"（《张子语录·语录中》），"天地之道无非以至虚为实，人须于虚中求出实"（《张子语录·语录中》），"诚者，虚中求出实"，"虚则生仁，仁在理以成之"（《张子语录·语录中》）。作为一种性质的虚，不仅是气的根源，而且是天地万物乃至道德价值如"诚"与"仁"的根源。

其次，"气化"论是张载宇宙论的核心。在儒家传统中，"天"不仅是广阔、浩大、包罗万象的自然现象，也蕴藏着生生不息的道德精神，是人生乃至万物的价值源头。在张载看来，"由气化，有道之名"（《正蒙·太和篇》），气是天的现象性展现和贯通万物的经验性基础。气与虚有本质的不同，虚是静的状态，气则是动的状态。借助于气之可见的聚散之象与可体会的健顺之象，天之生生不已的德与道获得清楚的呈现。张载故而处处强调气与性之间隐含的关系："气之性本虚而神"（《正蒙·乾称篇》），"至静无感，性之渊源；有识有知，物交之客感尔"（《正蒙·太和篇》）。在"渊源"上"至静无感"之性，在现实中又总是处于"感"的过程之中。"太和"是气的变化运动状态，既潜在地包含着"浮沉升降、动静相感"等由各种对立性质造成的互相运动的可能，也现实地展现为气之飘荡弥漫与物之生长变化的过程，而这也正是"神"的表现。这样，张载在创建儒家天道宇宙论的同时，也保持了自孔孟以来强调道德价值论的传统。

再次，"成性"论是张载心性论的主要观点。在天道论基础上，张载又提出了影响后世极大的"天地之性"和"气质之性"的区别，认为"形而后有气质之性，善反之则天地之性存焉"（《正蒙·诚明篇》）。由于"太虚"，"性之渊源"是"至静无感"的；又由于"气化"，"物交之客感"则造成"有识有知"（《正蒙·太和篇》）。继而他认为"心所以万殊者，感外物为不一也"（《正蒙·太和篇》），外物纷扰而无穷尽，囿于心对外物的"知觉"，就会引起心作为道德主体功能的丧失。这样，"性未成则善恶混"（《正蒙·诚明篇》），会陷入一种实际上根源于气之运动而来的自然性生命状态。这种状态由于缺乏来自价值本体的精神导向作用，展现在实践活动中便是可善可恶，这也就是君子之所以不以"气质之性"为性的原因。这便需要学者通过为学工夫，有意识地使心性保持以"至虚"为"实"的本然状态，从而达到"成性"的境界。

最后，"知""礼"结合是张载实践论的基本主张。在具体的为学工夫上，张载突出地强调"知礼成性"的意义。气的自然性造成"性"总是处于"成"的过程中，同时也提出了精神主体做修养工夫的必要性。实际存在的"性"，始终是"德不胜气，性命于气；德胜其气，性命于德"（《正蒙·诚明篇》）的德气交战的结果。"知"是心在为学成德的自觉性认识上的要求，"礼"则是行为在潜移默化地养成上的要求。所谓"知"的工夫首先是"大其心则能体天下之物"（《正蒙·大心篇》），其次也包含"诚明所知""德性之知""见闻之知"(《正蒙·诚明篇》)等。同时，张载注意到，由于个体行为在特定环境中不断重复会形成不自觉的"习"，有可能强化气的偏蔽性，因而作为具体的道德实践，"变化气质"还必须配合"行礼"的工夫。礼的意义就在于在行为操练中使生命主体逐渐自觉地转化习俗看法，达到"德胜其气，性命于德"的状态。

（二）《经学理窟》中的理学化经学

以如上体系反观《经学理窟》，其内容便明显集中在为学工夫和礼学实践方面，而在天道论和心性论方面的阐释任务则主要是由《正蒙》来完成的。不过，二者仍然有密切的关联，乃至从中可以看到很多相互补充性的理解。

首先，"义理"是《经学理窟》中经学思想及为学工夫的主旨。

在张载看来，经的意义首先表现在它以语言文字的形式保存了"道"的传承，因而读经最重要的是了解其中的"义理"。他说："语道断自仲尼，不知仲尼以前更有古可稽，虽文字不能传，然义理不灭，则须有此言语，不到得绝。"（6·57）这里谈到"道""义理""言语""文字"的关系。显然，"言语"和"文字"只是"道"和"义理"的表述。因此，孔子以前，当然有"道"和"义理"存在，也应当"有此言语"，只是没有"文字"流传下来，因而今人有所不知而已。张载学问博而不杂，他曾将六经与史书、医书、文集、道藏、释典等做了比较，认为读史书只是能长一点知识，读医书只能"延得顷刻之生"，"如文集文选之类，看得数篇无所取，便可放下。如道藏释典，不看亦无害"。

"既如此则无可得看，唯是有义理也。故唯六经则须着循环，能使昼夜不息，理会得六七年，则自无可得看。若义理则尽无穷，待自家长得一格则又见得别。"（6·56）六经之所以重要，表现在其"有义理"，这是其他书籍所不具备的。

张载特别强调重复地、循环地阅读六经，以此涵养义理。他自述其阅读经验："某观《中庸》义二十年，每观每有义，已长得一格。六经循环，年欲一观。观书以静为心，但只是物，不入心。然人岂能长静，须以制其乱。"（6·53）阅读六经之所以需要不断循环，是因为经典的意义可以起到涵养身心的作用。通过经典的阅读，身心不断在自觉的"义理"认同过程中得到转化，这实际延续的是孟子以志养气的路子。心本质上是动的，"以静为心"就是单纯地追求心的"静"，实际上会造成以心制心，使心对象化，因而其结果便"只是物，不入心"。心不可能常静不动，明了事物的义理，内心自然会达到孟子"不动心"的境界，这也就是所谓的"制其乱"。显然，经典中的理论不是僵死的学说，而应还原到生命个体自身的修养实践过程中，成为提升道德境界的辅助条件。

其次，《经学理窟》在解释《周礼》《尚书》《诗经》时，特别重视以"理"解之，表现出明显的理性化释经倾向。

如张载对《诗经·大雅·文王》解释说："文王之于天下，都无所与焉。'文王陟降，在帝左右'，只观天意如何耳。"（2·7）这里的"天意"看似也可以理解为天的意志。但他又说："天无心，心都在人之心。一人私见固不足尽，至于众人之心同一则却是义理，总之则却是天。故曰天曰帝者，皆民之情然也，讴歌讼狱之不之焉，人也而以为天命。"（2·10）这就明确将"天意""天命"理解为人心所共有的"义理"了。又如解释《尚书》说："《书》称天应如影响，其福祸果然否？大抵天道不可得而见，惟占之于民，人所悦则天必悦之，所恶则天必恶之，只为人心至公也，至众也。民虽至愚无知，惟于私己然后昏而不明，至于事不干碍处则自是公明。大抵众所向者必是理也，理则天道存焉，故欲知天者，占之于人可也。"（2·12）在张载看来，"天应""天悦""天恶"都可以"占之于民"，因为"人心至公也，至众也"，"众所向者必是理也，理则天道存焉"。故而，理解"天意"只能从"人心""民情"入手。这些解读既是对《尚书》《诗经》中仍然保留的"天""帝"信仰的理性化解释，也是对汉唐经学仍然保留的神秘化"天人感应"解释的批评。

张载也以"理"解释圣贤行事的原则："万事只一天理。舜举十六相，去四凶，尧岂不能？尧固知四凶之恶，然民未被其虐，天下未欲去之。尧以安民为难，遽去其君则民不安，故不去，必舜而后因民不堪而去之也。"（2·8）什么是"天理"？为什么十六个贤相、四个恶君要到了舜执政时才有推举、有驱逐，难道尧执政时做不到吗？这是因为尧时"天下未欲去之"而"必舜而后因民不堪而去之"。这与上述"众人之心同一则却是义理，总之则却是天"是完全一致的。圣人依"天理"行事，而"天理"不过是"民意"而已。

张载还以"理"解释圣贤之"梦兆"。商高宗在没有见到傅说以前，就梦到了傅说的样貌，并依此样貌真的找到了傅说，这如何解释？张载认为，"夫梦不必须圣人然后梦为有理，但天神不间，人人得处便入也"，"神又焉有心？圣人心不艰难，所以神也。高宗只是正心思得圣贤，是以有感"（2·9）。只要"正心思""不艰难"就能得"理"，得"理"就能"有感"而"神"。不但圣贤可以做到如此，任何人都可以做到。这就不但把这一神秘化事件变得可以理解，而且成为一种为学境界的验效了。

再次，在如上的解释原则下，"理"也成为《经学理窟》中张载判断"经文"及先儒解释准确性的依据。

在北宋疑经思潮的影响下，张载对五经文本并非一概不经质疑地尊信。他对《周礼》《诗序》《礼记》都有怀疑，如说："《周礼》是的当之书，然其间必有末世添者。如盟诅之属，必非周公之意。"（1·1）之所以如此，是因为张载相信圣贤治世必然并然有序，不至于产生人们无处伸冤的情况，而圣贤之行为、处事也绝不会求之于鬼神，故而他认为《周礼》中对"盟诅"之类的记载都是后世添入。

张载对汉儒的经学解释批评更多。如他指出："先儒称武王观兵于孟津，后二年伐商，如此则是武王两畔也。"（2·16）他认为武王伐商是应乎天理，"此事间不容发，当日而命未绝则是君臣，当日而命绝则为独夫"（2·16），绝不会先"观兵"，心怀觊觎之心，而后另找机会"伐商"。这是从"理证"出发，运用归谬法对汉儒经解的否定。他又认为："《诗序》必是周时所作，然亦有后人添入者，则极浅近，自可辨也。"（2·18）如批评"《灵台》，民始附也，先儒指以为文王受命之年，此极害义理"（2·17）。在张载看来，只要把握了儒家的义理大旨，辨别五经文本中哪些是后世添入的语句就是相当简易明白的。而在今天看来，这显然把一个复杂的历史考证问题变成了主观理解和哲学思辨问题，因而是义理化解经的表现。

最后，张载在《经学理窟》中对经典的理解和怀疑是与其为学工夫论紧密相关的。

在张载这里，无论是对"天意""天应""天理""梦兆"的理性解释，还是对经文记载的考证，都服务于学者内在的德性修养。张载甚至明确将"疑"作为一种工夫论的重要手段："所以观书者，释己之疑，明己之未达。每见每知所益，则学进矣。于不疑处有疑，方是进矣。"（6·39）因此，读经的目的就在于"自出义理"。张载说："此道自孟子后千有余岁，今日复有知者。若此道天不欲明，则不使今日人有知者。既使人知之，似有复明之理。志于道者，能自出义理，则是成器。"（6·23）显然，张载的理解不但突出了经学之"理"的重要性，而且将之转至主体之上，因而才会强调"疑""益""进""志"以及"自出义理"。

张载对经典的解释目的是为了给学者提供一种立基于内的行事原则。如他解释"顺帝之则"说："此不失赤子之心也，冥然无所思虑，顺天而已。"（2·5）又如解释尧、舜、禹、汤、文王的行事原则说："'稽众舍己'，尧也；'与人为善'，舜也；'闻善言则拜'，禹也；'用人惟己，改过不吝'，汤也；'不闻亦式，不谏亦入'，文王也。皆虚其心以为天下也。"（2·13）无论是"顺天"，还是"虚心"，都是要克祛私心己欲，以"义理"行事。故而他又强调："正心之始，当以己心为严师，凡所动作则知所惧。如此一二年间，守得牢固则自然心正矣"（7·14），"心既虚则公平，公平则是非较然易见，当为不当为之事自知"（7·13）。

这都由经典的解释转入了修养工夫论的探讨。

## 六、《经学理窟》中的经学工夫论

在儒学理论的发展过程中，正是经学提供了能为不同学派共同分享的公共话语空间以及义理和制度的合法性来源。张载的思想是通过对儒家经典的解读、对汉唐经学的反思而建立的。通过对"义理"的自觉寻求和"心解"原则的确立，张载在为儒家经学重建了"形而上"理论根据的同时，也奠定了向"形而下"实践展开的基础。

（一）"理精"：经学义理的贯通性

在阅读经书的过程中，"心"无疑是主体。当义理尚未融贯于心时，二者当然不发生关联；反之，一旦义理融贯于心，其效果就是心静理明。张载解释读书多就容易忘记的原因说："书多阅而好忘者，只为理未精耳，理精则须记了无去处也。仲尼一以贯之，盖只着一义理都贯却。学者但养心识明静，自然可见，死生存亡皆知所从来，胸中莹然无疑，止此理尔。"（7·2）这就要求读书时，一是贯通义理，二是养心识静，三是自出义理。

为此，他结合个人经验，提出了一系列具体的用功方法。如："学者潜心略有所得，即且志之纸笔，以其易忘，失其良心。若所得是，充大之以养其心，立数千题，旋注释，常改之，改得一字即是进得一字。始作文字，须当多其词以包罗意思。"（6·40）这里实际上提出了三种方法。一是一旦有心得，马上便用文字记录，以帮助记忆；二是有心得，需要充养其心；三是充养其心的一个具体方法是"注释文字"，通过立题、注释、修改等方式将体会融贯于文字之中。这其实是针对"体验"之后，用理性思维去加强、修正内心体验的几种方法。其一，由于体验往往是直观的、当下的，因而容易消失，需要用理性思维将其用概念和文字的方式确定下来；其二，直观体验往往是简单的，因而需要用理性思维去推演、扩充乃至修正。这种方法显示出很强的理性主义特点，这或许也是二程批评张载"强探力索"的原因。

不过，在张载的为学工夫中，理性思维只是一种手段，更重要的是体验，故而张载尤其重视在读经时把握根本。"发源端本处既不误，则义可以自求"（6·54），"发源端本处"就是内心的德性。故而张载又说："心且宁守之，其发明却是末事，只常体义理，不须思更无足疑。天下有事，其何思何虑！自来只以多思为害，今且宁守之以攻其恶也。处得安且久，自然文章出，解义明。宁者，无事也，只要行其所无事。"（8·8）所谓"发明"，是对内心德性的彰显，既包括言语文章，也包括行为功业。张载明确指出，内在的德性是本，外在的言行是末。"常体义理"也就是涵泳义理，无需刻意勉强，无需思虑，道义自然由此而出。这就将读书明理纳入了心性修养工夫之中。张载这里的思想来自于孟子"必有事焉而勿正，心勿忘，勿助长也"（《孟子·公孙丑上》）。因此，张载又提出读经以《论》《孟》为要："要见圣人，无如《论》《孟》为要。《论》《孟》二书于学者大足，只是须涵泳。"（6·10）

张载还综合《论语》《孟子》《易传》相关说法，论证"集义""博文""利用""精义""入神"之间交互为用的必要性："道理须从义理生，集义又须是博文，博文则利用。又集义则自是经典，已除去了多少挂意，精其义直至于入神，义则一种是义，只是尤精。"（8·26）"集义"出自《孟子·公孙丑上》："'敢问何谓浩然之气？'曰：'难言也。其为气也，至大至刚，以直养而无害，则塞于天地之间。其为气也，配义与道；无是，馁也。是集义所生者，非义袭而取之也。'""博文"出自《论语·雍也》："君子博学于文，约之以礼。""精义入神"出自《周易·系辞下》："精义入神，以致用也。"张载在这里做了贯通性的解释。义理是贯通的，但文章、文字、文化形式等是多样而不可穷尽的；如果不通过"博文"的方式"集"义，就容易陷于偏私狭隘或主观臆断，所谓义理必非真正的义理。"博文"的方式主要就是前述阅读经典、作文字注释的方法，但也可以向生活中的各种见闻拓展。同时，由"集"而来的"义"还通过生命体验获得一种贯通性的理解，一方面在现实生活中发挥其作用，另一方面由"精义"以致"入神"。可以说，"博文"与"入神"构成"集义"之下学与上达的两个方向。通过语音、文字、思维的辅助来强化义理，只是下学工夫，"精义入神"也是不可缺乏的。

（二）"求意"：经学义理的内在性

所谓"求意"，就是要求突破语言的限制，进入圣贤作者的心灵世界中。"求意"与前述"理精"在用意上是一致的，只不过"理精"强调义理的客观性并以此来养心，而"求意"则强调"大心"以观经书作者之用意，二者实际上是彼此循环的关系。

张载特别重视观书以求"意"。如他反复说，"观书必总其言而求作者之旨"（6·33），"学者观书，每见每知新意则学进矣"

（《张子语录·语录中》）。这固然是针对训诂之学纠结于语言文字的应用所提出的，但更重要的是他看到了孔孟儒学的学术精神是针对生命个体的心灵世界，而不是形式化的文化、制度，更不是语言载体本身。张载特别突出在读经过程中感受"新意"。所谓"新意"之"新"，当然是经典本已蕴含的，否则便是"私意"，但这种"意"同时也是在阅读主体的心灵世界中得以敞开和呈现的，因而才有不断的"新"。这实际上是在强调经书义理的生命体验性，心灵只有在"新"的感受过程中，才能实现义理与生命的融合并使个体精神获得提升和转化。

张载尝以"小儿指物"的比喻强调学者必须以"言"达"意"，以此涵养义理："观书且不宜急迫了，意思则都不见，须是大体上求之。言则指也，指则所视者远矣。若只泥文而不求大体则失，是小儿视指之类也。常引小儿以手指物示之，而不能求物以视焉，只视于手，即无物则加怒耳。"（6·49）读书只看表面意思，如小孩只看手指，无物则怒，没有看手指所指示之物。因此，经书之意，需要涵养、领会、体验，才能有所得。

张载又对"德"与"言"的关系辨析道："知德斯知言，己尝自知其德，然后能识言也。人虽言之，己未尝知其德，岂识其言！须是己知是德，然后能识是言，犹曰知孝之德则知孝之言也。"（6·26）这看起来，正是所谓"诠释学循环"，知言者必先是知德者，否则便无法知言。他因此批评所谓"迷经者"只是局限在字面意思，因而心无所主；相反，若能真正"知言"，孔孟所说亦不是不可以改易："人之迷经者，盖己所守未明，故常为语言可以移动。己守既定，虽孔孟之言有纷错，亦须不思而改

之，复锄去其繁，使词简而意备。"（6·51）

由于"意"很容易陷入一种偏私的主观性，张载又特别强调读经贵在"平易"。天地之道是简易的，故而"大率玩心未熟，可求之平易，勿迂也。若始求太深，恐自兹愈远"（6·31）。义理之学的平易性，要求学者不能故出新意，牵强附会。对比，张载反复强调道："立本处以易简为是，接物处以时中为是，易简而天下之理得，时中则要博学素备。"（5·26）"语道不简易，盖心未简易，须实有是德，则言自归约。盖趣向自是居简，久则至于简也。"（6·43）"有急求义理复不得，于闲暇有时得。盖意乐则易见，急而不乐则失之矣。盖所以求义理，莫非天地、礼乐、鬼神至大之事，心不弘则无由得见。"（6·42）心弘自然平易，而不艰深烦难。"易简""时中""归约""居简""心弘"其实不仅是为学工夫，也是为学境界，因而贯通为学过程的始终。

（三）"心解"：经学义理的主体性

张载强烈反对学者不能敞开主体心灵世界而陷入语言的牢笼之中，这就要求学者必须"大其胸怀""大其心"，以"言"贯"意"。他在论证井田制恢复的可能性时明确说："欲求古法，亦须先熟观文字，使上下之意通贯，大其胸怀以观之。"（1·10）"大心"是张载重要的修养工夫论主张，所谓"大其胸怀"也就是张载所讲的"大其心"。

与"发源端本"相一致，张载特别强调为学要有博大之心。仅《经学理窟·义理》篇中，张载就多处谈及博大之心的问题。如："以有限之心，止可求有限之事；欲以致博大之事，则当以博大求之，知周乎万物而道济天下也。"（6·11）"然则刚与和

犹是一偏，惟大达则必立，大立则必达。"（6·12）"天地之道
要一言而道尽亦可，有终日善言而只在一物者，当识其要，总其
大体，一言而乃尽尔。"（6·19）"合内外，平物我，自见道之大
端。"（6·16）特别是在第50章说得十分详细："博大之心未明，
观书见一言大，一言小，不从博大中来，皆未识尽。既闻中道，
不易处且休，会归诸经义。已未能尽天下之理，如何尽天下之
言！闻一句语则起一重心，所以处得心烦，此是心小则百物皆病
也。今既闻师言此理是不易，虽掩卷守吾此心可矣。凡经义不过
取证明而已，故虽有不识字者，何害为善！《易》曰'一致而百
虑'，既得一致之理，虽不百虑亦何妨！既得此心，复因狂乱而
失之，譬诸亡羊者，挟策读书与饮酒博塞，其亡羊则一也，可不
鉴！"（6·50）所谓"天下之理"，从根本上来自于"天地之道"，
而"有限之心"被言语、思虑牵制，是不可以此求之，也不可以
此成就事业的。

张载所说的"博大之心"，除了内在德性依据以外，还来自
于天地的"大中"。"大中，天地之道也；得大中，阴阳鬼神莫不
尽之矣。"（6·29）强调"大中""中正""中道"，是张载理学
的重要特点，与其易学和中庸学密切相关。张载主张："人当平
物我，合内外。如是以身鉴物便偏见，以天理中鉴则人与己皆
见。犹持镜在此，但可鉴彼，于己莫能见也，以镜居中则尽照。
只为天理常在，身与物均见则自不私。己亦是一物，人常脱去己
身则自明。然身与心常相随，无奈何有此身，假以接物则举措须
要是。今见人意、我、固、必以为当绝，于己乃不能绝，即是私
己。是以大人正己而物正，须待自己者皆是著见，于人物自然而

正。以诚而明者，既实而行之明也，明则民斯信矣。"（8·18）在这一长段话中，张载区分了"以身鉴物"和"以天理中鉴"两种不同的观物方式。前者不能看到自己，因而不免偏私；后者己物皆见，故而可以由"正己"而达到"物正"。

在此基础上，张载明确提出了"心解"的解经原则。"学贵心悟，守旧无功。"（6·25）"当自立说以明性，不可以遗言附会解之。若孟子言'不成章不达'及'所性''四体不言而喻'，此非孔子曾言而孟子言之，此是心解也。"（6·38）"心解则求义自明，不必字字相校。譬之目明者，万物纷错于前，不足为害，若目昏者，虽枯木朽株皆足为梗。"（6·48）"心解"有双重涵义，一则是对理解经文涵义而言，二则是对存心、养心而言，因而不只是一个认识论问题，也是一个修养论问题。所谓"心解"，实际上突出了作为生命主体的学者在阅读经典过程中的创造性因素。前述"博文""集义"与"求意""知言"虽有主客之别，但都是以圣贤所作之经典为中心，而"心解"则已经完全指向学者也即阅读主体本身。"心解"意味着学者可以完全脱离语言文字，超越任何形式的限制，打破时间和空间的隔阂，来把握义理。这与以后心学一派的经学理论颇为相近。

（四）"知礼成性"：礼的修养工夫论意义

吕大临概括张载的教学之道说："学者有问，多告以知礼成性、变化气质之道，学必如圣人而后已，闻者莫不动心有进。"①在理学内部，偏重"上达"的学者，往往直指心性，对礼学多不

---

① 吕大临：《横渠先生行状》，《张载集》，第 383 页。

重视；相反，偏重"下学"的学者则往往需要处理和平衡经学特别是礼仪制度的繁杂性和身心修养的易简性之间的关系，内部张力极大，其修养工夫就不只是"心"的工夫，还要广泛涉及"身"的方面。虽然在儒家思想中，身心是统一的，修身的核心是修心，但毕竟身心仍有内外之别，重视礼学的理学家往往对这一点有着清醒的认识。

在义理层面，张载强调礼乐有天道、人性和人心的根源。他解释《礼记》"礼反其所自生，乐乐其所自成"说："礼别异，不忘本，而后能推本为之节文；乐统同，乐吾分而已。礼天生自有分别，人须推原其自然，故言'反其所自生'；乐则得其所乐即是乐也，更何所待，是'乐其所自成'。"（4·1）所谓"不忘本"，就是知道"天生自有分别"，即社会生活中道德伦理秩序如父子、夫妇、君臣等之间的差别与责任有先验的非人为的一面；所谓"乐吾分"，就是"得其所乐"，一方面是安于本分，另一方面是在差别中实现和谐。进而对于礼，张载认为："时措之宜便是礼，礼实时措时中见之事业者。……礼亦有不须变者，如天叙天秩，如何可变！礼不必皆出于人，至如无人，天地之礼自然而有，何假于人？天之生物便有尊卑大小之象，人顺之而已，此所以为礼也。"（4·19）这也就是说要在各种礼仪制度中既要兼顾"尊卑大小"之不变的一面，也要充分体现其"时"的具体性。

礼也有人性的根源。张载说："礼所以持性，盖本出于性，持性，反本也。凡未成性，须礼以持之，能守礼已不畔道矣。"（4·15）礼还有人心的根源。张载说："盖礼之原在心，礼者圣人之成法也，除了礼天下更无道矣。"（4·17）故而在修养工夫上，"虚心"与"得礼"应当相互配合："立本既正，然后修持。修持之道，既须虚心，又须得礼，内外发明，此合内外之道也"（5·22）；否则，"诚意而不以礼则无征"（5·3）。

对张载而言，礼的首要意义在于"变化气质"以"成性"。无论是强调礼的天道论根源，还是强调礼的心性论根源，其实都归结在礼的修养论意义上。性与德，无形不可见，礼则使行为有"成法"。因此，张载强调："为学大益，在自求变化气质，不尔皆为人之弊，卒无所发明，不得见圣人之奥。故学者先须变化气质，变化气质与虚心相表里。"（6·28）

那么，什么是"气质"呢？张载说："气质犹人言性气，气有刚柔、缓速、清浊之气也，质，才也。气质是一物，若草木之生亦可言气质。惟其能克己则为能变，化却习俗之气性，制得习俗之气。"（7·22）所谓"性气"，是指生来所有的性格、脾气、材质，故有刚柔、缓速、清浊乃至巧拙之别。植物也有气质，但不能变。唯有人，可以通过后天的修养，既能改变天生的气质性格，也能改变后天无意识养成的气质性格。"气"是先天自然的限制，"习"则是后天形成的限制。经验性的"气"体现客观世界的差异性原则，有缓急精粗之别；价值性的"性"则体现客观世界的统一性原则，无所不同。"气"与"习"二者对心而言都是盲目的，缺乏一种通性。因此，"学至于成性，则气无由胜。孟子谓'气壹则动志'，动犹言移易。若志壹亦能动气，必学至于如天则能成性"（5·2）。

张载继而主张以"集义"的方式养其"浩然之气"。他解释《孟子》"浩然之气"是"集义所生"说："所以养浩然之气是集义所生者，集义犹言积善也，义须是常集，勿使有息，故能生浩然道德之气。某旧多使气，后来殊减，更期一年庶几无之，如太和中容万物，任其自然。"（7·22）把"集义"解释为"积善"，很清楚地说明了道德行为对改变气质的重要作用。他又说："变化气质。孟子曰：'居移气，养移体，况居天下之大居者乎？''居仁由义'，自然心和而体正。更要约时，但拂去旧日所为，使动作皆中礼，则气质自然全好。《礼》曰'心大体胖'，心既弘大则自然舒大而乐也。若心但能弘大，不谨敬则不立；若但能谨敬而心不弘大，则入于隘，须宽而敬。大抵有诸中者必形诸外，故君子心和则气和，心正则气正。"（5·1）哪怕是人所处的地位、环境都可以影响其气质的形成，更何况是"居仁由义"呢！内心由仁义行，外在行为合乎礼仪规范，既弘大又谨敬，气质就会向善的方向发展。从这里可以看到，张载所主张的"知礼成性，变化气质"，虽然特别强调礼的修身作用，但其依据却来自于孟子。因此，其礼学与"养心""养气"是密切结合在一起的。

　　这样就不难理解张载在强调"敬"的同时，更强调"虚"与"诚"。如他说："欲事立须是心立，心不钦则怠惰，事无由立。况圣人诚立，故事无不立也。道义之功甚大，又极是尊贵之事。"（5·12）"钦"即是敬，立心的前提就是心要"敬"。但敬首先是为了克服"怠惰"，而诚则"事无不立"。又如他说："道要平旷中求其是，虚中求出实，而又博之以文，则弥坚转诚。不得文，无由行得诚。文亦有时，有'庸敬'，有'斯须之敬'，皆归于是而已。存心之始，须明知天德，天德即是虚，虚上更有何说也！"（5·17）"虚"是天德，以虚存心之外还需"博之以文"，这就有了礼与敬的要求。故而张载又说："诚意而不以礼则无征，盖诚非礼无以见也。诚意与行礼无有先后，须兼修之。"（5·3）

张载的"知礼成性"工夫论，始终贯穿着心与身之内外交养的关系。工夫的理论基础是内在的心，但现实起点则是需要改变的气质。在"变化气质""以德胜气"的过程中，礼所发挥的作用主要是形式性、过程性的。礼虽然也有实质性的内容，但礼是德的表现，其自身不成为最终的目的。这样，礼在成性成德过程中的意义，就绝不是用外在的礼仪制度强行地规范、控制生命个体的行为，也不是强行改变心之认识，而是以一种相对自然而然的方式，使身体之气在恰当的形式中得到转化。这一转化"气质"的过程，由"知"与"学"始，经"礼"之习养，最后到"性"之"成"而终。

## 七、《经学理窟》中的礼制思想

张载之学在北宋理学中以重视礼学为特色，二程称张载"以礼立教"[①]，《宋史》也称张载"尊礼贵德"[②]，这在《经学理窟》中可以观其大概。在国家制度层面，张载在《周礼》和《礼记》基础上提出恢复井田、封建、宗法的设想；在社会和家庭层面，他对祭礼和丧礼等多有辨证；在修养工夫论层面，如前所述，他更是明确提出"知礼成性，变化气质"的主张。

---

① 程颢、程颐：《河南程氏粹言》卷一，《二程集》，北京：中华书局，1981年，第1195页。

② 脱脱等：《宋史》卷四百二十七，第12723页。

　　众经之中，礼本最切于实行，因而礼学亦号称实学。这也正是详细记载各种礼仪操作而显得非常形式、繁琐的《仪礼》恰恰为三礼之本经的原因。但因时代变迁，已经文本化且又涉及众多名物制度的礼学必然会变得越来越古义难解并且脱离实际。三礼之中，《仪礼》主要记载士大夫生活中相关的礼仪制度，保留着古礼的原本形式和意义；《周礼》原名《周官》，为后出古文经，其内容为一种理想化的官制设计；《礼记》为礼之"记"，其内容为孔门后学对礼仪的补充和礼义解说的杂编。《周礼》和《礼记》实介于经学和子学之间。六朝时只重视《仪礼·丧服》，唐初作五经正义则首选《礼记》，北宋王安石熙宁变法更是废罢《仪礼》而为《周官》作新义，反映出不同时期、不同儒家学派对待礼学的不同态度。张载除了在礼义的层面重视《礼记》，也在礼制的层面重视《周礼》和《仪礼》。

　　（一）井田与封建制度设想

　　在《经学理窟》中的《周礼》篇，张载依据《周礼》，详细论证了井田制的实施意义、细节和可行性，虽然显得过于理想而根本无法在北宋的现实条件下真正被应用，但具有对王安石变法中的"与民夺利"进行批评和矫正的现实意义，也是对儒家治国原则的强调。

　　张载主张恢复井田的意义在于追求"均平"，以解决北宋土地日益集中、贫富不均、百姓困苦的问题。他说："治天下不由井地，终无由得平。周道止是均平。"（1·2）张载明确提出这一看法，显然是有激于北宋的经济、政治现实。不过，这同样反映出他受到孟子学的影响。孟子主张："夫仁政必自经界始。经界不正，井地不均，谷禄不平，是故暴君污吏必慢其经界。经界既正，分田制禄，可坐而定也。"（《孟子·滕文公上》）以此观之，井田制的根本在于"仁政"。

在张载看来，由于井田制体现了广大人民的利益，必然会得到百姓的拥护。因而，虽然井田制在北宋实际上并不具备实施的条件，但张载却认为"井田至易行，但朝廷出一令，可以不笞一人而定"（1·6）。产生这种过于乐观看法的原因，当然首先是由于张载对现实问题的复杂性分析得不够，但也一定程度上反映了张载过于强烈的道德情怀，因而在义利问题的解决上产生了简单化的倾向。

井田制度首先涉及到的是经济利益问题，但张载将之看作是一种"仁政"的实施方式。因此，他虽然认为"市易之政"也是必要的，但明确批评其尚未触及根本，并非"王政之事"："一市之博，百步之地可容万人，四方必有屋，市官皆居之，所以平物价，收滞货，禁争讼，是决不可阙。故市易之政，非官专欲取利，亦所以为民。百货亦有全不售时，官则出钱以留之，亦有不可买时，官则出而卖之，官亦不失取利，民亦不失通其所滞而应其所急。故市易之政，止一市官之事耳，非王政之事也。"（1·5）相反，井田之法不但可以解决公平的问题，也可以给国家带来富足："既使为采地，其所得亦什一之法。井取一夫之出也，然所食必不得尽，必有常限，其余必归诸天子，所谓贡也。诸侯卿大夫采地必有贡，贡者必于时享，天子皆庙受之，是'四海之内各以其职来祭'之义。其贡亦有常限，食采之余，致贡外必更有余，此所谓天子币余之赋也。以此观之，古者天子既不养兵，财无所用，必大殷富，以此知井田行，至安荣之道。后世乃不肯行，以为至难，复以天子之威而敛夺人财，汲汲终岁，亦且不足。"（1·8）这一将君主的富足建立在民众富足基础上的操作思路显然也比较理想化，但其中隐含了协调国家与人民之间利益冲突的必要性问题，对于理解国家统治和权力分配的正当原则仍具有一定的启发价值。

不过，张载对井田制实施的困难也不是全无意识。张载对《周礼》中的田制作了比较详细的解释，从而试图为现实制度的设计提供依据。实施井田的关键一个是田地的数量，另一个是赋税的征收办法，这实际上是对国家和人民之间利益的同时考量。对此，张载在《周礼》篇中，几乎用了一大半的篇幅，对土地的分配和赋税做了详细考察。他还提出推行井田制度的主观条件，除了君主"须有仁心"，还需要"强明果敢及宰相之有才者"（1·11）。此外，在制度层面，还需要辅之以"封建"和"宗法"。

施行封建的具体方法是先采取以"封国""封官"的方式置换地主的土地，而后再"以天下之土棋画分布，人受一方"，以为"养民之本也"（1·6）。这样，地主的私利虽然受到一定损失，但在荣誉和地位上得到了弥补，同时提高了他们的道德责任感，而百姓也得到了他们赖以生存的土地。而对于国家，"所以必要封建者，天下之事，分得简则治之精，不简则不精，故圣人必以天下分之于人，则事无不治者"（1·10）。可见，封建就是分权，从而调动人民的自主性和能动性，提高政府的效率。张载认为，这是有利于君主的统治的。这样，不仅由利益导致的土地私下交易并进而产生的土地集中问题可以解决，更重要的是国成为民之国，民成为国之民，君民真正成为一个有机交织的整体。

当然，封建也有前提，即"必有大功德者然后可以封建"（1·10）。在初步推行井田制度之时，只能"立田大夫治之"（1·10），但这只是一种过渡。张载主张井田和封建的基础都是"德治"，这也是他在北宋改革的大背景中与王安石的根本不同。张载认为，井田的意义在使民有所"养"，封建在知"礼"知"教"。"欲养民当自井田始，治民则教化刑罚俱不出于礼外。"（4·17）"井田而不封建，犹能养而不能教；封建而不井田，犹能教而不能养。"（11·5）由"养"到"治"到"教"，显然是对孔孟思想的继承。

（二）宗法制度设想

同井田、封建一样，张载对宗法制度的倡导，也是儒家以德治国理念的体现。这既是发扬儒家重视精神主体的教化原则，也体现了唐宋以来礼制进一步由国家层面向社会层面下移的发展趋势。

所谓"宗法"，首先是一种通过血缘关系联络族人的方式。《说文解字》曰："宗，尊祖庙也。""宗"字的本义是祖庙，进一步引申为动词义的"尊敬"。这样，"宗"就有了精神上和制度上的双重涵义。张载概括说："夫所谓宗者，以己之旁亲兄弟来宗己。所以得宗之名，是人来宗己，非己宗于人也。所以继祢则谓之继祢之宗，继祖则谓之继祖之宗，曾高亦然。"（3·3）因此，自觉的宗法关系建构，可以通过家族传承和先祖祭祀而知道每一个体所处的社会位置，从而起到调整社会利益冲突的作用。他将这一意义概括为"不忘本"："管摄天下人心，收宗族，厚风俗，使人不忘本，须是明谱系、世族与立宗子法。宗法不立，则人不知统系来处。古人亦鲜有不知来处者，宗子法废，后世尚谱牒，犹有遗风。谱牒又废，人家不知来处，无百年之家，骨肉无统，虽至亲，恩亦薄。"（3·1）所谓"管摄天下人心"，即是在人心之中寻找一种本有的道德原则，进而在社会层面发挥凝聚社群、淳风化俗的作用。张载将这一原则理解为"本"或"统系来处"，即其所生之源。这与他的理学本体论思想是相通的，也可以说是其理学思想的运用。

在心理层面，所谓"不忘本"或"知统系来处"，并不是一个单纯的理智原则，而亦贯穿着强烈的情感。只有这种情感性，才能真正具有凝聚和归属的意义。张载也将这一原则上升到国家治理的层面。他总结近世以来宗法不立所造成的忠义不立的局面说："宗子之法不立，则朝廷无世臣。且如公卿一日崛起于贫贱之中以至公相，宗法不立，既死遂族散，其家不传。宗法若立，则人人各知来处，朝廷大有所益。或问：'朝廷何所益？'公卿各保其家，忠义岂有不立？忠义既立，朝廷之本岂有不固？今骤得富贵者，止能为三四十年之计，造宅一区及其所有，既死则众子分裂，未几荡尽，则家遂不存，如此则家且不能保，又安能保国家！"（3·2）由于强调宗法制度在"理"与"情"上的根据，因而张载对宗法制具体实行层面的思考便不是历史性或考证性的，而更多关注如何将之运用于社会现实层面。

正如张载反复批评的，北宋时期无论公卿还是士大夫，宗法的执行已相当混乱。张载也依据情理，提出宗法制实行的一些变通方式。如在宗子的确立上，张载认为："宗之相承固理也，及

旁支昌大，则须是却为宗主。至如伯邑考又不闻有罪，只为武王
之圣，顾伯邑考不足以承太王之绪，故须立武王。所以然者，与
其使祖先享卿大夫之祭，不若享人君之礼。至如人有数子，长
者至微贱不立，其间一子仕宦，则更不问长少，须是士人承祭
祀。"（3·7）这样，宗法制的原则便不只是依据血缘关系，而是
会随着后代政治地位的变化而变化。这实际上也体现了张载解经
的"理学"旨趣。

又如在"支子不祭"的问题上，张载虽然肯定了这项原则，
但也强调支子应当以适当的方式表达其感情："古所谓'支子不
祭'也者，惟使宗子立庙主之而已。支子虽不得祭，至于斋戒致
其诚意，则与祭者不异；与则以身执事，不可与则以物助之，但
不别立庙，为位行事而已。后世如欲立宗子，当从此义，虽不与
祭，情亦可安。"（3·8）所谓"支子不祭"，并非完全不祭祀，
只是"不得别祭"，这是"理"的要求。但是，支子也有情感，
故"斋戒致其诚意，则与祭者不异；与则以身执事，不可与则以
物助之"。如此，"虽不与祭，情亦可安"。

但北宋在家族祭祀上存在的问题，其实主要不在"支子不
祭"上，而是在"宗子不立"以至于"废祭"上。为了解决这一
困难，张载接着提出了一系列重视宗子的措施。首先，"譬如一
人数子，且以适长为大宗，须据所有家计厚给以养宗子，宗子势
重，即愿得之，供宗子外乃将所有均给族人"（3·8），这是经济
上给予宗子一定的优势。其次，"宗子须专立教授，宗子之得失，
责在教授，其他族人，别立教授"（3·8），这是对宗子在道德责
任上提出更高的要求。再次，"仍乞朝廷立条，族人须管遵依祖

先立法，仍许族人将己合转官恩泽乞回授宗子，不理选限官，及
许将奏荐子弟恩泽与宗子，且要主张门户"（3·8)，这是在政治
上给予宗子一定的特权。最后，"宗子不善，则别择其次贤者立
之"（3·8)，这是对这一制度在道德性上的保障。张载试图通过
这些具体的建议来促使一些大家族恢复宗法制。不过，这些建议
事实上最后仍然只能停留在理论探讨的层面上。

(三) 祭礼考辨

限于时代条件，张载的礼学实践实际上只能集中在家礼层
面，尤其表现在祭礼和丧礼上。张载自道曰："某自今日欲正经
为事，不奈何须着从此去。自古圣贤莫不由此始也。况如今远者
大者又难及得，惟于家庭间行之，庶可见也。"（9·11）吕大临
在《横渠先生行状》中记曰："近世丧祭无法，丧惟致隆三年，
自期以下，未始有衰麻之变；祭先之礼，一用流俗节序，燕亵不
严。先生继遭期功之丧，始治丧服，轻重如礼；家祭始行四时之
荐，曲尽诚洁。闻者始或疑笑，终乃信而从之，一变从古者甚
众，皆生先倡之。"[1] 从北宋司马光所制定的《书仪》，到南宋朱
熹的《家礼》，都反映出对家族礼制的重视，张载也是这一运动
的参与者和倡导者，在关中造成极大影响。[2]

[1]　吕大临：《横渠先生行状》，《张载集》，第 383 页。
[2]　张载自言："关中学者用礼渐成俗。"（程颢、程颐：《河南程氏遗书》卷十，
　　见《二程集》，第 114 页。）张载弟子中以蓝田四吕特别是吕大钧推行
　　礼制最力，影响亦最大。吕氏家族编撰有《编礼》《家祭礼》《乡约》等。
　　《宋元学案》说："横渠之教，以礼为先，先生（吕大钧）条为《乡约》，
　　关中风俗为之一变。"（见黄宗羲、全祖望：《宋元学案》卷第三十一《吕
　　范诸儒学案》，第 1097 页。）

在《经学理窟》中，张载对祭礼、丧礼、葬礼的一些细节，如宗子主祭、支子不祭、无后之祭、祭用分至、从食降杀、荐尝袷禘、用尸、忌日变服、祧庙、庙数、坛墠、蜡祭、祔葬、祔祭、卒哭、变服、重主、棺椁、相地、安穴、服制、禫祥、祭服处理等等，均有所是正。《经学理窟》对礼制的考辨疏解，既是张载出于行礼实践的需要，也是他以礼学教化人心之理想的体现。

对于祭祀的意义，张载特别强调其"接鬼神之道"的特征，因而不能仅限于"但致其事生之礼，陈其数而已"，而是认为其"所总者博，其理甚深"（10·9）。张载进而把祭礼的功能理解为"祭接鬼神，合宗族，施德惠，行教化，其为备须是豫，故至时受福也"（10·3）。这即是说礼在于"意"与"义"，而不在"物"与"数"。这是非常理学化的解释。

因此，张载主张"参酌古今，顺人情"而制礼。《礼记·丧服小记》曰："庶子不祭殇与无后者，殇与无后者从祖祔食。"但北宋时士人只有祢庙而无祖庙，因而只能"一庙而设三世"。有的人家伯祖之子无后，更是将伯祖和伯祖之子与自己的祖、父一同祭祀。那么牌位如何陈设，祭祀时间如何选择，便成为问题。张载主张可以"参酌古今，顺人情而为之"（10·1），既有祭，又有别。依照人情，伯祖当与祖同列，伯父当与父同列。但在祭祀时，又当有亲疏之别，拜朔之礼只施于三世，享尝时可施于伯祖。

同样，对于男子之配偶的祭祀也遵循同样的原则："近世亦有祭礼，于男子之位礼物皆同，而于其配皆有降杀，凡器皿俎豆筵席纯缘之类，莫不异也。此意亦近得之。"（10·2）再如有的男子由于妻子去世却无子，因而续娶，造成一夫多妻的情况，那又如何祭葬？张载认为："祫祭既不见男女异庙之文，今以人情推之，且不若男从东方，女从西方，而太祖居南面，男祔其祖，妇祔其姑。虽一人数娶，犹不妨东方虚其位以应西方之数，其次世则复对西方之配也。"（10·18）但张载也承认还是有较难解决的问题存在："'铺筵设同几'，只设一位，以其精神合也。后又见合葬孔子善之，知道有此义。然不知一人数娶，设同几之道又如何，此未易处。"（10·5）

对于祭祀的时间，张载将一年中的二分二至定为四时正祭，此外还有朔望荐新之祭、元日之祭、寒食之祭等，正祭用特牲三献之礼，其他则一献之礼。（9·2）他又主张："今之士大夫，主既在一堂，何不合祭之，分而作夏秋特祭则无义。"（10·4）这都是对古礼顺应时变的调整。

张载对其他礼制也多有从理论上的考辨。对于用尸，他说："尸惟虞则男女皆有，是初祔庙时也，至于吉祭，则唯见男尸而不见女尸，则必女无尸也。当初祔时则不可以无尸。"据此，他推断"《节服氏》言郊祀而'送逆尸车'，则祀天有尸也。天地山川之类，非人鬼者，恐皆难有尸。《节服氏》言郊祀有亦不害，后稷配天而有尸也"，又推断"《诗序》有言'灵星之尸'，此说似不可取"。（10·14）对奠酒、用茶，张载说："奠酒，奠，安置也，若言奠挚、奠枕是也，谓'注之于地'非也。"（10·6）"祭则香茶，非古也。香必燔柴之意，茶用生人意事之。"（10·7）这些考证，其实都反映出张载对祭礼过程中人情的重视，对各种仪式赋予了一种理性化的解释，祛除了其中迷信的成分。

　　张载往往依据情理对各种礼仪的意义作重新解读。如对雩祭，张载说："'龙见而雩'，当以孟夏为百谷祈甘雨也。水旱既其气使然，祈祷复何用意也？民患若此，不可坐视，圣人忧民而已。"（10·24）水旱是自然现象，祈祷并非真能作用于自然而给人带来所希望的效果。但人与人之间是感同身受的，故而圣人以此仪式表示其"忧民"之心。这也表现在"山川之祀"和"蜡祭"上。张载反对山川之祀用人像，认为："山川之祀，止是其如此巍然而高，渊然而深，蒸润而足以兴云致雨，必报之，故祀之。视三公诸侯，何尝有此人像！圣人为政必去之。"（10·22）对于祭祀"先啬""司啬""农""邮表畷""猫虎""坊""水庸""百种"的"蜡祭"，他认为这是"岁终大报"（10·23）。对于拆去坛墠之后的"鬼飨"，张载说："此言鬼飨，既不在庙与坛之数，即并合上世一齐飨之而已，非更有位次分别，直共一飨之耳，只是怀精神也。鬼者只是归之太虚，故共飨之也。"（10·20）又如在祭祀用尸的问题上，张载认为："祭所以有尸也，盖以示教；若接鬼神，则室中之事足矣。至于事尸，分明以孙行，反以子道事之，则事亲之道可以喻矣。"（10·15）

　　可见，张载对礼的理解更多转向了内心，进而及于其社会功能，对其宗教意义则有较大的淡化。由于张载对礼的理解是建立在"理"的基础上，礼制无论在理解上还是在实行上都不再变得被动和烦难。张载形容说："礼义之家，虽奴婢出而之他，必能笑人之丧祭无理者，贤者之效不为细也。"（10·11）

（四）丧礼考辨

张载对丧礼的考辨同于祭礼，多是从情理出发对以往经传记载做义证或商榷。如对《礼记·檀弓下》"丧不虑居，毁不危身。丧不虑居，为无庙也。毁不危身，为无后也"一句的解释，郑玄说："'丧不虑居'，谓卖舍宅以奉丧。"张载则说："'丧不虑居'也，非无薪也，必毁屋扉，明于死者无所爱惜，所以趋其急也。"（12·1）相比而言，张载显然更突出其中包含迫切心情的情理意义，而非礼制财物的要求。

对于丧礼中须三年而袝还是卒哭而袝，张载也说："郑氏之说恐非。丧须三年而袝，若卒哭而袝，则三年都无事。"（12·2）张载认为，卒哭之后仍然有朝夕哭，若无祭，则无处可哭，与理不合。袝祭于祖庙之前的三年中，不撤几筵，待亲若存，故而《国语》言"日祭月享"，指的就是如此。此外，对于妻子的袝葬和袝祭问题，原则上夫妻相合，袝者只有一人，但如果为了继续宗族，再娶之后就会出现二妻如何袝的问题。张载认为，"极至理而论，只合袝一人"，"其葬其袝，虽为同穴同筵几，然譬之人情，一室中岂容二妻？以义断之，须袝以首娶，继室别为一所可也"（12·7）。这显然也完全是从情理出发的推论。

对于葬法，张载赞同程颐《葬说》相地中五种"不为"的情况："须使异日决不为道路，不置城郭，不为沟渠，不为贵家所夺，不致耕犁所及。"（12·8）他明确反对以风水和一行的堪舆方法卜地，赞同用布帛和小鱼埋于地下的方法来检验地气的美恶："葬法有风水山岗，此全无义理，不足取。南方用青囊，犹或得之，西方人用一行，尤无义理。南人试葬地，将五色帛埋于地下，经年而取观之，地美则采色不变，地气恶则色变矣。又以器贮水养小鱼埋经年，以死生卜地美恶。取草木之荣枯，亦可卜地之美恶。"（12·10）这也反映了张载思想中较强的理学化色彩。

对于服丧时间，如对父在为母服丧之制，张载认为，如果服三年之丧，会造成家有二尊的局面，故今日只需服齐衰一年，之后墨衰从事，如此"可以合古之礼，全今之制"（12·16），得行折中之法。又如对于"母为长子斩三年"，张载一方面认为"父存子为母期，母如何却服斩"，故"此理未安"，另一方面又肯定"此为父只一子，死则世绝，莫大之戚，故服斩"（12·15）。又如对"同母异父之兄弟如何服丧的问题"，虽然认为"当古之时又岂有此事"，但又认为"小功服之可也"（12·17）。他也肯定"古者为舅姑齐衰期，正服也；今斩衰三年，从夫也。"（12·20）再如对于师服的问题，他认为："师不立服，不可立也，当以情之厚薄事之大小处之。如颜闵于孔子，虽斩衰三年可也，其成己之功与君父并。其次各有浅深，称其情而已。下至曲艺莫不有师，岂可一概制服！"（12·22）这些都可清楚地看到张载以理制礼的学术特点。

总的来说，张载对于礼制的态度趋于相对保守，他虽然承认礼制需要因时而变，但并不主张大规模地改变古礼。如他认为，即便族属有恩，服丧也不可加等："韩退之以少孤养于嫂，故为嫂服加等。大抵族属之丧不可有加，若为嫂养便以有恩而加服，则是待兄之恩至薄。"（12·11）又如对于妾生子为其母服丧的情况，张载认为"有适母在，其所生之母死，虽服缌，亦当心丧"（12·25）。对于《礼记·檀弓上》"子上之母死而不丧"章的解释，张载赞同"子思以我未至于圣，孔子圣人处权，我循礼而已"（12·13）。张载的这些理解，所秉持的都是处于情理之间的中道原则。

总之，与《正蒙》相比，《经学理窟》讨论的许多问题，不但细致、生动，也有相互补充的意义。尤其是结合儒家经典与历代注解的解释，更是可以在其中看到许多重要的思想史议题。这都是《经学理窟》值得细读的原因。

## 八、本书的编写体例及相关说明

（一）书名。《经学理窟》最早收于《诸儒鸣道集》中，书名为《横渠经学理窟》。大约同时的《郡斋读书志》则只录作《理窟》，《朱子语类》中亦称之为《理窟》。后世单刻本均作《横渠经学理窟》，收入《张子全书》者则只称《经学理窟》。本次单独整理，亦使用《横渠经学理窟》的书名。

（二）版本。《经学理窟》的现存最早版本是南宋端平二年（1235）黄壮猷修补《诸儒鸣道集》本（现藏上海图书馆，有山东友谊出版社1992年影印本）。《诸儒鸣道集》乃丛书体例，收录张载著作三种，分别是《横渠正蒙》《横渠经学理窟》和《横渠语录》。现存较早的单刻本是明嘉靖元年（1522）黄巩刻本（现藏国家图书馆），此外还有明万历二十年（1592）李祯刻本（现藏浙江大学图书馆）。明嘉靖五年（1526）刻吕柟《张子抄释》，抄录了《正蒙》《经学理窟》《语录》和《文集》中的一部分，并有简释。其中的《语录抄》和《文集抄》，虽非全本，却一直被后世各种《张子全书》所袭用。《张子全书》的祖本，可追溯到明万历三十四年（1606）徐必达编刻的《合刻周张两先生全书》（现藏国家图书馆）。万历四十六年（1618），沈自彰始单刻《张子全书》（现藏国家图书馆）。之后，《张子全书》还有清康熙五十八年（1719）朱轼刻本（现藏国家图书馆），乾隆二十八年（1763）郿县张明行修补本（现藏国家图书馆），乾隆三十八年（1773）《四库全书》本，嘉庆十一年（1806）郿县叶世倬修补本（现藏上海图书馆），光绪十七年（1891）贺瑞麟《西京清麓丛书》本（现藏北京大学图书馆），中华书局民国元年（1912）《四部备要》本等。此外，同治五年（1866）张伯行《正谊堂全书》中收录的《张横渠先生文集》，实际上仍然沿袭了之前的《张子全书》本，只是未收《横渠易说》，分卷也略有改动。张载著作的现代点校本主要有章锡琛点校整理的《张载集》（中华书局1978年版），陈俊民编校的《张载全集》（先收入北京大学出版社《儒藏》精华编于2016年出版，后又收入三秦出版社《关学经典集成》于2020年再版），林乐昌编校的《张子全书》（西北大学出版社2015年初版，2021年增订本）。

（三）校勘。本次整理以《诸儒鸣道集》本（简称“鸣道本”）为校勘底本，以明嘉靖元年黄巩刻本（简称“黄刻本”）、吕柟《张子抄释》本（简称“抄释本”）、徐必达编刻《合刻周张两先生全书》本（简称“徐刻本”）、文渊阁《四库全书》本（简称“四库本”）、章锡琛点校《张载集》本（简称“章校本”）为参校本。鸣道本刻印较早，流传较少，是现存唯一的宋刻本。由于其他《张子全书》合刻本基本都是前后沿袭，故文字差异较小；将鸣道本与之相校，则可发现很多差异。再衡之以义理，鸣道本的错讹之处不少，但可通之处也很多。因而，大体可以认为鸣道本能够反映《经学理窟》原貌。黄刻本既是单刻本，刊刻年代又相对较早，故其校勘价值较高。更可贵之处在于，从文字上看，黄刻本保留了大量与鸣道本相同而与后世全书本系统不同之处。抄释本虽非《经学理窟》全文，但与黄刻本刊刻时间相近，也有参校价值。由于明代之后张载著作主要借助于各种版本的《张子全书》来流传，作为《张子全书》祖本的徐刻本自然也应参校。鸣道本与徐刻本差异很大，这可能是因为二者源于不同的版本系统，也可能是后者经过校改，但徐刻本也存在一些错误。四库本和章校本流传较广，并且都做过一些校勘工作，因而也一并作为参校本。本着尽量保持底本原貌的原则，本次校勘只在底本确有字义不通时，才据参校本作改动，并在校勘记中作出明确说明。此外，为了反映版本差异和流变，若遇有价值的异文，也都出校勘记予以说明，以供读者参考。

（四）分章。为查阅和比对方便，我们依照底本并参校其他本对《经学理窟》加以分章，并在每一章前面标注阿拉伯数字序号。

（五）解题。《经学理窟》共十二篇，篇各有义。我们在每篇篇题之下，对全篇内容做简要介绍，以帮助读者有一个总括性的了解。

（六）注释。宋代文言特别是语录，相对先秦魏晋散文，并不是很难读懂。顾名思义，所谓"经学理窟"即是以读经、解经的方式体会儒家经典的深层义理。之所以有必要对《经学理窟》

加以注释，首先在于其大量使用了儒家经学文献中的语句、概念、名物、制度、典故等，以涉及《周礼》《尚书》《诗经》《礼记》《仪礼》《周易》《论语》《孟子》为多，其他如《春秋》《国语》《史记》《荀子》《庄子》也有。凡此，我们不仅均详加指明，而且尽量比较完整地辑录经典原文，以见其原本语境。此外，经学史上对于儒家经学文献中语句、名物、制度的理解及解释，并不是确定和唯一的，而是历来存在诸多争议，这实际上构成了一个值得研究的思想史课题。张载对汉唐经学既有沿袭，也有批评，不了解汉唐经学的传统解释，就很难明白张载经学解释的针对性。因此，我们在必要时也对汉唐注解做了辑录。对比二者，可以明显看到张载理学化经学的思想特点。此外，书中的其他用词，虽然大部分意思比较明显，但也有一些比较古奥，或系俗语，或在省略了主语、限定词等句子成分后增加了理解的困难，或容易引起歧义。对此，我们除了对个别词语作出解释以外，也对部分句子做了一些串讲性质的说明。各词的释义，主要参考了《汉语大词典》（上海辞书出版社 2011 年）的义项。

（七）参读。《经学理窟》虽然是张载著作，但其中一些语录也见于《河南程氏遗书》。其原因何在？有学者认为《经学理窟》是张载与二程语录的合编，也有认为是二程语录混入，还有认为是张载吸收了二程的思想。各种猜测莫衷一是，尚未有定论。张载与二程在学术上多有往来，其思想上也多有异同之处。故而，我们在张载、二程以及朱熹著作中，如遇与某条语录相同及相关度较高的论述，也予以说明或辑录，以备研究者参考。所用版本为中华书局理学丛书《张载集》《二程集》《朱子语类》等常见整理本，文末标注页码。此外，卫湜《礼记集说》中也有多条张载注解与《经学理窟》语录相同或相近。我们对相近的予以辑录，以起到校勘或帮助理解的作用。所用版本为林乐昌编校《张子全书》（增订本），文末标注页码。

（八）集解。与《正蒙》不同，《经学理窟》在理学史上未有单刊全注本。历代学者对其的重视，主要通过抄录、简评或简释的方式表现。朱熹编《近思录》，摘录《经学理窟》文献35条，既有全章摘录，也有部分摘录。此外，摘录的二程语录中，也有几条部分见于《经学理窟》。因《近思录》历代注本极多，这些语录的注释亦极多。之后，宋黄震《黄氏日抄》摘录《经学理窟》文献18条，有简评6条；明湛若水《格物通》摘录6条，均有详说；吕柟《张子抄释》摘录155条，均有简释；清张伯行编《濂洛关闽书》摘录53条，均有注释。我们对这些注释，都尽量予以辑录。不同的《近思录》注本，在引述朱熹的评论时会出现重复的情况，若无明显差异，仅保留首次引用的该条评语，之后则予以删节。另外，《近思录》的辑文与《经学理窟》原文往往有文字出入，不再作校勘；整理本偶有标点不当处，则直接改正。《黄氏日抄》《格物通》等对《经学理窟》往往非全章辑录，而只是摘抄其中数语并作解释。为了醒目，我们在辑录注释内容之前均注明"某释某曰"。对《黄氏日抄》摘录数章而评语仅合为一条的情况，我们将此一条评语置于各章之下。《近思录》的历代注释，主要依据严佐之等主编的《朱子学文献大系·历代朱子学著述丛刊·近思录专辑》（华东师范大学出版社2015年）本，《黄氏日抄》《格物通》《濂洛关闽书》，使用《四库全书》本。

（九）译文。虽然我们在注释中对关键及难解的字句尽量做了解释，但恐失于琐碎支离，或言不尽意，故而在每章的注解之后又设译文，以通贯性地对该章内容进行白话翻译，读者可以根据需要选择参考。

（十）章旨。《经学理窟》原书章节编次虽粗具条理，但仍欠显豁。我们在各章最后对其主旨略作概括，以见张载用意所在及各章关联，必要时也对注解中涉及的重要问题再做一点总结性说明。

（十一）序跋。相比《正蒙》,《经学理窟》的单行本较少，因而序跋不多，今所见只有汪伟序和黄巩跋，另有保存在《陕西通志》中的康海序。吕枏《张子抄释》是最早收集当时存世张载著作的文集，其后则又有徐必达编刻的《合刻周张两先生全书》,《经学理窟》亦赖之而流传，故此次也辑录了二书序言。以上序跋，均列于附录一。

（十二）书目提要。凡涉及《经学理窟》的历代书目解题，均选录。《四库全书总目提要》中，有《张子抄释》《周张全书》《张子全书》等涉及《经学理窟》,亦予辑录。以上材料，列于附录二。

# 周　　礼

## 【解题】

本篇主要阐述张载对《周礼》作者、读《周礼》之法、井田、封建、肉刑、市易之政等问题的看法，特别是推行井田制的必要性和具体方法，是反复讨论的重点。全篇共38章，从第13章到第35章都是根据《周礼》《孟子》等经典对周代井田制及相关赋税问题的推导。在这23章中，第13章至第26章可以看作一个整篇，是据《周礼·地官·载师》论田制中自一亩至三百亩共九等不同分田情况和税制；第27章到第35章又进一步对其中的赋税问题做了补充。张载之所以对井田和赋税如此重视，主要是他认为这能解决国家统治必须面对的两个根本问题：一是社会公平，二是国家富强。总的来看，本篇内容反映了张载在北宋社会经济、政治危机及王安石变法背景下的强烈现实关怀。在这些具体关注的背后，也反映出张载重视理性、道德、公平、实践的鲜明理学精神。

1·1　《周礼》是的当之书[1]，然其间必有末世添入者[2]。如盟诅之属[3]，必非周公之意[4]。盖盟诅起于王法不行[5]，人无所取直[6]，故要之于神[7]，所谓"国将亡，听于神"[8]，盖人屈抑无所伸故也。如深山之人多信巫祝[9]，盖山僻罕及，多为强有力者所制[10]，其人屈而不伸，必呪诅于神[11]；其间又有偶遭祸者，遂指以为果得伸于神。如战国诸侯盟诅，亦为上无王法。今山中人凡有疾者，专使巫者视之，且十人间有五人自安[12]，此皆为神之力。如《周礼》言十失四已为下医[13]，则十人自有五人自安之理。则盟诅决非周公之意，亦不可以此病周公之法[14]，又不可以此病《周礼》。《诗》云："侯诅侯呪，靡届靡究。"[15]不与民究极，则必至于诅咒[16]。

## 【注释】

〔1〕《周礼》：原名《周官》，初见于西汉，属古文经，西汉末改称《周礼》。东汉郑玄兼注《周礼》《仪礼》《礼记》，《周礼》遂为三礼之一。按古文经学的看法，《周礼》为周公所作，但这一看法遭到今文经学者的反对，故关于《周礼》的可信性、地位、作者自来颇多争议。贾公彦《序周礼废兴》："然则《周礼》起于成帝刘歆，而成于郑玄，附离之者大半。故林孝存以为武帝知《周官》末世渎乱不验之书，故作《十论》《七难》以排弃之。何休亦以为六国阴谋之书。唯有郑玄遍览群经，知《周礼》者乃周公致太平之迹，故能答林硕之论难，使《周礼》义得条通。"北宋时，《周礼》地位上升。熙宁八年（1075），《三经新义》颁于学校，成为官定教材，用以取士，其中就包括王安石亲自撰写的《周官新义》。的当：恰当，确切，可以凭信。

〔2〕末世：一个朝代的末期或衰乱之时。语出《周易·系辞下》："《易》之兴也，其当殷之末世、周之盛德邪！"

〔3〕盟诅：杀牲歃血，告誓于神明。《周礼》中设有诅祝、司盟等职，均与盟诅相关。《周礼·春官·诅祝》："诅祝掌盟、诅、类、造、攻、说、祓、崇之祝号。作盟诅之载辞，以叙国之信用，以质邦国之剂信。"郑玄注："八者之辞，皆所以告神明也。盟诅主于要誓，大事曰盟，小事曰诅。"贾公彦疏："盟者，盟将来。《春秋》诸侯会，有盟无诅。诅者，诅往过，不因会而为之。"《周礼·秋官·司盟》："司盟掌盟载之法。凡邦国有疑会同，则掌其盟约之载及其礼仪，北面诏明神。既盟，则贰之。盟万民之犯命者，诅其不信者亦如之。凡民之有约剂者，其贰在司盟。有狱讼者，则使之盟诅。"

〔4〕周公：姓姬名旦，周文王第四子，周武王之弟。曾辅助武王灭商。武王崩，成王幼，周公摄政，之后平定武庚、管叔、蔡叔之叛，继而营建成周洛邑，厘定典章制度，天下臻于大治。《尚书大传》概括周公的功绩说："一年救乱，二年克殷，三年践奄，四年建侯卫，五年营成周，六年制礼乐，七年致政成王。"儒家传统将周公看作圣贤典范，常周孔并称。张载在这里认为，以告誓于神明的方式来解决政治问题，不符合周公立德、制礼、行政的本意，必为后世国家衰乱时添入的内容。

〔5〕王法：王道之法，能体现王道的具体做法。

〔6〕直：不弯曲，与"枉""曲"相对，引申为正直，公正，不偏私。

〔7〕要：以明誓的方式就某事作出承诺或表示决心。

〔8〕"国将亡，听于神"：国家将要灭亡，就听从神明的指示。语出《左传·庄公三十二年》："史嚣曰：'虢其亡乎？吾闻之：国将兴，听于民；将亡，听于神。神，聪明正直而壹者也，依人而行。'"

〔9〕巫祝：事鬼神者为巫，祭主赞词者为祝，后连用以指掌管占卜祭祀的人。

〔10〕强有力者：强横而有势力的人。制：控制。

〔11〕呪：同"咒"，"祝"的本字，后逐渐演变为以"咒"表诅咒，"祝"表祝福。呪诅：同"诅咒"，乞求神灵降祸。《尚书·无逸》："此厥不听，人乃训之，乃变乱先王之正刑，至于小大。民否则厥心违怨，否则厥口诅祝。"孔颖达疏："'诅祝'，谓告神明令加殃咎也。以言告神谓之'祝'，请神加殃谓之'诅'。襄十七年《左传》曰：'宋国区区，而有诅有祝。'《诗》曰：'侯诅侯祝。'是'诅'、'祝'意小异耳。"

〔12〕间：偶尔。自安：身体自愈。

〔13〕十失四已为下医：十个病人有四个没有治好，这已经是最下等的医师。语出《周礼·天官·医师》："医师掌医之政令，聚毒药以共医事。凡邦之有疾病者、疕疡者造焉，则使医分而治之。岁终则稽其医事，以制其食。十全为上，十失一次之，十失二次之，十失三次之，十失四为下。"

〔14〕病：批评，指责。

〔15〕侯：义同"维"、"惟"，发语词，用于语首。靡：无，没有。届：极限，界限。究：穷尽，终极。"侯诅侯呪，靡届靡究"：有诅有咒，没有穷尽。语出《诗经·大雅·荡》："文王曰咨，咨女

殷商。而秉义类，强御多怼。流言以对，寇攘式内。侯作侯祝，靡届靡究。"毛传："作、祝，诅也。届，极。究，穷也。"郑玄笺："侯，维也。王与群臣乖争而相疑，日祝诅求其凶咎无极已。"孔颖达疏："上言用恶人在官，此言'诅祝'，明是王与群臣乖争相疑而祝诅也。'靡届靡究'，言其无穷已之时，故知日日为之也。'诅'者，盟之细事，用豕犬鸡三物告神而要之。'祝'无用牲之文，盖口告而祝诅之也。皆是情不相信，听以明神，若有犯约，使加之凶祸。"

〔16〕究极：穷尽，终极。这里作动词，意指在上位者要与百姓同心同道。按郑笺，《诗经》"侯作侯祝，靡届靡究"，本指君王与群臣不同心，故而臣下的怨言、诅咒没有穷尽；张载则将此诗解释为在上者如果不与百姓同心同道，必遭致百姓的诅咒。

**【集解】**

黄震释"《周礼》盟诅之属，必非周公之意"曰：《周礼》岂独盟非周公之意哉？盟诅出于后世，则《周礼》恐未必尽作于周公。横渠好古之切，故为委曲回护如此，而又以《诗》《书》次《周礼》焉。(《黄氏日抄》卷三十三)

吕柟曰：诅呪在《诗》中亦有之，故《周礼》云。(《张子抄释》卷三)

**【参读】**

问：《周礼》之书有讹缺否？"(程颐)曰："甚多。周公致治之大法，亦在其中。须知道者观之，可决是非也。"又问："司盟有诅万民之不信者，治世亦有此乎？"曰："盛治之世，固无此事。然人情亦有此事，为政者因人情而用之。"(《河南程氏遗

书》卷十八，第230页）

二程曰：《周礼》不全是周公之礼法，亦有后世随时添入者，亦有汉儒撰入者。……学者有所得，不必在谈经论道间，当于行事动容周旋中礼得之。（《河南程氏外书》卷十，第404页）

朱熹曰：今人不信《周官》。若据某言，却不恁地。盖古人立法无所不有，天下有是事，他便立此一官，但只是要不失正耳。且如女巫之职，掌宫中巫祝之事，凡宫中所祝皆在此人。如此，则便无后世巫蛊之事矣。（《朱子语类》卷八十六，第2205页）

朱熹曰：大抵说制度之书，惟《周礼》《仪礼》可信，《礼记》便不可深信。《周礼》毕竟出于一家。谓是周公亲笔做成，固不可，然大纲却是周公意思。某所疑者，但恐周公立下此法，却不曾行得尽。（《朱子语类》卷八十六，第2203页）

**【译文】**

《周礼》是可靠的典籍，但其中肯定有后来衰乱之世添加的内容。如告誓于神明之类，肯定不是周公的意思。因为告誓于神明是起因于王道之法不能实行，人们无法获得公正的待遇，所以就向神明发誓承诺，这就是所谓"国家就要灭亡了，只能听命于神明"，这大抵是出于人们遭受压抑却没有办法伸张的缘故。就好像生活在深山中的人往往信奉巫术祷告，因为深山偏僻，很少人去，常常被强横有势力的人控制，所以这里的人被压抑而不能伸张冤屈，必然就会向神明祈求降祸于恶人；其中又真有恶人偶尔遭遇灾祸，就被当成真的是神明帮他伸冤。如战国时期诸侯告誓于神明，也是因为上面王道之法不实行。如今山里人只要生病，就专门找巫医来看，如果十个人有五个身体自愈了，人们就把这当作是神明干涉的结果。如同《周礼》中说"十个病人有四个没有治好，就已经是最下等的医师"，所以十个病人理应有五个自愈。因此，告誓于神明肯定不是周公的意思，也不能因此批评周公所制定的法度，并且不能因此批评《周礼》。《诗经》说："有诅有咒，没有穷尽。"统治者如果不与百姓同心同道，就必然会遭致诅咒。

**【章旨】**

本章在总体上肯定《周礼》为周公所作的前提下，又根据《周礼》中有"盟诅"之词，疑其有乱世添入之言。张载从理学立场出发，对儒家经学文献中凡涉及神学信仰或神秘化礼仪之处大多作了理性化的解释。张载认为王法行则百姓无怨言，即使有冤屈之事也有途径讨回公道，故周公制礼行政，绝不会有求助于盟诅之事，也不会设立管理盟诅的官职；只有到了后世王法不行之时，百姓的冤屈无处得伸，才会出现以盟诅的方式求助于神明的需要。此处虽然事涉对《周礼》作者、成书时代的考证，但张载的考证方式是以理推之，实际意在说理，这也是张载理学化经学的一个显著特点。与张载相比，二程也认为《周礼》为周公所作，同时有后世随时添入者，但他们并不否定"司盟"之职，可见张载与二程的看法有同也有异。简言之，张载较为理想，二程较为重"时"，因而更现实一些。

**1·2** 治天下不由井地<sup>〔1〕</sup>，终无由得平<sup>〔2〕</sup>。周道止是均平<sup>〔3〕</sup>。<sup>〔4〕</sup>

**【注释】**

〔1〕井地：即井田，儒家学说中理想化的一种土地制度，以方九百亩为一里，划为九区，形如"井"字，故名。

〔2〕平：公平。无由得平：无法实现公平。

〔3〕周道：周代治国之道。均平：公平，公正。周道止是均平：语本《诗经·小雅·大东》："周道如砥，其直如矢。"郑玄注："如砥，贡赋平均也。如矢，赏罚不偏也。"

〔4〕本章朱熹辑入《近思录》卷九《治法》，出自《语录》。

**【集解】**

叶采曰："周道如砥"，言其平也。（《近思录集解》卷九，第178页）

张习孔曰：大约井田难行者，以弃地必多，赋税大诎。又不能一父止生一子，每至二三十年，又须改作分授也。（《近思录传》卷九，第183页）

张伯行曰：周道，文、武、周公所以治天下之道也。治天下者，平天下而已，然欲平天下，必自井田始。盖分疆画井，上下公私兵赋教养之事皆尽其中。不由井田，天下何由得平？故古来惟周家称久安长治，然亦只是均平而已。（《近思录集解》卷九，第318页）

尹会一曰：理民之道，地着为本，故必建步立亩，正其经界。六尺为步，步百为亩，亩百为夫，夫三为屋，屋三为井。井方一里，是为九夫，八家共之，各受私田百亩，公田十亩。田有定分，豪强不得以兼并，自各得其平。治天下之法，使不由井地，则田里不均，游惰奸凶不轨之民得容于其间，而不平甚矣。

《诗》曰"周道如砥",正言其均平也。此井地之制,圣王所以均天下之田里,政立仁施,匹夫匹妇各得其所,为治者可不法乎!（《近思录集解》卷九,第 320 页）

李文炤曰:周道,谓成周之治道。均平,则各得其所矣。（《近思录集解》卷九,第 176 页）

茅星来曰:不由井地,则富者田连阡陌,贫者至于流离失所,故云"终无由得平"。"周道",犹言大道也。"止是均平",言必当力行井地也。（《近思录集注》卷九,第 320 页）

施璜曰:此言井田之法只是均平也。胡敬斋曰:"唐太宗口分授田,遂致贞观之治。若圣王得人任职,随高低长短阔狭画成区数,每区以百亩为率,每亩以百步为率,分上中下三等。上等八口九口,中者七口六口,下者五口,未至五口或过乎九口,别行区处。"或曰:"田之数不可益,人之生无穷,只恐将来人多田少,养不给,如何?"曰:"天地间气只生得天地间许多人,既生之必能养之。将海内之田区画已定,籍记天下人口之数而加减之,只要均平,不拘多少。多则每区十人亦可,少则每区四五人亦可,当以田为母而区画已有定数,以人为子而增减以授之。若井田之法不行,田地多被富豪有智谋者用银谷买而兼并之,愚民常少衣食,何得均平乎?且富者有所恃而易于为恶,贫者失所养而不暇为善,教养之法俱废,虽欲言治,皆苟且而已。"（《五子近思录发明》卷九,第 476 页）

郭嵩焘曰:横渠此等议论,皆是窥见三代以上大本大原处。要知三代以上,亦多是未能画一,王者相承以有天下,存其大纲而已,又须别立一法以整齐之,以明一王之制度。如夏五十而贡，殷七十而助，周百亩而彻，仍是以数相准，而必为之别立一名，但取整齐之义，度其中出入必已多矣。是以至战国而已扫荡无余，地愈广，即所以整齐其民者亦愈难也。(《近思录补注》卷九，第167—168页)

张绍价曰：周道均平，故可以长治久安。后世之法，不均不平，故治日常少，乱日常多。西洋竞言平等，然能平上下之等，而不能平贫富之等。大资本家、大地主家，役使劳动家如奴隶。贫者永贫，富者永富，不平已极。故有今日罢工、共产之祸。乱机所煽，行且及于吾国，甚可畏也。(《近思录解义》卷九，第261页)

【译文】

治理天下不从推行井田制着手，终究没办法实现公平。周代的治国之道只是在于公平。

【章旨】

本章论周道以"均平"为最根本的治理原则，而"均平"又必须借助于推行井田才能实现。张载这一思想，既来自于《周礼》，同时也受到孟子很大影响。《孟子·滕文公上》："夫仁政必自经界始。经界不正，井地不均，谷禄不平，是故暴君污吏必慢其经界。经界既正，分田制禄，可坐而定也。"孟子以井田作为推行仁政的重要举措，张载与孟子在根本意图上是一致的。张载不仅提出了以井田实现社会公平的设想，而且对井田制的具体实行方法也多有考虑，详参以下相关各章。历代儒者对井田实施的可行性多有争论，其根源在于如何在儒家公平理想与复杂的社会现实之间做出取舍、调和，张载无疑选择了坚持儒家的理想性原则，但其困难在于面对变化的历史和社会结构如何去因时制宜。

**1·3**　肉刑犹可用于死刑[1]。今大辟之罪[2]，且如伤旧主者死[3]，军人犯逃走亦死[4]，今且以此比刖足[5]，彼亦自幸得免死[6]，人观之更不敢犯。今之妄人往往轻视其死[7]，使之刖足，亦必惧矣，此亦仁术。[8]

**【注释】**

〔1〕肉刑：残害犯人肉体的刑罚。《周礼·秋官·司刑》："司刑掌五刑之法，以丽万民之罪。墨罪五百，劓罪五百，宫罪五百，刖罪五百，杀罪五百。若司寇断狱弊讼，则以五刑之法诏刑罚，而以辨罪之轻重。"《尚书·舜典》："五刑有服。"孔安国传："五刑：墨、劓、剕、宫、大辟。"《唐律·名例》："昔者，三王始用肉刑。"长孙无忌等疏："肉刑：墨、劓、剕、宫、大辟。"这里的肉刑即五刑，包括死刑，张载所理解的肉刑则不包括死刑。除死刑外，肉刑在隋文帝时已全部废除。张载则建议恢复其他肉刑，以取代一些按律需要执行死刑的情况。

〔2〕大辟：死刑。《尚书·吕刑》："大辟疑赦，其罚千锾。"孔安国传："死刑也。"孔颖达疏："《释诂》云：'辟，罪也。'死是罪之大者，故谓死刑为大辟。"

〔3〕伤旧主：奴婢伤害曾经的主人。

〔4〕军人犯逃走：犯了错误或军法的军人逃走。

〔5〕比：特指依法议罪、拟刑。刖（yuè）足：即剕刑，断

足。《尚书·吕刑》："剕辟疑赦，其罚倍差。"孔安国传："刖足曰剕。"

〔6〕幸：欢喜，庆幸。

〔7〕妄人：无知妄为的人。

〔8〕《近思录》未辑此章，但卷九《治法》辑有与肉刑相关的另一条："肉辟于今世死刑中取之，亦足宽民之死。过此，当念其散之之久。"出自《文集》。以下集解，除吕柟外，即为历代《近思录》此条的注解，因思想相同，注解相通，故辑录于此。

【集解】

叶采曰：肉刑有五：刻颡曰墨辟，截鼻曰劓辟，刖足曰剕辟，淫刑曰宫辟，死刑曰大辟。至汉文帝始罢墨、劓、剕、宫之刑，或曰宫刑不废。今欲取死刑情轻者，用肉刑以代之。外此，当念民心涣散之久，必明礼义教化以维持之，不但省刑以缓死。（《近思录集解》卷九，第176页）

吕柟曰：肉刑显明，能惩人为恶。（《张子抄释》卷三）

张伯行曰：肉辟，即《书》所谓五刑是也。汉文帝时始罢墨、劓、剕、宫之刑，止留死刑。横渠欲取死刑中情轻者，用肉刑以代之，亦庶几足以宽民之死。过此以往，又当念教化无术，民心涣散已久，故多犯法，亟思所以正其本，而不徒区区有以缓其死而已也。（《近思录集解》卷九，第315页）

李文炤曰：肉刑有五：刻额曰墨，截鼻曰劓，刖足曰剕，去势、幽闭曰宫，死刑曰大辟。汉文帝始罢墨、劓、剕，隋文帝并去宫，而肉刑废矣。于死刑之情轻者而用肉刑，亦足宽民之死而不至于滥杀。然过此当念民心涣散之久，当有以教养之，不但省刑以缓死也。朱子曰："徒流之法，既不足以止穿窬淫放之奸，而其过于重者，则又有不当死而死。如强暴赃满之属者，苟采陈群之议，而一以宫刭之辟当之，则虽残其肢体而实全其躯命，且绝其为乱之本，而使后无以肆焉，岂不仰合先王之意，而下合当世之宜哉？况君子得志而有为，则养之之具、教之之术，必随力之所至而汲汲焉，固不应因循苟且，直以不教不养为当然，而熟视其争夺相杀于前也。"（《近思录集解》卷九，第174页）

茅星来曰：肉辟有五：刻颡而涅之曰墨辟，割鼻曰劓辟，刖足曰剕辟，男子割势、妇人幽闭曰宫辟，死刑谓大辟也。郑注《周礼·司刑》引《书传》曰："决关梁、逾城郭而略盗者，其刑膑；男女不以义交者，其刑宫；触易君命、革舆服制度、奸轨盗攘伤人者，其刑劓；非事而事之，出入不以道义而诵不详之辞者，其刑墨；降畔、寇贼、劫掠、夺攘、挢虔者，其刑死。"膑谓断其膝骨，不言膑而言剕者，据《吕刑》之文也。汉文帝十三年，太仓长淳于意有罪当刑，女缇萦上书，愿没为官婢以赎父刑，帝恻然，遂除肉刑。然按文帝诏，谓"今有肉刑三而奸不止"，注谓黥、劓、斩趾三者，遂以髡钳代黥，笞三百代劓，笞五百代斩趾，独不及宫刑。至景帝元年，诏言孝文除宫刑，出美人，重绝人之世也，则知文帝并宫刑除之。景帝中元年，赦徒作阳陵者死罪，欲腐者许之，而武帝时李延年、司马迁、张安世兄贺皆坐腐刑，则是因景帝中元年之诏，宫刑复用，而以施之死罪之情轻者。其后亦不复闻，独《书》正义谓汉文帝止除墨、劓、剕，宫刑犹在，至隋开皇之初，始除男子宫刑，妇人犹闭于宫。孔氏及事隋，其言必有据也，但与景帝元年之诏不合。盖自景帝中元年后，宫刑复用，相沿至隋乃始除之，而说者遂误，以谓文帝不除宫刑也。隋既除宫刑，于是乃定为笞、杖、徒、流、死，至今相承不改。其配远州者，则决杖黥面而遣之。《周礼》郑注："墨，黥也。先刻其面，以墨室之。"则是黥与墨一也。《书》孔注："墨，凿其额，以墨涅之。黥，黥面也。"则是黥与墨有别矣。故致堂以墨为五刑之正，黥为五虐之刑，分而二之，盖本孔氏说。然观《吕刑》五虐之刑，黥与劓则并列，且肉刑之中黥为最轻，又安得独以此为五虐之刑，而以为始于有苗乎？但先王用之，使刑当其罪，而有苗则加于无辜之人为虐刑耳。后世籍民为兵，无罪而黥之，使终身不得自列于平民，宜胡氏斥以为不仁也。此者，指肉辟"宽民之死"而言，过此则死刑矣。欲宽其死而不得，但"当念其散之之久"而已，谓宜哀矜而勿喜也。散，谓民情涣散，说见《论语》。浚仪王氏曰："按《通鉴》，西魏大统十三年三月除宫刑，非隋也。"阎百诗曰："是时疆宇分裂，西魏虽除宫刑，而北齐天统五年犹有应宫刑之诏，至隋开皇元年方永行停止也。"○按，朱子于井田封建，皆以为不可复，独肉刑则谓"徒流之法，不足以止穿窬淫放之奸，其过于重者，又有不当死而死"，而欲采陈群之议，一以宫、刖等辟当之。愚谓古先王政教荡然无存，而独欲留肉刑，一旦用刑失当，绝者不可复属，恐非仁人所以用心也。按，《周礼·掌戮》："墨者守门，劓者守阙，宫者守内，刖者守囿。"盖虽刑余之人，皆各有以处之，使无失所，故残其肢体而犹不至绝其生路。今皆不能行，而欲用肉刑，可乎？神宗初，韩绛、曾布议复肉刑。吕申公曰："后世礼教未备，而刑狱繁，将有踊贵屦贱之讥。"王珪欲取死囚，试劓、刖之。吕公曰："不可。试之不死，则肉刑遂行矣。"议遂寝，可谓老成之见。李氏曰：先王之时，虽用肉刑，然人之下丽刑者实未尝遽用之，故司寇以圜土教罢民。凡害人者，其罪已定，夜置于圜土以囚之，尽施职事以役之，明书其所犯之罪于大方版，加诸背而耻之，其能翻然痛改则舍之，使还其乡里，然犹未能保其必善也，故必三年不齿，以验其果善与否。不齿者，如读法、饮射之类皆不得与是也。至其不能改而出圜土者，然后诛之。先王用刑，其委曲如此。(《近思录集注》卷九，第315页）

江永曰：肉辟，墨、劓、荆、宫也。张子欲以此代死刑之情轻者，亦足宽其死过。盖上失道而民散久，不幸入于死罪，所当念也。又按，今世死刑情轻者但于流徒减等，终不忍用肉辟，尤善。(《近思录集注》卷九，第215页）

张绍价曰：不忍用肉辟，固善。近世新律，改笞杖徒流为罚锾，为无期徒刑，有期徒刑，苦工习艺，尤合于《周礼》圜土之法。然刑轻而民易犯，其于为治之道固犹未得其平也。(《近思录解义》卷九，第259页）

【译文】

肉刑仍然可以适用于一些按律需要执行死刑的情况。如今一些判死刑的罪名，比如奴仆伤害曾经的主人判死刑，犯了错误的军人逃走判死刑，现在如果将这些罪行判定为砍掉犯人的脚，既能让犯人自己庆幸免于一死，也使其他人看了不敢再犯罪。如今无知妄为的人往往并不害怕死亡，假如将其罪行判定为砍脚，他们反倒必然会害怕，这也是一种施行仁政的方法。

## 【章旨】

本章论恢复肉刑并以肉刑代替某些死刑情况的"仁术"意义。张载之所以有这一建议，一则是由于《周礼》中有五刑的记载并做了理想化的理解，二则是由于后世肉刑的用废有一个变化过程，也产生了是否应当恢复肉刑的争论（以上辑录历代《近思录》注解对此有所涉及，特别是茅星来注论述较详）。与上章论井田的公平意义相似，本章所论肉刑，也是张载认为的治理国家或施行仁政的重大举措问题，故二章前后相继。

1·4　《天官》之书<sup></sup>①[1]，须襟怀洪大方看得[2]。盖其规模至大，若不得此心[3]，欲事事上致曲穷究[4]，凑合此心[5]，如是之大必不能得也[6]。释氏锱铢天地[7]，可谓至大，然不尝为大，则为事不得[8]，若界之一钱则必乱矣[9]。至如言四句偈等[10]，其先必曰人所恐惧，不可思议[11]，及在后则亦是小人所共知者事[12]。今所谓死，虽奴隶灶间岂不知皆是空[13]！彼实是小人所为，后有文士学之，增饰其间[14]，或别入《易》中之意②[15]，或更引他书文之[16]，故其书亦有文者，实无所依取[17]。庄子虽其言如此，实是畏死，亦为事不得。[18]

## 【校勘】

① 书：其他诸本皆作"职"。

② 别：其他诸本皆作"引"。

**【注释】**

〔1〕《天官》之书：指《周礼·天官冢宰》。郑玄《目录》："冢宰象天所立之官。冢，大也。宰者，官也。天者统理万物，天子立冢宰使掌邦治，亦所以总御众官，使不失职。不言司者，大宰总御众官，不主一官之事也。"

〔2〕襟怀洪大：心胸开阔，胸怀广大。

〔3〕此心：指前述"襟怀洪大"之心。

〔4〕曲：细事，小事。致曲穷究：在一些小事、细节上探究到底。

〔5〕凑合：将就，迁就。此心：指拘泥于具体细节之心。本句的"此心"与前句的"此心"，涵义恰好相反，不可混淆。

〔6〕是：指代《天官》之书。得：指理解、领会。

〔7〕锱铢（zī zhū）：本为计算重量的单位，六铢为一锱，二十四铢为一两，两字连用，用来比喻微小的数量。锱铢天地：以天地为锱铢。

〔8〕为（wéi）：做。

〔9〕畀（bì）：给与。

〔10〕偈：梵语"偈佗"（Gatha）的简称，即佛经中的唱颂词，通常以四句为一偈。

〔11〕不可思议：佛教用语，指思维和言语所不能达到的微妙境界。语出《维摩诘经·不思议品》："诸佛菩萨有解脱名不可思议。"慧远义记："不思据心，不议就口。解脱真德，妙在情妄心言不及，是故名为不可思议。"张载这里不指境界，仅指不可思维和言语的事情。

〔12〕小人：原指平民百姓，引申指识见浅狭或人格卑鄙的人。张载常以"小人"与"君子"或"学者"相对，指不学之人。小人所共知者事：不学之人都知道的、与利益得失相关的事情。

〔13〕灶间：厨房。奴隶灶间：这里指像奴仆、厨子之类的小民，即前所谓"小人"。空：佛教用语，指万物由因缘而生灭，没有自性，虚幻不实。

〔14〕增饰：增补修饰。

〔15〕别：另，另外。入：采纳，增加，窜入。

〔16〕文：修饰，文饰。

〔17〕依取：可靠，可以凭借。

〔18〕"天官之书"至"则必乱矣"，朱熹辑入《近思录》卷三《致知》，与1·36章所辑一段合为一条，出自《语录》。

**【参读】**

正叔言："人志于王道，是天下之公议，反以为私说，何也？"子厚言："只为心不大，心大则做得大。"正叔言："只是做一喜好之事为之，不知只是合做。"（《河南程氏遗书》卷十，第111页）

二程曰："佛学只是以生死恐动人。可怪二千年来，无一人觉此，是被他恐动也。圣贤以生死为本分事，无可惧，故不论死生。佛之学为怕死生，故只管说不休。下俗之人固多惧，易以利动。至如禅学者，虽自曰异此，然要之只是此个意见，皆利心也。"吁曰："此学，不知是本来以公心求之，后有此蔽，或本只以利心上得之？"曰："本是利心上得来，故学者亦以利心信之。庄生云'不怛化'者，意亦如此也。如杨、墨之害，在今世

则已无之。如道家之说，其害终小。惟佛学，今则人人谈之，弥漫滔天，其害无涯。"(《河南程氏遗书》卷一，第3页)

朱熹曰：天官之职，是总五官者。若其心不大，如何包得许多事？且冢宰内自王之饮食衣服，外至五官庶事，自大至小，自本至末，千头万绪，若不是大其心者区处应副，事到面前，便且区处不下。况于先事措置，思患预防，是着多少精神！所以记得此，复忘彼。佛氏只合下将那心顿在无用处，才动步便疏脱。所以吾儒贵穷理致知，便须事事物物理会过。"舜明于庶物"，物即是物，只是明，便见皆有其则。今文字在面前，尚且看不得，况许多事到面前，如何奈得他！须襟怀大底人，始得。又云："后人皆以《周礼》非圣人书。其间细碎处虽可疑，其大体直是非圣人做不得！"(《朱子语类》卷八十六，第2209—2210页)

【集解】

杨伯嵒曰：天官之职，无所不统。如外廷群有司之宿卫，则属官宫正、宫伯掌之；王宫之宿卫，则属官内宰掌之；财赋之出入，酏醴酒浆之微物，洒扫缝染之贱职，幄帟次舍之细事，又皆冢宰属官掌之；甚至膳夫、司医、官寺、嫔御，冢宰无所不统。盖冢宰权尊，足以节制之故尔。(《泳斋近思录衍注》卷三，第65页)

叶采曰：周建六官，而天官冢宰统理邦国内外之政，小大之事无所不总。若非心量广大，何以包举四海、综理百职？今无此心量，但欲每事委曲穷究，必不能周悉通贯之矣。○释氏论性极广大，然不可以理事，其体用不相涉也如此。(《近思录集解》卷三，第91—92页)

吕柟曰：以《周礼》对佛庄而言，大小公私便明白。(《张子

抄释》卷三）

张伯行曰：周之纲纪法度详于《周礼》一书，其最重者无如天官之职。天官，太宰也，必须心量广大，方于其职看得周悉通贯。盖太宰统百官，均四海，凡内外之政，小大之事，无所不总，其规模至大矣。若心处于狭隘，则与规模不相称，逐事逐件欲各就其一偏处推测，穷究斗凑，合拢上来，使此心统理兼综如是之大，必不能得之数也。横渠尝云："大其心则能体天下之物，物有未体则心为有外。"准此意以看天官可也。〇所谓大者，体用兼该之谓也。若释氏之学，则有体而无用，其溺志于虚空之大也，且以锱铢视天下，可谓至大矣，然于人事之理不能究其所从，未尝为其大者，则为一事不得。故平日好说大话，当局付以一钱，仅是锱铢，心反为乱，丑态必现。其是致曲穷究者，不知理尤甚矣，何足与语天官之职哉！（《近思录集解》卷三，第150—151页）

尹会一曰：周建六官，取法天地四时。冢宰曰天官，以其总御众官，犹天道统理万物。故天官之职，必须胸襟怀抱宽洪广大之人，方可看得。盖其于邦国内外之政、小大之事无所不统，规模可谓至大。若不得此广大之心量，但于每事上委曲穷究，勉强凑合，使心量如是之广大究之，心量本小，必不能周悉而贯通之也。〇承上文，言人心之广大，有实体然后有实用。若徒空言广大，则蹈释氏之失矣。释氏猖狂，锱铢天地，其论性也，可谓至大，然未尝身为大事，而徒空言之，究不可以理事。无论遗之以大，投之以艰，有不可也，即以至小而言，设使界之一钱，亦必有仓皇失措者矣。盖由其遁于虚无，则所谓广大者原非实体，故

亦不足以致用也。(《近思录集解》卷三)

　　茅星来曰:"不得此心",谓不得襟怀之洪大也。释氏之所谓大者,只是言论旷荡,未尝身自为之,所以为事不得。〇朱子曰:"冢宰内自王之饮食衣服,外至五官庶事,自大至小,自本至末,千头万绪,若不是大其心者区处应副,事到面前,便且区处不下。况于先事措置,思患预防,是着多少精神! 所以记得此,复忘彼。佛氏将此心置在无用处,才动步便疏脱。所以吾儒贵穷理,须事事物物理会过也。"陈君举曰:"冢宰一职,惟制御天子身畔之人。一则环卫之人,二则供奉饮膳酒浆之人,三则出纳财贿之人,四则宫中使令之人。盖以此等与天子褻狎,或用内官,或用女奚矣。他卿不能,谁何? 所以冢宰尽制御之。秦汉以环卫之人分入光禄勋、卫尉,以供奉之人分入少府,以出纳财用之人分入司农,而宫中出入侍奉使令之人分与大长秋,是冢宰之职分为三四矣。"(《近思录集注》卷三,第135页)

　　郭嵩焘曰:《周官》一书,为圣人致太平之迹。然周公制礼,在成王之世,周之定天下久矣,其间官职容有改变,亦不知文、武之世与成、康以后所以为异同,今皆无可考见。先儒多谓《周官》一书成于周公,当时实未及行。冢宰职所谓"以九两系邦国之民","曰牧以地得民"者,诸侯也;"曰长以贵得民",长即六官之长。当时六官之长,皆能属民读法,维系一国之民。亦足见圣人公天下之心,而使天下之民各有所系,以成乎不拔之基。圣人之用意亦微矣,读圣人之经,非开拓得此心宏大,如何能窥见其涯涘? 〇冢宰"建邦之六典",总六官而兼摄之,而所属之官,则自王之饮食衣服及内外府出入会计之事皆隶焉,近自宫正、宫伯以及阉寺、嫔妇之属皆隶焉。是凡王之服食起居与其左右近习，无不一统于冢宰，其于六官之属并摄而已，而所专注乃在王之一身，所谓"一正君而国定矣"。盖冢宰之职也，周公所欲以大臣正君之事，责之冢宰者也。（《近思录注》卷三，第80页）

张绍价曰：天官之职，正《中庸》所谓"致广大而尽精微"者。治典、教典、礼典、政典、刑典、事典，以一职兼五职，统百官，均四海，体国经野，驭民理财，下至嫔御、奄寺、饮食、酒浆、衣服、次舍、货贿，无不备举。规模极大，节目极详，千条万绪，周遍精密，皆从圣人广大之心自然流出。后人不得圣人之心，而欲以偏私狭小之见，就事上一一穷究，零星凑合，必不能包罗无遗。故天官之职难看，必襟怀洪大方看得。释氏锱铢天地，可谓至大，然以事为妄，以理为障，寄心于空寂无用之地，使之应事接物，无不颠倒错乱，不能尽精微，则所谓大者，亦空见而已，与吾儒之致广大，固不可同年而语也。（《近思录解义》卷三，第139页）

**【译文】**

《周礼·天官》这部书，只有心胸广阔才能够看懂。因为《天官》的规模如此广阔，如果没有广阔的心胸，只是想在一件件具体事情上探究到底，一味迁就这个想法，那这么大的规模必然不能把握。佛教将天地看得微不足道，可以说达到了非常广阔的地步，但没有做得广阔，所以做不了事情，假如给予一点小利益就必然会乱了方寸。比如佛经中的唱颂词，先说的总是平民百姓都害怕、无法想象和理解的事物，到后来就也是平民百姓都知道的利益得失的事情。如今所说的死亡，即使奴仆、厨子之类的小民难道不知道是虚幻的？佛教实在是不学之人提出的学说，后来有文人信奉之后，又进行增补修饰，或者把《周易》的思想加入进来，或者用其他书的思想文饰，所以佛教典籍也有有文采的内容，其实并没有可取之处。庄子虽然是那么说，其实是害怕死亡，也是做不了事情。

【章旨】

本章论读《周礼·天官》需要"襟怀洪大"，并由此引申到对佛教、庄子体用不一、有体无用、体用分离故而"为事不得"的批评。本章论读《周礼·天官》之法，与1·36意思相同，两章可以合参，《近思录》即将二者合并辑入。本章用大量篇幅批评佛教，可以与《正蒙》相关章节参读。《正蒙·太和篇》批评佛老"懵者略知体虚空为性，不知本天道为用，反以人见之小因缘天地"。《乾称篇》批评佛教"浮屠明鬼，谓有识之死受生循环，遂厌苦求免，可谓知鬼乎？以人生为妄见，可谓知人乎？天人一物，辄生取舍，可谓知天乎？""彼语虽似是，观其发本要归，与吾儒二本殊归矣。"本章与之是相通的。其差异之处在于，《正蒙》批评佛老一般都是从天道论入手，而后推到体用论上的儒佛分歧，本章则从读经时的心胸状态推到体用论上的儒佛分歧，二者视角恰好可以相互补充。二程对佛教的批评，也与此多有类似之处，可以相互参考。

**1·5** 一市之博[1]，百步之地可容万人[2]，四方必有屋，市官皆居之[3]，所以平物价，收滞货[4]，禁争讼，是决不可阙。故市易之政[5]，非官专欲取利，亦所以为民。百货亦有全不售时，官则出钱以留之；亦有不可买时，官则出而卖之；官亦不失取利，民亦不失通其所滞而应其所急。故市易之政，止一市官之事耳，非王政之事也[6]。

**【注释】**

〔1〕市：市场，买卖之所。博：广，这里引申为面积的大小。

〔2〕步：长度单位，历代定制的实际长度不一。《礼记·王制》："古者以周尺八尺为步，今以周尺六尺四寸为步。"周制以百步为亩，宽一步，长百步，故"百步之地"即一亩之地。

〔3〕市官：管理市场的官员。《周礼·地官·司市》："司市掌市之治、教、政、刑、量度、禁令。以次叙分地而经市，以陈肆辨物而平市，以政令禁物靡而均市，以商贾阜货而行布，以量度成贾而征价，以质剂结信而止讼，以贾民禁伪而除诈，以刑罚禁虣而去盗，以泉府同货而敛赊。"郑玄注："司市，市官之长。"

〔4〕滞货：因滞销而积压的货物。

〔5〕市易：贸易，交易。王安石推行的新法之一即市易法。《宋史·食货志下八》："市易之设，本汉平准，将以制物之低昂而均通之。"

〔6〕王政：犹王道，仁政。

**【集解】**

吕柟曰：汉曹参之齐，便以狱市为急。市与农亦相等，故为政虽市官亦要择。（《张子抄释》卷三）

**【译文】**

一个市场的大小，按一亩百步的面积来算，可以容纳万人，四个方向都建有屋舍，管理市场的官员都住在那里，职责是促使物价公平，收购滞销的货物，以及平息各种争执，因而是肯定不能缺少的。因此，推行市场贸易的政策，并不是官府专门为了谋取利益，也是为了民众的利益考虑。各种货物也有不能全部卖出的时候，官府就出钱将其买下；也有买不到的时候，官府就拿出货物来出卖。这样，官府没有失去谋利的机会，百姓也不失去疏通滞销货物以应对危急的机会。因此，推行贸易政策，仅仅是管理市场的官员应该做的事情，还算不上推行王政的措施。

**【章旨】**

此章论市易之政亦有可行之理，但这仅是"市官之事"，而非"王政之事"。这里也表现出张载对王安石变法原则和变法措施的不同意见。张载认为，虽然"市易之政"通过官方对买卖的介入，对市场中的供求不平衡进行调控，对百姓也有利，但并不涉及百姓的根本利益，因而只是"市官之事"。张载所理解的"王政"包括井田、封建、宗法以及肉刑等，这些事务都是事关民心、民风、民德的根本性大政方针。可见，张载的政治思想是建立在儒家的道德理论基础上的。

**1·6** 井田至易行，但朝廷出一令，可以不笞一人而定。盖人无敢据土者[1]，又须使民悦从[2]。其多有田者，使不失其为富。借如大臣有据土千顷者①[3]，不过封与五十里之国[4]，则已过旧所有②[5]。其他者量多少与一官③，使有租税，人不失故物[6]。治天下之术，必自此始。今以天下之土，棋画分布[7]，人授一方④[8]，养民之本也[9]。后世不制其产[10]，止使其力[11]，又反以天子之贵专利[12]，公自公，民自民，不相为计[13]。"百姓足，君孰与不足？百姓不足，君孰与足？"[14]其术自城起[15]，首立四隅[16]，一方正矣；又增一表[17]，又治一方。如是，百里之地不日可定，何必毁民庐舍坟墓，但见表足矣。方既正，表自无用。待军赋与治沟洫者之田[18]，各有处所不可易，旁加与井地是也⑤。百里之国，为方十里者百[19]；十里为成[20]，成出革车一乘[21]，是百乘也[22]。然开方计之[23]，百里之国，南北、东西各三万步[24]，一夫之田为方步者万[25]，今聚南北一步之博，而会东西三万步之长，则为方步者三万也，是三夫之田也；三三如九，则百里之地得九万夫也[26]。革车一乘，甲士三人，步卒七十二人[27]，以千乘计之，凡用七万五千人。今有九万夫，故百里之国亦可言千乘也；以地计之，足容车千乘。然取之不如是之尽，其取之亦什一之法也[28]，其间有山陵林麓不在数。

**【校勘】**

① 顷：黄刻本、徐刻本、四库本作"比"。

② 旧：徐刻本、四库本作"其"。

③ 者量：徐刻本、四库本作"随土"。

④ 授：徐刻本、四库本作"受"。

⑤ 与：徐刻本、四库本作"损"。

**【注释】**

〔1〕据土：占据土地，为己独有。

〔2〕悦从：愉快、高兴地接受。

〔3〕顷：土地面积单位之一，周制以百步为亩，百亩为顷。

〔4〕里：土地面积单位之一，长宽各三百步为方一里。国：古代王侯的封地，亦指地方、地域。五十里之国：按《礼记·王制》五等爵，为子爵和男爵的封地面积，是最小单位的封国。《礼记·王制》："王者之制禄爵，公侯伯子男，凡五等。诸侯之上大夫卿、下大夫、上士、中士、下士，凡五等。天子之田方千里，公侯田方百里，伯七十里，子男五十里。"

〔5〕过旧所有：超过了原本所有的。按《礼记·王制》："方一里者，为田九百亩。方十里者，为方一里者百，为田九万亩。方百里者，为方十里者百，为田九十亿亩。"五十里多于千顷，故张载说"过旧所有"。但因历代丈量计算方式变化，这里讲的只是约数，是大概言之。

〔6〕故物：旧有之物，指原本拥有的财产。

〔7〕棋画分布：犹如棋盘一样进行划分。

〔8〕方：地区，境域，也作计量田地面积的单位。

〔9〕养民之本：养育人民的根本。这一思想，源于《孟子·梁惠王上》："是故明君制民之产，必使仰足以事父母，俯足以畜妻子，乐岁终身饱，凶年免于死亡，然后驱而之善，故民之从之也轻。今也制民之产，仰不足以事父母，俯不足以畜妻子，乐岁终身苦，凶年不免于死亡，此惟救死而恐不赡，奚暇治礼义哉！王欲行之，则盍反其本矣！"

〔10〕制其产：规定人民维持生计的产业。

〔11〕使其力：通过田赋、劳役等方式征用人民的体力劳动。

〔12〕专利：一意于个人私利。

〔13〕公自公，民自民，不相为计：政府只考虑政府的利益，百姓只考虑百姓的利益，都不为对方考虑。

〔14〕孰与：怎么会。足：富足。"百姓足，君孰与不足；百姓不足，君孰与足"：意即君主与人民的关系是一体的，国家的财富来自于人民，只有人民富足了，君主才会富足。语出《论语·颜渊》："哀公问于有若曰：'年饥，用不足，如之何？'有若对曰：'盍彻乎？'曰：'二，吾犹不足，如之何其彻也？'对曰：'百姓足，君孰与不足？百姓不足，君孰与足？'"

〔15〕其术：指前所谓"治天下之术"，即井田制度。城：都邑四周的墙垣，一般分两重，里面的叫城，外面的叫郭。城字单用时，多包含城与郭，城、郭对举时只指城。

〔16〕隅：角落。首立四隅：首先在城中的四个角确立标记。

〔17〕表：作标记的木柱。《周礼·夏官·大司马》："虞人莱所田之野为表，百步则一，为三表，又五十步为一表。"孙诒让疏："树木为表，标识步数，以正进退之行列也。"

〔18〕待：供给。军赋：因军事需要征收的赋役。《汉书·食货志上》："有赋有税。税谓公田什一及工商衡虞之入也。赋共车马甲兵士徒之役，充实府库赐予之用。"治：治理，维护。沟洫：田间水道。《周礼·考工记》："九夫为井，井间广四尺，深四尺，谓之沟。方十里为成，成间广八尺，深八尺，谓之洫。"

〔19〕百里之国，为方十里者百：方百里的土地，长宽均是方十里的十倍，故是方十里土地的一百倍。语出《礼记·王制》："方百里者，为方十里者百。"

〔20〕成：计量土地面积的单位。十里为成：指方十里之地即为"成"。《左传·哀公元年》："有田一成。"杜预注："方十里为成。"

〔21〕革车：古代兵车的一种。《孙子兵法·作战》："凡用兵之法，驰车千驷，革车千乘。"梅尧臣注："驰车，轻车也；革车，重车也。凡轻车一乘，甲士步卒二十五人。重车一乘，甲士步卒七十五人。"乘（shèng）：计量兵车的单位。

〔22〕百乘：一百辆战车。《论语·学而》："道千乘之国，敬事而信，节用而爱人，使民以时。"何晏集解："《司马法》曰：'六尺为步，步百为亩，亩百为夫，夫三为屋，屋三为井，井十为通，通十为成，成出革车一乘。'"一成供给革车一乘，百里之国为方十里者百，故供给革车百乘。

〔23〕开方：数学术语，求方根的运算。

〔24〕百里之国，南北、东西各三万步：百里之国，长宽各百里，一里为三百步，故南北、东西各三万步。

〔25〕一夫之田为方步者万："步百为亩，亩百为夫"，一夫为百亩，一亩为百步，故一夫为万步。

〔26〕百里之地得九万夫也：百里之国，长宽都是三万步；如果按南北一步、东西三万步算，是三夫之田；在这个基础上，再乘以南北的三万步，故得九万夫之田。

〔27〕甲士：披甲的战士。步卒：徒步作战的士兵。"革车一乘，甲士三人，步卒七十二人"：语出《春秋左传·隐公元年》杜预注："古者兵车一乘，甲士三人，步卒七十二人。"

〔28〕什一之法：以十分税一的赋税制度。

## 【参读】

《横渠先生行状》：先生慨然有意三代之治，望道而欲见。论治人先务，未始不以经界为急，讲求法制，粲然备具，要之可以行于今，如有用我者，举而措之尔。尝曰："仁政必自经界始。贫富不均，教养无法，虽欲言治，皆苟而已。世之病难行者，未始不以亟夺富人之田为辞，然兹法之行，悦之者众，苟处之有术，期以数年，不刑一人而可复，所病者特上未之行尔。"乃言曰："纵不能行之天下，犹可验之一乡。"方与学者议古之法，共买田一方，画为数井，上不失公家之赋役，退以其私正经界，分宅里，立敛法，广储蓄，兴学校，成礼俗，救灾恤患，敦本抑末，足以推先王之遗法，明当今之可行。此皆有志未就。（《张载集》，第384页）

二程谓："地形不必谓宽平可以画方，只可用算法折计地亩以授民。"子厚谓："必先正经界，经界不正，则法终不定。地有坳垤处不管，只观四标竿中间地，虽不平饶，与民无害。就一夫之间，所争亦不多。又侧峻处，田亦不甚美。又经界必须正南北，假使地形有宽狭尖斜，经界则不避山河之曲，其田则就得井处为井，不能就成处，或五七，或三四，或一夫，其实田数则在。又或就不成一夫处，亦可计百亩之数而授之，无不可行者。如此，则经界随山随河，皆不害于画之也。苟如此画定，虽便使暴君污吏，亦数百年坏不得。经界之坏，亦非专在秦时，其来亦远，渐有坏矣。"正叔云："至如鲁，二吾犹不足，如何得至十一也？"子厚言："百亩而彻，言彻取之彻则无义，是透彻之彻。透彻而耕，则功力均，且相驱率，无一家得惰者。及已收获，则计亩数衰分之，以衰分之数，取十一之数，亦可。"或谓："井议不可轻示人，恐致笑及有议论。"子厚谓："有笑有议论，则方有益也。""若有人闻其说，取之以为己功。"先生云："如有能者，则己愿受一廛而为氓，亦幸也。"伯淳言："井田今取民田使贫富均，则愿者众，不愿者寡。"正叔言："亦未可言民情怨怒，止论可不可尔。""须使上下都无怨怒，方可行。"正叔言："议法既大备，却在所以行之之道。"子厚言："岂敢！某止欲成书，庶有取之者。"正叔言："不行于当时，行于后世，一也。"子厚曰："徒善不足以为政，徒法不能以自行，须是行之之道。又虽有仁心仁闻，而政不行者，不由先王之道也。须是法先王。"正叔言："孟子于此善为言。只极目力，焉能尽方圆平直？须是要规矩。"（《河南程氏遗书》卷十，第110—111页）

二程问："官户占田过制者如何？"（张载曰：）"如文曾有田极多，只消与五十里采地尽多。"又问："其他如何？""今之公卿，非如古之公卿。旧有田多者，与之采地多。概与之，则无以别有田者无田者。"（《河南程氏遗书》卷十，第111页）

程颐曰：古不必验，今之所患，止患不得为，不患不能为。（《河南程氏遗书》卷二上，第13页）

用休问："井田今可行否？"（程颐）曰："岂有古可行而今不可行者？"或谓："今人多地少。""不然。譬诸草木，山上着得许多，便生许多。天地生物常相称，岂有人多地少之理？"（《河南程氏遗书》卷二十二，第291页）

程颐曰：必井田，必封建，必肉刑，非圣人之道也。善治者，放井田而行之而民不病，放封建而使之而民不劳，放肉刑而用之而民不怨。故善学者，得圣人之意而不取其迹也。迹也者，圣人因一时之利而制之也。（《河南程氏遗书》卷二十五，第326页）

朱熹曰："古不必验"，因横渠欲置田验井田，故云尔。伊川说话，多有如此处。（《朱子语类》卷九十七，第2496页）

问"古不必验"一段。（朱熹）曰："此是说井田。伊川高明，必见得是无不可行。然不如横渠更验过，则行出去无窒碍。"（《朱子语类》卷九十七，第2495页）

朱熹曰：程先生幼年屡说须要井田封建，到晚年又说难行，见于畅潜道录。想是它经历世故之多，见得事势不可行。（《朱子语类》卷九十七，第2495页）

朱熹曰：横渠若制井田，毕竟繁。使伊川为之，必简易通畅。观"古不必验"之言可见。（《朱子语类》卷九十八，第2531页）

问："横渠谓：'世之病难行者，以殴夺富人之田为辞。然处之有术，期以数年，不刑一人而可复。'不审井议之行于今，果如何？"（朱熹）曰："讲学时，且恁讲。若欲行之，须有机会。经大乱之后，天下无人，田尽归官，方可给与民。如唐口分、世业，是从魏晋积乱之极，至元魏及北齐后周，乘此机方做得。荀悦《汉纪》一段正说此意，甚好。若平世，则诚为难行。"（《朱子语类》卷九十八，第2530页）

【集解】

吕柟曰：此亦活法，不泥，但要乘时耳。（《张子抄释》卷三）

【译文】

井田制非常容易推行，只要朝廷出台一个政令，不用惩罚一个人就可以实现。大抵人们都不敢私自占有土地，还需要让百姓乐意遵从。那些田地多的人，可以让他们不失去财富。例如有些大臣占据土地上千顷，只要封给他五十里大小的地方，就已经超过了原有的财富。其他人也可以根据占地的多少，封给官职，让他们收取租税，不失去原来的财产。治理天下的方法，一定要从这开始。如今将全国的土地像棋盘一样划分，每人授予一块，这是养民的根本。后世不给百姓维持生计的产业，只是使用民力，并且反倒以天子的权威来谋取私利，官府是官府，百姓是百姓，互相都不为对方考虑。"百姓富足，君王怎么会不富足？百姓不富足，君王怎么会富足？"井田制的具体实施方法是，自城中开始，先确立四个角落，这样就画出一块土地；再各向外增加一个标记，又可确定一块土地。这样逐渐扩大范围，百里大的土地立刻就可以确定，哪有必要去毁坏百姓的房舍和坟墓，只要看标记就可以了。分配的土地已经确定了，标记自然就没用了。供给军赋的土地和治理田间水道的土地，各自在固定的地方不能变动，那在旁边按井田增加就可以了。百里大的土地是十里大土地的一百倍，十里为一成，一成供给革车一辆，这样就是一百辆。但以开方来计算，百里大的土地，南北方向和东西方向各有三万步。一夫的土地是一万步大小，现在以南北方向一步宽为基础，乘以东西方向的三万步长，就是三万步大小的土地，这是三夫之田；再乘以南北方向的三万步，三乘三等于九，这样百里之地就有九万夫。一辆革车，用甲兵三人，步兵七十二人。以一千辆革车计算，共用七万五千人。如今有九万夫田地，故而百里之国也可以说供给战车千辆了；按土地大小来计算，足够容纳战车千辆。但是，收取赋税不可能取像这么大的限度，收取的方法还是按十分取一，其中遇到高山与林地则不算在内。

【章旨】

本章详细阐论井田制推行的可能性和具体做法。张载认为井田非常容易推行，原因在于：一则土地应当属于国有，二则可以使地主在不损失原有利益的前提下，通过获得封国和加官的方式，乐于将土地还给国家。井田制可以使国与民真正成为一体，这样自然可以实现国家的富强。推行井田制的具体方法，可以从城郭开始，由近及远地逐步划分和分配。与张载不同，从二程、朱熹对张载的评论中可以看到，他们认为"古不必验"，"止患不得为，不患不能为"，"善学者，得圣人之意而不取其迹"，对推行井田更多抱以消极态度。

1·7 "廛而不征。"〔1〕廛者，犹今之地基钱也〔2〕。盖贮物之地，官必取钱。不征者，不税敛之也。"法而不廛。"〔3〕法者，治之以市官之法而已〔4〕。廛与不廛，亦观临时如何。逐末者多〔5〕，则廛所以抑末也；逐末者少，不必廛也。

【注释】

〔1〕廛（chán）：指市中储藏、堆放货物的场所。征：指向商户征收货物买卖的赋税。"廛而不征"：对于市中储藏货物的场所，不征收买卖货物的赋税。语出《孟子·公孙丑上》："市，廛而不征，法而不廛，则天下之商皆悦，而愿藏于其市矣。"赵岐注："廛，市宅也。古者无征，衰世征之。"《王制》："市廛而不税。"

郑玄注："廛，市物邸舍，税其舍，不税其物。"赵岐与郑玄都将"廛"理解为宅舍，张载这里则将之理解为商户因租借政府所提供的储藏货物场所而向其缴纳的租金。

〔2〕地基钱：指空闲的官地租给没有宅基的居民建房，建成之后每年或每季向政府缴纳的租金。

〔3〕"法而不廛"：语出《孟子·公孙丑上》，见注〔1〕。赵岐注："法而不廛者，当以什一之法征其地耳，不当征其廛宅也。"这是说不征房屋租金，但还是要征收地租。张载的理解见下文，他认为这是以市官调控之法为主，廛与不廛则因时而定。

〔4〕市官之法：指政府控制、引导商业活动的各种规定和做法，如当商户多时便向其征税予以抑制，商户少时便减免税收予以鼓励。

〔5〕逐末者：古代重农抑商，以农为本，以商为末，因而将借经商以渔利的人称之为"逐末者"。

【参读】

二程曰："廛而不征"，市宅之地已有廛税，更不征其物。（《河南程氏遗书》卷八，第 103 页）

二程曰："法而不廛"，税有常法，不以廛故而厚其税。（《河南程氏遗书》卷八，第 103 页）

"'市，廛而不征，法而不廛'，伊川之说如何？"（朱熹）曰："伊川之说不可晓。横渠作二法，其说却似分明。"（《朱子语类》卷五十三，第 1279 页）

"市廛而不征"。问："此市在何处？"（朱熹）曰："此都邑之市。人君国都如井田样，画为九区。面朝背市，左祖右社，中间一区，则君之宫室。宫室前一区为外朝，凡朝会藏库之属皆在焉。后一区为市，市四面有门，每日市门开，则商贾百物皆入焉。赋其廛者，谓收其市地钱，如今民间之铺面钱。盖逐末者多，则赋其廛以抑之；少则不廛，而但治以市官之法，所以招徕之也。市官之法，如《周礼》司市平物价，治争讼，讥察异服异言之类。市中惟民乃得入，凡公卿大夫有爵位及士者皆不得入，入则有罚。如'国君过市，则刑人赦；夫人过市，则罚一幕；世子过市，则罚一栾；命夫、命妇过市，则罚一盖、帷'之类。左右各三区，皆民所居。而外朝一区，左则宗庙，右则社稷在焉。此国君都邑规模之大概也。"（《朱子语类》卷五十三，第 1278 页）

或问："'法而不廛'，谓治以市官之法，如何是市官之法？"（朱熹）曰："《周礼》自有，如司市之属平价，治争讼，谨权量等事，皆其法也。"又问："市，廛而不征，法而不廛。"曰："'市，廛而不征'，谓使居市之廛者，各出廛赋若干，如今人赁铺面相似，更不征税其所货之物。'法而不廛'，则但治之以市官之法而已，虽廛赋亦不取之也。"又问："'古之为市者，以其所有易其所无者，有司者治之耳。'此便是市官之法否？"曰："然。如汉之狱市、军市之类，皆是古之遗制。盖自有一个所在以为市，其中自有许多事。"（《朱子语类》卷五十三，第 1279 页）

【译文】

"廛而不征"，所谓"廛"，如同现今的地基钱。储藏货物的地方，官府一定会收取租金。所谓"不征"，是不征收赋税的意思。"法而不廛"，所谓"法"，是指政府以调控商业活动的各种做法管理罢了，收不收租金也要根据当时的具体情况而定。如果从商的人多，就收取租金，来抑制倒卖逐利；如果从商的人少，就没必要收取租金了。

## 【章旨】

本章解释孟子"廛而不征，法而不廛"的涵义。由于这里涉及赋税问题，因而本章可以与上下章衔接。但其中也涉及政府在市场中的作用问题，可以与 1·5 章参读，从中可见张载政治改革的基本态度。张载认为，"征"是普通税收，"廛"是向市中商户征收的房租，"法"则主要考虑的是市场调控，不以征收赋税为目的，故而是否收取租金可以随时而定。显然，这既是对孟子思想的解释，也是对孟子思想的吸收，是其推行"王道""仁术"的一个政策设想。

**1·8** 既使为采地[1]，其所得亦什一之法。井取一夫之出也[2]，然所食必不得尽[3]，必有常限[4]，其余必归诸天子，所谓贡也[5]。诸侯卿大夫采地必有贡，贡者必于时享[6]，天子皆庙受之[7]，是"四海之内各以其职来祭"之义[8]。其贡亦有常限，食采之余，其贡外必更有余①，此所谓天子"币余之赋"也[9]。以此观之，古者天子既不养兵，财无所用，必大殷富。以此知井田行，至安荣之道。后世乃不肯行，以为至难，复以天子之威而敛夺人财，汲汲终岁[10]，亦且不足。

## 【校勘】

① 其：其他诸本皆作"致"。

**【注释】**

〔1〕既：连词，表推论。使：连词，表假设。采地：指古代诸侯卿大夫的封地。《尚书大传》："古者诸侯始受封，必有采地：百里诸侯以三十里，七十里诸侯以二十里，五十里诸侯以十五里。其后子孙虽有罪黜，其采地不黜，使子孙贤者守之世世，以祠其始受封之人，此之谓兴灭国，继绝世。"

〔2〕井取一夫之出：按《周礼·地官·小司徒》"乃经土地而井牧其田野，九夫为井"，一井有九夫，其中一夫的收入，即一井的九分之一，缴纳为税收。

〔3〕食：俸禄。

〔4〕常限：常规，常定的量。

〔5〕贡：贡税，贡品。《周礼·天官·太宰》："以九贡致邦国之用：一曰祀贡，二曰嫔贡，三曰器贡，四曰币贡，五曰材贡，六曰货贡，七曰服贡，八曰斿贡，九曰物贡。"

〔6〕时享：春夏秋冬四时在太庙举行的祭祀。

〔7〕庙：供祭祀先祖神位的屋舍。

〔8〕"四海之内各以其职来祭"：天下的诸侯，依各人的职位，前来助祭，并各自奉献当地的特产。语出《孝经》："昔者周公郊祀后稷以配天，宗祀文王于明堂以配上帝，是以四海之内各以其职来祭。"

〔9〕"币余之赋"：语出《周礼·天官·太宰》："以九赋敛财贿：一曰邦中之赋，二曰四郊之赋，三曰邦甸之赋，四曰家削之赋，五曰邦县之赋，六曰邦都之赋，七曰关市之赋，八曰山泽之赋，九曰币余之赋。"郑众注："币余，百工之余。"郑玄注："币余谓占

卖国中之斥币。"贾公彦疏："斥币，谓此物不入大府，指斥出而卖之，故名斥币。"按郑玄注，指天子营造用物有余而卖出还官的收入，张载这里则指天子获得的由诸侯采地赋税和贡税之外而进献的其他非常规赋税。

〔10〕汲汲：心情急切貌。

**【集解】**

吕柟曰：此便是上好仁、下好义处，虽赋敛中有井田法亦均，但要用人。(《张子抄释》卷三)

**【译文】**

就算诸侯卿大夫受封的食邑采地，也按所得十分之一的方法赋税。一井取九分之一的收入，作为诸侯卿大夫的俸禄必然使用不完，使用的肯定有定量，那么剩余的都要交给天子，这就是所说的"贡"。诸侯卿大夫的采地一定有贡税，献贡必须在四时祭祀的时候，天子都在太庙中接受，这就是所谓"天下的诸侯都依各人的职位前来助祭"的意思。贡税也有一定的量，因而在俸禄和贡税之外，必定还有剩余，这就是进献给天子的所谓的"币余之赋"。从这里可以看到，古时天子既然不养兵，财富无处使用，必定非常富足。由此可知，推行井田是最安乐荣耀的方法。后世却不愿推行，认为这非常难，又以天子的权威来征收夺取人力和财富，终年忙碌急切，却还是不够使用。

**【章旨】**

本章主要论"井田行，至安荣之道"。张载认为在古代，诸侯卿大夫的采地征收"井取一夫"的赋税，除供给自己生活所需外，都作为进献给天子的时享之"贡"及"币余之赋"。如此，天子又不养兵，必然会非常富足。张载因此主张应当推行井田，以增强国家的团结，同时也能增加国家的财力。

**1·9　卿大夫采地、圭田[1]，皆以为永业[2]，所谓世禄之家[3]。然古者世禄之家，必不如今日之官户也[4]，必有法。盖舍役者，惟老者、疾者、贫者、贤者、能者、服公事者[5]。舍此，虽世禄之家，役必不免也明矣。**

【注释】

〔1〕卿大夫：周代在天子、诸侯之下有卿、大夫、士三等，士之中又分上、中、下三级。《礼记·王制》："诸侯之上大夫卿、下大夫、上士、中士、下士，凡五等。"圭田：古代卿、大夫、士供祭祀用的田地。《孟子·滕文公上》："卿以下必有圭田，圭田五十亩。"赵岐注："古者卿以下至于士皆受圭田五十亩，所以供祭祀也。圭，洁也。"

〔2〕永业：永业田，身没不还、世代承耕的土地。

〔3〕世禄之家：世代享有禄位的人家。《尚书·毕命》："世禄之家，鲜克由礼。"

〔4〕官户：官员的家属及后裔。

〔5〕舍（shě）役：免除服役。舍役者惟老者、疾者、贫者、贤者、能者、服公事者：语本《周礼·地官·乡大夫》："国中自七尺以及六十，野自六尺以及六十有五，皆征之。其舍者，国中贵者、贤者、能者、服公事者、老者、疾者皆舍。"郑众注："征之者，给公上事也。舍者，谓有复除舍不收役事也。贵者，谓若今宗室及关

内侯皆复也。服公事者，谓若今吏有复除也。老者，谓若今八十、九十复羡卒也。疾者，谓若今癃不可事者复之。"复，指免除徭役或赋税。

【集解】

吕柟曰：若但世禄，不论老疾贫贤而又免役，殃民甚矣。

（《张子抄释》卷三）

【译文】

卿大夫的封地和供祭祀用的土地都是世代继承的，这就是所谓"世代享有禄位的家族"。然而，古时世代享有禄位的家族必定不像如今的官员家族，一定有法度制约。大抵可以免除赋役的只有年老的人、有疾病的人、穷人、有贤德的人、有才干的人和在官府当差的人。除此以外，即便是世代享有禄位的家族也必定不能免役，这是很明显的。

【章旨】

本章继上章论卿大夫采地需要缴纳税赋之外，又论其虽是世禄之家也无免役之特权。这首先是公平原则的体现，其次也是增强国力的一个手段。

1·10 井田亦无他术，但先以天下之地棋布画定[1]，使人受一方，则自是均。前日大有田产之家，虽以田授民，然不得如分种、如租种矣[2]，所得虽差少[3]，然使之为田官以掌其民[4]，使人既喻此意[5]，人亦自从。虽少不愿，然悦者众而不悦者寡矣，又安能每每恤人情如此[6]！其始虽分公田与之[7]，及一二十年，犹须别立法。始则因命为田官，自后则是择贤。欲求古法，亦先须熟观文字[8]，使上下之法通贯①[9]，大其胸怀以观之[10]。井田卒归于封建乃定[11]。封建必有大功德者然后可以封建。当未封建前，天下井邑当如何为治[12]？必立田大夫治之[13]。今既未可议封建，只使守今终身②[14]，亦可为也；所以必要封建者，天下之事分得简则治之精，不简则不治③。故圣人必以天下分之于人，则事无不治者。圣人立法，必计后世子孙。使周公当轴[15]，虽揽天下之政，治之必精，后世安得如此？且为天下者，奚为纷纷必亲天下之事？今使封建④，不肖者复逐之，又何害⑤？岂又以天下之势不能正一百里之国，使诸侯得以交结以乱天下[16]？自非朝廷大不能治，安得如此？而后世乃谓秦不封建为得策[17]，此不知圣人之意也。[18]

**【校勘】**

① 法：其他诸本皆作"意"。

② 今：其他诸本皆作"令"。

③ 治：其他诸本皆作"精"。

④ 使：其他诸本皆作"便"。

⑤ 又：徐刻本、四库本作"有"。后句同此。

**【注释】**

〔1〕棋布：像下棋一样根据具体的客观环境布局。画定：按一定的标准进行划分。

〔2〕分种：指富民召客户为佃户，田主为客户提供"室庐之备，耕稼之资，刍粮之费"，耕种所得则田主"与客户中停均分"。

租种：指将土地租赁出去耕种，租种者一般是第五等税户，农具、种粮一般由佃户自备。（见梁太济：《两宋的租佃形式》，收入包伟民选编：《史学文存（1936—2000）》，上海古籍出版社，2001 年。）

〔3〕差：比较，略微。

〔4〕田官：职掌农事、粮税等事务的官员。

〔5〕喻：明白，了解。

〔6〕恤：对别人表示同情，怜悯。

〔7〕公田：即官田，官府控制的田地。

〔8〕熟观文字：反复细心地阅读经典上的记载。

〔9〕上下：古今，前后。

〔10〕大其胸怀以观之：张载在本篇反复强调"大其胸怀以观之"、"襟怀洪大方看得"、"许大心胸包罗"，可以与 1·4 和 1·36 参读。

〔11〕封建：封邦建国，即帝王把爵位、土地分赐亲戚或功臣，使之各自建立邦国。张载认为，要成功地推行井田，最终必须归结在封建上。相对于井田意在公平，封建则意在弘德、简政和分权。本句承上启下，本章后半部分都是在论述封建的必要。

〔12〕井邑：城镇，乡村。语本《周礼·地官·小司徒》："九夫为井，四井为邑。"

〔13〕田大夫：指专门执掌农事的官员，即前句所谓"田官"。

〔14〕今：现在，现在的情况。守今终身：一直按现在的情况维持下去。

〔15〕当轴：喻官居要职，掌握大权。

〔16〕交结：往来交际，彼此勾结。

〔17〕得策：谋略得当。

〔18〕"井田卒归于封建乃定"一句，朱熹辑入《近思录》卷九
《治法》，出自《语录》。

**【参读】**

嘉仲问："卦建可行否？"（程颐）曰："卦建之法，本出于
不得已。柳子厚有论，亦窥测得分数。秦法固不善，亦有不可变
者，罢侯置守是也。"（《河南程氏遗书》卷二十二上，第291页）

朱熹曰：似而今时节去封建井田，尚煞争。淳录云："因论封
建井田，曰：'大概是如此，今只看个大意。若要行时，须别立法制，使简
易明白。取于民者足以供上之用，上不至于乏，而下不至于苦，则可矣。今
世取封建井田，大段远。'"恰如某病后要思量白日上升，如何得！
今且医得无事时，已是好了。……似恁时节，却要行井田，如何
行得！伊川常言，要必复井田封建，及晚年又却言不必封建井
田，便也是看破了。淳录云："见畅潜道录。想是他经历世故之多，见
得事势不可行。"且如封建，自柳子厚之属，论得来也是太过，但
也是行不得。淳录云："柳子厚说得世变也是。但他只见得后来不好处，
不见得古人封建底好意。"如汉当初要封建，后来便恁地狼狈。若
如主父偃之说，'天子使吏治其国而纳其贡税'，如此，便不必封
建也得。淳录云："若论主父偃后底封建，则皆是王族贵骄之子，不足以
君国子民，天子使吏治其国而已。"今且做把一百里地封一个亲戚或
功臣，教他去做，其初一个未必便不好，但子孙决不能皆贤。若
有一个在那里无稽时，不成教百姓论罢了一个国君！若只坐视他
害民，又不得，却如何区处？淳录云："封建以大体言之，却是圣人公
共为民底意思，是为正理。以利害计之，第一世所封之功臣，犹做得好在；

苦来诉
国君，因而罢了，也不是；不与他理会，亦不是。未论别处如何，只这一处利少而害多，便自行不得。"更是人也自不肯去。今且教一个钱塘县尉，封他作静江国王，郁林国王，淳录作"桂国之君"。他定是不肯去，淳录作："他定以荒僻不乐于行"。宁肯作钱塘县尉。唐时理会一番袭封刺史，人都不肯去。淳录作："一时功臣皆乐于在京，而不肯行。"符秦也曾如此来，人皆是恋京师快活，都不肯去，却要遣人押起。淳录作："符坚封功臣于数国，不肯去，迫之使去。"这个决是不可行。若是以大概论之，圣人封建却是正理。但以利害言之，则利少而害多。（《朱子语类》卷八十六，第 2219 页）

朱熹曰：井田之法要行，须是封建，令逐国各自去理会。如王畿之内，亦各有都鄙、家鄙。汉人尝言，郡邑在诸国之外，而远役于中都，非便。（《朱子语类》卷一百八，第 2679 页）

朱熹曰：封建实是不可行。若论三代之世，则封建好处，便是君民之情相亲，可以久安而无患；不似后世郡县，一二年辄易，虽有贤者，善政亦做不成。（《朱子语类》卷一百八，第 2679 页）

问："后世封建郡县，何者为得？"（朱熹）曰："论治乱毕竟不在此。以道理观之，封建之意，是圣人不以天下为己私，分与亲贤共理，但其制则不过大，此所以为得。"（《朱子语类》卷一百八，第 2680 页）

诸生论郡县封建之弊。（朱熹）曰："大抵立法必有弊，未有无弊之法，其要只在得人。若是个人，则法虽不善，亦占分数多了；若非其人，则有善法，亦何益于事！且如说郡县不如封建，若封建非其人，且是世世相继，不能得他去；如郡县非其人，却只三两年任满便去，忽然换得好底来，亦无定。范太史《唐鉴》议论大率皆归于得人。某初嫌他恁地说，后来思之，只得如此说。"又云："革弊须从原头理会。"（《朱子语类》卷一百八，第2680页）

**【集解】**

叶采曰：国有定君，官有定守，故民有定业。后世长吏更易不常，相仍苟且，纵复井田，不归于封建，则其欺蔽纷争之患庸可定乎？（《近思录集解》卷九，第178页）

吕柟曰：郡县选贤而久任，亦类封建；地亩限分有定数，亦类井田。（《张子抄释》卷三）

张伯行曰：此见封建井田，皆圣王至公无我之道，故二者之行，未有不相为终始者。欲行井田，必有圣明在上，普大公之道，以天下之地分封有功德之人，众建其国，以共抚其民人，使仕者皆有事禄，然后以天下之田与天下人民共之，是分耕其地。如是，则上下皆有均平之心，皆乐其制之善而法乃可定。所谓"有《关雎》《麟趾》之意，乃可行《周官》之法"是也。不然，未易以遽定也。叶平岩曰："国有定君，官有定守，故民有定业。后世长吏更易不常，相仍苟且，纵复井田，不归于封建，则其欺蔽纷争之患庸可定乎？"此论第据其利弊而言耳，未及道理之公也。（《近思录集解》卷九，第318页）

尹会一曰：封建之法，圣人所以制天下之命，法天而不私己，尽制而不曲防，分天下之地以为万国，而与英才共之，大小相制，内外相维，自黄帝、尧、舜迄于三代，皆因之而不变。故欲行井田之制，终归于封建，其势乃定，盖"国有定君，君有定守，故民有定业。后世长吏更易不常，相仍苟且，纵复井田，不归于封建，则其欺弊纷争之患，庸可定乎"！此与上条合观之，张子经济之学可见，学者其深玩焉！（《近思录集解》卷九，第321 页）

李文炤曰：或曰："为今之计，必封建而后可以为治耶？度其势，亦可以必行而无弊耶？"朱子曰："不必封建而后可为治也。但论治体则必如是，然后能公天下以为心，而达君臣之义于天下，使其恩礼足以相及，情意足以相通，且使有国家者各自爱惜其土地人民，谨守其祖先之业，以为遗其子孙之计。而凡为宗庙社稷之奉，什伍闾井之规，法制度数之守，亦皆得以久远相承，而不至于朝成而暮毁也。若犹病其或自恣而废法，或强大而难制，则杂建于郡县之间，又使方伯连帅分而统之，察其敬上而恤下，与其违礼而越法者，以行庆让之典，则曷为而有弊耶！"

（《近思录集解》卷九，第 176 页）

茅星来曰：定者，谓沟涂封植之类，一一有以得其条理而无所阙也。叶水心曰："自黄帝至于成周，天子所自治者，皆是一国之地。是以尺寸步亩可历见于乡遂之中，而置官司、役民夫、正疆界、治沟洫，终岁辛苦，以井田为事。而诸侯亦各自治其国，百世不移。故井田之法可颁于天下。然江汉以南，潍淄以东，其不能为者，不强使也。今天下为一国，虽有郡县，吏皆总于上，率二三岁一代，其间大吏有不能一岁半岁而去者，是将使谁为之乎？是故封建既废，井田虽在，亦不可独行也。"愚按，伊川谓："秦法固不善，亦有不可变者，罢侯置守是也。"又谓："必井田，必封建，必肉刑，非圣人之道也。善治者，放井田而行之而民不病，放封建而使之而民不劳，放肉刑而用之而民不怨。故善学者得圣人之意，而不取其迹也。迹也者，圣人因其一时之利而制之也。"于此亦可见程子之公平，而张子之言虽善，而有所不必拘矣。〇朱子曰："张子谓'井田之法要行，须是封建乃定'固是，然在今日，恐难下手。设使强做得成，亦恐意外别生弊病，反不如前，则难收拾耳。此等事未须深论，他日读书多，历事久，当自见之也。"又曰："封建亦有可行者，如有功之臣封之一乡，如汉之乡亭侯。田税亦须要均，则经界不可以不行，大纲在先正沟洫。"愚按：封建自不可复，而郡县之官宜慎择其人，以久其任而重其权。凡可以养士、足民、赡兵者，使皆得以便宜从事，然后严为之考课，以厚其赏罚。有功，则如汉赐爵关内侯之例，增秩加赏而勿易其官；无功，则降黜废弃而更求能者；有罪，则流殛刑诛而勿加宽贷，使之前有所劝，后有所畏。如此则有封建之实而无封建之害，或亦斟酌古今之一道也。不然，则郡县削弱，一旦横决奔溃，莫能支持，如明末张、李之乱，长驱直入，率由于此，可为深鉴。(《近思录集解》卷九，第320页)

江永曰：朱子曰："封建井田，皆易得致弊。"〇"封建井田，乃圣王之制，公天下之法，岂敢以为不然。但在今日恐难下手。设使强做得成，亦恐意外别生弊病，反不如前，则难收拾耳。此等事，未须深论。他日读书多，历事久，当自见之也。"〇"程先生幼年屡说须要井田封建，到晚年又说难行。想是它经历世故之多，见得事势不可行。"〇永按：朱子之论，至矣！《语录》中有极言封建之弊者，文多不能尽载。凡井田封建，朱

子姑采先儒之说，以其为先王治天下之大法也。学者当考朱子平日之言为断。(《近思录集解》卷九，第216页)

郭嵩焘曰：封建可复，井田万不可复。只如六朝、五季之世，或析为十六国，或析为十国，亦犹春秋、战国擅土者之势也，而其养民之经与教民之本更为烦乱无序。今之民非古之民久矣，何由尽取其疆土而井田之乎？(《近思录注》卷九，第168页)

【译文】

推行井田制也没有其他的方法，只要首先将国家所有的土地像棋盘一样划分好，让百姓各自领受一块土地，自然就会实现公平。之前有很多田产的富家大户，虽然把田地分给百姓，但是没办法像分种和租种那样；收入虽然减少了一些，但是可以任命他们为田官，让其管理百姓。假使人们明白了这样做的用意，那么自然也愿意遵从。虽然有少数不愿意的人，但乐意的人多，不乐意的人少，又怎么能像这样总是考虑人情呢？虽然开始的时候将公田分配给百姓，等到一二十年以后，还必须另外制定法规。开始的时候可以任命富家大户为田官，以后却应当选择有道德品行的人来担任田官。要想寻求古时的法度，也就必须首先反复阅读经典上的记载，使得古代的做法与今天的做法贯通，用弘大的心胸来理解才可以。井田制的推行最终必须归结在封建上才能确定。要实行封建，必须有很大功业或德行的人，然后才能给他们封邦建国。在没有封邦建国以前，国家的井田应当如何管理？这就应该设立田官来管理。如今既然没有讨论封建的可能，那么一直按现在情况进行，也是可以的。之所以必须实行封建，是因为国家的事划分得简明，就治理得精当，不简明就无法治理好。因

此，圣人一定要把国家分给众人，这样就没有治理不好的事情
了。圣人制定法度，必定会考虑到后世子孙。假如周公身居要
职，虽然总揽天下政治，也必定能治理得精当，后世如何能做到
这样呢？况且治理国家的人，为什么一定要事无巨细地亲自处理
国家的各种事务呢？如今假使要推行封建，又将品德差的子孙排
除在外，又会有什么害处呢？又以国家的权势，怎么不能统辖各
个封地，反倒使得诸侯互相勾结而淆乱天下呢？如果不是朝廷管
辖太多，无法治理所有事务，怎么会导致这种状况呢？而后世却
认为秦朝不推行封建是谋略得当，这真是不知道圣人的用意啊！

**【章旨】**

　本章先论井田，继而又论及封建，认为井田应当以封建为
基础。考虑到全面推行井田可能会遇到大地主的反对，张载认为
可以让其担任田官，以管理民众，提高其以天下为公的道德责任
感；但田官一职，最终还是要选择有贤能的人担任。因此，推行
井田最终还是要落实在封建的基础上。封建以后，以天子为首的
中央政府可以总览全局，地方各种繁杂的事务可以分头处理，进
而保证了国家运行的效率，后世就不会发生国家混乱的局面。总
之，井田与封建相互配合，井田解决民有其田的问题，封建解决
官有其德的问题，二者缺一不可。不过，二程、朱熹与张载看法
略有不同，认为井田、封建都不是圣人治理天下的根本性原则，
而是随时而为的具体举措。其实，张载也注意到"必有大功德者
然后可以封建"，但如何落实，则是一个困难问题。

**1·11　人主能行井田者，须有仁心，又更强明果敢，仍**

宰相之有才者<sup>①</sup>[1]。唐太宗虽英明[2]，亦不可谓之仁主。孝文虽有仁心[3]，然所施者浅近，但能省刑罚、薄税敛、不惨酷而已。自孟轲而下，无复其人。扬雄择圣人之精[4]，艰难而言之正[5]，止得其浅近者，使之为政又不知如何，据此所知；又不遇其时，无所告诉。然扬雄比董生孰优[6]？雄所学虽正当，而德性不及董生之博大，但其学差溺于公羊、谶纬而已[7]。

【校勘】

① 仍：徐刻本、四库本作"及"。

【注释】

〔1〕仍：副词，又，且。

〔2〕唐太宗：唐朝皇帝李世民（599—649），在政治上励精图治，知人善任，虚心纳谏，经济上推行均田制、租庸调法，军事上实行府兵制度，开创了著名的"贞观之治"。英明：卓越而明智。张载认为，唐太宗虽然很英武明智，但还谈不上是一位"有仁心"的君主，即他具备"强明果敢"的条件，但不具备"有仁心"的条件。

〔3〕孝文：汉文帝刘恒（前202—前157），好黄老之学，为人宽容平和，俭约节欲，谦逊克己，与其子汉景帝刘启共同开创了汉代的"文景之治"。张载认为，汉文帝虽然有仁心，但其政策只停留在省刑、薄税方面，并不能达到根本，即他具备"有仁心"的条件，但不具备"强明果敢"等更进一步的条件。

〔4〕扬雄（前53—18）：字子云，西汉著名儒学家，曾拟《周

易》撰《太玄》，拟《论语》撰《法言》。精：精妙，精粹。

〔5〕艰难：文词隐晦而不平易。正：淳正。

〔6〕董生：董仲舒（前179—前104），西汉著名儒学家，今文经学大师，传《春秋》公羊学，主张大一统说、天人感应说、性三品说，著有《春秋繁露》。

〔7〕其：指董仲舒。溺：陷于某种不好的境地。公羊：《春秋公羊传》或公羊学的简称。谶纬：谶书和纬书的合称。"谶"是巫师或方士制作的一种隐语或预言，作为吉凶的符验或征兆；"纬"指方士化的儒生编集起来附会儒家经典的各种著作。

**【参读】**

朱熹曰：制度易讲，如何有人行！（《朱子语类》卷一百八，第2683页）

朱熹曰：今世有二弊：法弊，时弊。法弊但一切更改之，却甚易；时弊则皆在人，人皆以私心为之，如何变得！嘉祐间法可谓弊矣，王荆公未几尽变之，又别起得许多弊，以人难变故也。（《朱子语类》卷一百八，第2688页）

**【译文】**

能够推行井田制的君主，不仅需要有仁心，还要有智慧、决心、魄力，以及有才华的宰相。唐太宗虽然英武明智，但称不上有仁心的君主。汉文帝虽然有仁心，但他的政策只停留在表面，只是能够轻用刑罚、少征赋税、不很严苛罢了。自孟子以后，再没有像他那样贤明的人了。扬雄能够择取圣人的精妙，用晦涩的文辞来表达淳正的道理，但他所得只是圣人浅近的内容，从这里便能知道，如果让他治理国家，又难以预知后果如何；加上他没有遇到恰当的时机，无法向人申说。但将扬雄与董仲舒相比，谁更好一些？扬雄学术虽然醇正，道德品性却不如董仲舒博大，但董仲舒的学术却多少陷入到公羊学和谶纬的不切实际之中了。

**【章旨】**

本章继前面1·6、1·10章论推行井田的两个客观条件即立法和封建之后，再论第三个主观条件即对君主和人才的要求。张载认为，在对君主的要求上，包括两个方面，一是有仁心，二是能果敢；此外还需要有才能的辅佐之士。接着举唐太宗、汉文帝、孟子、杨雄、董仲舒，分别作了评论。本章也有很强的现实针对性，其背景显然在于张载对当时"变法"条件和方向的特殊理解。

**1·12　妇人之拜，古者首低至地，肃拜也〔1〕，因肃遂屈其膝。今但屈其膝，直其身，失其义也。**

**【注释】**

〔1〕肃拜：《周礼》"九拜"之一，四种正拜中最轻的一种，行礼时头低至手而不下跪。《周礼·春官·大祝》："辨九拜，一曰稽首，二曰顿首，三曰空首，四曰振动，五曰吉拜，会曰凶拜，七曰奇拜，八曰褒拜，九曰肃拜。"郑众注："肃拜，但俯下手，今时撎是也。介者不拜，故曰'为事故，敢肃使者'。"贾公彦疏："九曰肃拜者，拜中最轻，惟军中有此肃拜，妇人亦以肃拜为正。"张载的解释与此不同。

**【参读】**

《朱子语类》："问：'古者妇人以肃拜为正，何谓肃拜？'曰：'两膝齐跪，手至地而头不下为肃拜。'"（《朱子语类》卷九一，第 2332 页）

**【译文】**

妇女的拜礼，古时是低头至地面，称作肃拜。为了表示恭敬，所以屈膝下跪。如今只是屈膝下跪，身体却直立，这样就失去了原来的意义。

**【章旨】**

本章论妇人肃拜之礼的正确方式，似与全篇不类，当置于《礼乐》篇为宜。

**1·13** 一亩，城中之宅，授于民者，所谓"廛里，国中之地"也[1]。百家谓之廛①，二十五家为里[2]，此无征[3]。其有未授闲宅，区外有占者征之，"什一使自赋"也[4]。

**【校勘】**

① 廛：鸣道本作"宅"，据其他诸本改。

**【注释】**

〔1〕廛里：城内居民住宅所在区域的通称。国：泛指城邑，包括城与郭。"廛里国中之地"：语本《周礼·地官·载师》："以廛里任国中之地。"郑玄注："廛里者，若今云邑里居矣。廛，民居之区域也。里，居也。"孙诒让疏："通言之，廛、里皆居宅之称；析言之，则庶人、农、工、商等所居谓之廛，士大夫等所居谓

之里。"

〔2〕二十五家为里：据《周礼·地官·遂人》"五家为邻，五邻为里"，故谓"二十五家为里"。

〔3〕征：征收赋税。此无征：语本《周礼·地官·载师》："国宅无征。"郑玄注："征，税也。言征者，以共国政也。"

〔4〕"什一使自赋"：语出《孟子·滕文公上》："无君子，莫治野人；无野人，莫养君子。请野九一而助，国中什一使自赋。"

【集解】

吕柟曰：此如后世罚侵官地。（《张子抄释》卷三）

【译文】

授田一亩，这是在城中授给百姓的宅地，即《周礼》所说的"以城中的土地用作住宅"。百家的宅地叫作廛，二十五家的宅地就是里，这是不征收赋税的。如有尚未授予百姓的闲置宅地被本区域以外的人占用，就需要征税，这就是孟子所说的"城中交十分之一的税"。

【章旨】

从本章开始，直至1·26章，均为张载根据《周礼·地官·载师》而对九等授田方式及相关税制的推论。《周礼·地官·载师》曰："载师掌任土之法。以物地事，授地职，而待其政令。以廛里任国中之地，以场圃任园地，以宅田、士田、贾田任近郊之地，以官田、牛田、赏田、牧田任远郊之地，以公邑之田任甸地，以家邑之田任稍地，以小都之田任县地，以大都之田任畺地。凡任地，国宅无征，园廛二十而一，近郊十一，远郊二十而三，甸稍县都皆无过十二，唯其漆林之征，二十而五。凡宅不毛者，有里布。凡田不耕者，出屋粟。凡民无职事者，出夫家之征，以时征其赋。"（按：本章以下至 1·26 章均与本段相关，故全录于此，以下则随文节录。）这里虽然区分了国中之地、园地、近郊之地、远郊之地、甸地、稍地、县地、畺地等八种情况，但并没有涉及具体的亩数。张载则根据其他各种文献，推论出一亩城中民宅、五亩城中官宅、十亩园地、二十五亩近郊之地、五十亩远郊之地、百亩六乡井田、百五十亩六遂井田和菜田、二百亩井田和菜田、三百亩井田和菜田等按九等进行授田的情况，并讨论各自应缴纳赋税的多少。本章论在城内授田一亩的情况。本章前两句可以看作是对《周礼·地官·载师》"以廛里任国中之地""国宅无征"的解释，也是对城内授田一亩情况的基本规定，第三句则是一个补充原则。以下张载对其他八种授田情况的论述，基本都是按照这一体例。城内授田一亩，是分给城市居民的宅基地，因而不征税。但如果有未授予百姓的闲置空地被不属于这一区域的其他人征用，则要征收收入十分之一的税赋。之所以如此，可能如吕柟所说，是为了惩罚和防止侵占宅田情况的发生。

**1·14　五亩，国宅<sup>[1]</sup>，城中授于士者。五亩，以其父子异宫<sup>[2]</sup>，有东宫、西宫，联兄弟也<sup>[3]</sup>，亦无征。城外郭内授于民者亦五亩<sup>[4]</sup>，于公无征。**

【注释】

〔1〕国宅：城中士人的住宅用地。语出《周礼·地官·载

师》：“以廛里任国中之地”，“国宅无征”。郑玄注：“国宅，凡官所有宫室，吏所治者也。”

〔2〕宫：古代对房屋、居室的通称。父子异宫：父子分别住在不同的居处。《仪礼·丧服》：“子不私其父，则不成为子。故有东宫，有西宫，有南宫，有北宫，异居而同财，有余则归之宗，不足则资之宗。”《礼记·内则》：“由命士以上，父子皆异宫，昧爽而朝，慈以旨甘。”

〔3〕联兄弟：联合兄弟亲戚。语出《周礼·地官·大司徒》：“三曰联兄弟。”郑玄注：“联，犹合也。”

〔4〕城外郭内：内城为城，外城为郭。《说文解字》：“郭，外城也。”

**【集解】**

吕柟曰：此皆定居。(《张子抄释》卷三)

**【译文】**

授田五亩，这是在城中授给士人的官宅用地。之所以是五亩，是因为父子住在不同的房子里，有东房，有西房，以此起到联合兄弟的作用，这也是不征收赋税的。在外城授予百姓的土地也是五亩，对公家也不征税。

**【章旨】**

本章论在城外郭内授田五亩的情况。《周礼·地官·载师》没有区分“廛里”和“国宅”，实以廛里包含国宅，张载则将二者分为民宅和官宅两种不同情况。相对于城中授民宅田（廛里）一亩，城中授予官员的宅田（国宅）则为五亩。这是因为官员父子同居而异宫，故而大于民宅。如果在城外郭内，那么授予百姓的宅田也是五亩。这应当是由于郭（外城）相对城（内城）的土地较为宽阔的缘故，故而有所增加。这两种情况，都不征税。对城内官宅土地和郭内民宅土地的增加，都属于变例，其实又都是公平原则的体现。

**1·15**　十亩，场圃所任园地也[1]。《诗》"十亩之间"[2]，此也。不独筑场纳稼[3]，亦可毓草木也[4]。城在郭外①[5]，征之二十而一，盖中有五亩之宅当受而无征者，但五亩外者出税耳[6]。

【校勘】

①城在郭外：四库本作"地在郭外"。

【注释】

〔1〕场圃：可供种植菜蔬和收打作物的场地。语出《周礼·地官·载师》："以场圃任园地。"郑玄注："圃，树果蓏之属，季秋于中为场。樊圃谓之园。"《诗经·豳风·七月》："九月筑场圃。"毛传："春夏为圃，秋冬为场。"

〔2〕"十亩之间"：语出《诗经·魏风·十亩之间》："十亩之间兮，桑者闲闲兮，行与子还兮。"张载认为《诗经》所说的"十亩之间"，就是《周礼·地官·载师》所说的"园地"。

〔3〕筑场纳稼：筑造场地，收藏庄稼。语出《诗经·豳风·七月》："九月筑场圃，十月纳禾稼。"郑玄笺："场圃同地，自物生之时，耕治之以种菜茹，至物尽成熟，筑坚以为场。纳，内也，治于场而内之囷仓也。"

〔4〕毓：培育，养育。"毓草木"：语出《周礼·天官·大宰》："以九职任万民：一曰三农，生九谷；二曰园圃，毓草木。"《周礼·地官·大司徒》："以蕃鸟兽，以毓草木。"郑玄注："毓，古育字。"

〔5〕城在郭外：内城外郭，郭当在城之外，"城在郭外"于理不通。且场圃位于郭内，而非郭外。疑当作"郭在城外"。

〔6〕五亩外者出税：五亩宅地之外的田地，征收赋税。语本《周礼·地官·载师》："以场圃任园地"，"园廛二十而一。"郑玄注："周税轻近而重远，近者多役也。园廛亦轻之者，廛无谷，园少利也。"但按照张载的理解，场圃十亩包括了宅地五亩，此五亩无征，其余五亩当征十分之一，故郭外的十亩田共征二十分之一。

**【集解】**

吕柟曰：亦科其过度耳。(《张子抄释》卷三)

**【译文】**

授田十亩，这是用作种植菜蔬和收打作物的场地。《诗经》所说的"十亩之间"，指的就是这十亩地，不仅可以筑造场地，收藏庄稼，也可以培育草木以获取收益。郭在城外，按二十分之一的比例征税，因为其中包括了不需要征收赋税的五亩宅地，所以只征其余五亩的税。

**【章旨】**

本章继上章在城外郭内授民宅田五亩的情况之后，再论在城外郭内授田十亩的情况，对应于《周礼·地官·载师》"以场圃任园地"。但《周礼·地官·载师》并有记述亩数，张载则从位置和用途上，联系《诗经·魏风·十亩之间》，推定为十亩。这十亩地，位置处于郭内，可以用于种植草木。由于其中还包括了五亩不征税的宅田，故剩余五亩征税十分之一，全部十亩征税二十分之一。

**1·16　二十五亩，宅田、士田、贾田所任近郊之地也[1]。孟子曰"余夫二十五亩"[2]，此也。宅田，士之在郊之宅田也[3]。士田，士所受圭田也，兼宅田共五十亩[4]。贾田，贾者所受之田[5]。孟子曰"卿以下有圭田五十亩"[6]，此言士者，卿士通言之。**

**【注释】**

〔1〕宅田、士田、贾（gǔ）田所任近郊之地：语本《周礼·地官·载师》："以宅田、士田、贾田任近郊之地。"不同注家理解有所不同。郑众注："民宅曰宅。宅田者，以备益多也。士田者，士大夫之子得而耕之田也。贾田者，吏为县官卖财与之田。"郑玄注："宅田，致仕者之家所受田也。""士读为仕。仕者亦受田，所谓圭田也。""贾田，在市贾人其家所受田也。"郑众以宅田为民宅，以士田为士大夫之子所得之耕田，以贾田为官府卖财之田；郑玄以宅田为官员致仕时分得的用来养老的禄田，以士田为士所受圭田，即士所得用作祭祀之田，以贾田为商人家属所分得的田地。张载的理解见下文。近郊：指城外五十里以内的地方。杜子春注："五十里为近郊，百里为远郊。"

〔2〕余夫：一家中授田一人，一人之外的其余劳力称为"余夫"。《孟子·滕文公上》："卿以下必有圭田。圭田五十亩，余夫

二十五亩。"赵岐注："余夫者，一家一人受田，其余老小尚有余力者，受二十五亩，半于圭田，谓之余夫也。"

〔3〕宅田：张载理解为士在近郊的住宅用田。

〔4〕士田：张载理解为圭田，同于郑玄。不过，按赵岐注，圭田是卿、大夫、士供祭祀用的田地，而张载则认为圭田可能是类似菜园的畦田（1·38）。对于圭田的受田亩数，孟子明确讲"圭田五十亩"，张载则认为这五十亩中包含了宅田二十五亩，故圭田实际上只是二十五亩。

〔5〕贾田：张载理解为商人所受之田，虽未强调"其家"，但既然商人并不以务农为主，则受田者应为"其家"，其理解基本上同于郑玄。

〔6〕"卿以下有圭田五十亩"：语出《孟子·滕文公上》，见注〔2〕。这里又以孟子之语，证明前文所言之"士"都是"卿士通言"。

【集解】

吕柟曰：亦类家削之赋。（《张子抄释》卷三）

【译文】

授田二十五亩，这是在近郊用作宅田、士田、贾田的土地。孟子所说"一家中一人之外的其余劳力，授田二十五亩"，指的就是这里。宅田，是士人在郊外的住宅用地；士田，是士人所受的圭田，加上宅田，一共是五十亩；贾田，是商人所受的田地。孟子说"卿以下授予圭田五十亩"，这里说的"士"，是把卿和士一起来说的。

## 【章旨】

本章论在近郊授田二十五亩的情况，对应于《周礼·地官·载师》"以宅田、士田、贾田任近郊之地"。但《周礼·地官·载师》未说亩数，张载认为孟子所说的"余夫二十五亩"，就是《周礼·地官·载师》所说的处于近郊之地的宅田、士田、贾田，故为二十五亩。既然这是"余夫"所分之田，那么张载当认为这是分给士人或商人家属使用的住宅用田及耕田，其理解不完全同于汉代注解。

1·17　五十亩，官田、牛田、赏田、牧田者所任远郊之地也[1]。官田，庶人在官者之田[2]。牛田，牧公家牛之田[3]。赏田，赏赐之田[4]。牧田有二，牧六畜者一也，授于乡民者一也[5]。此四者皆以五十亩为区①。赏田以厚薄多寡给之[6]。

## 【校勘】

① 皆以：鸣道本后衍"为"字，据其他诸本删。

## 【注释】

〔1〕官田、牛田、赏田、牧田者所任远郊之地：语本《周礼·地官·载师》："以官田、牛田、赏田、牧田，任远郊之地。"不同注家，理解有所不同。郑众注："官田者，公家之所耕田。牛田者，以养公家之牛。赏田者，赏赐之田。牧田者，牧六畜之田。"郑玄注："官田，庶人在官者其家所受田也。牛田、牧田，畜牧者之家所受田也。"郑众以官田为公田，以牛田为养官牛之田，以赏田

为对有功者赏赐之田，以牧田为公家放牧之田；郑玄以官田为居官家属所受之田，以牛田、牧田为畜牧者所受之田。张载的理解见下文。远郊：城外五十里到一百里之间的地区。杜子春注："五十里为近郊，百里为远郊。"

〔2〕官田：张载理解为在官府服务的平民之田，而非公田，解释同于郑玄。

〔3〕牛田：张载理解为为公家牧牛之田，而非畜牧者所受之田，解释同于郑众，而与郑玄不同。

〔4〕赏田：张载理解为对有功者赏赐之田，各家均无异议。

〔5〕牧田：张载理解为两种情况，一是牧养六畜（马、牛、羊、鸡、狗、猪）的田地，二是授给六乡之民的田地。乡民：六乡之民。周制王城之外百里以内分为六乡。《周礼·地官·乡老》郑众注："百里内为六乡，外为六遂。"远郊与六乡都是距城百里之内，故二者的范围相同。

〔6〕以厚薄多寡给之：以土地的肥沃或贫瘠程度决定分配的多少。

【译文】

授田五十亩，这是在远郊用作官田、牛田、赏田、牧田的土地。官田是授给在官府服务的平民的田地；牛田是为公家牧牛的田地；赏田是赏赐立了大功的人的田地；牧田有两种情况，一是牧养马、牛、羊、鸡、狗、猪等六畜的田地，二是授给六乡之民的田地。这四种土地都以五十亩为单位，其中赏田按照土地的肥沃或贫瘠程度决定分配的多少。

**【章旨】**

本章继上章论在近郊授田二十五亩的情况之后，再论在远郊授田五十亩的情况，对应于《周礼·地官·载师》"以官田、牛田、赏田、牧田任远郊之地"，分别授予在官府服务的平民之家、为公家牧牛之家、因功被赏之家和养六畜之家。

**1·18**　百亩，乡民所受井田不易者也[1]。此乡田百亩[2]，兼受牧田五十亩[3]，故其征二十而三[4]。

**【注释】**

〔1〕不易者：不轮休的土地。《周礼·地官·大司徒》："不易之地家百亩，一易之地家二百亩，再易之地家三百亩。"郑众注："不易之地岁种之，地美，故家百亩。一易之地休一岁乃复种，地薄，故家二百亩。再易之地休二岁乃复种，故家三百亩。"

〔2〕乡田：乡民所受之井田。《孟子·滕文公上》："乡田同井，出入相友，守望相助。"赵岐注："同乡之田，共井之家。"

〔3〕兼受牧田五十亩：此即上章所言"牧田"的第二种意义，指授于六乡之民的牧田五十亩。

〔4〕其征二十而三：井田百亩，征税全部收入的十分之一；牧田五十亩，又征税全部收入的二十分之一，故共征税二十分之三。

**【集解】**

吕柟曰：同上皆有征。(《张子抄释》卷三)

**【译文】**

授田一百亩，这是六乡之民所受不轮休的井田。这一百亩井田之外，又授牧田五十亩，因而征税是二十分之三。

【章旨】

本章论在六乡授田百亩的情况。远郊为五十里之外、百里之内，六乡亦为百里之内，故六乡即在远郊。上章言远郊的官田、牛田、赏田、牧田，此章则专言作为耕田的井田。井田百亩征税十分之一，井田外另授牧田五十亩，征税二十分之一，故共征税二十分之三。

1·19　百五十亩，田百亩、莱五十亩[1]。《遂人职》曰："夫廛，余夫亦如之。"[2]廛者，统百亩之名也。又有莱五十亩，可薪者也[3]。野曰莱[4]，乡曰牧[5]，犹民与氓之别[6]。其受田之家，耕者之外犹有余夫，则受二十五亩之田，莱亦半之，故曰"亦如之"[7]。其征二十而三[8]。

【注释】

〔1〕莱：指郊外轮休的田地。田百亩、莱五十亩：语本《周礼·地官·遂人》："辨其野之土，上地、中地、下地，以颁田里。上地，夫一廛，田百亩，莱五十亩，余夫亦如之；中地，夫一廛，田百亩，莱百亩，余夫亦如之；下地，夫一廛，田百亩，莱二百亩，余夫亦如是。"郑玄注："莱，谓休不耕者。"

〔2〕遂人职：指《周礼·地官·遂人》。按周制，城外百里之外、二百里之内分为六遂，每遂有遂人掌其政令。《周礼·地官·序官》郑玄注："遂人主六遂，若司徒之于六乡也。六遂之地，自远郊以达于畿，中有公邑、家邑、小都、大都焉。"廛：本意为民居、

市宅，这里依后文所说"廛者，统百亩之名也"，引申为百亩之田。
夫廛：意为一夫受田一廛。余夫亦如之：意为一家一夫之外的其余
劳力也按如此方式授田。《周礼·地官·遂人》郑众注："户计一夫
一妇而赋之田，其一户有数口者，余夫亦受此田也。廛，居也。杨
子云有田一廛，谓百亩之居也。"

〔3〕薪：取为柴火。莱本是郊外轮休不耕种的田地，其上所长
的野草可以取来作为柴火。

〔4〕野：城外百里曰郊，郊外至五百里疆域中又分甸、稍、
县、都，各百里，可通谓之野，也可甸稍谓野。

〔5〕牧：牧养六畜的田地。见1·17章。

〔6〕氓（méng）：民，百姓。《诗经·卫风·氓》："氓之蚩
蚩，抱布贸丝。"毛传："氓，民也。"

〔7〕亦如之：指《周礼·地官·遂人》"余夫亦如之"，但张载
将其内涵理解为《孟子·滕文公上》的"余夫二十五亩"，故认为余
夫授耕田为二十五亩，莱田亦为一夫所授的一半即二十五亩。

〔8〕其征二十而三：耕田百亩征税十分之一，莱田五十亩征税
二十分之一，故共征税二十分之三。

**【译文】**

授田一百五十亩，包括耕田一百亩和轮休的莱田五十亩。
《周礼·地官·遂人》说："一夫受田一廛，一家一夫之外的其
余劳力也是如此。"廛，就是一百亩耕田的统称。又授予轮休的
莱田五十亩，可以用来取柴火。在野内称作"莱"，在乡内称作
"牧"，就好比"民"与"氓"的区别，只是叫法不同而已。领受
田地的人家，耕种者之外还有其余的劳力，就再授予二十五亩耕

田，莱田也是一夫的一半，所以说"也是如此"。共征税二十分之三。

【章旨】

本章继上章论六乡授田百亩的情况之后，再论在六遂授田一百五十亩的情况。乡遂相对，上章言六乡，此章言六遂，故又引《周礼·地官·遂人》以证之。六遂授民田一百五十亩，其中包括耕地一百亩和可用于取薪的轮休莱地五十亩，类似于远郊乡民，故征税同样为二十分之三。如果有剩余劳力，则授耕田二十五亩，莱田二十五亩。

1·20　二百亩，田百亩、莱百亩。此在二十而三与十二之征之间〔1〕，必更有法。

【注释】

〔1〕此在二十而三与十二之征之间：按上章，耕田百亩、莱田五十亩，征税是二十分之三；如此，莱田再增加五十亩，税亦可增加二十分之一，即达到十分之二。但无文献可据，故张载推测"此在二十而三与十二之征之间"。

【译文】

授田二百亩，包括一百亩耕田和一百亩莱田。征税是在二十分之三到十分之二之间，具体多少肯定另有规定。

【章旨】

本章论授田二百亩的情况。相对上章一百五十亩，二百亩中实际上只是增加了莱田五十亩。征税多少，由于文献不详，故张载以类推之，但无法确定。

**1·21** 三百亩，田百亩、莱二百亩者，其征十二。以莱田半见耕之田[1]，通田莱三百亩都计之得十二也[2]。惟其漆林之征二十而五者[3]，其上园地、近郊、远郊、甸、稍、县、都之漆林也[4]。

**【注释】**

〔1〕见：表示被动，相当于被，受到。

〔2〕通：整个，全部。十二：十分之二。耕田百亩征税全部收入的十分之一，莱田二百亩亦征税全部收入的十分之一，故通田莱三百亩征税十分之二。

〔3〕其漆林之征二十而五：语本《周礼·地官·载师》："甸稍县都皆无过十二，唯其漆林之征，二十而五。"漆树之汁可以漆涂器物，属经济作物，故税重，征税标准是二十分之五。

〔4〕园地：城外郭内之地，见1·15。近郊：城外五十里之地，见1·16。远郊：城外一百里之地，见1·17。甸：城外二百里之地。稍：城外三百里之地。县：城外四百里之地。都：城外五百里之地。《周礼·天官·司会》："掌国之官府、郊、野、县、都之百物财用。"郑玄注："郊，四郊，去国百里。野，甸、稍也。甸去国二百里，稍三百里，县四百里，都五百里。"

**【译文】**

授田三百亩，包括耕田一百亩和莱田二百亩，征十分之二的税。因为轮休的莱田是一半被耕的田地，所以耕田和莱田总共三百亩都算进来，共征税十分之二。只有漆树林按二十分之五征税，这包括园地、近郊、远郊、甸、稍、县、都的漆树林。

【章旨】

本章论授田三百亩的情况，对应于《周礼·地官·载师》"甸稍县都皆无过十二，唯其漆林之征，二十而五"。从乡民受耕田百亩以后，所授耕田均为百亩，不同只在于牧田或莱田的亩数随着距城越远而不断增加。授田三百亩中包括耕田百亩和莱田二百亩。耕田百亩，征税十分之一；莱田二百亩，征税二十分之一，故共征税十分之二。漆林属经济作物，故征二十分之五。

## 1·22　周制受田自一亩至三百亩，计九等。余夫增减，犹在数外尔<sup>①</sup>。

【校勘】

① 尔：徐刻本、四库本作"耳"。

【集解】

吕柟曰：以上田皆以肥瘠厚薄分多寡，故有至三百亩者，则井田亦甚均乎。(《张子抄释》卷三）

【译文】

按周代制度授田，从一亩到三百亩的，共分为九等。一家一人以外的其余劳力授田增加或减少的各种情况，还在这九等之外。

【章旨】

本章总结 1·13 章至 1·21 章。张载认为，周代授田一共分为九等，这九等主要规定的是受田正例的情况，而余夫受田属于变例。自城中开始，到城外五百里，授予土地逐渐增多，征税比重也逐渐增大，这都是公平原则的体现。后几章对此继续进行补充说明。

**1·23　国中以免者多**[1]**，役者少，故晚征而早蠲之**[2]**；野以其免者少，役者多，故早征而晚蠲之**[3]**。贵者、贤者、能者、服公事者、老疾者多居国中**[4]**，故免者多。**

**【注释】**

〔1〕国中：指城中之地。免者：免除赋税的人。

〔2〕晚：指被征税的人的年龄较晚。早：指被减免赋税的人的年龄较早。蠲（juān）：减免赋税。

〔3〕"国中"至"晚蠲之"：语本《周礼·地官·乡大夫》："国中自七尺以及六十，野自六尺以及六十有五，皆征之。"郑玄注："国中，城郭中也，晚赋税而早免之，以其所居复多役少。野，早赋税而晚免之，以其复少役多。"复，指免除徭役或赋税。

〔4〕贵者、贤者、能者、服公事者、老疾者：语出《周礼·地官·乡大夫》。见1·9注〔5〕。

**【译文】**

城中因为免税的人多，服役的人少，故而晚征赋税而早减免；郊外因为免税的人少，服役的人多，故而早征赋税而晚减免。地位尊贵的人、有贤德的人、有才干的人、在官府当差的人、年老的人以及有疾病的人大多住在城中，因此减免的人多。

**【章旨】**

本章是依据《周礼·地官·乡大夫》，对国野赋税差别的补充性说明。城中由于贵者、贤者、能者、服公事者、老疾者较多，故而免税的人多，并且晚征赋税而早免之；野外则劳动者居多，故而免税的人少，并且早征赋税而晚免之。

**1·24** "宅不毛"者〔1〕，乃国中受五亩之宅者①，于公则无征，然其间亦可毓草木取利〔2〕，但于里中出布〔3〕，待里中之用也②〔4〕。

**【校勘】**

① 国：其他诸本皆作"郭"。

② 待：其他诸本皆作"止待"。

**【注释】**

〔1〕宅：城中的住宅。不毛：未加种植。宅不毛：指城中住宅旁的土地未加种植。语出《周礼·地官·载师》："凡宅不毛者，有里布。"郑众注："宅不毛者，谓不树桑麻也。"贾公彦疏："以草木为地毛。"《孟子·梁惠王上》："五亩之宅，树之以桑，则五十者可以衣帛矣。"

〔2〕毓草木取利：培育草木以获得收益，见1·15。

〔3〕于里中出布：由里中征收并供里中使用的货币。里：地方行政组织单位。《周礼·地官·遂人》："五家为邻，五邻为里。"布：货币的一种。《周礼·地官·载师》贾公彦疏："民有五亩之宅，庐舍之外不树桑麻之毛者，罚以二十五家之税。布谓口率出泉。汉

法，口百二十也。"

〔4〕待：供给。

**【译文】**

所谓"宅不毛"，是指在城中授予的五亩宅地，政府本来不征税，但旁边也可以培植草木谋利，那就在里中征收一定的货币，以供给里中的公共事务支出。

**【章旨】**

本章及以下两章解释《周礼·地官·载师》末尾关于"凡宅不毛者，有里布；凡田不耕者，出屋粟；凡民无职事者，出夫家之征"三种赋税情况。相对于前述九等授田方式需征收的正税而言，这三种都是因各种变例而征收的附加税。本章释"凡宅不毛者，有里布"。张载认为，所谓"宅不毛"者即前述国中所受五亩宅田，本来是不征税的，但也可以种植桑麻，获取一些收益，这样就需要缴纳一定的货币税，用来满足里中公共事务的支出需要。与先儒注释不同，张载这里并没有强调"宅不毛"的惩罚性质，而是强调种植草木后获利而带来的增加公用的性质。

## 1·25 居于田而不耕者，出屋中之粟〔1〕。

**【注释】**

〔1〕屋中之粟：即屋粟，税名，为一夫所交之税的三倍，这是对有田不耕者征收的具有惩罚性质的赋税。语出《周礼·地官·载师》："凡田不耕者，出屋粟。"贾公彦疏："夫三为屋。民有百亩之田，不耕垦种作者，罚以三家之税粟。"《周礼·地官·旅师》：

"旅师掌聚野之锄粟、屋粟、闲粟。"郑玄注:"屋粟,民有田不耕,所罚三夫之税粟。"

【译文】

占有田地却不耕种的人,要征收屋粟。

【章旨】

本章释《周礼·地官·载师》"凡田不耕者,出屋粟"。对有田不耕者,要征收具有惩罚性质的屋粟。本章可与 1·27 章、1·31 章参读。

1·26　闲民转移之余[1],无职事者无所贡,故出"夫家之征"[2]。或征其力,不用力则必有他征[3],孟子所谓"力役之征"[4]。"夫"者一夫,"家"者兼余夫。

【注释】

[1] 闲民:没有固定职业,以为别人处理各种事务为生的百姓。转移:转换,迁移。语出《周礼·天官·大宰》:"九曰闲民,无常职,转移执事。"郑众注:"闲民,谓无事业者,转移为人执事,若今佣赁也。"

[2] "夫家之征":语出《周礼·地官·载师》:"凡民无职事者,出夫家之征,以时征其赋。"郑玄注:"民虽有闲无职事者,犹出夫税、家税也。夫税者,百亩之税。家税者,出士徒车辇,给繇役。"郑玄将"夫"理解为"一夫百亩"之田税,"家"理解为正税之外的劳役税,张载在后文则将"夫"理解为"一夫",将"家"理解为"一夫"加上其他的"余夫"。

〔3〕他征：以其他形式征用民力。

〔4〕力役：即劳役。"力役之征"：以劳役的形式征用民力。语出《孟子·尽心下》："有布缕之征，粟米之征，力役之征。"赵岐注："征，赋也。国有军旅之事，则横兴此三赋也。布，军卒以为衣也；缕，紩铠甲之缕也；粟米，军粮也；力役，民负荷斯养之役也。"

**【译文】**

没有固定职业的人，由上一事向下一事的过渡期，因为没有任何职业，就无法缴纳赋税，所以要出"夫家之征"。或者征用劳力，不需要劳力时必有其他形式的征用，这就是孟子所说的"力役之征"。这里的"夫"是指一个劳力，"家"是加上其他的劳力。

**【章旨】**

本章释《周礼·地官·载师》"凡民无职事者，出夫家之征"。张载认为这是指不从事农业生产而为人执事的人，虽然不需要缴纳田税，但要充当劳役。张载并引孟子所谓"力役之征"证之。本章可与1·34章参读。

1·27 《旅师》"闲粟"〔1〕，野之田者，有未受而闲者，或已受之民徙于他处，或疾病死亡不能耕者，其民之有力者权耕所出之粟也，旅师掌而用之。"勮粟"〔2〕，助贷于民之粟，或元有官给之本〔3〕，或以屋粟、闲粟贷之，得其兴积则平颁之〔4〕。

**【注释】**

〔1〕旅师:《周礼》官职名,负责收纳六遂公邑及远郊之外三粟,及发放积粟之事。《周礼·地官·旅师》:"旅师掌聚野之锄粟、屋粟、闲粟而用之,以质剂致民,平颁其兴积,施其惠,散其利,而均其政令。"闲粟:向不事生产者征收的具有惩罚性质的税粟。《周礼·地官·旅师》郑玄注:"闲粟,闲民无职事者所出一夫之征粟。"孙诒让疏:"惰民亦得谓之闲民,故罚粟亦称闲粟。"张载这里则理解为是土地因各种原因而导致空闲后,由暂时耕种者所出之粟。

〔2〕锄粟:给农民提供的具有助贷性质的粟。《周礼·地官·旅师》郑玄注:"锄粟,民相助作,一井之中,所出九夫之税粟也。"江永注:"锄粟者,农民合出之,因合耦于锄,故名锄粟,正犹隋唐社仓、义仓,每岁出粟少许,贮之当社,以待年饥之用者也。旅师所聚,以锄粟为主;锄粟无多,恐不足以给,又以载师之屋粟、闲粟益之。注谓'锄粟,民相助作',近之;谓'一井之中九夫之税粟',非也。"张载这里认为,这种助贷之粟的来源可以是官府原本储存的锄粟,也可以是已征收的所谓"屋粟"或"闲粟"。

〔3〕元有官给之本:官府原本已经储存了的锄粟。

〔4〕兴积:犹积聚。平颁:指平均分发。《周礼·地官·旅师》郑玄注:"兴积,所兴之积,谓三者之粟也。平颁之,不得偏颇有多少。县官征聚物曰兴,今云'军兴'是也。"

**【译文】**

《周礼·地官·旅师》所说的"闲粟",是在野的田地,有尚未授予农民而被闲置的情况,或者已经授予的农民因为迁徙到了别的地方，或生病、死亡，而不能耕种，就由其他有能力的农民暂时耕种并缴纳税粟，由旅师掌管并使用。所谓"耡粟"，是借贷给农民以帮助他们耕作的粟。这可以是政府原本已经储存了的助耡之粟，也可以是对有田不耕者征收的屋粟，或者是其他农民对空闲土地暂时耕种而缴纳的闲粟，政府将之积聚起来，平均分发给农民。

**【章旨】**

本章据《周礼·地官·旅师》"掌聚野之耡粟、屋粟、闲粟"，对一些非常规性赋税作进一步说明。1·25章解释了"屋粟"，张载这里重点解释"闲粟"和"耡粟"。按郑玄，"屋粟"和"闲粟"都是为劝耕而具有惩罚性质的税粟，"闲粟"之"闲"即"闲民"之"闲"。张载则认为"闲粟"之"闲"乃是"闲田"之"闲"，明显不同于郑玄。这里一个隐含的区别是，郑玄常常强调制度的强制性功能，张载则更强调制度的公平、调节、鼓励等道德性功能。

## 1·28  币，金、玉、齿、革、泉、布之杂名[1]。

**【注释】**

〔1〕币：泛指黄金、玉石、象牙、犀牛皮、货币之类的珍贵物品。《周礼·天官·内府》："凡四方之币献之金、玉、齿、革、兵器，凡良货贿，入焉。"贾公彦疏："金者，谓若《禹贡》'惟金三品'之类。玉者，谓若《禹贡》'球琳琅玕'之类。齿，谓若象牙之类。革，谓若犀皮之类。"泉、布：货币的统称。《周礼·天官·外

府》："外府掌邦布之入出，以共百物，而待邦之用。"郑玄注：
"布，泉也。布，读为宣布之布，其藏曰泉，其行曰布。取名于水
泉，其流行无不遍。"杂名：名目繁多。

**【译文】**

所谓"币"，是指黄金、玉石、象牙、犀牛皮、货币等名目
繁多的物品。

**【章旨】**

本章又据《周礼·天官·内府》和《外府》释"币"之所
指。币也是一种赋税形式，但不同于一般的粟，而是稀有的黄
金、玉石、象牙、犀牛皮、货币之类。这也是一种特殊的非常规
性贡赋，故在此论及。


**1·29　近郊疑亦通谓之"国中十一使自赋"之者，盖迫
近王城，未容井授，故其税十一以为正**[1]。


**【注释】**

〔1〕其税十一：近郊的税制，见《周礼·地官·载师》："以
宅田、士田、贾田任近郊之地"，"近郊十一"。

**【译文】**

近郊可能也是按照孟子所讲"城中按十分之一来征税"的原
则执行，因为近郊距离王城太近，不可能按一夫百亩的井田制原
则分配，所以纳税十分之一是合理的。

**【章旨】**

本章补充解释近郊税制。1·16章只讲了近郊的授田情况，

未及税制，本章则补充之。张载推测，由于距城五十里之内的近郊离城太近，地少而人多，所以其纳税原则可能还是按照孟子所讲"国中十一使自赋"来执行。


**1·30**　远郊二十而三[1]，谓远郊地宽，虽上地犹更给莱田五十亩[2]，故其法二十而三，余夫则无莱田。六遂然后余夫有莱田[3]，故《遂人职》云"余夫亦如之"[4]。"国宅无征"①[5]，则远郊之宅有征可知。


**【校勘】**

① 宅：鸣道本误作"中"，据其他诸本误改。

**【注释】**

〔1〕远郊二十而三：远郊的税制，见《周礼·地官·载师》："以官田、牛田、赏田、牧田任远郊之地"，"远郊二十而三"。

〔2〕上地：指上等的、肥沃的耕地。远郊即六乡，授井田百亩，牧田五十亩，征税二十分之三，见1·18章。

〔3〕六遂：城外一百里至二百里之地。六遂与六乡相对。

〔4〕"余夫亦如之"：语出《周礼·地官·遂人》。远郊土地尚不及六遂宽阔，故余夫无莱田，到六遂后余夫才有莱田，见1·19章。

〔5〕国宅无征：城中的宅地不征收赋税，见1·13、1·14章；张载由此推论，城外远郊的宅地应当征税。

**【集解】**

吕柟曰：大抵田薄则加莱。（《张子抄释》卷三）

**【译文】**

远郊征税二十分之三，这是说远郊土地较为宽阔，即使是分得了肥沃的上等土地，也可以再分得五十亩的莱田，因此其纳税原则按照二十分之三来执行。但一家中一人之外的其余劳力不分给莱田，在六遂才授予他们莱田，所以《周礼·地官·遂人》说"余夫也是这样"。既然说"国中的宅地，不征税"，那么可以知道远郊的宅地是征税的。

**【章旨】**

本章继上章，又补充解释远郊的税制情况，可与1·17、1·18、1·19章相参。1·17章只讲了远郊的授田情况，未及税制，本章也起补充作用。远郊法定授田人口可以另外分到莱田五十亩，余夫则没有，税制是二十分之三。此外，远郊的宅田也征税，这与城中不同。

**1·31** **耡粟**[1]，兴助之粟。

**屋粟**[2]，不授田徙居之粟。

**闲粟**[3]，井间耕民不时死徙①[4]，其田偶间而未归空土[5]，有量力者暂资以为生者之粟。

**此三粟非公家正赋**[6]，专以资"里宰之师"所谓"旅师"者里中之养[7]，供服器之用[8]，为赏罚之柄②[9]。

**【校勘】**

① 间：徐刻本、四库本作"田"。

② 以上四段，诸本皆低一格，可看作一章。

**【注释】**

〔1〕耡粟：具有助贷性质的税粟，见 1·27 章。

〔2〕屋粟：这里解释为因没有授田而迁居的农民所交的税粟，与前文解作"居于田而不耕"所出的"屋中之粟"（1·25）有所不同。

〔3〕闲粟：土地因各种原因而导致空闲后由暂时耕种者所出之粟，见 1·27 章。

〔4〕井间：井地之间。死徙：死亡或迁徙他地。

〔5〕偶间：偶然，偶尔。

〔6〕公家正赋：指国家或官府征收的常规赋税。

〔7〕资：供给。宰：管理，治理。旅：众多。师：长，首领。《周礼·地官·序官》"旅师"郑玄注："主敛县师所征野之赋谷者也。旅犹处也。六遂之官，里宰之师也。正用里宰者，亦敛民之税，宜督其亲民。"贾公彦疏："里训为居，旅者众也，众之所处即与里义同，故郑云'里宰之师'也。"

〔8〕服器：公共活动如祭祀时使用的衣服和器具。

〔9〕柄：手段、方式。

**【译文】**

耡粟是借贷给农民以帮助他们耕种的粟。屋粟是因没有授田而迁居的农民所交的粟。闲粟是井地之间耕地的农民有时因为死亡或迁徙他地，分给他们的土地偶尔空闲但没有变成荒地，其他有能力的农民暂时耕种以为生计所交纳的粟。这三种粟都不是政府的常规赋税，而是专门由旅师即管理里的长官所收取的，以供给里中如衣服器具等公共支出的费用，以及作为赏罚的手段。

【章旨】

本章补充说明《周礼·地官·旅师》所掌"耡粟""屋粟""闲粟"的所指和用途，可与 1·24、1·25、1·27 章参读。

**1·32** **"廛里"与"园廛"之别**[1]**："廛"，城中族居之名；"里"，郭内里居之称；"园廛"在园地，其制，百亩之间十家区分而众居者，诗人所谓"十亩之间"之田也**[2]**。作诗者以国地侵削**[3]**，外无井受之田**[4]**，徒有近郭园廛而已，故耕者无所用其力，则"桑者闲闲"而多也**[5]**。"十亩之外"，他人亦然，则削小无所容尤为著矣。**

【注释】

〔1〕廛里：城内居民住宅的通称，张载这里认为廛位于城中，里位于郭中。园廛：处于城外郭内的住宅和园地的总称。语本《周礼·地官·载师》："以廛里任国中之地，以场圃任园地"，"国宅无征，园廛二十而一"。张载的相关解释，见前文 1·13、1·15 章。

〔2〕"十亩之间"：语出《诗经·魏风·十亩之间》："十亩之间兮，桑者闲闲兮，行与子还兮。"

〔3〕侵削：侵夺，削夺。国地侵削：城内的土地因人口增多而减少。

〔4〕井受：按照井田制分授土地。

〔5〕闲闲：指男女之间相互不避让，形容人多拥挤。《诗经·魏风·十亩之间》毛传："闲闲然，男女无别，往来之貌。"郑玄笺："古者一夫百亩，今十亩之间，往来者闲闲然，削小之甚。"

**【译文】**

"廛里"与"园廛"的区别在于，"廛"是指很多家族聚居在内城里区域的名称，里是在外城郭内的里中居住区域的称呼；"园廛"是在郭内园地之中，其制度是在一百亩的田地上十家划分而共同居住在一起的区域，这也就是诗人所说的"十亩之间"的田地。作诗的人，因为看到城内的土地不断被侵夺减少，城外又没有分配到井田，只有靠近郭内的园地而已，所以耕地为生的人无地可耕，如此才会显得这么多人采桑时相与往还，以至男女之间都无法避让。不仅十亩之内如此，十亩之外的其他人家也是如此，由此更可以看到田地已经缩减到无法容纳人口的严重程度。

**【章旨】**

本章补充解释"廛里"与"园廛"的名义及二者的区别，可以与前1·13、1·15章参读。"廛里"是城中居住用的土地，"园廛"则是郭中用于种植桑麻的土地及住宅，面积都比较狭小。张载认为《诗经》"十亩之间"所反映的正是郭中土地狭小以至男女之间无法避让的场景。

**1·33** 一夫藉则有十亩之收尽入于公[1]，一夫税则计十亩中岁之收取其一亩。借如十亩藉中岁十石[2]，则税当一石而无公田矣。十一而税，此必近之。

**【注释】**

〔1〕藉：通"籍"，也称为助，是以劳役方式纳税的制度。把

土地按"井"字形划分为九块，中间一块为"公田"，其余八块则为"私田"。百姓不直接缴纳私田的收入，而是助耕公田，公田的收入全部作为赋税上缴。《礼记·王制》："古者公田藉而不税。"郑玄注："藉之言借也。借民力治公田，美恶取于此，不税民之所自治也。"

〔2〕石（dàn）：计算容量的单位，一石为十斗。

【译文】

一个劳力以"藉"的方式征税，就是将十亩田地的收成全部交公；一个劳力以"税"的方式征税，就是将十亩田地一年的收成中拿出一亩来交公。例如十亩田地，按"藉"的方式一年交公十石，那么按"税"的方式就应当缴纳一石，并且无需再在公田耕作。所谓的"征税十分之一"，一定与此相近。

【章旨】

本章通过比较"藉"与"税"的区别，来解释"十一而税"的内涵。藉法即助法，即《诗经》所说的"公田"，收入全部归公，另授农民私田维生。税法则是不设公田，土地授予农民，收入的十分之一作为赋税归公。依此，井田亦可有两种方式，一种是按"井"字形把九百亩土地划分为九块，中间一块是公田，周围八块是私田，农民耕作私田的同时，共耕公田；另一种是把九块田全部分给农民各自耕作，农民只需上交收成的十分之一。张载的井田制设想显然是后一种理解。

1·34　"夫家之征"[1]，疑无过家一人者谓之夫[2]，余夫竭作[3]，或三人，或二人，或二家五人，此谓之家。"夫家之征"，疑但力征而已<sup>〔4〕</sup>，无布缕米粟之征<sup>〔5〕</sup>。若岁无力征，则出夫布<sup>〔6〕</sup>。《闾师》所谓"无职者出夫布"<sup>〔7〕</sup>，非谓常出其布，不征其力则出夫布以代之也。

**【注释】**

〔1〕"夫家之征"：语出《周礼·地官·载师》："凡民无职事者，出夫家之征，以时征其赋。"

〔2〕家一人：一家只有一个劳力。

〔3〕竭：完全，全部。作：耕作。

〔4〕力征：征其劳力。

〔5〕布缕米粟：泛指织物和粮食。语出《孟子·尽心下》："有布缕之征，粟米之征，力役之征。"

〔6〕夫布：指以货币形式支付的代替力役的人口税。语出《周礼·地官·闾师》："贡其物，凡无职者出夫布。"

〔7〕闾师：《周礼》官职名，负责管理城中和郊区的人民及赋税。《周礼·地官·闾师》："闾师掌国中及四郊之人民、六畜之数，以任其力，以待其政令，以时征其赋。"

**【译文】**

所谓"夫家之征"，可能不超过一家一个劳力的就称为"夫"，如果全家所有的劳力都耕作，或者三口人，或者两口人，或者两家共五口人，这种情况就称为"家"。所谓"夫家之征"，可能只是征用劳力而已，并不征收织物与粮食。如果当年不需要征用劳力，那就缴纳人口税。《闾师》所说的"没有职业的人，缴纳人口税"，不是说每年都要缴纳人口税，只是说不被征用劳力就要缴纳人口税来代替。

【章旨】

本章补充解释《周礼·地官·载师》"夫家之征"，可与1·26章相参。"夫家之征"是对闲民所征的力役。如无力役，则可代之以货币形式的赋税。

**1·35** 周制，上田以授食多者[1]，下田以授食少者[2]，此天下之通制也①[3]。又《遂人》上田莱五十亩、中百亩、下二百[4]。上田莱五十亩，比远郊井受牧田之民二十而税三者无以异；中莱百亩，以肥瘠倍上莱；下莱二百亩，以肥瘠倍中莱；此三等盖折衷之均矣[5]。然授上莱者税二十而三[6]，受下莱者乃多至十二[7]，盖田均则食少者优，不得不加之税尔。"周道如砥"，此之谓也[8]。

【校勘】

① 此：黄刻本、徐刻本、四库本作"此必"。

【注释】

[1] 上田：上等的肥沃田地。食多者：人口多的人家。

[2] 下田：下等的贫瘠田地。食少者：人口少的人家。

[3] 通制：共同的典制。

[4]《遂人》上田莱五十亩、中百亩、下二百：授予上等田的农户，再配莱田五十亩；授予中等田的农户，再配莱田一百亩；授予下等田的农户，再配莱田二百亩。语本《周礼·地官·遂人》："辨其野之土，上地、中地、下地，以颁田里。上地，夫一廛，田百

亩，莱五十亩，余夫亦如之；中地，夫一廛，田百亩，莱百亩，余夫亦如之；下地，夫一廛，田百亩，莱二百亩，余夫亦如是。"

〔5〕折衷：调节使适中。关于牧田和莱田的具体所指、授田亩数及赋税多少，可参见 1·17、1·18、1·19、1·20、1·21 和 1·30 等章。

〔6〕上莱：上等田所授之莱田。

〔7〕下莱：下等田所授之莱田。

〔8〕"周道如砥"：形容周代的治道，像磨石一样公平。语出《诗经·小雅·大东》："周道如砥，其直如矢。"毛传："如砥，贡赋平均也。如矢，赏罚不偏也。"可参读 1·2 章。

**【集解】**

吕柟曰：此分田有等，且计肥瘠远近，可谓仁至义尽。(《张子抄释》卷三)

**【译文】**

按照周代的制度，将上等肥沃的田地授予人口多的人家，下等贫瘠的田地授予人口少的人家，这是通行的制度。再按照《周礼·地官·遂人》，授予上等田的农户，再配莱田五十亩；授予中等田的农户，再配莱田一百亩；授予下等田的农户，再配莱田二百亩。上等田所配的五十亩莱田征税标准，与对远郊授给牧田的农民征税二十分之三是相同的；中等地所配莱田增加到一百亩，是因为中等地的贫瘠程度是上等地的倍数；下等田所配莱田增加到二百百亩，是因为下等地的贫瘠程度是中等地的倍数。因此，对三等田增减莱田是为了与土地的肥瘠程度折衷平衡而使之平均。但是，上等田所授之莱田收税二十分之三，下等田所授之莱田收税增加到了十分之二，这是因为在田地平均分配的前提下，人口少而消费少的人家更占优势，所以不能不增加他们的赋税。《诗经》说"周代的治道，像磨石一样公平"，说得就是这个道理。

【章旨】

本章补充解释上中下三等田地所配莱田的分配情况和赋税原则，可与1·17、1·18、1·19、1·20、1·21和1·30等章参读。由于耕田百亩是确定的，随着耕田肥沃程度的下降，增加莱田的授予亩数，当然是公平原则的体现。同时，考虑到每户人口多少也有不同，授田与赋税原则也有差异，这仍然是公平原则的体现。张载最后强调"'周道如砥'，此之谓也"，不但是本章的总结，也可以看作是从1·13章到本章讨论土地分配方法和赋税原则之全部二十三章的总结。

1·36 《周礼》惟太宰之职难看[1]，盖无许大心胸包罗，记得此①，复忘彼。其混混天下之事[2]，当如捕龙蛇、搏虎豹[3]，用心力看方可。故讲议天下之是非易②[4]，处天下之事难。孔子常语弟子："如或知尔，则何以哉？"[5]其他五官便易看[6]，止一职也。[7]

【校勘】

① 此：黄刻本、徐刻本、四库本脱。

② 讲议：其他诸本皆作"议论"。

**【注释】**

〔1〕太宰：即冢宰，为《周礼·天官》下属官之首，掌建邦之六典、八法、八则、八柄、八统、九职、九赋、九式、九贡、九两等十大法则，以佐王治邦国。

〔2〕混混：不分明，繁杂，繁琐。

〔3〕捕龙蛇、搏虎豹：形容做很艰难的事。

〔4〕讲议：仅仅在口头上谈论。

〔5〕"如或知尔，则何以哉"：如果有人了解你们，给你们去实际推行想法的机会，那你们怎么办呢？语出《论语·先进》："子路、曾皙、冉有、公西华侍坐。子曰：'以吾一日长乎尔，毋吾以也。居则曰："不吾知也！"如或知尔，则何以哉？'"

〔6〕其他五官：指《周礼》除《天官冢宰》之外的《地官司徒》《春官宗伯》《夏官司马》《秋官司寇》和《冬官考工记》。

〔7〕"周礼"至"用心力看方可"，朱熹辑入《近思录》卷三《致知》，与1·4章所辑合为一条，出自《语录》。

**【集解】**

吕柟曰：大宰兼五官之事，皆有脉络纲维，必有仁心周至，方能有条不紊。（《张子抄释》卷三）

张伯行释"议论天下之是非易，处天下之事难"曰：吾人于天下事，不徒在能言之，贵能有以处之。故平常指画机宜，议论天下之是非，了如指掌，此其识见明达，犹人所易能也。惟是处天下之事，因时制宜，凡是非之杂出者，权衡至当，确然不可移易，则非有定力者不能，所以为难。（《濂洛关闽书》卷二）

张伯行曰：太宰包罗许多事，则必有许大心胸，方能包罗得来。盖心具众理，应万事，其量本大。不大者，心未尽也。未尽，则彼此万端，纷纠错乱，零星记忆，安能记得无遗？惟其于混混天下之事，涌出不竭者，如捕龙蛇、搏虎豹，用十分心力去看方可。然用心力，亦非致曲穷究之谓，即孟子云"尽心而知性知天"者，不以见闻梏其心，知之至也。看得太宰之职，心融理贯，其他便易看。所以然者，五官分属，止是一职，太宰宅揆兼领庶职也。(《近思录集解》卷三，第151页)

尹会一曰：《周官》惟太宰之职总兼众职，最为难看。盖无至大之心胸，包括网罗，则于此而记，至彼复忘。盖太宰兼众职之全，"其混混天下之事，当如捕龙蛇、搏虎豹"，全用其心力求之，方可看得。若其他五官便易看，以其所司者止一职也。地官以教化为职，春官以礼乐为职，夏官以师旅为职，秋官以刑罚为职，冬官以度地居民为职，非若太宰之兼众职而无所不统矣。看太宰之职者，可无至大之心胸乎！(《近思录集解》卷三)

李文炤曰：朱子曰："冢宰内自王之饮食衣服，外至五官庶事，自大至小，自本至末，千头万绪，若不是大其心者区处应副，事到面前便且区处不下。况于先事措置，思患预防，是着多少精神，所以记得此、复忘彼也。"○按：《周官》之书，取法天地四时，故六官皆天子之相也。太宰为修齐治平之相，象天之覆，无所不统，故看之为难。司徒为教养之相，象地之载；宗伯为礼乐之相，象春之和；司马为征伐之相，象夏之烈；司寇为刑辟之相，象秋之肃；司空为田赋之相，象冬之藏，各分一职，故看之为易。然至于后世教养乖戾，礼乐崩坏，兵刑烦苛，田赋紊乱，则五官之职皆当留心，庶足开万世之太平，不可以其易看而

忽之也。薛氏曰："《周礼》，后世用其治者犹不可易，可见其为圣人之书。"（《近思录集解》卷三，第87—88页）

茅星来曰：朱子曰："五官止一职，易看固然。然其中亦有难理会者，如主客行人之官当属春官，却掌于司寇；土地疆域之事当属司徒，却掌于司马。盖以诸侯朝觐会同之礼既毕，则降而肉袒请刑，司寇主刑，所以宾客属之，有威怀诸侯之意。诸侯有罪，则六师移之，所以土地封疆属之夏官。陈君举乃谓'互相检制之道'，过矣。"又曰："《周礼》一书，广大精微，周家法度在焉。后人皆以《周礼》非圣人之书，其间细碎处虽可疑，其大体直是非圣人做不得。胡五峰以为天官冢宰不当治宫闱、燕私事，盖彼但见后世宰相请托宫闱、交结近习，以为不可。殊不知此正人君治国平天下之本，岂可以后世之弊而并废圣人之良法美意耶？李泰伯《周礼论》甚好，如说'宰相掌人主饮食男女事'，与某意正合。至若所谓'女祝掌凡内祷祀、禬禳之事'，使后世有此官，则巫蛊之事安从有哉？"王伯厚曰："嫔御、奄侍、饮食、酒浆、衣服、次舍、器用、货贿，皆领于冢宰。冠弁、车旗、宗祝、巫史、卜筮、瞽侑，皆领于宗伯。此周公相成王，格心辅德之法。周之兴也，滕侯为卜正，吕伋为虎贲氏。侍御仆从，罔非正人。左右携仆，庶常起士。及其衰也，昏椓靡共，妇寺阶乱，膳夫内史，趣马师氏，缔交于嬖宠。琐琐姻娅，私人之子，窃位于王朝。至秦而大臣不得议近臣矣，至汉而中朝得以绌外朝矣，至唐而北司是信，南司无用矣，由周公之典废也。间有诘责幸臣如申屠嘉，奏劾常侍如杨秉，宫中府中为一体如诸葛武侯，可谓知宰相之职者。唐太宗责房玄龄以北门营缮，何预君事，岂善读《周礼》者哉！我朝赵普于一薰笼之造，亦制以有司之法；李沆于后宫之立，奏以臣沆不可；赵鼎于内苑移竹，责宦者罢其役，庶几古大臣之风矣。五峰乃谓周公不当治成王燕私之事，殆未之思也。"又曰："李泰伯云：'内宰用大夫、士、世妇，每宫卿二人，皆分命贤臣，以参检内事。汉世皇后詹事，以二千石为之，犹有成周遗意。'"（茅星来《近思录集注》卷三，第136—137页）

**【译文】**

《周礼》中只有太宰一职最难把握，因为没有非常大的心胸包容各种事情，记住这里，又会忘记那里。国家的各种事务纷繁复杂，应当像抓捕龙蛇或与虎豹搏斗一样，专心致志理解才行。因此，谈论国家的是非容易，处理国家的事务很难。孔子经常对学生说："如果有人理解你们，那你们会怎么做呢？"《周礼》其他五官就容易把握，不过是一个职务罢了。

**【章旨】**

本章论读《周礼》太宰之职，需要心胸宏大，用心力看，可与1·4章参读。张载在本章特别强调讲议与处事的不同，亦可与1·4章对佛教的批评相参。这一点既是张载坚持儒家理论立场的体现，也表现出张载之学注重实践的特点。

**1·37**　《守祧》"先公之迁主于后稷之庙"[1]，疑诸侯无祧庙，亦藏之于始祖之庙[2]。

**【注释】**

〔1〕守祧（tiāo）：《周礼》官职名，负责管理先王先公的祖庙。祧：祖庙，引申为迁去神主之称。先公：对天子、诸侯祖先的尊称。主：旧时为死者立的牌位。迁主：将家庙中的神主迁入祧庙中合祭。后稷：周之先祖。"先公之迁主于后稷之庙"：语出《周礼·春官·守祧》郑玄注："庙，谓大祖之庙及三昭三穆。迁主所藏曰祧。先公之迁主，藏于后稷之庙。先王之迁主，藏于文武之庙。"

〔2〕始祖：有世系可考的最初的祖先。天子之庙，包括四亲（父、祖、曾祖、高祖）庙、二祧（远祖）庙和始祖庙，高祖以上的神主则分昭穆迁入二祧庙。诸侯五庙，没有二祧庙，故张载推测诸侯高祖以上的神主当直接迁入始祖庙。

**【译文】**

《周礼·春官·守祧》郑玄注释说："将家庙中先公的神主，迁到后稷的祭庙中。"诸侯没有祧庙，可能将高祖以上的神主也是直接迁入始祖庙中。

**【章旨】**

本章讨论诸侯迁神主的方式，属于祭祀，当列入《祭祀》一篇为宜。

**1·38　谓之"圭田"〔1〕，恐是畦田〔2〕，若菜圃之类〔3〕，故授之在近，又少也。**

**【注释】**

〔1〕圭田：按赵岐注，指卿、大夫、士供祭祀用的田地。《孟子·滕文公上》："卿以下必有圭田，圭田五十亩。"赵岐注："古者卿以下至于士皆受圭田五十亩，所以供祭祀也。圭，洁也。"

〔2〕畦（qí）田：周围筑埂可以灌溉和蓄水的田地。

〔3〕菜圃：菜园。

**【译文】**

所谓的"圭田"，可能是"畦田"，类似菜园之类的田地。因此，这是在靠城比较近的地方授予，而且面积也比较小。

**【章旨】**

本章补充性解释"圭田"的所指，可与1·16章相参。赵岐解释"圭田"为祭祀用地，张载则推测其为类似菜园的"畦田"。

# 诗　书

## 【解题】

　　本篇内容主要是对《诗经》和《尚书》部分文句如何理解的讨论，全篇共21章。从所涉及的经典上说，前7章讨论《诗经》，之后9章讨论《尚书》，最后5章又讨论《诗经》。从内容上说，前13章讨论如何理解《诗经》和《尚书》的文句，主要涉及如何把握如"天""帝""螮蝀""梦""天命""天应"以及圣人的德性等问题；后8章则主要是批评"先儒"在解释经典时违背道德义理的情况。总的来说，张载力图祛除《诗经》和《尚书》可能包涵的神秘化色彩，同时凸显其可理解的义理根据，并且将这一根据落实在圣人的内在道德品性和学者的平心、虚心、祛除私见等道德修养工夫之上，这都反映出张载经学思想的理学化色彩。

## 2·1　《周南》《召南》如乾坤[1]。[2]

## 【注释】

　　〔1〕《周南》《召南》：《诗经》十五国风之首二风。《毛诗

序》："《周南》《召南》，正始之道。"郑玄《诗谱》："其得圣人
之化者谓之《周南》，得贤人之化者谓之《召南》，言二公之德教自
岐而行于南国也。"朱熹《诗集传》："旧说二南为正风，所以用之
闺门、乡党、邦国而化天下也。十三国为变风，则亦领在乐官，以
时存肄、备观省而垂监戒耳。"乾坤：为《周易》的首二卦，乾是
纯阳卦，坤是纯阴卦，其他经卦及别卦都由阴阳爻混合组成，故而
《周易·系辞上》说："乾坤，其易之缊邪？乾坤成列，而易立乎其
中矣。乾坤毁则无以见易，易不可见，则乾坤或几乎息矣。"

〔2〕本章亦见于《河南程氏遗书》卷六（第 85 页）。

## 【译文】

《诗经》的《周南》《召南》，如同《周易》的乾坤二卦。

## 【章旨】

本章论《诗经》之《周南》《召南》的意义。张载将之类比
于《周易》之乾坤二卦，都具有提纲携领、演化其他诸篇的重要
性。此句也见于《河南程氏遗书》，可能为二程语录混入，但句
子结构简单，也可能是张载、二程都表述过这样的观点。

## 2·2  "上天之载，无声无臭"[1]，但"仪刑文王"则可以取信万邦 ①[2]，言学文王者也 ②。

## 【校勘】

① 万：徐刻本、四库本作"家"。

② 学：抄释本作"当学"。

**【注释】**

〔1〕"上天之载，无声无臭"：上天行事，没有声音，也没有气味，难以被人感知。语出《诗经·大雅·文王》，毛传："载，事。"郑玄笺："天之道，难知也，耳不闻声音，鼻不闻香臭。"

〔2〕仪刑：效法。万邦：指所有的诸侯封国，后引申为天下。取信万邦：让天下万国信服。但"仪刑文王"则可以取信万邦：语本《诗经·大雅·文王》："仪刑文王，万邦作孚。"毛传："刑，法。孚，信也。"郑玄笺："仪法文王之事，则天下咸信而顺之。"

**【参读】**

张载曰：天道四时行，百物生，无非至教；圣人之动，无非至德，夫何言哉！（《正蒙·天道篇》，第13页）

张载曰：上天之载，有感必通；圣人之为，得为而为之应。（《正蒙·天道篇》，第14页）

张载曰："神而明之，存乎其人"，不知上天之载，当存文王。"默而成之，存乎德行"，学者常存德性，则自然默成而信矣。（《正蒙·天道篇》，第15页）

张载曰：存文王，则知天载之神；存众人，则知物性之神。（《正蒙·天道篇》，第15页）

张载曰：上天之载，无声臭可象，正惟仪刑文王，当冥契天德而万邦信悦，故《易》曰"神而明之，存乎其人"。不以声色为政，不革命而有中国，默顺帝则而天下自归者，其惟文王乎！（《正蒙·作者篇》，第39页）

二程曰：《诗》云："上天之载，无声无臭，仪刑文王，万邦作孚。"上天又无声臭之可闻，只看文王便万邦取信也。（《河南程

氏遗书》卷二上，第41页）

二程曰："忠信所以进德"，"终日乾乾"，君子当终日对越在天也。盖"上天之载，无声无臭"，其体则谓之易，其理则谓之道，其用则谓之神，其命于人则谓之性，率性则谓之道，修道则谓之教。孟子去其中又发挥出浩然之气，可谓尽矣。故说神"如在其上，如在其左右"，大小大事而只曰"诚之不可揜如此夫"。彻上彻下，不过如此。形而上为道，形而下为器，须着如此说。器亦道，道亦器，但得道在，不系今与后，己与人。(《河南程氏遗书》卷一，第4页)

【集解】

吕枏曰：学文王即是学天。(《张子抄释》卷三)

【译文】

《诗经》说"上天行事，难以感知"，只要效法文王，就可以让天下万国信服，这说的是向文王学习的人。

【章旨】

本章是对《诗经·大雅·文王》"上天之载，无声无臭。仪刑文王，万邦作孚"的解释。如吕枏所说，其潜在的意思即是"学文王即是学天"。"上天之载，无声无臭"，是理学家非常喜欢引用、强调的经学命题，张载亦然。《正蒙》与《河南程氏遗书》中都有非常丰富的天道论思想，可以参读。这种将天、帝、圣、王的思想内涵理性化、道德化、内在化的理解倾向，明显地体现出理学不同于汉唐儒学的理论特点。

2·3　蜡蛛者[1]，阴气薄而日气见也[2]。有二者，其全见者是阴气薄处，不全见者是阴气厚处。

【注释】

〔1〕蝃蝀（dì dōng）：亦作"螮蝀"，虹的别名。语出《诗经·鄘风·蝃蝀》："蝃蝀在东，莫之敢指。女子有行，远父母兄弟。"毛传："蝃蝀，虹也。夫妇过礼则虹气盛，君子见戒而惧讳之，莫之敢指。"郑玄笺："虹，天气之戒，尚无敢指者，况淫奔之女，谁敢视之。"

〔2〕日气：日光散发的热气。见（xiàn）：显现，显露。

【参读】

朱熹曰：雷虽只是气，但有气便有形。如蝃蝀本只是薄雨为日所照成影，然亦有形，能吸水，吸酒。人家有此，或为妖，或为祥。（《朱子语类》卷二，第24页）

【译文】

所谓"蝃蝀"，是阴气逐渐消散而太阳的热气逐渐显现时的现象。这有两种情况：完全显现是在阴气薄的地方，不能完全显现是在阴气厚的地方。

【章旨】

本章以阴阳气论解释造成"蝃蝀"即彩虹的原因。张载认为，彩虹就是阴气逐渐消散、太阳的热气逐渐显现时产生的一种自然现象。直接来看，本章似乎并没有什么特别之处，不过，如果联系《诗经·鄘风·蝃蝀》及汉代注解，就可以看到汉儒把彩虹看作是一种神秘的现象，而张载以阴阳气论解释彩虹现象的成因，实际上消解了其神秘性，具有明显的理性化特点。

**2·4** 圣人文章无定体[1]，《诗》《书》《易》《礼》《春秋》只随义理如此而言[2]。李翱有言[3]："观《诗》则不知有《书》，观《书》则不知有《诗》。"[4]亦近之。

**【注释】**

〔1〕文章：文辞或独立成篇的文字，也指礼乐法度，这里主要指儒家经籍。定体：固定的体例、体式或体裁。

〔2〕义理：指文辞或礼乐的思想内容或意义，这里指儒家的道德性命之理。

〔3〕李翱（772—844）：字习之，唐代文学家，与韩愈交往甚深，学术见解大体一致，今存《李文公集》十八卷，其中《复性书》三篇对宋代理学心性论有较大影响。

〔4〕"观《诗》则不知有《书》，观《书》则不知有《诗》"：语本李翱《答朱载言书》："创意造言，皆不相师。故其读《春秋》也，如未尝有《诗》也；其读《诗》也，如未尝有《易》也；其读《易》也，如未尝有《书》也；其读屈原、庄周也，如未尝有六经也。"

**【集解】**

吕柟曰：圣人之言，因事因人而立，如化工。（《张子抄释》卷三）

**【译文】**

圣人所作的经籍没有固定的体裁，《诗经》《尚书》《周易》《三礼》《春秋》都只是随着表达道德性命之理的需要而成为这样说的。李翱曾经说，"读《诗经》的时候就不知道有《尚书》，读《尚书》的时候就不知道有《诗经》"，比较接近这个意思。

**【章旨】**

本章论读五经应当以"义理"为中心，不应受制于外在的文体表达形式。张载认为，体裁仅是言诠工具，义理不因体裁不同而不同，故体会义理不必去考虑体裁，而是应当心无旁骛，只以体会眼下的义理为务。张载这里隐含着对训诂之学和辞章之学的批评，是理学的一大特点。这其实也是唐代古文运动的观点，故张载引李翱之言以证之。

**2·5**　**"顺帝之则"**[1]，**此"不失赤子之心"也**[2]，**冥然无所思虑**[3]，**顺天而已**[4]。**"赤子之心"，人皆不可知也，惟以一"静"言之。**

**【注释】**

〔1〕帝：上帝，上天。则：法则。"顺帝之则"：遵循上天的法则。语出《诗经·大雅·皇矣》："帝谓文王，予怀明德。不大声以色，不长夏以革。不识不知，顺帝之则。"

〔2〕赤子：指初生的婴儿。赤子之心：比喻人一出生就具有的性善之本心。"不失赤子之心"：语出《孟子·离娄下》："大人者，不失其赤子之心者也。"

〔3〕冥然：沉寂的样子。无所思虑：并非指完全没有内心的思维活动，而是指不作刻意的、人为造作的思虑。

〔4〕顺天：遵循天性。

**【参读】**

张载曰："不识不知，顺帝之则"，有思虑知识，则丧其天矣。君子所性，与天地同流异行而已焉。(《正蒙·诚明篇》，第23页)

程颢曰："文王陟降，在帝左右"，"不识不知，顺帝之则。"不作聪明，顺天理也。(《河南程氏遗书》卷十一，第130页)

**【译文】**

所谓"遵循上天的法则"，这是指"不失去自己如初生婴儿一样的本心"，保持内心的平静，不去刻意地思索考虑，只是遵循天性罢了。所谓"如初生婴儿一样的本心"，人们都难以知晓，只能用一个"静"字表达。

**【章旨】**

本章以孟子"不失赤子之心"解释《诗经·大雅·皇矣》"不识不知，顺帝之则"。张载认为，"不识不知"就是如"赤子之心"一样"无所思虑"，"顺帝之则"即遵循天性。张载在这里接受了孟子的内在化理解径路，主张顺乎人的本心本性，祛除私欲私智，来呈现天道的道德性和价值性。本章实际上涉及到了后来宋明理学反复讨论的动静、中和、未发已发、本体功夫等问题，张载在《气质》《义理》《学大原》诸篇也有更详细的讨论。本章也可与2·2章参读，但比2·2章更进一层。本章以下直至2·13章，所涉及的经学文本、事例各不相同，但所表大意类似，均是要求学者理解《诗》《书》时不要刻意标新立异，而是立足本心，以虚心求天理，再据此而行事。

**2·6**　古之能知《诗》者，惟孟子为"以意逆志"也〔1〕。夫《诗》之志至平易，不必为艰险求之〔2〕。今以艰险求诗，则已丧其本心，何由见诗人之志！〔3〕

**【注释】**

〔1〕意：心意。志：志向，志趣，情感。"以意逆志"：指读《诗》时，用自己的心意或直接感受来反推作者的志趣。语出《孟子·万章上》："故说诗者不以文害辞，不以辞害志。以意逆志，是为得之。"赵岐注："志，诗人志所欲之事。意，学者之心意也。"

〔2〕艰险：奇异难懂。

〔3〕本章，朱熹辑入《近思录》卷三《致知》，出自《语录》。其后增加一段："诗人之情性温厚、平易、老成，本平地上道着言语。今须以崎岖求之，先其心已狭隘了，则无由见得诗人之情本乐易，只为时事拂着他乐易之性，故以诗道其志。"《近思录》许多注家以此为张载语录，茅星来则说明其为"本注"，陈荣捷《近思录详注集评》也认为这段话不见于张子遗著，当为"朱子所加"。

**【集解】**

叶采曰：人情不相远，以己之意迎彼之志，是为得之。《诗》以感遇而发于人情之自然，本为平易。今以艰险之心求《诗》，则已失吾心之自然矣，而何以见诗人之心？〇诗人情性温厚而无刻薄，平易而无艰险，老成而无轻躁。若以崎岖狭隘之心，安能见诗人宽平广大之意？（《近思录集解》卷三，第92页）

张习孔曰：人喜斯陶，陶斯咏；愠斯戚，戚斯叹。咏叹者，言之引长而成音者也。其出则由喜愠，可见《诗》乃夫人哀乐之

情自然迸出，如水之激石而成声也。若以艰险求之，是无其情而强为造作，岂能得其意哉？（《近思录传》卷三，第90页）

张伯行曰：此教人以读《诗》之法也。《诗》本人情，不甚相远。孟子言以己之意迎彼之志，是真能知《诗》者也。夫诗人之志，和平易直，触于感遇而发其情之自然，何尝艰深险阻？今以艰险求诗，则已失吾心之自然矣，何由见诗人当日之志乎？

（《濂洛关闽书》卷二）

张伯行曰：《诗》困于小序之牵强，晦于诸儒之穿凿，故张子以为古人能知《诗》者惟孟子。盖"以意逆志"之一言，是读《诗》要法也。人之情性本不相远，以今人之意迎取作者之志，自能得之。但作《诗》者之志，发于性情之自然，本自和平乐易，即有时事拂着他性情而发为悲郁哀痛之辞，究是情性中流出，有自然而然者，不必以艰险求之。若以艰险之心求《诗》，已先失吾情性之自然而无所谓和平乐易之意矣，又何能"以意逆志"而得之耶？朱子亦谓："读《诗》之法，只是熟读涵泳，自然和气从胸中流出，不待安排措置，务自立说也。"

尹会一曰：此示人以求《诗》之法也。古之读《诗》者多矣，而能知《诗》者惟孟子，为其以己之意逆《诗》之志，是以能知之也。夫诗人之志有感而发，莫非人情之自然，本为平易，读《诗》者不必以艰险求之。今之人以艰险求《诗》，非出于附会则出于穿凿，是已丧其自然之本心，何由见诗人之志乎？○《诗》本性情。诗人情性，温厚而无刻薄，和平而无艰险，老成而无轻躁，本平地上道着言语，非有崎岖。今乃以崎岖求之，则己之心先狭隘而不广大矣。盖诗人之情本和乐平易，只为所遇之时，所值之事，拂其和乐之性，如忠臣不得于其君，孝子不得于其亲，故托之《诗》而长言咏叹，以见其志。使其心先狭隘，何由见诗人之情有感而发如此哉？后之求《诗》者，法孟子之以意逆志焉，可也。(《近思录集解》卷三)

李文炤曰：以意逆志，以己心之所之而迎古人之心之所之也。平易则得人心之所同然，艰险则失之矣。○此为变风、变雅而言也。孤臣放子、去妇弃友，皆无已甚之辞，可以知其乐易矣。(《近思录集解》卷三，第88页)

茅星来曰：逆，迎也。《方言》："自关而东曰逆，自关而西曰迎。"温厚、平易、老成，皆言诗人之情性也。平地上道着言语，见其非有崎岖也。道，言也。时事或美或恶，有所感动而诗作焉。拂，动也。朱子曰："'以意逆志'者，'逆'如迎待之意。若未得其志，只得待之。如'需于酒食'之义。后人读书便要去捉将志来，以至束缚之。"又曰："某所著《诗传》，盖推寻其脉理，以平易求之，不敢用一毫私意。"辅氏曰："温厚、平易、老成，说尽诗人情性。温厚谓和而不流、怨而不怒，平易谓所言皆眼前事，老成谓忧深思远、达于人情事物之变。此等意思，惟平心易气以迎之，则有可得。"(《近思录集注》卷三，第137页)

江永曰：朱子曰："'以意逆志'，此句最好。逆是前去追迎之之意，是将自家意思去等候诗人之志来，等得来自然相合。此是教人读书之法，自家虚心在这里，看他道理如何来，自家便迎接将来。今人读书，都是去捉他，不是逆志。"(《近思录集注》卷三，第124页)

郭嵩焘曰：孟子说《诗》、说《书》、说《春秋》，皆是独出

己见，然却说得至平易，使人有涂径可循。(《近思录注》卷三，第80页)

张绍价曰：诗以言志，本人情，该物理，其言温柔敦厚，至为平易。读《诗》者虚心涵泳，以己意迎取作者之志，反复沉潜，优游吟哦，当可神会而自得之。若以艰险求诗，则失其自然之心，何由见诗人之志耶！○《楚茨》以下诸诗，何等明白坦易，而小序必以为刺诗，正所谓以艰险崎岖求之也。(《近思录解义》卷三，第139页)

【译文】

古时能懂得《诗经》的，只有孟子所说"以自己的心意反推作者的志趣"。《诗经》的志趣是最平实易懂的，没有必要用艰深奇异的方法去寻求。一旦用艰深奇异的方法来寻求《诗经》的本意，就已经先失去了本心，还怎么能看到诗人的志趣呢？

【章旨】

本章借孟子"以意逆志"论读《诗经》之法。受体裁影响，《诗经》的解释往往容易被借题发挥。张载在这里认为，对《诗经》的理解和解释需坚持三点原则：一是"以意逆志"，二是"不必为艰险求之"，三是求之"本心"。汉唐《诗经》学受《毛诗序》及阴阳五行理论影响，在解读《诗经》时往往喜欢政治化和神秘化，张载这里提出的解释原则包含着对这种解释方式的批评。本章与上章所述意旨一致，都强调孟子提出的"赤子之心"或"本心"，上章所谓"静"与本章所谓"平易"亦有相通之处。

**2·7** 文王之于天下，都无所与焉[1]。"文王陟降，在帝左右"[2]，只观天意如何耳[3]。观《文王》一篇，便知文王之美[4]，"有君人之大德，有事君之小心"[5]。

**【注释】**

〔1〕与：施予，给予。这里指文王没有以个人意志、私欲去主宰天下。

〔2〕陟（zhì）：由低处向高处走，与"降"相对。"文王陟降，在帝左右"：文王无论往高处走，还是往地处走，都在天帝身边。形容文王无论做任何事，都能察知天意。语出《诗经·大雅·文王》："文王在上，於昭于天。周虽旧邦，其命维新。有周不显，帝命不时。文王陟降，在帝左右。"毛传："言文王升接天，下接人也。"郑笺："在，察也。文王能观知天意，顺其所为，从而行之。"

〔3〕天意：本指上天的旨意，张载这里实际上指天理或天道。可参《正蒙·诚明篇》中对"在帝左右"的解释。

〔4〕美：品德上的善、好。

〔5〕君人：《礼记·表记》作"君民"，指统治百姓。"有君人之大德，有事君之小心"：既有作为君主统治百姓时的高尚道德，又有侍奉君主时的小心谨慎。语出《礼记·表记》："下之事上也，虽有庇民之大德，不敢有君民之心，仁之厚也。是故君子恭俭以求役仁，信让以求役礼，不自尚其事，不自尊其身，俭于位而寡于欲，让于贤，卑己而尊人，小心而畏义，求以事君，得之自是，不得自是，以听天命。《诗》云：'莫莫葛藟，施于条枚；凯弟君子，求福

不回。'其舜、禹、文王、周公之谓与！有君民之大德，有事君之小心。《诗》云：'惟此文王，小心翼翼，昭事上帝，聿怀多福，厥德不回，以受方国。'"

【参读】

张载曰："在帝左右"，察天理而左右也。天理者，时义而已。君子教人，举天理以示之而已；其行己也，述天理而时措之也。（《正蒙·诚明篇》，第23页）

二程曰："文王陟降，在帝左右"，"不识不知，顺帝之则"。不作聪明，顺天理也。（《河南程氏遗书》卷十一，第130页）

【集解】

吕柟曰：以大德而有小心，便纯亦不已，与天合。（《张子抄释》卷三）

【译文】

文王对于国家的各种事情，都不以自己的意志去主宰。"文王无论往高处走，还是往地处走，都在天帝身边"，只看天理是怎样的。读《文王》这首诗，就知道文王的美德，"既有作为君主的高尚道德，又有侍奉君主的谨慎小心"。

【章旨】

本章以《礼记·表记》解释《诗经·大雅·文王》，用意与前两章相近，都是要学者克祛己私，遵循天理。张载将"帝"解为天，"天意"即是天理，而如何把握"天理"则又落实在个人的"德"与"心"之上。

**2·8　万事只一天理。舜举十六相，去四凶**[1]**，尧岂不**

能？尧固知四凶之恶，然民未被其虐[2]，天下未欲去之。尧以安民为难[3]，遽去其君则民不安[4]，故不去，必舜而后因民不堪而去之也。

**【注释】**

〔1〕举：举荐。十六相：指古代传说的高阳氏的后代八恺和高辛氏的后代八元，为舜向尧推荐的十六个贤臣。去：驱逐。四凶：尧舜时代四个恶名昭彰的部族首领，舜执政时将其流放到边地。舜举十六相，去四凶：语本《左传·文公十八年》："昔高阳氏有才子八人，苍舒、隤岂、梼寅、大临、龙降、庭坚、仲容、叔达，齐圣广渊，明允笃诚，天下之民谓之八恺。高辛氏有才子八人，伯奋、仲堪、叔献、季仲、伯虎、仲熊、叔豹、季狸，忠肃共懿，宣慈惠和，天下之民谓之八元。此十六族也，世济其美，不陨其名，以至于尧，尧不能举。舜臣尧，举八恺，使主后土，以揆百事，莫不时序，地平天成。举八元，使布五教于四方，父义、母慈、兄友、弟共、子孝，内平外成。昔帝鸿氏有不才子，掩义隐贼，好行凶德，丑类恶物，顽嚚不友，是与比周，天下之民谓之浑敦。少皞氏有不才子，毁信废忠，崇饰恶言，靖谮庸回，服谗搜慝，以诬盛德，天下之民谓之穷奇。颛顼有不才子，不可教训，不知话言，告之则顽，舍之则嚚，傲很明德，以乱天常，天下之民谓之梼杌。此三族也，世济其凶，增其恶名，以至于尧，尧不能去。缙云氏有不才子，贪于饮食，冒于货贿，侵欲崇侈，不可盈厌，聚敛积实，不知纪极，不分孤寡，不恤穷匮，天下之民以比三凶，谓之饕餮。舜臣尧，宾于四门，流四凶族浑敦、穷奇、梼杌、饕餮，投诸四裔，以御魑魅。

是以尧崩而天下如一，同心戴舜以为天子，以其举十六相，去四凶也。"《尚书·舜典》："流共工于幽洲，放驩兜于崇山，窜三苗于三危，殛鲧于羽山。"蔡沈集传："《春秋传》所记四凶之名与此不同，说者以穷奇为共工，浑敦为驩兜，饕餮为三苗，梼杌为鲧，不知其果然否也。"

〔2〕被（pī）：蒙受，遭受。虐：残害，侵凌。

〔3〕安民：安定人民生活。儒家以安民为圣王最大的功德。《论语·宪问》："子路问君子。子曰：'修己以敬。'曰：'如斯而已乎？'曰：'修己以安人。'曰：'如斯而已乎？'曰：'修己以安百姓。修己以安百姓，尧舜其犹病诸？'"

〔4〕遽：仓猝，匆忙。其君：指四凶。

【参读】

张载曰：以知人为难，故不轻去未彰之罪；以安民为难，故不轻变未厌之君。及舜而去之，尧君德，故得以厚吾终；舜臣德，故不敢不虔其始。(《正蒙·作者篇》，第37页)

二程曰：万物皆只是一个天理，己何与焉？至如言"天讨有罪，五刑五用哉；天命有德，五服五章哉"，此都只是天理自然当如此。人几时与？与则便是私意。有善有恶。善则理当喜，如五服自有一个次第以章显之。恶则理当恶，彼自绝于理，故五刑五用，曷尝容心喜怒于其间哉？舜举十六相，尧岂不知？只以它善未著，故不自举。舜诛四凶，尧岂不察？只为它恶未著，那诛得它？举与诛，曷尝有毫发厕于其间哉？只有一个义理，义之与比。(《河南程氏遗书》卷二上，第30页)

## 【集解】

湛若水曰：好恶，吾心之天理也。作好作恶，则非中正矣。舜举十六相而天下蒙其福，诛四凶而天下服其罪，岂有心好恶之哉？因民好恶而好恶之也。岂尧之时不能诛之举之，而舜独能之哉？时也。时然而然，天理也；民好恶而好恶，亦天理也。故可举可措，在四凶、十六相耳，在民之心耳，在其时耳。帝舜之心，何与哉？（《格物通》卷六十六）

吕柟曰：只是时耳。（《张子抄释》卷三）

## 【译文】

所有的事情都只在于天理如何。舜举荐十六位贤臣，驱逐四个凶恶的首领，尧难道做不到吗？尧固然知道这四个凶恶首领的恶德，但百姓还没有遭受到他们的残害，天下还不打算驱逐他们。尧认为治理国家最难的事是安定百姓的生活，仓猝地驱逐他们的君主就会使百姓的生活不安定，所以不驱逐他们。一定要到舜执政以后，因为百姓不能忍受，才驱逐他们。

## 【章旨】

本章以《尚书》舜"去四凶"（详细记载则依据于《左传》）为例，论治国做事当依天理、有公心，与前三章用意相同。张载认为，尧虽然能够明辨十六相、四凶的善恶，但只有到舜为天子时才驱逐四凶，这是因为尧考虑到"安民"的重要性。时机与民心所向不同，故尧舜所为不同。从民心所向来理解天理，也是张载理学的一个特点。2·10章讨论天命，2·16章讨论武王观兵，意旨亦是如此，可以参读。

2·9　高宗梦傅说[1]，先见容貌，此事最神。夫梦不必须圣人然后梦为有理[2]，但天神不间[3]，人入得处便入也[4]。万顷之陂与污佗之水①[5]，皆足受天之光，但放来平易，心便神也。若圣人起一欲得灵梦之心[6]，则心固已不神矣。神又焉有心[7]？圣人心不艰难，所以神也。高宗只是正心思得圣贤[8]，是以有感[9]。

**【校勘】**

① 陂：徐刻本、四库本作"波"。佗：其他诸本皆作"泥"。

**【注释】**

〔1〕高宗：指商王武丁，盘庚之侄。傅说（yuè）：商朝宰相，辅佐武丁的贤臣。高宗梦傅说：商王武丁先梦见傅说的容貌，而后按容貌访求，果真找到了傅说，而后任命为国相，殷国得到了很好的治理。语本《尚书·说命上》："王庸作书以诰曰：'以台正于四方，台恐德弗类，兹故弗言。恭默思道，梦帝赉予良弼，其代予言。'乃审厥象，俾以形旁求于天下。说筑傅岩之野，惟肖。爰立作相，王置诸其左右。"《尚书·序》："高宗梦得说，使百工营求诸野，得诸傅岩。作《说命》三篇。"

〔2〕梦为有理：依照某种道理出现相应的梦境。

〔3〕间：隔开，不连接。天神不间：指天理与人心的神妙不相间隔。

〔4〕入：达到、趋于某种状况，这里指达到一种神妙的境界。语本《周易·系辞下》："精义入神，以致用也。""神"是张载哲学中由吸收《易传》而来的一个重要概念，参见《正蒙·神化篇》

及《横渠易说·系辞下》。

〔5〕万顷之陂（bēi）：面积广阔的池塘或湖泊。污佗（tuó）之水：曲折而流的污浊河水。佗，通"迤"，逶迤，水曲折而流。

〔6〕灵梦：能应验的梦，好梦。

〔7〕心：思虑，谋划，刻意。

〔8〕正心：公正无私之心。

〔9〕感：感应，相互影响。

【参读】

张载曰：虚明照鉴，神之明也；无远近幽深，利用出入，神之充塞无间也。（《正蒙·神化篇》，第16页）

程颐曰：梦说之事，是傅说之感高宗，高宗感傅说。高宗只思得圣贤之人，须是圣贤之人方始应其感。若傅说非圣贤，自不相感。如今人卜筮，蓍在手，事在未来，吉凶在书策，其卒三者必合矣。使书策之言不合于理，则自不验。（《河南程氏遗书》卷十五，第161页）

问："高宗得傅说于梦，文王得太公于卜。古之圣贤相遇多矣，何不尽形于梦卜乎？"（程颐）曰："此是得贤之一事，岂必尽然？盖高宗至诚，思得贤相，寤寐不忘，故朕兆先见于梦。如常人梦寐闲事有先见者多矣，亦不足怪。至于卜筮亦然。今有人怀诚心求卜，有祷辄应，此理之常然。"又问："高宗梦往求傅说耶？傅说来入高宗梦耶？"曰："高宗只是思得贤人，如有贤人，自然应他感。亦非此往，亦非彼来。譬如悬镜于此，有物必照，非镜往照物，亦非物来入镜也。大抵人心虚明，善则必先知之，不善必先知之。有所感必有所应，自然之理也。"又问：

"或言高宗于传说，文王于太公，盖已素知之矣，恐群臣未信，故托梦卜以神之。"曰："此伪也，圣人岂伪乎？"（《河南程氏遗书》卷十八，第227页）

**【集解】**

吕柟曰：有感必有应，如鹤鸣子和。（《张子抄释》卷三）

**【译文】**

商高宗梦见傅说，还没有见到本人就先梦到了他的容貌，这件事情最为神奇。不一定非是圣人才能依理产生这样的梦境，只要天理与人心的神妙不相间隔，每个人具备一定的条件就能达到。无论是面积广阔的湖泊，还是污浊蜿蜒的河水，都可以接受日光的照耀；只要内心平易，也就能达到神妙的境界。如果圣人生出一个想要灵梦的想法，那这个心其实已经不神妙了。神妙又怎么会是有思虑的呢？圣人的心不是艰深刻意的，所以才神妙。商高宗只是以公正的心思寻求圣贤，因此能有这样的感应。

**【章旨】**

本章以《尚书》高宗梦傅说的记载为例，论述人心不当求之刻意，"放来平易，心便神也"。其意旨与前四章仍然相同。高宗先梦到傅说的颜貌，而后才寻访到其人，依常理很难解释，张载则予以理学化的解释。张载认为心思平正，则其运用也神。故而人人皆可运用此心，有感有神。对于心、感、神之间的关系，《经学理窟》论述不多，《正蒙》则多有讨论，可参读。

2·10 天无心[1]，心都在人之心。一人私见固不足尽[2]，至于众人之心同一则却是义理[3]，总之则却是天。故曰天曰帝者<sup>[4]</sup>，皆民之情然也。讴歌讼狱之不之焉<sup>[5]</sup>，人也而以为天命<sup>[6]</sup>。武王不荐周公<sup>[7]</sup>，必知周公不失为政<sup>[8]</sup>。

**【注释】**

〔1〕心：指思虑聪明。

〔2〕尽：尽极，这里指"尽心"。语出《孟子·尽心上》："尽其心者，知其性也，知其性则知天矣。"

〔3〕义理：合于一定伦理道德的行事准则。语出《孟子·告子上》："心之所同然者何也？谓理也，义也。圣人先得我心之所同然耳。"

〔4〕曰天曰帝：指《尚书》《诗经》中经常出现的称"天"称"帝"的情况。

〔5〕讼狱：诉讼。不之：不往，不至。

〔6〕天命：上天之意旨，由天主宰、注定的命运。讴歌讼狱之不之焉，人也而以为天命：语出《孟子·万章上》："舜相尧二十有八载，非人之所能为也，天也。尧崩，三年之丧毕，舜避尧之子于南河之南，天下诸侯朝觐者，不之尧之子而之舜；讼狱者，不之尧之子而之舜；讴歌者，不讴歌尧之子而讴歌舜，故曰天也。夫然后之中国，践天子位焉。而居尧之宫，逼尧之子，是篡也，非天与也。《泰誓》曰'天视自我民视，天听自我民听'，此之谓也。"

〔7〕武王不荐周公：指武王虽然知道周公有贤德，却没有把天子之位让给周公继承。

〔8〕周公不失为政：指以周公的贤德，无论如何都会承担起治理国家的责任。武王死，成王幼，周公不僭天子之位，却又代为

执政。

【参读】

张载曰：天之知物，不以耳目心思；然知之之理，过于耳目心思。天视听以民，明威以民，故《诗》《书》所谓帝天之命，主于民心而已焉。（《正蒙·天道篇》，第14页）

二程曰：《诗》、《书》中凡有个主宰底意思者，皆言帝；有一个包涵遍覆底意思，则言天；有一个公共无私底意思，则言王。上下千百岁中，若合符契。（《河南程氏遗书》卷二，第31页）

【译文】

天没有心，但凡说心都是指人的心。一个人自己的意见固然不能够穷尽人的心，至于所有人的心都一样那就是义理了，总括起来就是天了。《诗经》《尚书》中常常称"天"称"帝"的情况，都是对百姓意愿的反映。想歌颂或想诉讼的人不去尧的儿子那里，而去舜那里，这是人情，而被认为是天命。武王不举荐周公做天子，是因为他知道周公无论如何都会承担起治理国家的责任。

【章旨】

本章论天理只在人之公心。天只有理而无心。人有心，但有私心，也有公心。人的公心，人人相同，这就是天理。因而所谓"天"或"帝"，可以验之以民心民情，而不必理解为神秘的上天意志。本章可以与2·8、2·16章参读。

**2·11　《尚书》难看，盖难得胸臆如此之大，只欲解义则无难也**[1]。[2]

**【注释】**

〔1〕解义：了解或理解文义。

〔2〕本章，朱熹辑入《近思录》卷三《致知》，出自《语录》。

**【集解】**

张习孔曰：先生教人读书，当如是也。学者宜思胸臆何由得许大，此功夫自读书之前求之。(《近思录传》卷三，第90页)

张伯行曰：二帝心法、三王治道，尽在《尚书》，故难看。其所以难者，难得心胸中包得数千年之盛衰升降，管得数圣人之学问政事，如此之大也。今人读《尚书》者，只为佶屈聱牙，文义难晓，不知训诂文义，诸儒亦略得其解，此有何难？(《近思录集解》卷三，第152页)

尹会一曰：孔子删《书》，断自唐虞，迄于三代。其曰德、曰仁、曰敬、曰诚，理无不该矣；礼乐教化、典章文物，政无不备矣；家齐、国治、天下平，功业无远弗届矣。其规模至大，最为难看。人之胸臆，非若尧、舜诸圣人之广大者，不足以知之。若只欲解其文义，则寻章摘句之士皆能之矣。盖惟圣人之心无乎不包，故所见者大。学者之心亦必无乎不包，而后能见《尚书》之大也。(《近思录集解》卷三)

李文炤曰：《尚书》纪内圣外王之迹，故其言至大。如"克明峻德"一章，即具《大学》之规模；"危微精一"数语，即尽《中庸》之精蕴；命官咨岳，而《周礼》皆做而准之；作歌《赓歌》，而《雅》《颂》皆则而效之。非大其心者，安能测识哉！

(《近思录集解》卷三，第88页)

茅星来曰：问："他书亦须大心胸方读得，如何张子只说《尚书》？"朱子曰："他书却有次第。且如《大学》自'格物致知'以至'平天下'，有多少节次。《尚书》只合下便大。如《尧典》自'克明峻德，以亲九族'至'黎民于变时雍'，展开是大小大。'分命羲和，定四时成岁'，便是心中包一个三百六十五度四分度之一底天，方见得恁地。若不得一个大底心胸，如何看得？"（《近思录集注》卷三，第138页）

郭嵩焘曰：程子、张子只要人放大胸襟，要读圣人之书亦须得如此。（《近思录注》卷三，第80页）

张绍价曰：二帝三王治天下之大经大法，备载于《书》。明德新民之纲，修齐治平之目，《尧典》已尽其要。"精一""执中"，开致知力行之端。"主善""协一"，示博文约礼之义。以义制事，以礼制心，明涵养省察之要。羲和之历数，《禹贡》之山川，《说命》之学问，《洪范》之政治，《周官》之官职，《无逸》《立政》之修己治人，宏纲大用，无不备举。苟无极大胸臆，如何能看？若只欲解其文义，而不求圣人之意，则固无难也。朱子曰："须是于大原本看得透，自然心胸开阔，其理方易晓。"（《近思录解义》卷三，第140页）

**【译文】**

《尚书》难读，是因为人的心胸很难有这么弘大。如果只是想理解文义，那就没什么难的了。

**【章旨】**

本章论读《尚书》之法，当大其胸臆以把握其意旨。可与前《周礼》篇1·4、1·36章参读。从中可以看到张载对不同经典的一贯态度和解释方法。

2·12　《书》称天应如影响[1]，其祸福果然否[2]？大抵天道不可得而见，惟占之于民。人所悦则天必悦之，所恶则天必恶之，只为人心至公也，至众也。虽民至愚无知①，惟于私己然后昏而不明，至于事不干碍处则自然公明②[3]。大抵众所向者必是理也，理则天道存焉。故欲知天者，占之于人可也。

【校勘】

① 虽民：其他诸本皆作"民虽"。

② 自然：其他诸本皆作"自是"，抄释本脱"自"。

【注释】

〔1〕天应：上天的感应。影响：影子和回声，用以形容感应迅捷。语出《尚书·大禹谟》："惠迪吉，从逆凶，惟影响。"孔安国传："迪，道也。顺道吉，从逆凶。吉凶之报，若影之随形，响之应声。"

〔2〕果然：果真如此，指事实与预料的相同。

〔3〕干碍：妨碍，关涉。公明：公正明达。

【参读】

程颐曰："知天命"，是达天理也。"必受命"，是得其应也。命者是天之所赋与，如命令之命。天之报应，皆如影响，得其报者是常理也；不得其报者，非常理也。然而细推之，则须有报应，但人以狭浅之见求之，便谓差互。天命不可易也，然有可易

者，惟有听者能之。如修养之引年，世祚之祈天永命，常人之至于圣贤，皆此道也。(《河南程氏遗书》卷十五，第161页)

**【集解】**

吕柟曰：人众处便是上天耳。(《张子抄释》卷三)

**【译文】**

《尚书》说上天的感应如影随形，如响随声，上天的祸福报应果真是这样吗？大抵天道是看不到的，只有通过民心来预测。百姓喜悦的，天必定喜悦；百姓厌恶的，天必定厌恶，只是因为人心是最公正的，是最普遍的。虽然百姓非常愚钝无知，但这只是对于自己的私利才心思糊涂而看不清楚，对于不关涉自己私利的事却自然看得公正明白。大抵民众都意愿的一定是理，有理就有天道包含在其中。因此，想要知道天意，从百姓那里预测就可以了。

**【章旨】**

本章解释《尚书》中所涉及的"天应"问题。张载消除了"天"的意志性，故对于统治者的行为而言，所谓"天应"也便转移到了"民应"之上。人心有私有公，"天"所反映的是公的层面，"众所向者必是理也，理则天道存焉"，因而"欲知天者，占之于人可也"。

**2·13**　"稽众舍己"[1]，尧也；"与人为善"[2]，舜也；"闻言则拜"[3]，禹也；"用人惟己，改过不吝"[4]，汤也；"不闻亦式，不谏亦入"[5]，文王也。皆虚其心以为天下也。[6]

**【注释】**

〔1〕"稽众舍己"：考察众人的看法，放弃自己的成见。语出《尚书·大禹谟》："稽于众，舍己从人，不虐无告，不废困穷，惟帝时克。"孔安国传："帝谓尧也，舜因嘉言无所伏，遂称尧德以成其义。考众从人，矜孤愍穷，凡人所轻，圣人所重。"

〔2〕"与人为善"：本指与别人一同行善，后多指善意助人。语出《孟子·公孙丑上》："大舜有大焉，善与人同。舍己从人，乐取于人以为善。自耕稼陶渔以至为帝，无非取于人者。取诸人以为善，是与人为善者也。故君子莫大乎与人为善。"朱熹集注："取彼之善而为之于我，则彼益劝于为善矣，是我助其为善也。能使天下之人皆劝于为善，君子之善，孰大于此。"

〔3〕"闻言则拜"：听到有教益的话，就敬之以礼。语出《孟子·公孙丑上》："子路，人告之以有过则喜，禹闻善言则拜。"朱熹集注："《书》曰：'禹拜昌言。'盖不待有过，而能屈己以受天下之善也。"

〔4〕"用人惟己，改过不吝"：听从别人的话就像按自己的想法做一样，改正错误态度坚决，毫不犹豫。语出《尚书·仲虺之诰》："惟王不迩声色，不殖货利。德懋懋官，功懋懋赏。用人惟己，改过不吝。克宽克仁，彰信兆民。"孔安国传："用人之言，若自己出；有过则改，无所吝惜，所以能成王业。言汤宽仁之德明信于天下。"

〔5〕"不闻亦式，不谏亦入"：没有听到意见也能做得合于法度，没人谏净也能德行向善。式：采用，施行。语出《诗经·大

雅·思齐》，毛传：“言性与天合也。”郑玄笺：“式，用也。文王之祀于宗庙，有仁义之行而不闻达者，亦用之助祭；有孝悌之行而不能谏争者，亦得入。言其使人器之，不求备也。”朱熹集传：“虽事之无所前闻者，而亦无不合于法度。虽无谏诤之者，而亦未尝不入于善。《传》所谓‘性与天合’是也。”郑玄释之以礼，朱熹释之以道，二者有所不同。

〔6〕本章除末句“皆虚其心以为天下也”，亦见于《正蒙·作者篇》( 第 38 页 )。

**【集解】**

吕柟曰：此最易知，此最难行，圣学大要在此矣。(《张子抄释》卷三 )

**【译文】**

“考察众人的看法，放弃自己的成见”，这说的是尧；“与别人一同行善”，这说的是舜；“听到有教益的话，就敬之以礼”，这说的是禹；“听从别人的话就像按自己的想法做一样，改正错误毫不犹豫”，这说的是汤；“没有听到意见也能做得合于法度，没人谏诤也能德行向善”，这说的是周文王。这些都是虚己之心以治理国家的表现。

**【章旨】**

本章论尧、舜、禹、汤、文王的德性虽然具体而微，但从人己关系上说，都能做到“虚其心以为天下”。所谓“虚其心”也就是祛除私意，进而以天理作为行为的准则。以上从 2·5 章到本章，意旨相近，可以相互参读。

2·14 "钦明文思"[1]，尧德也；"浚哲文明，温恭允塞"[2]，舜德也。舜之德与尧不同，盖圣人有一善之源，足以兼天下之善。若以字之多寡为德之优劣，则孔子"温良恭俭逊"又多于尧一字①[3]；至于八元八凯[4]，"齐圣博渊②，明允笃诚"[5]，"忠肃恭懿，宣慈惠和"[6]，则其字又甚多，如是反过于圣人。如孟子言"尧舜之道，孝悌而已"[7]，盖知所本。

【校勘】

① 逊：诸本皆如此，章校本据《论语》改作"让"。

② 博：徐刻本、四库本改作"广"。

【注释】

〔1〕钦：恭敬。明：明察，明达。文：文雅。思：深谋远虑。"钦明文思"：语出《尚书·尧典》："曰若稽古，帝尧曰放勋，钦明文思安安，允恭克让，光被四表，格于上下。"孔颖达疏："郑玄云：'敬事节用谓之钦，照临四方谓之明，经纬天地谓之文，虑深通敏谓之思。'孔无明说，当与之同。四者皆在身之德，故谓之'四德'。"

〔2〕浚：深邃。哲：智慧。温：温和。恭：恭敬。允：信实。塞：充满。"浚哲文明，温恭允塞"：语出《尚书·舜典》："曰若稽古，帝舜曰重华，协于帝，浚哲文明，温恭允塞，玄德升闻，乃命以位。"孔安国传："浚，深；哲，智也。舜有深智文明温恭之德，信允塞上下。"孔颖达疏："舜有深智，言其智之深，所知不浅近也。经纬天地曰文，照临四方曰明。《诗》云：'温温恭人。'言

其色温而貌恭也。舜既有深远之智，又有文明温恭之德，信能充实上下也。”

〔3〕良：善良。俭：俭朴。逊：谦让。"温良恭俭逊"：语出《论语·学而》："子禽问于子贡曰：'夫子至于是邦也，必闻其政。求之与？抑与之与？'子贡曰：'夫子温、良、恭、俭、让以得之。夫子之求之也，其诸异乎人之求之与！'"邢昺疏："敦柔润泽谓之温，行不犯物谓之良，和从不逆谓之恭，去奢从约谓之俭，先人后己谓之让。"

〔4〕八元八凯：语出《左传·文公十八年》，见2·8注〔1〕。

〔5〕齐（zhāi）：通"斋"，庄重，严肃恭敬。圣：事无不通，聪明睿智。博：宽宏大量。渊：深谋远虑。笃：笃实。诚：诚实。"齐圣博渊，明允笃诚"：语出《左传·文公十八年》，孔颖达疏："此并序八人，总言其德。或原其心，或据其行，一字为一事，其义亦更相通。齐者，中也，率心由道，举措皆中也。圣者，通也，博达众务，庶事尽通也。广者，宽也，器宇宏大，度量宽弘也。渊者，深也，知能周备，思虑深远也。明者，达也，晓解事务，照见幽微也。允者，信也，终始不怨，言行相副也。笃者，厚也，志性良谨，交游款密也。诚者，实也，秉心纯直，布行贞实也。以其德行如是，天下之民为其美目，谓之八恺。恺，和也，言其和于物也。"

〔6〕忠：忠诚无私。肃：严肃。懿：美好。宣：周遍。慈：慈爱。惠：恩惠。和：和顺。"忠肃恭懿，宣慈惠和"：语出《左传·文公十八年》，孔颖达疏："此亦总言其德，于义亦得相通。忠者，与人无隐，尽心奉上也。肃者，敬也，应机敏达，临事恪勤也。恭者，治身克谨，当官理治也。懿者，美也，保己精粹，立行纯厚

也。宣者，遍也，应受多方，知思周遍也。慈者，爱出于心，恩被于物也。惠者，性多哀矜，好拯穷匮也。和者，体度宽简，物无乖争也。以其德行如是，天下之民为之美目，谓之八元。元，善也，言其善于事也。"

〔7〕孝悌：孝顺父母，敬爱兄长。"尧舜之道，孝悌而已"：语出《孟子·告子下》。

## 【译文】

"钦明文思"，这是对尧的品德的概括。"浚哲文明，温恭允塞"，这是对舜的品德的概括。舜的品德之所以与尧不一样，因为圣人只要有一个善的源头，就足以兼有天下所有的善。如果以文字的多少来评判品德的优劣高低，那么说孔子"温良恭俭让"，又比尧多一个字，乃至于说八元八凯"齐圣广渊，明允笃诚""忠肃恭懿，宣慈惠和"，这里的字又更多，这样反倒超过了圣人。像孟子所说"尧舜的道德，只不过是孝敬父母、尊敬兄长罢了"，这才是真正明白根本。

## 【章旨】

本章论尧、舜之德，指出"圣人有一善之源，足以兼天下之善"，并以孟子之言证之。本章虽然没有直接谈及"义理"，但实际上隐含着道德与义理的关系，即道德不是各种不同的德目，而是有着内在一贯的"义理"根据。因此，对道德的理解，应当如孟子一样首先把握其根本。

**2·15　今称《尚书》**[1]**，恐当称"尚书"**[2]**。"尚"，奉上之义**[3]**，如"尚衣"、"尚食"**[4]**。**

**【注释】**

〔1〕尚书：这里指《尚书》取名的含义。孔颖达疏："尚者，上也。言此上代以来之书，故曰'尚书'。"

〔2〕尚：主管、执掌。据朱熹（见下"参读"），这里的"尚"读平声，与前句"尚"（读去声）有区别。尚书：主管帝王的文件、书籍工作。张载的理解，表达了对汉儒将《尚书》理解为"上代之书"的不同看法。

〔3〕奉上：侍奉，主管。

〔4〕尚衣：掌管帝王之衣服。尚食：掌管帝王之饮食。

**【参读】**

朱熹曰：尚书、尚衣、尚食，尚乃主守之意，秦语作平音。

（《朱子语类》卷一百一十二，第2728页）

**【译文】**

如今所称的"尚（shàng）书"，恐怕应当称为"尚（shāng）书"。所谓"尚"，就是主管的意思，如同"尚衣""尚食"的"尚"一样。

**【章旨】**

本章解释"尚书"二字的内涵。不同于汉唐旧注将"尚"解释为"上代"，张载解释为"奉上"，即侍奉、掌管的意思。因此，所谓"尚书"即掌管帝王的文件、书籍。这就突出了《尚书》在文献选择、整理以及理解上的个人道德涵义，而非仅仅是将其定位为时代久远的历史文件。

2·16 先儒称武王观兵于孟津，后二年伐商[1]，如此则是武王两畔也[2]。以其有此，故于《中庸》言"一戎衣而有天下"解作"一戎衣"[3]，盖自说作两度也[4]。孟子称"取之而燕民不悦弗取，文王是也"，只为商命未改；"取之而燕民悦则取之，武王是也"[5]。此事间不容发，当日而命未绝则是君臣[6]，当日而命绝则为独夫[7]，故"予不奉天，厥罪惟钧"①[8]。然问命绝否，何以卜之？只是人情而已[9]。"诸侯不期而会者八百"[10]，当时岂由武王哉？

【校勘】

① 不：《尚书》原作"弗"。钧：徐刻本、四库本作"均"。

【注释】

〔1〕观兵：展示兵力。孟津：古黄河津渡名，在今河南省孟津县东北、孟县西南，也作"盟津"。先儒称武王观兵于孟津，后二年伐商：语本《尚书·泰誓上》"惟十有三年春，大会于孟津"孔安国注："周自虞芮质厥成，诸侯并附，以为受命之年。至九年而文王卒，武王三年服毕，观兵孟津，以卜诸侯伐纣之心。诸侯金同，乃退以示弱。十三年正月二十八日，更与诸侯期而共伐纣。"

〔2〕畔：通"叛"，违背，反叛。

〔3〕戎衣：军服，战衣。"一戎衣而有天下"：语出《礼记·中庸》："武王缵大王、王季、文王之绪，壹戎衣而有天下，身不失天下之显名，尊为天子，富有四海之内，宗庙飨之，子孙保之。"解作"一戎衣"：语本《礼记·中庸》郑玄注："戎，兵也。衣，读如'殷'，声之误也。齐人言'殷'声如'衣'，虞、夏、商、

周氏者多矣。今姓有'衣'者，殷之胄与？'壹戎殷'者，壹用兵伐殷也。"孔颖达疏："郑必以衣为'殷'者，以十一年观兵于孟津，十三年灭纣，是再着戎服，不得称'一戎衣'，故'以衣为殷'，故注云'齐人言殷声如衣'。"衣：诸本皆如此，章校本据《礼记注疏》改作"殷"，意更通。

〔4〕度：量词，指次，回。盖自说作两度也：指如果把《中庸》"一戎衣"解释为穿一次军服，那与武王先在孟津展示兵力，两年后又再次伐纣，而两次穿军服，就前后矛盾了。但即使认为武王两次穿军服，一次伐商，在张载看来，这仍然是不合义理的。

〔5〕"取之而燕民不悦弗取，文王是也"，"取之而燕民悦则取之，武王是也"：攻取它，燕国人民不欢迎，那就不攻取，周文王就是这样做的；攻取它，燕国人民欢迎，那就取攻，周武王就是这样做的。语出《孟子·梁惠王下》："取之而燕民悦，则取之。古之人有行之者，武王是也。取之而燕民不悦，则勿取。古之人有行之者，文王是也。"

〔6〕命：指天命。绝：断绝。

〔7〕独夫：指残暴无道、众叛亲离的统治者。语出《尚书·泰誓下》："独夫受洪惟作威，乃汝世仇。树德务滋，除恶务本，肆予小子诞以尔众士，殄歼乃仇。"孔安国传："言独夫，失君道也。"蔡沈集传："独夫，言天命已绝，人心已去，但一独夫耳。"

〔8〕"予不奉天，厥罪惟钧"：我如果不遵从天命讨伐商纣，那么罪恶就如同纣王一样。语出《尚书·泰誓上》："商罪贯盈，天命诛之，予弗顺天，厥罪惟钧。"

〔9〕人情：民心，普通民众的愿望。

〔10〕"诸侯不期而会者八百"：语出《史记·周本纪》："九年，武王上祭于毕。东观兵，至于盟津。……是时，诸侯不期而会盟津者八百诸侯。诸侯皆曰：'纣可伐矣。'武王曰：'女未知天命，未可也。'乃还师归。"期：约定。会：聚集。

**【参读】**

程颐曰：介甫以武王观兵为九四，大无义理，兼观兵之说亦自无此事。如今日天命绝，则今日便是独夫，岂容更留之三年？今日天命未绝，便是君也，为人臣子，岂可以兵胁其君？安有此义？又纣鸷很若此，大史公谓有七十万众，未知是否；然《书》亦自云，纣之众若林。三年之中，岂肯容武王如此便休得也？只是《太誓》一篇前序云"十有一年"，后面正经便说"惟十有三年"，先儒误妄，遂转为观兵之说。先王无观兵之事，不是前序一字错却，便是后面正经三字错却。(《河南程氏遗书》卷十九，第250页）

朱熹曰：《泰誓序》"十有一年，武王伐殷"，《经》云"十有三年春，大会于孟津"，《序》必差误。说者乃以十一年为观兵，尤无义理。旧有人引《洪范》"十有三祀，王访于箕子"，则十一年之误可知矣。(《朱子语类》卷七十九，第2039页）

**【译文】**

先前的儒者说武王先在孟津展示兵力，两年后正式讨伐商王。如果是这样，那么武王就是两次反叛了。因为有这种理解，所以把《中庸》说"一戎衣而有天下"解释为一次伐商，否则就前后矛盾了。《孟子》说"攻取它，燕国人民不欢迎，那就不攻取，周文王就是这样做的"，只是因为商的天命还没有改变；"攻取它，燕国人民欢迎，那就取攻，周武王就是这样做的"。这件事的差别就在一瞬间，当下殷商的天命没有断绝，商王与周王就是君臣关系；当下殷商的天命断绝了，商王就成为众叛亲离、可以讨伐的罪人，因此"我如果不遵从天命讨伐商纣，那么罪恶就如同纣王一样"。然而，询问天命是否断绝，依据什么来预测呢？只是民心罢了。"武王展示兵力时，没有约定，就有八百诸侯聚集"，这个时候怎么能是由武王来决定的呢？

**【章旨】**

本章从君臣间的道德义理出发，批评了汉儒对武王观兵的理解。《尚书·泰誓上》开篇曰："惟十有三年春，大会于孟津。"但篇前《序》曰："惟十有一年，武王伐殷。一月戊午，师渡孟津，作《泰誓》三篇。"因此引出武王先观兵孟津，两年后又正式伐商的问题。张载认为，如果真是如此，那么就等于说武王两次反叛商王了。但是，君臣大义是否存在决定于君王的天命是否断绝，而君王的天命是否断绝又决定于民心所向，这并不是由个人决定的。由此推断，必然不会存在武王伐商之前先观兵孟津以窥测伐商时机的事情。本章通过对历史事件的讨论和对汉唐经学的批评，鲜明地表现出张载理学化经学重视个人内在道德义理的思想倾向。本章对天命人情的解释，可以与2·10、2·12章相参读。

**2·17** **"《灵台》，民始附也"**[1]，**先儒指以为文王受命之年**[2]，**此极害义理。又如司马迁称文王自羑里归**[3]，**与太公行阴德以倾纣天下**[4]，**如此则文王是乱臣贼子也。惟董仲**

舒以为文王闵悼纣之不道<sup>[5]</sup>，故至于日昃不暇食<sup>①[6]</sup>。至于韩退之亦能识圣人<sup>[7]</sup>，作《羑里操》有"臣当诛兮<sup>②</sup>，天王圣明"之语<sup>[8]</sup>。文王之于纣，事之极尽道矣。先儒解经如此，君臣之道且不明，何有义理哉？如《考槃》之诗"永矢弗过"、"弗告"<sup>[9]</sup>，解以永不复告君、过君<sup>[10]</sup>，岂是贤者之言！

**【校勘】**

① 暇：徐刻本、四库本作"假"。

② 臣：韩诗原作"臣罪"，徐刻本、四库本改作"臣罪"。

**【注释】**

〔1〕《灵台》：《诗经》篇名。灵台，文王所建之台。附：归附。"《灵台》，民始附也"：语出《诗序》。

〔2〕受命：受天之命。先儒指以为文王受命之年：语本《诗经·大雅·灵台·序》："《灵台》，民始附也。文王受命，而民乐其有灵德，以及鸟兽昆虫焉。"郑玄注："民者，冥也。其见仁道迟，故于是乃附也。天子有灵台者，所以观祲象，察气之妖祥也。文王受命，而作邑于丰，立灵台。"

〔3〕羑里：故址在今河南汤阴县北，周文王曾被商纣王囚禁于此。

〔4〕太公：本名姜尚，字子牙，因其祖上曾被封于吕，故又称吕尚，被尊称为太公望，周文王时任宰辅，武王时被尊为尚父，辅佐文王、武王推翻了商纣王的统治。阴德：暗中做的有德于人的事。倾：倾覆，覆亡。与太公行阴德以倾纣天下：语本《史记·周本纪》："西伯阴行善，诸侯皆来决平。于是虞、芮之人有狱不能

决，乃如周。入界，耕者皆让畔，民俗皆让长。虞、芮之人未见西伯，皆惭，相谓曰：'吾所争，周人所耻，何往为？只取辱耳。'遂还，俱让而去。诸侯闻之，曰：'西伯盖受命之君。'”

〔5〕闵悼：忧心，怜恤伤悼。

〔6〕日昃（zè）：太阳偏西，约下午二时左右。暇食：安心饮食，形容心情从容，悠闲。文王闵悼纣之不道，故至于日昃不暇食：语本董仲舒《天人三策》：“当此之时，纣尚在上，尊卑昏乱，百姓散亡，故文王悼痛而欲安之，是以日昃而不暇食也。”

〔7〕韩退之：韩愈（768—824），字退之。

〔8〕天王：帝王。“臣当诛兮，天王圣明”：语出韩愈《琴操十首·拘幽操》：“目窈窈兮，其凝其盲；耳肃肃兮，听不闻声。朝不日出兮，夜不见月与星。有知无知兮，为死为生。呜呼，臣罪当诛兮，天王圣明。”

〔9〕《考槃》：《诗经》篇名。“永矢弗过”“弗告”：语出《诗经·卫风·考槃》：“考槃在阿，硕人之薖。独寤寐歌，永矢弗过。考槃在陆，硕人之轴。独寤寐宿，永矢弗告。”

〔10〕永不复告君、过君：永远不再向君王谏言，不再进君王的朝廷。语本《诗经·卫风·考槃》郑玄笺：“弗过者，不复入君之朝也。”“不复告君以善道。”

**【译文】**

《诗序》说“《灵台》，描述的是民众开始归附文王的情景”，先儒认为这一年文王接受了天命，这种理解非常有害义理。又如司马迁说文王从羑里回来后，与姜太公暗中施恩于民众，借以倾覆纣王的天下，这样文王就成了觊觎天子之位的乱臣贼子了。只有董仲舒认为文王忧心于纣王的无道，所以到日落之时都不能安心饮食。至于韩愈也能理解圣人，作《羑里操》有"臣的罪行应当责罚，天王是圣明的"这样的话。文王对于纣王，侍奉时是极尽道义的。先儒既然这样解读经典，连君臣大义的道理尚且搞不清楚，还能有什么义理呢？比如《考槃》这首诗说"永矢弗过"、"永矢弗告"，先儒解释为永远不再向君王谏言，永远不再进君王的朝廷，这怎么能是贤人说出的话呢？

【章旨】

本章继上章又论先儒对文王侍纣的错误解释，其出发点仍然是君臣大义。张载认为君臣之间有理有道，纣为君，文王为臣，文王必有事君之心，绝无觊觎之意。故而他既批评了先儒对《灵台》《考槃》以及司马迁《周本纪》的错误解读，也赞扬了董仲舒和韩愈的理解。本章的意旨与上章意旨相同，都在于对君臣之间道德义理的把握，两章可以互参。

2·18　《诗序》必是同时所作①〔1〕，然亦有后人添入者，则极浅近，自可辨也。如言"不肯饮食教载之"〔2〕，只见《诗》中云"饮之食之，教之诲之，命彼后车，谓之载之"〔3〕，便云"教载"，绝不成言语也。〔4〕

【校勘】

① 同：徐刻本、四库本作"周"。

【注释】

〔1〕《诗序》：指《毛诗序》，分为大序和小序，大序为《关

雎》题解之后作者所作的全部《诗经》的总的序言，小序是三百零五篇中每一篇的序言。

〔2〕"不肯饮食教载之"：不愿意给他饮食、教育、提携。语出《诗序》："微臣刺乱也。大臣不用仁心，遗忘微贱，不肯饮食教载之，故作是诗也。"

〔3〕"饮之食之，教之诲之，命彼后车，谓之载之"：给他水喝，给他饭吃，教导他，训诲他，让后面的车载上他。语出《诗经·小雅·绵蛮》。

〔4〕本章亦见于《河南程氏遗书》卷六（见"参读"）。

## 【参读】

程颐曰：《诗序》必是同时一作国史。所作，然亦有后人添者。如《白华》只是刺幽王，其下更解不行；《绵蛮》序"不肯饮食教载之"，只见《诗》中云"饮之食之，教之诲之，命彼后车，谓之载之"，便云"教载"，绝不成言语也。又如"高子曰：灵星之尸也"，分明是高子言，更何疑？（《河南程氏遗书》卷六，第92页）

## 【集解】

吕柟曰：此与程氏之论合，然其大义则有所受矣。（《张子抄释》卷三）

## 【译文】

《诗序》必定是同时写的，但也有后人添入的内容，这些内容极为浅显，自然可以分辨出来。例如说"不肯饮食教载之"，只是看见《诗经》中有"饮之食之，教之诲之，命彼后车，谓之载之"，就说"教载"，完全不成话了。

## 【章旨】

本章是对《诗序》可靠性的质疑，认为其中有后人添入的话。本章与下章也见于《河南程氏遗书》卷六，表述大体一致，微有出入，吕柟推断"此与程氏之论合，然其大义则有所受矣"，可能是张载与二程共持的观点。但表述如此接近，必有先后源流关系，暂不可考。

### 2·19　又如"高子曰灵星之尸"①〔1〕，分明是高子言，更何疑也②。〔2〕

## 【校勘】

①又：徐刻本作"文"。

②也：徐刻本、四库本作"一也"，为双行小注。本章，诸刻本皆另为一章，抄释本将之与前章合为一章，章校本据改。

## 【注释】

〔1〕"高子曰灵星之尸"：语出《诗序》："《丝衣》，绎宾尸也。高子曰：灵星之尸也。"孔颖达疏："高子者，不知何人。孟轲弟子有公孙丑者，称高子之言以问孟子，则高子与孟子同时。赵岐以为齐人。此言高子，盖彼是也。"

〔2〕本章亦见于《河南程氏遗书》卷六，且与前章合为一章。但《经学理窟》诸刻本均另为一章，故此保留原貌。

## 【译文】

又比如说"高子曰灵星之尸"，这明显是高子的话，又有什么可以怀疑的！

【章旨】

本章仍然是在举例证明《诗序》中有后人添入的话。

2·20 《七月》之诗[1]，计古人之为天下国家[2]，只是豫而已[3]。

【注释】

〔1〕《七月》之诗：指《诗经·豳风·七月》，是《诗经·国风》中最长的一首诗，生动细致地反映了一年四季春耕、秋收、冬藏的劳动生活。

〔2〕计：总括。为（wéi）：治理。

〔3〕豫：预备，先事准备。

【集解】

吕柟曰：忧勤生豫。（《张子抄释》卷三）

【译文】

从《七月》这首诗可以看到，总括古人治理天下国家的事情，只不过是预先准备罢了。

【章旨】

《国风·豳风·七月》按农事活动的顺序，逐月叙述一年四季的劳动生活。张载认为从此诗可以看到，古人的家事国事总结而言只是一个"豫"的原则。

2·21 尧夫解"他山之石，可以攻玉"[1]，玉者温润之物，若两玉相攻则无所成[2]，必石以磨之。譬如君子与

小人处，为小人侵凌，则修省畏避，"动心忍性，增益所不能"①〔3〕，如此便道理出来。〔4〕

**【校勘】**

① 所：其他诸本皆作"其所"。

**【注释】**

〔1〕尧夫：邵雍（1011—1077），字尧夫，北宋理学家，与张载、二程来往密切，著有《皇极经世》《伊川击壤集》。"他山之石，可以攻玉"：语出《诗经·小雅·鹤鸣》："鹤鸣于九皋，声闻于天。鱼在于渚，或潜在渊。乐彼之园，爰有树檀，其下维榖。它山之石，可以攻玉。"

〔2〕攻：治理，加工。

〔3〕"动心忍性，增益所不能"：激励心志，使性情坚忍，增加所不具备的能力。语出《孟子·告子下》："故天将降大任于是人也，必先苦其心志，劳其筋骨，饿其体肤，空乏其身，行拂乱其所为，所以动心忍性，曾益其所不能。"

〔4〕本章亦见于《河南程氏遗书》卷二上（第35页）。

**【译文】**

邵雍解释《诗经》中"他山之石，可以攻玉"说，玉是温和柔润的东西，如果两块玉石相互摩擦，那么什么都做不成，一定要用石头来打磨才可以。这就像君子和小人相处，遭到小人欺凌后就修身、反省、畏惧、躲避，激励心志，使性情坚忍，增加自己所不具备的能力，这样道理自然能体会出来了。

**【章旨】**

本章引述邵雍对《诗经·小雅·鹤鸣》"他山之石，可以攻玉"的解释，以"石"比喻小人，以"玉"比喻君子，进而论君子与小人的相处之道，即藉小人来磨砺自身，以提升自己的道德修养境界。

# 宗　　法

【解题】

本篇主要讨论宗法制度。全篇共 13 章，第 1、2 章论建立宗法制的必要性，其后则反复强调宗子在家族中祭祀祖先的绝对权力。本篇的经学文本依据主要是《礼记》。西周建立宗法制度的目的是通过血缘关系的天然秩序在代系传承中维持家族的统一性和凝聚性，赋予家族传承以道德感和责任感，进而有利于社会秩序和政治秩序的稳定。因此，宗法制度尤其表现在家族中对祖先的祭祀权力上，同时也向其他政治权力和经济权力弥散。经过历代变迁，北宋宗法制度已经比较薄弱。张载非常重视通过重建宗法制度，强化人们的道德意识。特别是当其将政治改革的视角由中央下移到地方之后，宗法制与井田、封建一道成为张载政治思想的主要方面。张载尤其重视礼学，这也是一个重要原因。本篇有 7 章亦部分见于《河南程氏遗书》，其作者归属以及张载与二程的礼学思想互动也是一个值得深入考察的问题。

**3·1　管摄天下人心**[1]，**收宗族**[2]，**厚风俗，使人不忘本，须是明谱系世族与立宗子法**[3]。宗法不立，则人不知统系来处<sup>〔4〕</sup>。古人亦鲜有不知来处者。宗子法废，后世尚谱牒，犹有遗风。谱牒又废，人家不知来处，无百年之家，骨肉无统，虽至亲，恩亦薄。<sup>〔5〕</sup>

**【注释】**

〔1〕管摄：管辖统摄。

〔2〕收：联合，聚集。

〔3〕谱系：记录在籍的宗族世系。世族：原指先世有功之官族，后泛称世家大族。宗子法：即宗法，以家族为中心，按血统、嫡庶来组织、统治社会的法则。

〔4〕统系：宗族系统。来处：来源，由来。

〔5〕本章亦见于《横渠礼记说·曲礼下》（第252页）。"管摄天下人心"至"立宗子法"，亦见于《河南程氏遗书》卷六（第85页）。"宗法不立，则人不知统系来处"，亦见于《河南程氏遗书》卷十五（第150页）。"宗子法废"至"恩亦薄"，亦见于《河南程氏遗书》卷十五（第162页）。"管摄天下人心"至"不知统系来处"，"宗法不立，则人不知统系来处"，朱熹分别辑入《近思录》卷九《治法》，作为二程语录，出自《遗书》。

**【参读】**

程颐曰：宗子法坏，则人不自知来处，以至流转四方，往往亲未绝，不相识。今且试以一二巨公之家行之，其术要得拘守得须是。且如唐时立庙院，仍不得分割了祖业，使一人主之。（《河南程氏遗书》卷十五，第150页）

## 【集解】

杨伯嵒曰：《丧服小记》曰"别子为祖"，谓诸侯之庶子，别为后世为始祖也。谓之别子者，公子不得称先君。"继别为宗"，谓别子之世长子，为其族人为宗，所谓百世不迁之宗。"继祢者为小宗"，谓别子庶子之长，为其昆弟为宗也。谓之小宗者，以其将迁也。有五世而迁之宗，其继高祖者，谓小宗也。小宗有四：或继高祖，或继曾祖，或继祖，或继祢，皆至五世则迁。"是故祖迁于上，宗易于下，尊祖故敬宗，敬宗所以尊祖祢也。"五世者，谓上从高祖，下至玄孙之子。此玄孙之子则合迁徙，不得与族人为宗，故云有五世则迁之宗。"四世之时尚事高祖，至五世之时谓高祖之父不为加服，是祖迁于上；四世之时仍宗三从族人，至五世不复宗四从族人，各自随近为宗，是宗易于下。"东坡曰："秦汉以来，天下无世卿。大宗之法，不可以复立。而其可以收合天下之亲者，有小宗之法存而莫之行，此甚可惜也！今夫天下所以不重族者，有族而无宗也。有族而无宗则族不合，族不可合则虽欲亲之而无由也。族人而不相亲，则忘其祖矣。今世之公卿大臣贤人君子之后，所以不能世其家如古之久且远者，其族散而忘其祖也。"故莫若复小宗，使族人相率而尊其宗子。宗子死则为之加服，犯之则以其服坐，贫贱不敢轻，而富贵不敢加之，冠昏必告，丧必赴。此非有所难行。今夫良民之家，士大夫之族，亦未必无孝悌相亲之心，而族无宗子，莫为之纠率，其势不得相亲，是以世之人，有亲未尽而不相往来，冠昏不相告，死不相赴，而无知之民，遂至于父子异居，而兄弟相讼，然则王道何从而兴乎！（《泳斋近思录衍注》卷九，第 122—123 页）

叶采曰：谱，籍录也。系，联属也。明之者，辨著其宗派。古者诸侯之适子适孙，继世为君，其余庶子不得祢其先君，因各自立为本派之始祖，其子孙百世皆宗之，所谓大宗也。族人虽五世外，皆为之齐衰三月。大宗之庶子又别为小宗，而小宗有四：其继高祖之适长子，则与三从兄弟为宗；继曾祖之适长子，则与再从兄弟为宗；继祖之适长子，则与同堂兄弟为宗；继祢之适长子，则与亲兄弟为宗。盖一身凡事四宗，与大宗为五宗也。（《近思录集解》卷九，第 173 页）

吕柟曰：谱系有仁义之道。（《张子抄释》卷三）

张习孔曰：宋世人心风俗厚于今日，故先生云然。（《近思录传》卷九，第 178 页）

张伯行曰：谱者，氏族之册籍也。系者，宗派之联属也。宗子之法，有大有小。言在上者欲统摄天下人心，收拾宗族亲爱之情，以厚风俗之化，使人不遗忘根本所由来，须是修明谱牒，以辨其支派之系属，收世代族氏之人，而立宗子之法。庶几人人知尊祖敬宗，各有所统，而情意不至于涣散已。○宗子之法，所以使人知木本水源之思者也。此法既坏，则人心离散，不自知其宗派所由来之处，以至轻去其乡，流转四方而不恤。往往有亲爱之谊未绝，遂尔不相识若路人者，深可慨也！（《近思录集解》卷九，第 308 页）

茅星来曰：《大传》曰："别子为祖，继别为宗，继祢者为小宗。有百世不迁之宗，有五世则迁之宗。"《丧服小记》无"百世不迁"句，余同。邱氏曰："按大宗则一，宗其继别子者也。小宗凡四：有继祢之小宗，则同父兄弟宗之；有继祖之小宗，则同堂兄弟宗之；有继曾祖之小宗，则再从兄弟宗之；有继高祖之小宗，则三从兄弟宗之。至于四从，则亲属尽绝，所谓‘五世则迁’者也。《大传》独云‘继祢’者，初皆继祢为始，据初而言之也。然《礼》所谓别子法，为诸侯世子设也。今人家以始迁及初有封爵仕宦起家者为始祖，以准古之别子；又以其继世之长子，准古之继别者，世世相继，以为大宗；其余以次第分为继高祖、继曾祖、继祖祢为小宗。此法既立，则人皆知尊祖敬宗，亲睦之风行，而淳古之风复矣。"李氏曰："按《礼》，别子之适子，世世继别子为大宗。族人五世外者，皆为之齐衰三月。母妻亦然。故大宗有族食、族燕之礼，所以收族也。夫五服者，人道之大者也。然上尽于高祖，则远者忘之矣；旁尽于三从，则疏者忘之矣。故立大宗以承其祖，族人五世外皆合之宗子之家，序以昭穆，则是始祖常祀，而同姓常亲也。"叶竹野曰："古者天子有帝系，诸侯有世本，所以别亲疏而序昭穆也。《周礼》系世之奠，属之春宫，一讽之瞽矇，一奠之小史。小史，掌诸礼者也，读礼而掌奠系世，则教以礼之序。瞽矇，掌诵诗者也，诵诗而掌世奠系，则教以乐之和。序故有别，而昭穆不能乱；和故有亲，而亲疏不相离，法甚善也。后世小史之职废，瞽蒙之官缺，系世既不复明，则昭穆失其序，亲疏失其和，而本支之所从出者已不可得而辨，虽有氏族志存焉，亦岂可得而据耶？"吕伯恭曰："古者建国立宗，其事相须。春秋之末，晋执蛮子以畀楚，楚司马致邑立宗焉，以诱其遗民，而尽俘以归。当典型废坏垂尽之时，暂为诈诱之计，犹必立宗，前此可知。"陈及之曰："先王缀民以族，所以一天下。后世徒蔽于其害，而莫见其利，遂使先王良法美意不可复用。如商之七族，实封康叔；怀姓九宗，实封唐叔。必曰世家大族有害于国，则岂成王不仁于二叔哉？是以强宗大族，礼义足以齐其家，好尚足以帅其俗，正有国者之所以为治也。不幸鲁之威、齐之田，并国逐君，遂以大家为不可容。汉高祖都关中，徙齐诸旧、楚昭、屈；武帝以六条诏察州，首以强宗为言。陵夷至于五胡乱华，元魏分折荫户，而先王以族得民之意，散而不可复收矣。"按，《张子语录》中亦有此条。（《近思录集注》卷九，第293—294页）

施璜曰：此管摄天下人不忘本之法也。一是明谱系，一是立宗子法。收宗族，厚风俗，莫善于此。《周官》有小史之职："奠世系，辨昭穆。"当时有大宗、小宗之法，上治祖祢，下治子孙，旁治昆弟，而尊尊亲亲，合族之道行焉。人知此道，则必念其祖先，保其家世，兢兢礼法之中，而不敢纵肆以陷于刑辟，其势然也。后世既无别姓定系之官，而宗法又不行，氏族之纷更在下，故无以溯其所由来，各以私意，择古之贵显勋贤，昌焉而为之后，是弃其祖而自诬。或舍己姓而从人，或鞠异姓以为子，皆自绝本根，而波流云散，莫有止极。是何异于飞空之鸟、走圹之兽，聚散无常，而人道或几乎熄矣。故大乱之生，以无所统也。无统之由，以无所稽也。有以稽之而明其统，则惟族之有谱焉是赖。故程子以明谱系为收宗族之要法也。至于立宗子法，尤善。古者诸侯之适子适孙，继世为君，其余庶子不得祢其先君，因各自立为本派之始祖，其子孙百世皆宗之，所谓大宗也。族人虽五世外，皆为之齐衰三月。大宗之庶子又别为小宗，而小宗有四：其继高祖之适长子，则与三从兄弟为宗；继曾祖之适长子，则与再从兄弟为宗；继祢之适长子，则与亲兄弟为宗。盖一身凡事四宗，与大宗为五宗也。此法须行之以渐，持之以久。故程子自注云"一年有一年工夫"，无怠忽也。（《五子近思录发明》卷九，第468—469页）

郭嵩焘曰：宗子能收其族，须是以情联合，而以义正之，乃能管摄一族之人心。程子言厚风俗，须是立宗子法。要知后世之天下，无能正人心、厚风俗，即宗子法万无能立之理。（《近思录注》卷九，第162页）

江永曰：后世不行封建，则所谓"别子为祖，继别为宗"者，唯有官职荫袭者可行。若士庶之家，传世既久，恐有窒碍难行者矣。今世间有推大宗子主祭者，然无法以维之。其宗子或贫困绝嗣，或流寓四方，或身为败类，不足为族人宗，则难以持久。唯立祠堂、明谱系，使人知尊祖敬宗而收族，则宗法虽不行，庶乎犹有统纪，不至于涣散，而风俗可厚也。朱子尝言"大宗立不得，亦当立小宗"云。（《近思录集注》卷九，第208页）

【译文】

要统摄天下的人心民情，联合同宗同族的亲属，敦厚风俗习惯，使人们不忘记自己的根本，就必须要用册籍彰明宗族世系和确立宗子制度。不确立宗子制度，人们就不知道宗族世系的由来。古时的人很少有不知道自己的来历的。宗子制度废弃以后，后世崇尚家谱、族谱，还保留了一些原来的风俗。家谱、族谱又被废弃，各人各家都不知道来历，也没有存续百年的大家族，亲人没有统序，即便是最亲的家人，恩情也很淡薄。

## 【章旨】

本章论建立宗法制度的意义。张载认为道德意识的一个重要来源是“本”的观念。人心有本，人伦也有本，人心之本就是人伦之本。因此，人伦之本在于人们通过宗法的方式“知统系来处”，从而建立其归属感。张载以此论证恢复宗法制度的必要性。本章各句，除“古人亦鲜有不知来处者”一句外，都分别见于《河南程氏遗书》卷六、卷十五，《近思录》辑入，并作为程颐语录。因句式基本相同，可以推知其间必有前后因袭的关系。《河南程氏遗书》卷六不知何人所记，但卷十五也称《入关语录》，是程颐在张载去世后入关讲学时由关中学者所记，因而后两条语录即使确为程颐所说，也应当与张载关学有某种关系。

3·2　宗子之法不立，则朝廷无世臣[1]。且如公卿一日崛起于贫贱之中以至公相[2]，宗法不立，既死遂族散，其家不传。宗法若立，则人人各知来处，朝廷大有所益。或问：“朝廷何所益？”公卿各保其家，忠义岂有不立？忠义既立，朝廷之本岂有不固？今骤得富贵者，止能为三四十年之计，造宅一区及其所有[3]，既死则众子分裂，未几荡尽则家遂不存[4]，如此则家且不能保，又安能保国家！[5]

## 【注释】

〔1〕世臣：历代有功勋的旧臣。《孟子·梁惠王下》：“所谓故国者，非谓有乔木之谓也，有世臣之谓也。”孙奭疏：“世臣，累世修德之旧臣也。”

〔2〕公卿：三公九卿的简称，后泛指官位很高的人。公相：指公卿、宰相一类的显官。

〔3〕区：量词，所，处。

〔4〕未几：不久。荡：毁坏，破坏。

〔5〕本章亦见于《横渠礼记说·曲礼下》（第 252 页）。"宗子之法不立，则朝廷无世臣"两句，亦见于《河南程氏遗书》卷十七（见"参读"）。

## 【参读】

程颐曰：宗子之法不立，则朝廷无世臣。宗法须是一二巨公之家立法。宗法立，则人人各知来处。（《河南程氏遗书》卷十七，第179页）

## 【集解】

黄震释"宗子之法废，则朝廷无世臣"曰：此意厚矣。然古者诸侯卿大夫以世袭，故其法易行，且以防僭夺，故其法最当严耳。（《黄氏日抄》卷三十三）

吕柟曰：此以宗法存亡设利害，甚明白。（《张子抄释》卷三）

## 【译文】

宗子制度不确立，朝廷就不会有世代传承的大臣。就像公卿这类高官显贵，一朝从贫贱中崛起，成为辅佐君王的公侯宰相，倘若不建立宗子制度，他们死后，家族马上就散了，家族便不能传承。如果建立了宗子制度，那么每个人都知道自己的来历，对朝廷就大有好处。也许有人问："对朝廷有什么好处？"公卿为了保存各自的家族，怎么会不确立忠义的观念？忠义的观念已经确立，朝廷的根基怎么可能不牢固？如今突然变得富贵的人，只

能谋划三四十年，建造一处住宅就是全部，人死后所有的儿子就
分家，不久家财散尽，家族也就不存在了。这样，家族尚且不能
保存，又怎能保存国家？

**【章旨】**

本章继上章，侧重于从"世族"的角度，论述建立宗法制度
的积极意义。张载认为，在道德观念方面，家国是一体的，先要
树立起保家的责任感，而后才可能有保国的意识，此即所谓"忠
义"观念。因此，建立宗法制度，就是要树立起家族的荣誉感、
归属感、责任感，强化忠义观念，进而巩固"朝廷之本"。否则，
家尚且不能保，更谈不上保国了。本章第一句，亦见于《河南程
氏遗书》卷十七。据该卷朱熹小注曰："本无篇名，不知何人所
记。或曰永嘉周行己恭叔，或云永嘉刘安节元承，或云关中学者
所记，皆不能明也。"（见《二程集》目录，第 4 页）周行己、刘安
节曾于太学从学于张载后学吕大临，也从学于程颐，故该卷与关
学也有关系。

**3·3** 夫所谓"宗"者，以己之旁亲兄弟来宗己[1]，所
以得宗之名，是人来宗己，非己宗于人也。所以继祢则谓
之"继祢之宗"[2]，继祖则谓之"继祖之宗"[3]，曾、高亦
然[4]。[5]

**【注释】**

〔1〕旁亲：旁系亲属。宗：本指祖庙，引申为尊重，推尊，尊
奉，尊崇。

〔2〕祢（nǐ）：父死，神主入庙后称祢，也指亲庙，父庙。

〔3〕祖：祖父。

〔4〕曾：曾祖，祖父的父亲。高：高祖，曾祖的父亲。

〔5〕本章亦见于《横渠礼记说·大传》（第283页）。"夫所谓宗者"至"非己宗于人也"，也见于《河南程氏遗书》卷十七（第180页），缺"是人来宗己"。

【译文】

所谓"宗"，是让自己的旁系兄弟来推尊自己。因而获得"宗"的称呼，是让别人推尊自己，不是自己推尊别人。因此，继承父庙就称作"继祢之宗"，继承祖庙就是"继祖之宗"，继承曾祖和高祖也是一样。

【章旨】

本章论"宗"之内涵。"宗"即推尊，宗子即是受到其他旁亲所推尊的后代，其特殊地位是由父亲或祖辈而来。始祖的嫡长子及其嫡长后裔继承始祖的权力，特别是对始祖的祭祀权，无论经过多少代，始终是本家族、宗族的核心，构成此宗族的"大宗"，此所谓"百世不迁其宗"。始祖的其他诸子（称为"别子"）都分出去自立家族，此所谓"别子为祖，继别为宗"，构成此宗族的"小宗"。小宗的祭祀权，可以从父亲开始，上溯到祖、曾祖、高祖，再往上之第五世则迁其宗，即丧失祭祀权，故曰"祖迁于上，宗易于下"。这种宗法制度的创设，是考虑到了对"父"之亲和对"祖"之敬的平衡，即血缘关系越近，情感原则更重要一些，而血缘关系越远，尊敬原则便更具支配性，从而起到将道德内化为情感、外化为政治秩序的双重作用。本章第一句也见于

《河南程氏遗书》卷十七，但第二句未见。

**3·4** 言"宗子"者[1]，谓宗主祭祀[2]。"宗子为士，庶子为大夫"[3]，"以上牲祭于宗子之家"[4]，非独宗子之为士，为庶人亦然。[5]

**【注释】**

〔1〕宗子：大宗的嫡长子。

〔2〕宗主：用作动词，指主管，主持。

〔3〕庶子：嫡长子以外的众子，也指妾所生之子。

〔4〕上牲：上等的牺牲，指祭祀时用的猪和羊。"宗子为士，庶子为大夫"，"以上牲祭于宗子之家"：语出《礼记·曾子问》："曾子问曰：'宗子为士，庶子为大夫，其祭也，如之何？'孔子曰：'以上牲祭于宗子之家，祝曰："孝子某为介子某荐其常事。"'"郑玄注："贵禄重宗也。上牲，大夫少牢。"

〔5〕本章亦见于《横渠礼记说·曾子问》(见"参读")。"宗子者，谓宗主祭祀也"一句，亦见于《河南程氏遗书》卷十七（第179页）。

**【参读】**

张载曰：宗子为士，立二庙。支子为大夫，当立三庙。是曾祖之庙为大夫立，不为宗子立矣。然不可二宗别统，故其庙亦立于宗子之家。所谓"以上牲祭于宗子之家"者也，祖考皆然。故《采苹》之序言大夫妻可以承先祖。其《诗》曰："于以奠之，宗室牖下。"宗子为士，庶子为大夫，"以上牲祭于宗子之家"，非

惟为士，直为庶人亦然。(《横渠礼记说·曾子问》，第 264 页)

**【集解】**

湛若水曰：祭必宗子者，尊宗也，尊宗所以尊祖也。虽大夫之贵，不敢干焉，其嫡庶之分严矣。争夺之祸，何由生乎？(《格物通》卷三十三)

**【译文】**

所谓的"宗子"，是指主持祭祀的人。《礼记》说："宗子是士，庶子是大夫"，"庶子就以上等的牺牲在宗子之家祭祀"。非但宗子是士是这样，即便宗子是平民，也是这样。

**【章旨】**

本章继续论述宗子在祭祀时相对其他庶子而享有的绝对主导权力，这一权力不受政治地位的高低变化而影响。即使庶子的政治地位高于宗子，也只能是以上等牺牲祭祀于宗子之家，而不能僭夺宗子在家族中主持祭祀的权力。本章与后文"及旁支昌大，则须是却为宗主"(3·6)、"其间一子仕宦，则更不问长少，须是士人承祭祀"(3·7)的观点似有矛盾。不过，这里讨论的是立宗子之后的祭祀权问题，后文讨论的是改立宗子的问题，二者亦可并行。

**3·5** "宗子之母在，不为宗子之妻服"[1]，非也。宗子之妻与宗子共事宗庙之祭者，岂可夫妇异服？故宗子虽母在，亦当为宗子之妻服也。"东酌牺象"，"西酌罍尊"[2]，须夫妇共事，岂可母子共事也？未娶而死则难立后[3]，为其无母也，如不得已须当立后，又须并其妾母与之[4]，大不得已也。未娶而死，有妾之子〔5〕，则自是妾母也。

**【注释】**

〔1〕"宗子之母在，不为宗子之妻服"：语出《仪礼·丧服》："丈夫、妇人为宗子、宗子之母、妻。传曰：何以服齐衰三月也？尊祖也。尊祖故敬宗。敬宗者，尊祖之义也。宗子之母在，则不为宗子之妻服也。"贾公彦疏："'宗子之母在，则不为宗子之妻服也'者，谓宗子父已卒，宗子主其祭。《王制》云：'八十齐衰之事不与。'则母七十亦不与。今宗子母在，未年七十，母自与祭，母死，宗人为之服。宗子母七十已上，则宗子妻得与祭，宗人乃为宗子妻服，故云然也。"这即是说，宗子之母未满七十，应当亲自参与祭祀，所以宗子之母去世，族人要为她服丧；宗子之母七十以上，宗子之妻参与祭祀，所以宗子之妻去世，族人才为宗子之妻服丧。

〔2〕牺象：古代饰有鸟形、鸟羽或象骨的酒器。罍尊：饰有云雷状花纹的酒尊。"东酌牺象"，"西酌罍尊"：语出《礼记·礼器》："庙堂之上，罍尊在阼，牺尊在西。庙堂之下，县鼓在西，应鼓在东。君在阼，夫人在房。大明生于东，月生于西。此阴阳之分，夫妇之位也。君西酌牺象，夫人东酌罍尊，礼交动乎上，乐交应乎下，和之至也。"在祭祀的时候，罍尊放在东阶，牺尊放在西阶，象征着阴阳之位；而后，国君来到西阶从牺尊中酌酒，而夫人则来到东阶从罍尊中酌酒，象征着阴阳之和。"东酌牺象""西酌罍尊"：诸本皆如此，据《礼记·礼器》，当作"西酌牺象""东酌罍尊"。

〔3〕未娶而死：指宗子还没有结婚就去世了。立后：确定继承人，也指无子者选择同宗近支的亲属之子立为嗣子。可在被继承人

生前自己立嗣，也可在死后由其妻或其父母等尊长代其立嗣。

〔4〕妾母：对父亲之妾的称呼。与：允许，许可。

〔5〕有：作为。

## 【译文】

"宗子的母亲还在世，族人就不为宗子的妻子服丧了"，这是不对的。宗子的妻子是与宗子共同祭祀宗庙的人，怎么可以对夫妇服丧不同呢？因此，即便宗子的母亲还在世，也应该为宗子的妻子服丧。祭祀的时候，宗子来到放在东阶的牺尊酌酒，宗子之妻来到放在西阶的罍尊酌酒，必须是夫妻共同完成，难道可以母子共同完成吗？宗子还没有结婚就去世了，确立后嗣就很困难，因为没有母亲，如果迫不得已，必须要立后，又必须由他的妾母来主持，这是非常不得已的事情。宗子没有结婚就去世了，还有父亲之妾的儿子，自然立后之事应当由妾母来主持。

## 【章旨】

本章可分为两部分，前一部分讨论宗子之母在世时，族人是否应当为宗子之妻服丧的问题；后一部分则讨论立后的问题。其一，按《仪礼·丧服·传》，如宗子之母在世，则族人不为宗子之妻服丧。张载则由祭祀时夫妻共事出发，认为族人应当像为宗子服丧一样，为宗子之妻服丧。其二，如果宗子未娶而死，就需要确立后嗣，如果其母去世，就应当由其妾母主持。本章两部分虽然分别讨论服丧和立后的问题，但都涉及宗子与其母的宗法关系。张载在这里突出了服丧或立后的义理依据，因而对于经典上的记载有所质疑。

3·6　天子建国，诸侯建宗<sup>〔1〕</sup>，亦天理也。譬之于木，其上下挺立者本也<sup>〔2〕</sup>，若是旁枝大段茂盛<sup>〔3〕</sup>，则本自是须低摧<sup>〔4〕</sup>；又譬之于河，其正流者河身<sup>〔5〕</sup>，若是泾流泛滥<sup>①〔6〕</sup>，则自然后河身转而随泾流也。宗之相承固理也<sup>〔7〕</sup>，及旁支昌大<sup>〔8〕</sup>，则须是却为宗主。至如伯邑考又不闻有罪<sup>〔9〕</sup>，只为武王之圣，顾伯邑考不足以承文王之绪<sup>〔10〕</sup>，故须立武王。所以然者，与其使祖先享卿大夫之祭，不若享人君之礼。<sup>〔11〕</sup>

**【校勘】**

① 泾：鸣道本与黄刻本作"径"，据其他诸本改。

**【注释】**

〔1〕国：指诸侯国。天子建国，诸侯建宗：指天子分封诸侯国，诸侯各自建立自己的宗族。语本《左传·桓公二年》："故天子建国，诸侯立家，卿置侧室，大夫有贰宗，士有隶子弟，庶人工商各有分亲，皆有等衰。""立家"，即"建宗"。

〔2〕本：草木的茎、干。

〔3〕大段：犹言十分。

〔4〕摧：向下落。低摧：义同"低垂"，低低垂下。

〔5〕正流：水的主流、干流，与"支流"相对。河身：河床。

〔6〕泾：沟渎。泾流：即支流，流入干流的河流。

〔7〕宗之相承：指嫡长子上下相承。

〔8〕旁支：嫡亲以外的支属。

〔9〕伯邑考：周文王姬昌嫡长子，周武王姬发同母兄长。

〔10〕顾：考虑。绪：统系，世系。

〔11〕"天子建国"至"随泾流也",大意亦见于《河南程氏遗书》卷十八（第243页），但文字差异较大。程颐语，朱熹辑入《近思录》卷九《治法》，出自《遗书》。

【参读】

程颐曰：今无宗子法，故朝廷无世臣。若立宗子法，则人知尊祖重本。人既重本，则朝廷之势自尊。古者子弟从父兄，今父兄从子弟，子弟为强，由不知本也。且如汉高祖欲下沛时，只是以帛书与沛父老，其父老便能率子弟从之。又如相如使蜀，亦移书责父老，然后子弟皆听其命而从之。只有一个尊卑上下之分，然后顺从而不乱也。若无法以联属之，安可？且立宗子法，亦是天理。譬如木，必从根直上一干，如大宗，亦必有旁枝。又如水，虽远，必有正源，亦必有分派处，自然之势也。然又有旁枝达而为干者。故曰古者"天子建国"、"诸侯夺宗"云。（《河南程氏遗书》卷十八，第243页）

【集解】

叶采曰：直干、正源，犹大宗也；旁枝、分派，犹小宗也。天子为天下主，故得封建侯国，赐之土而命之胙。诸侯为一国之主，虽非宗子，亦得移宗于己，建宗庙为祭主。（《近思录集解》卷九，第175页）

张习孔曰：欲行宗子法，必复世禄之制乃可。不然，宗子贫微，渐至猥鄙流荡，不能为宗人表率也。（《近思录传》卷九，第180页）

张伯行曰：此见宗子之法，乃出于自然，而非强立也。盖宗子之法，不惟关系甚大，不可不立，且立之亦是本天之理，原有如此之不可易者。譬如木之生长也，必有从根柢直上一干，亦必有从旁而分出之枝。其直上者本也，其分枝则附于本者也。又如水之流行，必有正出之源头，亦必有分析为别流之派者，其正出者一源相承也，其别流则同其源者也。此其分由于一而统于正，皆自然之势，而非故有所区别于其间也。正本偏枝，不容混视，是固然矣。然而有旁出之枝，后来亦可直达而为干者，故曰古者天子建立诸侯国，则天子为一宗；诸侯既主其国，则诸侯亦得别自为宗，无非以其有大功德故也。（《近思录集解》卷九，第313页）

茅星来曰：此以明宗子法当立之理。"天子建国"，见《春秋·桓公三年·左传》师服语。"诸侯夺宗"，见班固《白虎通》及《汉书》梅福请封孔子世以为殷后书。"天子建国"，言天子适子继世以为天子，其别子皆建之国以为诸侯，而诸侯不得祖天子，则当以兄弟之长者为宗。如周封同姓之国，凡兄弟之为诸侯者，皆以鲁为宗。至战国时，滕犹称鲁为宗国是也。夺宗者，言既为诸侯，则不得复为宗子，如夺之也。如诸侯嫡子嫡孙继世为君，则第二子以下不得祢先君，而"别子为祖，继别为宗"是也。此总以明"旁枝达而为干"之意。陈氏曰："周之盛时，宗族之法行，故得以此系民而民不散。及秦用商君之法，富民有子则分居，贫民有子则出赘。由是，其流及上，虽王公大人亦莫知有敬宗之道。浸淫后世，习以成俗，间有纠合宗党，一再传而不散者，则人异之以为义门，岂非名生于不足与？"（《近思录集注》卷九，第312页）

施璜曰：此言立宗子法之善也。古者宗子袭其世禄，故有世臣。人知尊祖而重本，上下相维，自然固结而不涣散，故朝廷之势自尊。汉初去古未远，犹有先王之遗俗，尊卑之分素定，所以上下顺承而无违悖也。譬如木与水，直干正源犹大宗也，旁枝分派犹小宗也。此所谓天理。又有旁枝达而为干者。盖天子为天下主，故得封建侯国，赐之土而命之胙；诸侯为一国之主，虽非宗子，亦得移宗于己，建宗庙，为祭主。故曰"天子建国，诸侯夺宗"云。(《五子近思录发明》卷九，第 472 页)

郭嵩焘曰：天子诸侯夺宗，是《戴记·大传》之文，其间又有公子之宗道。伊川引此文，正申明天子诸侯夺宗，亦必别立宗道，以示所以相维系之义，于义始备。(《近思录注》卷九，第 164 页)

张绍价曰：顾亭林曰："自治道愈下而国无强宗，无强宗是以无立国，内溃外畔，卒至于亡。然则宗法之存，非所以扶人纪而张国势者乎？近世氏族之盛，莫过于唐，而河中为唐近畿，若解之柳、闻喜之裴，皆历仕数百年，冠裳不绝，汾阴之薛，凭河自保，于石虎、苻坚割据之际，而未尝一仕其朝，猗氏之樊、王，至举义兵以抗高欢之众。此非三代之法尤存，而其人之贤者又率之以保家亢宗之道，胡以能久而不衰若是？自唐之亡，而谱牒与之俱尽。然而裴枢辈六七人犹为全忠所忌，必待杀之白马驿而后篡唐，氏族之有关于人国如此。予尝历览山东、河北，自兵兴以来，州县之能不至于残破者，多得之豪家大姓之力，而不尽恃乎其长吏。《周官·太宰》：'以九两系邦国之民'，'五曰宗，以族得民'。观裴氏之与唐存亡，亦略可见矣。夫不能复封建之治，而欲藉士大夫之势以立其国者，其在重氏族哉！其在重氏族哉！"○价按：咸同间捻、发之乱，城池之保存者，多藉本土绅之力，诚如亭林所云。而费县之王，汝南之张，以乡村土堡，抗贼势方张之焰，支撑六七年，屹然为一方保障。世家强宗，有益于国家如是。新学家谓"必破坏家族，乃能成立国家主义"，洵瞽言也。(《五子近思录发明》卷九，第 257 页 )

**【译文】**

"天子分封诸侯，诸侯各自建立宗族"，这也是天理。比如树木，上下挺立的是树干，如果旁出的枝叶非常茂盛，那么树干就必定会下垂。又比如河流，主流是河床，如果支流的水漫溢，那么河床自然就转过来随支流而变了。嫡长子上下相承固然是合理的，等到嫡亲以外的支属昌盛了，支属就应当反过来成为宗主。例如文王的嫡长子伯邑考，也没听说犯有过错，只是因为武王圣明，考虑到伯邑考不足以承担文王的统系，所以需要立武王为宗子。之所以如此，是因为与其使祖先享受卿大夫等级的祭祀，不如让其享受君王的祭祀更好。

**【章旨】**

本章讨论改立宗子的问题。其先以树木、河流设喻，又以武王为例，论证改立宗子也有其合理性。本章大意亦见于《河南程氏遗书》，但文字差异较大，可能属于张载和二程比较接近的思想。

**3·7 至如人有数子，长者至微贱不立，其间一子仕宦，则更不问长少，须是士人承祭祀** ①。

**【校勘】**

① 此章，抄释本、徐刻本与前章合。

**【译文】**

假如一个人有好几个儿子，嫡长子的地位非常微贱，没有立为宗子，其他儿子中有一个出仕为官，那就不考虑长幼，必须由士大夫来承担祭祀的责任。

**【章旨】**

本章继续论改立宗子的问题，认为有子仕宦，须是士人承祀。

3·8　古所谓"支子不祭"也者[1]，惟使宗子立庙主之而已，支子虽不得祭，至于斋戒致其诚意[2]，则与祭者不异。与则以身执事[3]，不可与则以物助之[4]，但不别立庙，为位行事而已[5]。后世如欲立宗子，当从此义，虽不与祭，情亦可安。若不立宗子，徒欲废祭，适足长惰慢之志，不若使之祭，犹愈于已也[6]。今日大臣之家，且可方宗子法[7]。譬如一人数子，且以适长为大宗，须据所有家计厚薄以养宗子①[8]。宗子势重，即愿得之。供宗子外，乃将所有均给族人。宗子须专置教授②[9]，宗子之得失，责在教授。其他族人，别立教授。仍乞朝廷立条[10]，族人须管遵依祖先立法[11]。仍许族人将己合转官恩泽乞回[12]，授宗子不理选限官[13]，及许将奏荐子弟恩泽与宗子[14]，且要主张门户[15]。宗子不善，则别择其次贤者立之。[16]

**【校勘】**

① 薄：其他诸本皆作"给"。

② 置：徐刻本误作"直"，四库本作"立"。

**【注释】**

〔1〕支子：即庶子嫡妻的次子以下及姜子。"支子不祭"：语出《礼记·曲礼下》："支子不祭，祭必告于宗子。"郑玄注："不敢自专，谓宗子有故，支子当摄而祭者也，五宗皆然。"孔颖达疏："支子，庶子也。祖祢庙在適子之家，而庶子贱，不敢辄祭之也。若滥祭亦是淫祀。'祭必告于宗子'者，支子虽不得祭，若宗子有疾，不堪当祭，则庶子代摄可也。犹宜告宗子然后祭，故郑云'不敢自专'。"

〔2〕斋戒：古人在祭祀前沐浴更衣，不饮酒，不吃荤，整洁身心，以示虔诚。

〔3〕与：参与。以身执事：亲自从事工作，主管其事。

〔4〕以物助之：奉献祭祀用的物品。

〔5〕为位行事：安于其位，按其本分做事尽责。

〔6〕"犹愈于已"：意谓比不祭祀要好。语出《孟子·尽心上》："齐宣王欲短丧。公孙丑曰：'为期之丧，犹愈于已乎？'"

〔7〕方：通"仿"，模拟，仿效。

〔8〕家计厚薄：家产的多少。

〔9〕教授：掌管教育的人。

〔10〕条：指法令，条文。

〔11〕管遵：管束，遵守。

〔12〕转官：升迁官职。《宋史·选举志六》："俟至半年，类

考较前三年定为三等，中者无所赏罚，上者转官、或减磨勘，下者降官、展磨勘，各有等差。"

〔13〕不理选限官：不能注授差遣的五品阶官。

〔14〕奏荐：亦作"奏荫"，宋代父祖为高官，可以上奏请求授予儿孙官职。

〔15〕主张：主宰，主持，作主。门户：门第，家世，出身。

〔16〕"古所谓支子不祭也者"至"犹愈于已也"，亦见于《河南程氏遗书》卷十五（第165页）。

**【集解】**

吕柟曰：说重宗所以敬祖之义昭然，至一子仕宦承祭又明。

（《张子抄释》卷三）

**【译文】**

古时所谓"庶子不祭祀祖先"的意思，只是让宗子建立祭祀之庙并主持祭祀罢了，庶子虽然不能私自祭祀，但整洁身心来表达自己的诚意，却是与祭祀的人没有差别。能够参与祭祀就亲自从事，不能参与祭祀就以物品资助，只是不能另外建立祀庙，按其本分做事就可以了。后世如果想建立宗子制度，应当遵循这个道理，即使不能参与祭祀，人情上也可以得到安慰。如果不建立宗子制度，只是要废除祭祀，这正好增加了人们懈怠不敬的态度，还不如让人都进行祭祀更好一些。当今的高官显贵家族，可以效仿建立宗子制度。比如一个人有几个儿子，姑且以嫡长子为大宗，宗族必须凭借所有家产的多少来供养宗子。宗子地位重要，就愿意承担。供养宗子的家产之外，再平均分给族人。应该给宗子专门配置教师，宗子的得失都由教师负责。其他的族人，另外配置教师。又乞请朝廷制定法令，规定族人需要遵循祖先确立的法则；又允许族人乞回迁官升职的恩泽，授予宗子不需注授差遣的五品阶官；并允许给予宗子引荐子弟的恩泽；并且要主持家事。宗子如果能力不足，就另外再选贤能的后嗣立为宗子。

**【章旨】**

本章可以分为两部分，第一部分论"支子不祭"的相关问题，第二部分论今世如果要恢复宗子法的具体举措。在前一问题上，张载考虑了庶子参与祭祀的情感需要，但又主张"为位行事"。在后一问题上，张载建议从一些大臣的家族开始试验建立宗子法的可能性，在具体措施上则建议给予宗子一定的经济、教育和政治特权，以促使宗子承担起联络宗族的责任。当宗子不够格时，也可改立贤者。本章第一部分也见于《河南程氏遗书》卷十五，二者当有一定渊源关系。

**3·9** **后来朝廷有制，曾任两府则宅舍不许分**[1]**，意欲后世尚存某官之宅或存一影堂**[2]**，知尝有是人。然宗法不立，则此亦不济事。唐狄仁杰、颜杲卿、真卿后**①[3]**，朝廷尽与官，其所以旌别之意甚善**[4]**，然亦处之未是。若此一人死，遂却绝嗣。不若各就坟冢给与田五七顷，与一闲名目**[5]**，使之世守其禄，不惟可以为天下忠义之劝**②**，亦是为忠义者实受其报。又如先代帝王陵寝，其下多有闲田，每处与十亩田，与一闲官世守之。**[6]

**【校勘】**

① 狄仁杰：徐刻本、四库本作"狄人杰"。

② 不惟：鸣道本误作"不以"，据其他诸本改。

**【注释】**

〔1〕两府：中书省和枢密院，是行使宰辅权的两个重臣及其所在的机构。

〔2〕影堂：即家庙，其中供奉祖先遗像。

〔3〕狄仁杰（630—700）：字怀英，唐代武周时期政治家，为政慈惠，为官敢谏。颜杲卿（692—756）：字昕，唐代著名将领，安史乱起，他与堂弟颜真卿首举义旗，起兵抵抗，后城陷被杀。颜真卿（709—784）：字清臣，唐代名臣，著名书法家、文学家，封鲁郡公，世称颜鲁公。后：后人，后代。

〔4〕旌别：识别，区别。

〔5〕闲名目：没有实际职权的称号、名义。

〔6〕本章部分句意，亦见于《河南程氏遗书》卷十七（见"参读"）。

**【参读】**

程颐曰：先代帝王陵寝下，多有闲田。推其后，每处只消与田十顷，与一闲官世守之。至如唐狄仁杰、颜杲卿之后，朝廷与官一人，死则却绝。不若亦如此处之，亦与田五七顷。(《河南程氏遗书》卷十七，第177页）

**【译文】**

后来朝廷设立制度，曾经担任中书省和枢密院官职的重臣的宅舍不允许拆分，用意在于后世还能保存一些官员的宅舍，或保存一个家庙，让后世知道曾经有这么一个人。然而不建立宗子制度，这样做也还是无济于事。唐代的狄仁杰、颜杲卿、颜真卿的后人，朝廷都授予了官职，以此作为区别对待的用意非常好，但这样处理也并不合适。如果这一个人死了，那后面的继承人却还是断绝了。不如在各自就近坟冢的地方，分配他们五七顷田地，授予一个闲官，使他们世代享有俸禄，不仅可以劝勉国家的忠孝仁义之士，也使忠孝仁义之士能得到实际的回报。又如前代帝王的陵墓周围有很多闲置的田地，也可以每处拿出十亩分给他们，授予一个闲官，让他们世代守护。

【章旨】

本章继上章，也是讨论立宗子法的必要性及具体举措。张载先从效果上否定了两种政府表彰重臣的方式，一是保存宅舍，二是给其后人封官。他认为，这两种方式不具有可持续性，不如在其坟墓附近或帝王陵寝附近分予世族一定的土地，再在名义上封予一个闲官，从而使其"世守其禄"，真正让这些家族世代延续下去，同时也成为"忠义"者的榜样。本章可以与3·2章参读。

3·10　《礼》言："祭毕然后敢私祭。"[1]为如父有二子，幼子欲祭父，来兄家祭之，此是私祭。祖有诸孙，適长孙已祭，诸孙来祭者祭于长孙之家，是为公祭。[2]

【注释】

〔1〕祭毕：指大宗之祭完毕。私祭：指宗子之外的其他適子庶

子祭祀祖祢。"祭毕然后敢私祭"：语本《礼记·内则》："適子庶子只事宗子宗妇，虽贵富，不敢以贵富入宗子之家，虽众车徒舍于外，以寡约入。子弟犹归器衣服裘衾车马，则必献其上，而后敢服用其次也；若非所献，则不敢以入于宗子之门，不敢以贵富加于父兄宗族。若富，则具二牲，献其贤者于宗子，夫妇皆齐而宗敬焉，终事而后敢私祭。"孔颖达疏："'终事而后敢私祭'者，谓大宗终竟祭事，而后敢以私祭祖祢也。"

〔2〕本章亦见于《横渠礼记说·内则》(第 279 页)，末多一句："祭祖则为公祭，对祖而言则祭父为私祭。其他推此皆然。"

**【集解】**

吕柟曰：公祭便是有宗道。(《张子抄释》卷三)

**【译文】**

《礼记》说："宗子祭祀完毕后，庶子才敢私祭。"这是指，如果父亲有两个儿子，小儿子想要祭祀父亲，到兄长家祭祀，这是私祭；如果祖父有好几个孙子，嫡长孙已经祭祀完毕，其余孙辈到嫡长孙家祭祀，这是公祭。

**【章旨】**

本章论"私祭"与"公祭"的区别。张载认为，"私祭"是幼子祭父于兄家，"公祭"是诸孙祭祖于长孙之家。这里的公私之别实际上在于情感的程度：子对父的情感较重，因此是"私祭"，而孙对祖的情感较轻，因此已属"公祭"。

**3·11** 《王制》言："大夫之庙，一昭一穆，与太祖之庙而三。"〔1〕若诸侯则以有国，指始封之君为太祖①，若大

# 夫安得有太祖？[2]

【校勘】

① 始：鸣道本误作"如"，据其他诸本改。

【注释】

〔1〕昭穆：按古代宗法制度，宗庙或宗庙中神主的排列次序，始祖居中，以下父子（祖、父）递为昭穆，左为昭，右为穆。《周礼·春官·小宗伯》："辨庙祧之昭穆。"郑玄注："父曰昭，子曰穆。"太祖：亦作"大祖"，诸侯国的第一位所封君主，后亦指王朝开国皇帝。"大夫之庙，一昭一穆，与太祖之庙而三"：语出《礼记·王制》："天子七庙，三昭三穆，与太祖之庙而七。诸侯五庙，二昭二穆，与太祖之庙而五。大夫三庙，一昭一穆，与太祖之庙而三。士一庙，庶人祭于寝。"郑玄注："太祖，别子始爵者。《大传》曰'别子为祖'，谓此虽非别子，始爵者亦然。"

〔2〕本章亦见于《横渠礼记说·王制》（见"参读"）。

【参读】

张载曰：七庙之祖，聚于大祖者，此盖有深意。以其当有祧者，且祧者当易檐，故尽出之。因是而祧，用意宛转。诸侯则以有国，指始封之君为大祖。若大夫，安得大祖？庙数以亲数，又况祖祭自有宗子，此言盖为世禄之家发之也。（《横渠礼记说·王制》，第 260 页）

张载曰：殷而上七庙，自祖考而下五，并远庙为祧者二，无不迁之太祖庙。至周有百世不毁之祖，则三昭三穆，四为亲庙，二为文武二世室，并始祖而七。诸侯无二祧，故五；大夫无不迁之祖，则一昭一穆与祖考而三，故以祖考通谓为太祖。若祫则请于其君，并高祖干祫之。干祫之，不当祫而特祫之也。孔注："王制谓周制"，亦粗及之而不详尔。（《正蒙·王禘篇》，第60页）

**【译文】**

《王制》说："大夫的庙，分别是一个昭庙，一个穆庙，与太祖庙一起，总共是三个庙。"如果说诸侯因为有封国，所以将第一位所封君主称为"太祖"，那么大夫没有封国，怎么会有"太祖庙"呢?

**【章旨】**

本章是对《礼记·王制》"大夫三庙，一昭一穆，与太祖之庙而三"的质疑。张载认为大夫无太祖，故无太祖庙。

**3·12 宗子既祭其祖祢**①**，支子不得别祭，所以严宗庙，合族属，故曰"庶子不祭祖祢，明其宗也"**[1]**。**

**【校勘】**

① 祭：徐刻本、四库本作"庙"。

**【注释】**

〔1〕"庶子不祭祖祢，明其宗也"：语出《礼记·丧服小记》："尊祖故敬宗，敬宗所以尊祖祢也。庶子不祭祖者，明其宗也。"

**【参读】**

张载曰："庶子不祭祖，不止言王考而已。明其宗也"；明宗子当祭也。"不祭祢，以父为亲之极甚者，故又发此文。明其宗也"；"庶子不为长子斩"，不继祖与祢故也。此以服言，不以祭言，故又发

此条。(《正蒙·王禘篇》，第59页)

**【译文】**

宗子祭祀完祖先、父亲之后，庶子就不能另外再祭了，这是为了使宗庙受到敬重，族人得到联合，所以说"庶子不祭祀祖先、父亲，是为了彰明宗子的宗主地位"。

**【章旨】**

本章论庶子不得别祭祖祢，以保持宗统的唯一性和绝对性。

**3·13** 宗子为士，立二庙[1]；支子为大夫，当立三庙[2]。是曾祖之庙为大夫立，不为宗子立[3]。然不可二宗别统[4]，故其庙亦立于宗子之家。

**【注释】**

〔1〕宗子为士，立二庙：语本《礼记·祭法》："适士二庙一坛，曰考庙，曰王考庙，享尝乃止。皇考无庙，有祷焉，为坛祭之，去坛为鬼。"

〔2〕支子为大夫，当立三庙：语本《礼记·祭法》："大夫立三庙二坛，曰考庙，曰王考庙，曰皇考庙，享尝乃止。显考、祖考无庙，有祷焉，为坛祭之，去坛为鬼。"

〔3〕是曾祖之庙为大夫立，不为宗子立：由于《礼记·祭法》论立庙多少，只区分了士与大夫，没有区分宗子或庶子，因而即使庶子为大夫，也应立三庙，即父庙、祖庙与曾祖庙。以此推论，立曾祖庙便是由于后代做了大夫的原因，而不是由于宗子的原因。

〔4〕二宗别统：犹言二宗二统。同族只有一宗一统。因庶子为

大夫，如果庶子立曾祖之庙于其家，这就会与宗子的宗统地位冲突，从而导致二宗二统。因此，虽然立曾祖庙是因为庶子是大夫的缘故，但曾祖庙也只能立于宗子之家，而不能立于庶子之家。

【参读】

张载曰：宗子为士，立二庙。支子为大夫，当立三庙。是曾祖之庙为大夫立，不为宗子立矣。然不可二宗别统，故其庙亦立于宗子之家。所谓"以上牲祭于宗子之家"者也，祖考皆然。故《采苹》之序言大夫妻可以承先祖。其《诗》曰："于以奠之，宗室牖下。"宗子为士，庶子为大夫，"以上牲祭于宗子之家"，非惟为士，直为庶人亦然。（《横渠礼记说·曾子问》，第264页）

【译文】

宗子做了士，立父庙和祖庙两个庙；庶子做了大夫，应当立父庙、祖庙与曾祖庙三个庙。所以立曾祖庙，是因为后代做了大夫的缘故，而不是因为宗子的缘故。但不可以一家有两个宗、两个统，故而曾祖庙也只能设立在宗子家里。

【章旨】

本章仍然论述宗子祭祖权力的绝对性。

# 礼　　乐

**【解题】**

本篇主要讨论礼乐问题。礼乐首先表现为制度、仪节等，但其理论前提则是基于人的性情，因而礼乐的功能不仅是社会的，也与道德培养相关。全篇共 23 章，第 1 章通论礼乐，之后的 13 章论乐，最后 9 章论礼。本篇论乐，主要突出了古乐培养人德性的道德功能和本于天理自然的形而上学意义。在论乐的 13 章中，从第 7 章到第 12 章共 6 章都是对乐律问题的讨论。这看似是一个技术问题，但从张载的讨论中可以看出，他的阐释重点是乐律的自然性。本篇论礼，同样突出的是礼的养人德性功能和"礼本天之自然"的意义，因而张载特别关注了礼与性的关系，进而提出了以礼"持性""成性"的思想，见解深刻、独到，反映出关学重礼的浓厚特色，特别值得注意。

4·1　"礼反其所自生，乐乐其所自成。"〔1〕"礼别异"，不忘本而后能推本为之节文〔2〕；"乐统同"，乐吾分而已〔3〕。礼天生自有分别，人须推原其自然〔4〕，故言"反其所自生"；乐则得其所乐即是乐也〔5〕，更何所待〔6〕，是"乐其

所自成"。〔7〕

**【注释】**

〔1〕礼：按传统儒家理解，指由圣王制定的各种行为准则、道德规范和礼节。反：同"返"，回到，返归。自：从，由。乐（yuè）：指由圣王制作的或歌颂圣王的音乐。乐（lè）：愉悦，快乐。"礼反其所自生，乐乐其所自成"：礼是让人返归制礼时所由的本源，乐是让人悦乐作乐时所由的成就。语出《礼记·礼器》："礼也者，反其所自生；乐也者，乐其所自成。"郑玄注："自，由也。制礼者，本己所由，得民心也。作乐，缘民所乐于己之功。舜之民乐其绍尧而作《大韶》，汤武之民乐其濩伐而作《濩武》。"

〔2〕别：区别，辨别。异：指尊卑上下之类的差别。本：根本。《礼记·礼器》："礼也者，反本修古，不忘其初者也。"节文：各种具体的礼仪制度。《礼记·坊记》："礼者，因人之情而为之节文，以为民坊者也。"

〔3〕统：统一。同：指所有人共同的、彼此融洽的情感。分（fèn）：位分。"礼别异，乐统同"：礼是用来区别尊卑上下的，乐是用来统一人所共有的情感的。语出《礼记·乐记》："乐也者，情之不可变者也；礼也者，理之不可易者也。乐统同，礼辨异。礼乐之说，管乎人情矣。"郑玄注："统同，同和合也。辨异，异尊卑也。"张载在这里从根源上对礼乐的这种功能作了进一步的解释。

〔4〕推原：从本原上进行推究。自然：本来的状态。

〔5〕得其所乐：即"乐吾分"。《礼记·乐记》："故曰：乐者乐也。君子乐得其道，小人乐得其欲。以道制欲，则乐而不乱；以

欲忘道，则惑而不乐。"

〔6〕待：依靠，凭借。

〔7〕本章亦见于《横渠礼记说·礼器》( 第 273 页 )。

**【集解】**

吕柟曰：同异只是仁义。(《张子抄释》卷三 )

**【译文】**

"礼让人回溯自己产生的根本，乐让人悦乐自己的成就。""礼是用来区别尊卑上下的"，人要不忘记自己的根本，而后才能从根本推究出各种具体的礼仪制度；"乐是用来统一人所共有的情感的"，只是使人悦乐于自己的本分罢了。礼自产生时就有区别，人需要推究其本来的状态，所以说"让人回溯自己产生的根本"；乐却是只要感受到他自己的悦乐就已经是乐了，还有什么需要凭借的呢，所以是"让人悦乐自己的成就"。

**【章旨】**

本章解释《礼记·礼器》"礼也者，反其所自生；乐也者，乐其所自成"的意义。张载认为礼的功能是别异，但其根源却在于事物在其产生时的差异，而非仅仅是后来人为的区分，因此理解礼的意义需要"推本"；而乐的功能是统同，这种由和谐而带来的愉悦是当下的，只要去感受就可以了。张载对礼乐的解释，从"生"与"成"的天人关系上，强化了礼乐的形而上学的意义。由汉儒对圣王制礼作乐时所蕴含的政治品德的强调，到张载对礼乐中所普遍具有的人性论依据的阐发，这可以看做是宋明理学的一个重大发展。

**4·2**　周乐有《象》〔1〕，有《大武》〔2〕，有《酌》〔3〕。《象》是武王为文王庙所作。"《下武》，继文也。"〔4〕武功本于文王〔5〕，武王继之，故武王归功于文王以作此乐〔6〕，象文王也。《大武》必是武王既崩，国家所作之乐，奏之于武王之庙。《酌》必是周公七年之后〔7〕，制礼作乐时于《大武》有增添也，故《酌》言"告成《大武》也"，其后必是《酌》以祀周公。

**【注释】**

〔1〕《象》：周代乐舞名。象：效法、仿效。《墨子·三辩》："武王胜殷杀纣，环天下自立以为王，事成功立，无大后患，因先王之乐，又自作乐，命曰《象》。"

〔2〕《大武》：周代乐舞名。《周礼·春官·大司乐》："以乐舞教国子：舞《云门》《大卷》《大咸》《大韶》《大夏》《大濩》《大武》。"郑玄注："《大武》，武王乐也。武王伐纣以除其害，言其德能成武功。"

〔3〕《酌》：《诗经》篇名，张载也将之理解为周代乐舞名。《诗序》："《酌》，告成《大武》也。言能酌先祖之道，以养天下也。"郑玄注："周公居摄六年，制礼作乐，归政成王，乃后祭于庙而奏之。其始成告之而已。"孔颖达疏："《酌》诗者，告成《大武》之乐歌也。谓周公摄政六年，象武王之事，作《大武》之乐既成，而告于庙。作者睹其乐成，而思其武功，述之而作此歌焉。此经无'酌'字，序又说名'酌'之意，言武王能酌取先祖之道，以养天下之民，故名篇为《酌》。毛以为，述武王取纣之事，即是《武》乐所

象。郑以为，武王克殷，用文王之道，故经述文王之事，以昭成功所由。功成而作此乐，所以上本之也。"

〔4〕《下武》：《诗经》篇名。下：后人。武：继承。文：指周文王。《诗经·大雅·下武》："下武维周，世有哲王。"毛传："武，继也。"郑玄笺："下，犹后也。"孔颖达疏："后人能继先祖者，维有周家最大。""《下武》，继文也"：语出《诗序》："《下武》，继文也。武王有圣德，复受天命，能昭先人之功焉。"郑玄注："继文者，继文王之王业而成之。"

〔5〕武功：军事方面的功绩。

〔6〕此乐：指《象》。

〔7〕《酌》：周代乐舞名。酌：选取，择善而行。

【参读】

张载曰：《象武》，武王初有天下，象文王武功之舞，歌《维清》以奏之。成童学之。《大武》，武王没，嗣王象武王之功之舞，歌《武》以奏之。冠者舞之。《酌》，周公没，嗣王以武功之成由周公，告其成于宗庙之歌也。十三舞焉。(《正蒙·乐器篇》，第55页）

【译文】

周代的乐曲有《象》，有《大武》，有《酌》。《象》是周武王为了祭祀周文王而作的。《诗序》说："《下武》这篇诗，是为了继承文王的功德事业而作的。"军事功绩是从文王开始，武王继承了，所以武王归功于文王，创作了《象》这首乐曲，以表示对文王的仿效。《大武》必定是周武王死后，国家所创作的乐曲，在周武王的祭庙中演奏。《酌》必定是周公七年之后制礼作乐时

对《大武》有所增添，所以《酌》的《诗序》说"禀告完成了
《大武》"，后来必定是以《酌》这首乐曲祭祀周公。

**【章旨】**

本章解释《象》《大武》《酌》三种周乐的制作背景和用途。
张载认为，《象》是武王所作，以歌颂文王，故用于祭祀文王；
《大武》是国家在武王死后所作，以歌颂武王，故用于祭祀武王；
《酌》是周公在《大武》基础上的改编，故后来用于祭祀周公。

**4·3** "治乱以相"[1]，为周、召作[2]；"讯疾以
雅"[3]，为太公作[4]。[5]

**【注释】**

〔1〕治乱：即治理。相：一种古乐器，皮制，像鼓，内盛糠，
用来打节拍。

〔2〕周、召：周成王时共同辅政的周公旦和召公奭的并称，两
人分陕而治，皆有美政。

〔3〕讯疾：迅速，形容舞姿快速威武。讯，通"迅"。雅：古
乐器，似桶，口小并装上皮，用来加快节拍。"治乱以相，讯疾以
雅"：语出《礼记·乐记》："今夫古乐，进旅退旅，和正以广，弦
匏笙簧，会守拊鼓。始奏以文，复乱以武。治乱以相，讯疾以雅。"
郑玄注："相，即拊也，亦以节乐。拊者，以韦为表，装之以糠。
糠，一名'相'，因以名焉，今齐人或谓'糠'为'相'。雅，亦乐
器名也，状如漆筒，中有椎。"孔颖达疏："'治乱以相'者，相，
即拊也，所以辅相于乐，故谓'拊'为'相'也。乱，理也。言治

理奏乐之时，先击相，故云'治乱以相'。'讯疾以雅'者，雅，谓乐器名。舞者讯疾，奏此雅器以节之，故云'讯疾以雅'。"

〔4〕太公：指姜太公，辅佐文王、武王推翻了商纣王的统治。

〔5〕本章亦见于《横渠礼记说·乐记》(见"参读")。

**【参读】**

张载曰：乐器有相，周、召之治与！其有雅，太公之志乎！雅者正也，直己而行正也。故讯疾蹈厉者，太公之事邪！《诗》亦有雅，亦正言而直歌之，无隐讽谲谏之巧也。(《正蒙·乐器篇》，第55页)

张载曰："治乱"，以五成而分之时也。周召之事，故以"相"言之。相者，器之名，然因周召之事名之，以记其节。"讯疾以雅"，是发扬之事也。雅，亦器之名。雅既为正，必在中处。当发扬蹈厉之时，亦以此物记其节。雅者，正也。故以《文王》为大雅，《出车》还率为小雅。"治乱以相"，为周召作；"讯疾以雅"，为太公作。"于旅也语"，谓唯是语乐，言不及他。饮射之际，亦当如是。(《横渠礼记说·乐记》，第292页)

**【译文】**

《礼记·乐记》说"奏乐的时候先击相"，这是为了象征周公、召公；"跳舞的人以雅器来调节迅疾"，这是为了象征姜太公。

**【章旨】**

本章继上章又论"相"与"雅"这两种乐器使用的意义。据郑玄，"治乱以相"指奏乐的时候先击"相"这一乐器，"讯疾以雅"指跳舞的人以"雅"器来调节迅疾。张载这里将"治乱以相，讯疾以雅"与"始奏以文，复乱以武"对言，认为"相""雅"这两种乐器的使用，是为了象征周公、召公以及姜太公的治道。本章内容可与上章衔接，都是将乐曲的制作和使用理解为圣人德行的象征。

**4·4**　**"入门而县兴金奏"**①〔1〕，**此言两君相见，凡乐皆作，必《肆夏》也**〔2〕。**至升堂之后**〔3〕，**其乐必不皆作，奏必有品次**〔4〕。**"大合乐"**〔5〕，**犹今之合曲也**〔6〕，**必无金石**〔7〕，**止用匏竹之类也**〔8〕。**"八音克谐"**〔9〕，**堂上堂下尽作也明矣。**

**【校勘】**

①兴：鸣道本误作"具"，据其他诸本改。

**【注释】**

〔1〕入门：指两君相见，宾主共同进门。县：同"悬"，悬挂。兴：兴起。金奏：同"金作"，敲击钟镈以奏乐。《周礼·春官·钟师》："钟师掌金奏。"郑玄注："金奏，击金以为奏乐之节。金谓钟及镈。""入门而县兴金奏"：语本《礼记·仲尼燕居》："两君相见，揖让而入门，入门而县兴，揖让而升堂，升堂而乐阕，下管《象》《武》，《夏》籥序兴，陈其荐俎，序其礼乐，备其百官。……入门而金作，示情也；升歌《清庙》，示德也；下而管《象》，示事也。"郑玄注："县兴，金作也。"

〔2〕肆夏：古乐章名。《仪礼·燕礼》："若以乐纳宾，则宾及庭，奏《肆夏》；宾拜酒，主人答拜，而乐阕。公拜受爵，而奏《肆夏》；公卒爵，主人升，受爵以下，而乐阕。"郑玄注："《肆

夏》，乐章也，今亡。以钟镈播之，鼓磬应之，所谓金奏也。《记》曰'入门而县兴'，'示易以敬也'。卿大夫有王事之劳，则奏此乐焉。"《礼记·郊特牲》："宾入大门而奏《肆夏》，示易以敬也。"

〔3〕升堂：进入房屋正厅。

〔4〕品次：位列，品级。

〔5〕大合乐：指诸乐先后依此合奏。语出《周礼·春官·大司乐》："以六律、六同、五声、八音、六舞大合乐，以致鬼神示，以和邦国，以谐万民，以安宾客，以说远人，以作动物。"郑玄注："大合乐者，谓遍作六代之乐，以冬日至作之，致天神人鬼，以夏日至作之，致地祇物魅。"贾公彦疏：言'遍作乐'，不一时俱为，待一代讫乃更为，故云'遍作'也。"

〔6〕合曲：合奏乐曲。

〔7〕金石：指钟磬一类乐器。

〔8〕匏（páo）竹：笙、竽、箫、笛一类的乐器。

〔9〕八音，古代对乐器的统称，通常为金、石、土、革、丝、木、匏、竹等八种不同质材所制。《周礼·春官·大师》："皆播之以八音，金、石、土、革、丝、木、匏、竹。"郑玄注："金，钟镈也。石，磬也。土，埙也。革，鼓鼗也。丝，琴瑟也。木，柷敔也。匏，笙也。竹，管箫也。"克：能。谐：和谐。"八音克谐"：语出《尚书·舜典》："夔！命汝典乐，教胄子，直而温，宽而栗，刚而无虐，简而无傲。诗言志，歌永言，声依永，律和声。八音克谐，无相夺伦，神人以和。"

【译文】

《礼记》说"宾主进门时，所有的金属乐器都演奏起来"，这

是说两个诸侯国的君主相见，所有乐器都演奏，那乐曲必定是
《肆夏》了。到了进入厅堂以后，就不是所有的乐器都演奏了，
而是有品级次序地演奏。所谓"大合乐"，就如同今天的乐曲合
奏，必定没有金石类乐器，只用匏竹类乐器。所谓"八音都能和
谐"，那厅堂上下所有乐器都要演奏就是很明显的了。

**【章旨】**

本章论两种乐曲合奏的方式。一种是两君相见，宾客入门
时，合奏金石之类的乐器，之后则有品级次序地演奏；另一种是
"大合乐"，只用匏竹之类的乐器，不用金石，并且是堂上堂下一
起演奏。结合五经注解可以看出，这两种奏乐方式之所以不同，
是因为应用的场合不同，前者应用于宾客相见，后者应用于祭祀
天地，故而虽然都是合奏，但使用的乐器、乐曲和演奏的程序都
有所不同。这种不同包含着不同的道德象征意义。

**4·5**　古乐不可见[1]，盖为今人求古乐太深，始以古乐
为不可知。只此《虞书》"诗言志，歌永言，声依永，律和声"
求之[2]，得乐之意盖尽于是。诗只是言志，歌只是永其言而
已，只要转其声[3]，令人可听。今日歌者，亦以转声而不变
字为善歌。长言后却要入于律[4]，律则知音者知之[5]，知此
声入得何律。古乐所以养人德性中和之气[6]，后之言乐者止
以求哀，故晋平公曰"音无哀于此乎"[7]，哀则止以感人不善
之心。歌亦不可以太高，亦不可以太下，太高则入于噍杀[8]，
太下则入于啴缓[9]，盖"穷本知变，乐之情也"[10][11]。

**【注释】**

〔1〕古乐：古代帝王祭祀、朝会时所奏的音乐，也称雅乐，以别于民间音乐。

〔2〕《虞书》：指《尚书·舜典》，舜号有虞氏，国名虞，故又称虞舜。"诗言志，歌永言，声依永，律和声"：语出《尚书·舜典》，郑玄注："谓诗言志以导之，歌咏其义以长其言。声谓五声：宫、商、角、徵、羽。律谓六律、六吕，十二月之音气。言当依声律以和乐。"

〔3〕转声：变换声调。

〔4〕长言：同"永言"，使表达延长。律：乐律，音律。

〔5〕知音者：通晓音律的人。

〔6〕中和之气：指人的自然平和的气质。"中和"，语出《礼记·中庸》："喜怒哀乐之未发谓之中，发而皆中节谓之和；中也者，天下之大本也，和也者，天下之达道也。致中和，天地位焉，万物育焉。"

〔7〕晋平公曰"音无哀于此乎"：事见《史记·乐书》："（卫灵公）即去之晋，见晋平公。平公置酒于施惠之台。酒酣，灵公曰：'今者来，闻新声，请奏之。'平公曰：'可。'即令师涓坐师旷旁，援琴鼓之。……师涓鼓而终之。平公曰：'音无此最悲乎？'师旷曰：'有。'……师旷不得已，援琴而鼓之。……平公大喜，起而为师旷寿。反坐，问曰：'音无此最悲乎？'师旷曰：'有。昔者黄帝以大合鬼神，今君德义薄，不足以听之，听之将败。'平公曰：'寡人老矣，所好者音也，愿遂闻之。'师旷不得已，援琴而鼓之。一奏之，有白云从西北起；再奏之，大风至而雨随之，飞廊瓦，左右

皆奔走。平公恐惧，伏于廊屋之间。晋国大旱，赤地三年。听者或
吉或凶。夫乐不可妄兴也。"

〔8〕噍（jiào）杀：声音急促，不舒缓。

〔9〕啴（chǎn）缓：声音柔和，舒缓。语出《礼记·乐记》：
"乐者，音之所由生也，其本在人心之感于物也。是故其哀心感者，
其声噍以杀。其乐心感者，其声啴以缓。"郑玄注："噍，踧也。
啴，宽绰貌。"孔颖达疏："噍，踧急也。若外境痛苦，则其心哀。
哀感在心，故其声必踧急而速杀也。""啴，宽也。若外境所善，心
必欢乐，欢乐在心，故声必随而宽缓也。"

〔10〕"穷本知变，乐之情也"：语出《礼记·乐记》。孔颖达
疏："'穷本知变，乐之情也'者，以乐本出于人心，心哀则哀，心
乐则乐，是可以原穷极本也。"

〔11〕本章亦见于《横渠礼记说·乐记》(见"参读")。

【参读】

张载曰：古乐不可见，盖为后人求之太深，始以古乐为不可
知。但以《虞书》言"诗言志，歌永言，声依永，律和声"求而
得之，乐之意尽于是。诗止言志，歌但永其言已。永转其声，
令人可听耳。今学者亦以转声不变字为善歌。既长言之，要入于
律，则知音者察之，知此声入得何律，错综以成文矣。古乐所以
养人德性，中和之气也。后之乐反以求哀为工，故晋平公曰"音
无哀于此乎"，哀则止感人不善之心。歌也者，不可以太高，亦
不可以太下，太高则入于噍杀，太下则入于啴缓。其声之上下，
有此声则有此心，穷本知变，乐之情也。所求乎知变，乐之道
尽于此。乐所以养人中和之性，以其无啴缓、噍杀之声。太噍

杀，则听之使人悲哀，太啴缓则听之使人怠惰，惟雅乐则声音中正，故可以养人和平。此郑卫之声，古人所以切禁。盖移人者莫甚焉，苟未成性，皆能移之，不然夫子何以之戒颜回也。郑卫之声，使人忘倦乐听。魏文侯当时贤君也，尚曰"听古乐则欲卧，听郑卫之声则忘倦"。盖郑卫之音悲哀，则令人意思留连光景。其音正与心合，故乐听也。靡靡者亦类此声，故古人以御瞽，几声之上下，使之不至于噍杀，不至于啴缓，惟是中正。既作此声，又语之以义，不闻其音即闻其意，未尝须臾不在理义，此所以雅乐之能养仁义。今日意思，正惟日日讲及义理，则心乃常存也。其始则心要合音，终久复要音养人心也。大概外物未必能动人，动人惟声为切。（《横渠礼记说·乐记》，第289页）

**【译文】**

现在听不到古乐，是因为今人把古乐探究得太艰深了，才觉得古乐不能够理解。只要本着《尚书·舜典》所说的"诗歌言说心志，歌曲吟唱语言，声音依附吟唱，音律调和声音"的原则去探求古乐，要理解古乐的意义就完全可以了。诗歌只是为了言说心志，歌曲只是吟唱语言罢了，只要转折声调，能够让人倾听就可以。今天唱歌的人，也把能转折声调而不改变文字的人称为善于唱歌的人。语言延长后，就需要合于音律，而音律只有懂得声音的人才懂得，懂得这个声音应当加上哪一个音律。古乐用来培养人的德性以保持自然平和的气质，后来谈论音乐的人只追求感受哀伤的心境，所以晋平公才说"没有比这更哀伤的音乐了吗"，哀伤只会感染人不善的心。唱歌不可以太高亢，也不可以太低沉，太高亢就会导致急促，太低沉就会导致松缓，因为"知道根本，通晓变化，是音乐的实质"。

**【章旨】**

本章论古乐的本质和功能。首先，张载认为古乐的本质只是在"永言"，即以吟唱的方式来表达内心的情感。其次，这种吟唱的方式需要声音合乎音律，因此必须是知音者才能为之。再次，古乐的功能在于培养人的德性，使之达到一种自然平和的境界，而非满足人感受哀伤的需要。最后总结说，只有"穷本知变"，才能理解古乐的本质。本章实际上强调的内容包含两个方面：一是反对从技术上理解古乐，批评"今人求古乐太深，始以古乐为不可知"；二是反对从个人的私欲上理解古乐，批评"后之言乐者止以求哀"。总之，张载理解古乐，仍然立足于两个方面：一是天理自然，二是道德功能。

**4·6** 《周礼》言乐六变而致物各异[1]，**此恐非周公之制作本意，事亦不能如是确然。若谓"天神降"，"地示出"**①，**"人鬼可得而礼"**[2]，**则庸有此理**[3]？

**【校勘】**

① 示：徐刻本、四库本作"祇"。

**【注释】**

〔1〕变：更换。致：招致。乐六变而致物各异：语本《周礼·春官·大司乐》："凡六乐者，一变而致羽物及川泽之示，再变而致赢物及山林之示，三变而致鳞物及丘陵之示，四变而致毛物及坟衍之示，五变而致介物及土示，六变而致象物及天神。"郑玄注：

"变犹更也。乐成则更奏也。此谓大蜡索鬼神而致百物,六奏乐而礼毕。"

〔2〕"天神降,地示出,人鬼可得而礼":语本《周礼·春官·大司乐》:"冬日至,于地上之圜丘奏之,若乐六变,则天神皆降,可得而礼矣。""夏日至,于泽中之方丘奏之,若乐八变,则地示皆出,可得而礼矣。""于宗庙之中奏之,若乐九变,则人鬼可得而礼矣。"郑玄注:"此三者,皆禘大祭也。天神则主北辰,地祇则主昆仑,人鬼则主后稷,先奏是乐以致其神,礼之以玉而裸焉,乃后合乐而祭之。"

〔3〕庸:难道,怎么。

【集解】

吕柟曰:六变亦大略言耳。(《张子抄释》卷三)

【译文】

《周礼》说音乐变化六次,每次招致的事物都不一样,这恐怕不是周公制作古乐的本来想法,事情也不能像这样确定。比如说音乐变化,可以使"天神降临"、"地祇出现"、"人鬼可以得到礼敬",怎么会有这种道理?

【章旨】

本章是张载对《周礼》所言"乐六变而致物各异"的质疑,反映其解经祛神秘化的理学化特点。张载也重视"感",但他所理解的"感"主要是阴阳相感、内外相感和天人相感,而非汉代经学的人物鬼神相感。相关论述,可参阅《正蒙》中《太和篇》《参两篇》《神化篇》等。因此,张载这里对《周礼》所记在祭祀过程中由奏乐所引起的人物鬼神之感进行了质疑,认为其偏离了

《周公》制礼作乐的本意，这种解释是不成立的。

**4·7**　商、角、徵、羽皆有主[1]，出于唇、齿、喉、舌，独宫声全出于口，以兼五声也[2]。徵恐只是徵平[3]，或避讳为徵仄[4]，如是则清浊平仄不同矣[5]，齿舌之音异矣。

**【注释】**

〔1〕主：指发声部位。

〔2〕五声：指宫、商、角（jué）、徵（zhǐ）、羽等五个声音阶位，宫为第一音级。

〔3〕平：四声中的平声。徵平："平"为自注，指"徵"字读平声。

〔4〕仄：指四声中的上、去、入三声。徵仄："仄"为自注，指"徵"字读去声。

〔5〕清浊：清指清音，发音时声带不振动的音；浊指浊音，发音时气流受阻，同时振动声带而发出的音。

**【集解】**

吕柟曰：五声恐亦关五藏，并达五行。到律吕调和处，便是阴阳适均，故能感天地、格鬼神。（《张子抄释》卷三）

**【译文】**

商、角、徵、羽等四声都有主要的发声部位，分别出自嘴唇、牙齿、喉咙、舌头，只有宫声完全由口腔发出，因而可以兼纳五声。徵可能只是平声的"徵"字，或者因为避讳而改为仄声的"徵"字，这样就清浊平仄不相同了，齿音与舌音也有了差异。

【章旨】

本章论五声的音律。张载以发音部位和平仄的不同，解释了五声的差异。从本章开始，一直到4·12章，都是张载对音律问题的讨论。

4·8 今尺长于古尺，尺度权衡之正必起于律[1]。律本黄钟[2]，黄钟之声以理亦可定。古法律管当实千有二百粒秬黍[3]，后人以羊头山黍用三等筛子透之[4]，取中等者用，此特未为定也[5]。此尺只是器所定，更有因人而制。如言深衣之袂一尺二寸[6]，以古人之身，若止用一尺二寸，岂可运肘，即知因身而定。羊头山老子说一秠二米秬黍[7]，直是天气和[8]，十分丰熟，山上便有，山下亦或有之[9]。

【注释】

〔1〕尺度：指计量长度的定制。权衡：本指称量物体轻重的器具，引申为评量，比较。权，秤锤；衡，秤杆。正：标准。律：音律。

〔2〕律本黄钟：中国古代音律分为十二律，分别是黄钟、太簇、姑洗、蕤宾、夷则、亡射、大吕、夹钟、中吕、林钟、南吕、应钟等，黄钟是十二律中的第一律。《礼记·月令》："季夏之月……其音宫，律中黄钟之宫。"孔颖达疏："黄钟宫最长，为声调之始，十二宫之主。"《吕氏春秋·适音》："黄钟之宫，音之本也，清浊之衷也。"

〔3〕律管：用竹管或金属管制成的定音器具。实：填满。秬黍：即黑黍，古时选其中形作为量度标准。《汉书·律历志上》："度者，分、寸、尺、丈、引也，所以度长短也。本起黄钟之长。以子谷秬黍中者，一黍之广，度之九十分，黄钟之长。"

〔4〕羊头山：位于今山西省晋城市高平市北部的神农镇。

〔5〕特：但，仅，只是。

〔6〕深衣：古代上衣与下裳相连缀的一种服装，为古代诸侯、大夫、士家居常穿的衣服，也是庶人的常礼服。《礼记·深衣》："古者深衣，盖有制度，以应规矩，绳权衡。"深衣之袂（mèi）一尺二寸：见《礼记·深衣》"袂之长短，反诎之及肘"郑玄注："袂属幅于衣，诎而至肘，当臂中为节，臂骨上下各尺二寸，则袂肘以前尺二寸。"

〔7〕老子：指老人。秙：谷壳。米：去皮的谷实。一秙二米：指一壳之中有两粒米。

〔8〕直：只。

〔9〕本章亦见于《河南程氏遗书》卷二上（见"参读"）及卷六（第85页）。

**【参读】**

程颐曰：今尺长于古尺。欲尺度权衡之正，须起于律。律取黄钟，黄钟之声，亦不难定。世自有知音者，将上下声考之，须得其正，便将黍以实其管，看管实几粒，然后推而定法可也。古法：律管当实千二百粒黍，今羊头山黍不相应，则将数等验之，看如何大小者，方应其数，然后为正。昔胡先生定乐，取羊头山黍，用三等筛子筛之，取中等者用之，此特未为定也。此尺是器上所定，更有因人而制。如言深衣之袂一尺二寸，若古人身材只用一尺二寸，岂可运肘？即知因人身而定。(《河南程氏遗书》卷二上，第47页)

程颐曰：以律管定尺，乃是以天地之气为准，非秬黍之比也。秬黍积数，在先王时，惟此为适与度量合，故可用，今时则不同。(《河南程氏遗书》卷三，第63页)

【译文】

今尺比古尺长，计量长度的标准一定是从音律来的。音律以黄钟为根本，黄钟的乐声也能依理而定。按照古时的方法，定音的律管应当填满一千二百粒黑黍，后人将羊头山的黑黍用三等筛子筛完，挑选出中等大小的来用，但这种方法不一定准确。这个尺是只用器具来确定的，还有依据人身而定的。比如说深衣的衣袖长一尺二寸，但按照古人的身材，如果只用一尺二寸的衣袖，怎么能运动肘部，即可知道它是因人的身材而定的。羊头山老人所说的一壳二实的黑黍，只是因为天气和顺，成熟得非常好，山上就有了，山下也可能有。

【章旨】

本章论述确定音律的方法。一种是依照器具，一种依照人身，但二者都有不准确之处。本章内容也见于《河南程氏遗书》，也可能为二程语录。

**4·9 律吕有可求之理[1]，德性深厚者必能知之。**

**【注释】**

〔1〕律吕：古代校正乐律的器具，用竹管或金属管制成，共十二管，管径相等，以管的长短来确定音的不同高度，从低音管算起，成奇数的六个管叫做"律"，成偶数的六个管叫做"吕"，合称"律吕"，后亦用以指乐律或音律。

**【参读】**

程颐曰：律历之法，今亦粗存，但人用之小耳。律之道，则如三命是也。其法只用五行支干纳音之类。历之遗，则是星算人生数。然皆有此理，苟无此理，却推不行。（《河南程氏遗书》卷十五，第166页）

**【译文】**

律吕是有理可求的，德性深厚的人一定能够知晓。

**【章旨】**

本章虽然很简短，但张载实际上阐述了两个观点：首先，音律是有理可求的，也就是说并不是完全人为的；其次，音律之理，只有德性深厚的人才能够知晓。结合前两章的论述可知，张载显然也注意到音律的确定是受物质性因素影响的，但他更重视的是音律中自然性的、共同的、确定的方面，而这一方面只有少数能做到天人相感的圣贤人物才能把握。

**4·10** 后之言历数者〔1〕，言律一寸而万数千分之细，此但有其数而无其象耳〔2〕。

**【注释】**

〔1〕历数：犹历法，观测天象以推算年时节候的方法。

〔2〕象：指形象、象状、象征。数：指数量、数理、算法。象数在易学中讨论较多，《周易》中凡言天日山泽之类为象，言初上九六之类为数。

**【译文】**

后来谈论历数的人，把律管的一寸分为一万几千分这么细，这就只有数而没有象了。

**【章旨】**

本章论历数之律区分太细，以至有数而无象。相对于数，张载更重视象，其相关论述可参阅《正蒙》。

**4·11** 声音之道，与天地同和〔1〕，与政通〔2〕。"蚕吐丝而商弦绝"〔3〕，正与天地相应。方蚕吐丝，木之气极盛之时，商金之气衰〔4〕。如言"律中大簇"〔5〕，"律中林钟"〔6〕，于此盛则彼必衰。方春木当盛，却金气不衰，便是不和，不与天地之气相应。

**【注释】**

〔1〕声音：指乐律。道：指理。声音之道，与天地同和：声音的道理，与天地之气协和。语本《礼记·乐记》："大乐与天地同和，大礼与天地同节。和，故百物不失；节，故祀天祭地。"郑玄注："言顺天地之气与其数。"孔颖达疏："'大乐与天地同和'者，天地气和而生万物。大乐之体，顺阴阳律吕，生养万物，是'大乐

与天地同和'也。"

〔2〕与政通：声音的道理，与国家政事相通。语出《礼记·乐记》："凡音者，生人心者也。情动于中，故形于声。声成文，谓之音。是故治世之音，安以乐，其政和。乱世之音，怨以怒，其政乖。亡国之音，哀以思，其民困。声音之道，与政通矣。"郑玄注："言八音和否，随政也。"孔颖达疏："'声音之道，与政通矣'者，若政和则声音安乐，若政乖则声音怨怒，是'声音之道，与政通矣'。"

〔3〕"蚕吐丝而商弦绝"：春天蚕吐丝时，发出商音的弦容易崩断。语出《淮南子·览冥训》："夫物类之相应，玄妙深微，知不能论，辩不能解。故东风至而酒湛溢，蚕咡丝而商弦绝，或感之也；画随灰而月运阙，鲸鱼死而彗星出，或动之也。"

〔4〕商金之气：古人把五音与五行相配，商音为金，与木相对；把五音与四季相配，商音配秋，与春相对。蚕吐丝为春天，此时木气盛而商金之气衰。

〔5〕中（zhòng）：符合，相应。大簇（cù）：为十二律中阳律的第二律，取万物动生、簇地而出之意。十二律分别对应十二月，大簇亦指农历正月，这时竹管音与大簇声和。"律中大簇"：指音律符合十二律中的"大簇"。语出《礼记·月令》："孟春之月……律中大簇，其数八。"郑玄注："律，候气之管，以铜为之。中犹应也。孟春气至，则大蔟之律应。应谓吹灰也。大蔟者，林钟之所生，三分益一，律长八寸。凡律空围九分。"

〔6〕林钟：亦为十二律之一，取万物成熟、种类众多之意，对应农历六月。"律中林钟"：音律符合十二律中的"林钟"。语出

《礼记·月令》："季夏之月……律中林钟，其数七。"郑玄注："林
钟者，黄钟之所生，三分去一，律长六寸，季夏气至，则林钟之
律应。"

**【集解】**

吕柟曰：声是气所为，故天人原是一气。一心一声，故有此
感彼应。(《张子抄释》卷三)

**【译文】**

声音的道理，与天地之气协和，与国家政事相通。所谓"蚕
吐丝的时节，发出商音的弦容易崩断"，这正是与天地之气相感
应的表现。当蚕吐丝的时候，正是木气极为旺盛的时候，而此时
商金之气非常衰弱。就像说"农历正月，音律符合太簇"、"农历
六月，音律符合林钟"，这时旺盛那时就必定衰弱。当春天木气
正旺盛的时候，金气却不衰弱，就是不和谐的表现，就是不与天
地之气相应了。

**【章旨】**

本章论乐律原理与天地之气的关系。张载举了"蚕吐丝而商
弦绝"的例子进行论述。蚕吐丝属于春天木气旺盛时的现象，商
音则与秋天金气相配，二者是此胜彼衰的关系，故而"蚕吐丝而
商弦绝"说明律气相应；否则，便是二气不合。张载对于阴阳五
行原理的理解，可参阅《正蒙·参两篇》。

**4·12** **先王之乐**[1]**，必须律以考其声**[2]**。今律既不可**
**求，人耳又不可全信，正惟此为难。求中声须得律**[3]**，律不**
**得则中声无由见。律者，自然之至。此等物虽出于自然，亦须**

人为之。但古人为之，得其自然，至如为规矩<sup>[4]</sup>，则极尽天下之方圆矣<sup>[5]</sup>。<sup>[6]</sup>

**【注释】**

〔1〕先王之乐：指上古圣王的音乐。

〔2〕考：考究，研求。

〔3〕中声：中和之声。《国语·周语下》："古之神瞽，考中声而量之以制。"韦昭注："考，合也，谓合中和之声。"

〔4〕规矩：规和矩，校正圆形和方形的两种工具。

〔5〕极尽：包涵，囊括。

〔6〕本章亦见于《河南程氏遗书》卷十五（第166页）。"自然之至"，"至"作"数"，其后多一句："至如今之度量权衡，亦非正也。今之法且以为准则可，非如古法也。"

**【译文】**

先王的音乐，必须用音律来考究它的声音。如今音律既然不能确定，人的耳朵又不能完全凭信，能用音律考究声音正是最难的事情。要确定中和之声，需要先能确定音律，音律定不了就无法把握中和之声。音律是自然而然的极至。但这种事物虽然出于自然，也需要人来确定。只是古人所做的，能得到其中的自然之理，就如同掌握了规和矩，天下的方圆就能全部涵括了。

**【章旨】**

本章继续讨论音律之难定，兼及音律之本质。音律既反映自然之理，又需人为确定，这正是其困难之处。

4·13　郑卫之音[1]，自古以为邪淫之乐，何也？盖郑卫之地滨大河[2]，沙地土不厚[3]，其间人自然气轻浮[4]。其地土苦[5]，不费耕耨[6]，物亦能生，故其人偷脱怠堕、弛慢颓靡[7]。其人情如此[8]，其声音同之。故闻其乐，使人如此懈慢。其地平下[9]，其间人自然意气柔弱怠惰[10]。其土足以生，古所谓"息土之民不才"者此也[11]。若四夷则皆据高山溪谷，故其气刚劲，此四夷常胜中国者此也。[12]

**【注释】**

〔1〕郑卫之音：春秋时期郑卫两国的民间音乐，其音淫靡，不同于雅乐，故斥之为淫声。语出《礼记·乐记》："郑卫之音，乱世之音也，比于慢矣。"孔颖达疏："郑国之音，好滥淫志，卫国之乐，促速烦志，并是乱世之音也。"

〔2〕大河：即黄河。

〔3〕土：指土质。

〔4〕气：指风气。轻浮：轻佻浮夸。

〔5〕苦（gǔ）：粗。

〔6〕耕耨：耕田除草，亦泛指耕种。

〔7〕偷脱：浇薄，轻率，不厚道。怠堕：亦作"怠惰"，懈怠，懒惰。弛慢：松缓，轻忽。颓靡：委靡，衰败。

〔8〕人情：指民风。

〔9〕平下：指地势平坦并且低下。

〔10〕意气：志向与气概。

〔11〕息土：指肥沃的土地。

〔12〕本章亦见于《横渠礼记说·乐记》。

**【集解】**

吕柟曰：地气带得天性。(《张子抄释》卷三)

**【参读】**

张载曰：郑卫之音，人闻之须起留连光景之意，又生怠惰之意，从而致骄淫之心。虽珍玩奇货，其始感人也亦不如是之切，从而生无限嗜好。故孔子必曰放之，是亦圣人经历过，但圣人不为物所移耳。苟未成性，则有时能为所移。盖郑卫之地，滨大河沙地，土壤不厚，其间人自然气轻浮；其地气薄，不费耕耨，物亦能生，故其人偷脱怠惰、弛慢颓靡。其人情既如此，则其声音所感亦同。故闻其乐，亦使人如此。又其地平下，其间人自然意气柔弱怠惰。其土足以生，古所谓"息土之民不才"者此也。

(《横渠礼记说·乐记》，第290页)

**【译文】**

郑国和卫国的音乐，自古以来都被当作邪恶纵逸的音乐，这是为什么呢？因为郑国和卫国在黄河边上，沙地的土质不厚，生活在这里的人们自然风气轻佻浮夸。这里的土地疏松，不需要辛苦地耕种，作物也能生长，所以这里的人轻率、懒惰、松缓、颓废。民风是这样，音乐也是一样。所以听了他们的音乐，就会让人变得松懈怠慢。这里的地势平坦而低下，这里的人自然志向和气质都柔弱懒惰。土地足够让人们生存，古语所说"肥沃的土地，民众就不成才"指的就是这样。像中原之外的民族都是占据高山深谷，所以民风刚健强劲，这也是外围民族常常能战胜中原的原因。

## 【章旨】

本章以郑卫之音为例，论述音乐、民风与地气的关系。张载认为郑卫之音之所以邪淫，是因为地气轻浮，且不需深耕，故而民风偷惰，音乐也懈慢。这是对郑卫之音的特点、影响及成因所作的非常理性化的解释。

**4·14　移人者莫甚于郑卫[1]，未成性者皆能移之[2]，所以夫子戒颜回也[3]。今之琴亦不远郑卫[4]，古音必不如是。古音只是长言，声依于永，于声之转处过，得声和婉，决无预前定下腔子。**

## 【注释】

〔1〕移人：改变人之性情。

〔2〕成性：已成就之德性。语出《周易·系辞上》："成性存存，道义之门。"

〔3〕夫子戒颜回也：指孔子要颜回废弃郑声的告诫。语本《论语·卫灵公》："颜渊问为邦。子曰：'行夏之时，乘殷之辂，服周之冕，乐则韶舞。放郑声，远佞人。郑声淫，佞人殆。'"

〔4〕琴：指琴曲，用琴来弹奏的音乐。

## 【集解】

张伯行释"移人者莫甚于郑卫"至"夫子戒颜回也"曰：郑卫之音，淫靡特甚，最足以移人。后生性未成者，听之易为所动，将有流荡忘返而不知所底止者，故不可不放而远之。此夫子答颜回而用以为戒也。(《濂洛关闽书》卷二)

## 【译文】

能改变人性情的音乐没有比郑卫之音更严重的了，没有成就德性的人都能被改变，因此孔子才告诫颜回要废弃郑声。今天的琴曲与郑卫之音也差得不大，古时的音乐肯定不是这样。古时的音乐只是延长言语，声音依附吟唱，在声音转折的地方过渡，使得声音温和委婉，绝不会提前定下曲调。

## 【章旨】

本章继续论郑卫之音的危害，同时又依据《尚书·舜典》"诗言志，歌永言，声依永，律和声"，论古乐的自然性，可以与4·5、4·13章相参。本章也提到"成性"问题，这是张载修养工夫论中一个重要内容，下章便开始进一步讨论以礼成性的重要性，全篇讨论主题也由"乐"过渡到了"礼"之上。

**4·15　礼所以持性[1]，盖本出于性。持性，反本也[2]。凡未成性，须礼以持之。能守礼，已不畔道矣[3]。**

## 【注释】

〔1〕持：守，保持。

〔2〕反本：复归本源或根本。反，同"返"。语本《礼记·礼器》："礼也者，反本修古，不忘其初者也。"

〔3〕畔道：背离原则、正道。畔，通"叛"。语本《论语·雍也》："君子博学于文，约之以礼，亦可以弗畔矣夫！"

## 【参读】

张载曰：形而后有气质之性，善反之则天地之性存焉。故气

质之性，君子有弗性者焉。（《正蒙·诚明篇》，第23页）

张载曰：人之刚柔、缓急、有才与不才，气之偏也。天本参和不偏，养其气，反之本而不偏，则尽性而天矣。性未成则善恶混，故叠叠而继善者斯为善矣。恶尽去则善因以成，故舍曰善而曰"成之者性也"。（《正蒙·诚明篇》，第23页）

【译文】

礼之所以能保持德性，是因为礼本就出自德性。保持德性，就是回归德性的本来面貌。凡是没有成就德性的人，必须用礼来保持。能遵守礼的人，已经不会叛离道的要求了。

【章旨】

本章论以礼"持性"。文字虽然不长，但意义非常丰富，其所贯通的经典也较多，值得反复玩味。张载论性，是在继承《中庸》、孟子的基础上，又充分注意到后天气质的影响，形成了比较全面的理解人性的观点。理解张载论性的关键，需要注意两个不同的角度：一个是理想角度，这一角度提供理论依据；另一个是现实角度，这一角度提供实践要求。所谓"成性"属于前者，"持性"则属于后者。因此，"成性"具有境界意义，而"持性"更多强调工夫意义。

**4·16**　礼即天地之德也[1]。如颜子者，方勉勉于"非礼勿言，非礼勿动"也①[2]。勉者，勉勉以成性也。

【校勘】

① 也：其他诸本皆作"勉"。

**【注释】**

〔1〕天地之德：天地的德性。《礼记·礼运》："故人者，其天地之德，阴阳之交，鬼神之会，五行之秀气也。"

〔2〕勉勉：力行不倦，持续地努力。《诗·大雅·棫朴》："勉勉我王，纲纪四方。"朱熹集传："勉勉，犹言不已也。""非礼勿言，非礼勿动"：违反礼的事不说，违反礼的事不做。语出《论语·颜渊》："颜渊问仁。子曰：'克己复礼为仁。一日克己复礼，天下归仁焉。为仁由己，而由人乎哉？'颜渊曰：'请问其目。'子曰：'非礼勿视，非礼勿听，非礼勿言，非礼勿动。'"

**【译文】**

礼就是天地的德性。例如颜回，只是力行不倦地做到"不合礼的话不说，不合礼的事不做"。他所力行的，就是力行不倦地成就德性。

**【章旨】**

本章继续论以礼"成性"。礼既然反映了天地之德，因而学者应当如同颜回一样"非礼勿言，非礼勿动"，以礼约束自己，力行不倦，逐渐回归其本性。所谓"勉勉"，即持续地努力，这也是学者必需的修养工夫。经过这个工夫，最终达到"性与天道合一"以后，才是圣人的自然如理境界。张载这种"诚明两进"的对道德修养方式的理解，也是受到《中庸》影响的结果。

**4·17** 礼非止见于外[①]，亦有"无体之礼"[1]，盖礼之原在心[2]。礼者圣人之成法也[3]，除了礼天下更无道矣。欲养民当自井田始，治民则教化刑罚俱不出于礼外。五常出于凡人之常情[4]，五典人日日为[5]，但不知耳。[6]

**【校勘】**

① 见：其他诸本皆作"著见"。

**【注释】**

〔1〕"无体之礼"：没有外在形式的礼，指将礼行之于内在的心。语出《礼记·孔子闲居》："无声之乐，无体之礼，无服之丧，此之谓三无。"孔颖达疏："此三者皆谓行之在心，外无形状，故称'无'也。"

〔2〕原：本源，根源。

〔3〕成法：既定的、现成的行为方式。

〔4〕五常：指仁、义、礼、智、信。

〔5〕五典：即五伦。《尚书·舜典》："慎徽五典，五典克从。"孔安国传："五典，五常之教。父义、母慈、兄友、弟恭、子孝。"

〔6〕"礼非止见于外"至"礼之原在心"，亦见于《横渠礼记说·孔子闲居》（第304页）。

**【参读】**

张载曰：礼者，理也。欲知礼，必先学穷理。礼所以行其义，知理乃能制礼，然则礼出于理之后。今夫立本者未能穷，则在后者乌能尽？礼文残阙，惟是先求礼之意，然后可以观理。（《横渠礼记解·乐记》，第209页）

**【集解】**

吕柟曰：礼行则性自存。（《张子抄释》卷三）

## 【译文】

礼不只是显现于外的形式，也有没有形式的礼，因为礼的根源在内心。礼是圣人制定的现成行为方式。除了礼，天下也就再没有其他的道了。要养育民众，应当从推行井田制开始；要治理民众，就要求做到教化和刑罚都不超出礼之外。仁、义、礼、智、信等五常之德出于所有人本来具有的性情，父义、母慈、兄友、弟恭、子孝等五典之教，人们每天都在做，只是没有意识到罢了。

## 【章旨】

本章论"礼之原在心"及"除了礼天下更无道"。张载认为，礼的根源在人的内心，而其形式是圣人所制的行事方式。因此，礼体现在养民、治民、教民等民众生活的各个方面。这里对心、礼和道之间关系的理解，也可以看作是对《中庸》"天命之谓性，率性之谓道，修道之谓教。道也者，不可须臾离也，可离非道也"的解释。

**4·18　今之人自少见其父祖从仕，或见其乡闾仕者[1]，其心且欲得利禄纵欲**①**[2]，于义理更不留意。有天生性美则或能孝友廉节者[3]，不美者纵恶而已，性元不曾识磨砺[4]。**

## 【校勘】

①且：抄释本作"止"，黄刻本、徐刻本、四库本作"正"。

## 【注释】

〔1〕乡闾：古以二十五家为闾，一万二千五百家为乡，因以

"乡闾"泛指民众聚居之处，这里指同乡。

〔2〕纵欲：放纵私欲，不加克制。

〔3〕孝友廉节：事父母孝顺，对兄弟友爱，为官清廉，有节操。

〔4〕元：本来，向来，原来。

**【译文】**

如今的人从小看见自己的父亲和祖辈入仕做官，或者看见同乡人做官，他的心就只是想获得财利荣禄来放纵欲望，对道德义理毫不在意。有的人天生禀性美好，那还有可能在家善待父母兄弟、从政清廉而有节操；有的人禀性不好，就只是放纵作恶罢了，他们都不知道禀性本来是需要磨练的。

**【章旨】**

本章论性需磨砺。张载首先批评了今人只见功名利禄而不学义理的现象，然后又指出凭借气质之性只能偶然为善而已，最后指出道德修养的必要性。这里的"性"，虽然也是天生而来，但并非指德性，而是指气质之性，因而有"美""恶"之别，并需"磨砺"。本章虽然没有提及礼，但这里的"性"需"磨砺"也就是前几章所言的以礼"持性"、"成性"。

4·19 "时措之宜"便是礼〔1〕，礼实时措、时中见之事业者〔2〕。"非礼之礼，非义之义"〔3〕，但非时中者皆是也。"非礼之礼，非义之义"，又不可一概言。如孔子"丧出母"〔4〕，子思守礼，为非也〔5〕；又如制礼以"小功不税"〔6〕，使曾子制礼〔7〕，又不知如何，以此不可易言。时中之义甚大，须是"精义入神以致用"[8]，"观其会通以行典礼"[9]，此则真义理也。行其典礼而不达会通，则有非时中者矣。礼亦有不须变者，如天叙天秩[10]，如何可变①？礼不必皆出于人，至如无人，天地之礼自然而有[11]，何假于人？天之生物便有尊卑大小之象[12]，人顺之而已，此所以为礼也。学者有专以礼出于人，而不知礼本天之自然；告子专以义为外[13]，而不知所以行义由内也；皆非也，当合内外之道[14]。[15]

【校勘】

① 何：鸣道本误作"可"，据其他诸本改。

【注释】

〔1〕"时措之宜"：适应时势采取合适的措施。语出《礼记·中庸》："性之德也，合外内之道也，故时措之宜也。"郑玄注："时措，言得其时而用也。"孔颖达疏："措，犹用也。言至诚者，成万物之性，合天地之道，故得时而用之，则无往而不宜。"

〔2〕时中：随时而中，按照时势的要求而恰到好处，无过与不及。语出《礼记·中庸》："君子之中庸也，君子而时中。"郑玄注："'君子而时中'者，其容貌君子，而又时节其中也。"孔颖达疏："言君子之为中庸，容貌为君子，心行而时节其中，谓喜怒不过节也。"事业：事情的成就，功业。《周易·坤·文言》："君子黄中通理，正位居体，美在其中而畅于四支，发于事业。"孔颖达疏："所营谓之事，事成谓之业。"

〔3〕"非礼之礼，非义之义"：违反制礼之义的空有形式的礼，违反道义原则的表面的义。语出《孟子·离娄下》："非礼之礼，非

义之义，大人弗为。"

〔4〕丧：守丧。出母：被父休弃的生母。

〔5〕子思：孔伋，字子思，孔子的嫡孙，孔子之子孔鲤的儿子。孔子丧出母，子思守礼，为非也：孔子允许儿子为被休的母亲服丧，而子思认为自己的德行不及孔子，故而严格守礼，不允许自己的儿子为被休的母亲服丧。语本《礼记·檀弓上》："子上之母死而不丧，门人问诸子思曰：'昔者子之先君子丧出母乎？'曰：'然。''子之不使白也丧之，何也？'子思曰：'昔者吾先君子无所失道，道隆则从而隆，道污则从而污，伋则安能？为伋也妻者，是为白也母，不为伋也妻者，是不为白也母；'故孔氏之不丧出母，自子思始也。"郑玄注："子上，孔子曾孙，子思伋之子，名白，其母出。"

〔6〕小功：丧服名，五服之第四等，其服以熟麻布制成，服期五月。税（tuì）：古代丧礼规定的追服，是在丧期已过才听到丧信时所追服的丧。小功不税：指如果是服小功丧期，丧期已过才听到丧信，就不需要追服了。

〔7〕曾子：名参，字子舆，春秋末年鲁国人，孔子的晚期弟子之一，以知孝知礼著称。制礼以"小功不税"，使曾子制礼，又不知如何：语本《礼记·檀弓上》："曾子曰：'小功不税，则是远兄弟终无服也，而可乎？'"曾子至孝，故有此质疑。

〔8〕"精义入神以致用"：精研事物的微义，达到神妙的境地，才能够运用。语出《周易·系辞下》："精义入神，以致用也；利用安身，以崇德也。过此以往，未之或知；穷神知化，德之盛也。"王弼注："精义，物理之微者也。神寂然不动，感而遂通，故能乘天

下之微，会而通其用也。"孔颖达疏："此言人事之用，言圣人用精粹微妙之义，入于神化，寂然不动，乃能致其所用。"

〔9〕"观其会通以行典礼"：观察事物的会合贯通之处，从而施行制度和礼仪。语出《周易·系辞上》："圣人有以见天下之动，而观其会通，以行其典礼，系辞焉以断其吉凶，是故谓之爻。"王弼注："典礼，适时之所用。"孔颖达疏："既知万物以此变动，观看其物之会合变通，当此会通之时，以施行其典法礼仪也。"

〔10〕天叙天秩：上天规定的品级秩序。语出《尚书·皋陶谟》："天叙有典，敕我五典五惇哉！天秩有礼，自我五礼有庸哉！"孔安国传："天次叙人之常性，各有分义，当敕正我五常之叙，使合于五厚，厚天下。""天次秩有礼，当用我公、侯、伯、子、男五等之礼以接之，使有常。"

〔11〕天地之礼自然而有：语本《礼记·礼运》："夫礼必本于大一，分而为天地，转而为阴阳，变而为四时，列而为鬼神，其降曰命，其官于天也。"

〔12〕天之生物便有尊卑大小之象：语本《周易·系辞上》："天尊地卑，乾坤定矣。卑高以陈，贵贱位矣。动静有常，刚柔断矣。方以类聚，物以群分，吉凶生矣。在天成象，在地成形，变化见矣。"《礼记·乐记》："天尊地卑，君臣定矣。卑高已陈，贵贱位矣。动静有常，小大殊矣。方以类聚，物以群分，则性命不同矣。在天成象，在地成形。如此，则礼者天地之别也。"

〔13〕告子：战国时期思想家，与孟子在人性问题上有过几次辩论，保存在《孟子·告子》中。以义为外：指道义是外在的人为制定的行为规范。语本《孟子·告子上》："告子曰：'食色，性也。

仁，内也，非外也；义，外也，非内也。'"

〔14〕合内外之道：把内在的和外在的两方面统合起来的做法。语出《礼记·中庸》："性之德也，合外内之道也，故时措之宜也。"

〔15〕本章内容亦见于《张子语录·语录上》。"时中之义甚大"至"非时中者矣"，亦见于《横渠礼记说·中庸》。"礼不必皆出于人"至"当合内外之道"，亦见于《横渠礼记说·礼运》及《横渠礼记说·乐记》(见"参读")。

【参读】

张载曰：生有先后，所以为天序；小大高下相并而相形焉，是谓天秩。天之生物也有序，物之既形也有秩。知序然后经正，知秩然后礼行。(《正蒙·动物篇》，第19页)

张载曰：无成心者，时中而已矣。(《正蒙·大心篇》，第25页)

张载曰："非礼之礼，非义之义"，但非时中者皆是也。大率时措之宜者实时中也。时中非易得，谓非时中而行礼义为"非礼之礼、非义之义"。又不可一概如此，如孔子丧出母，子思不丧出母，不可以子思为非也。又如制礼者小功不税，使曾子制礼又不知如何，以此不可易言。时中之宜甚大，须精义入神，始得观其会通、行其典礼，此方是真义理也。行其典礼而不达会通，则有非时中者矣。今学者则须是执礼，盖礼亦是自会通制之者。然言不足以尽天下之事，守礼亦未为失，但大人见之，则为非礼非义不时中也。君子要多识前言往行以畜其德者，以其看前言往行熟，则自能比物丑类，亦能见得时中。礼亦有不须变者，如天叙天秩之类，时中者不谓此。(《张子语录·语录上》，第328页)

　　张载曰：大虚，即礼之大一也。大者，大之。一也，极之谓也。礼非出于人，虽无人，礼固自然而有，何假于人？今天之生万物，其尊卑小大，自有礼之象，人顺之而已，此所以为礼。或者专以礼出于人，而不知礼本天之自然，如告子专以义为外，而不知所以行义由内也。当合内外之道。知礼之本于自然，人顺而行之，则是知礼也。(《横渠礼记说·礼运》，第 271 页)

　　张载曰：礼不必皆出于人，天地之理自然而有，天之生物便有尊卑小大之象，人顺之而已，此所以为礼也。天秩者，父子兄弟夫妇之类，次第而有者也。天秩者，杂然而生其间，便有小大上下之别。或专以礼出于人，而不知礼本天之自然，犹告子专以义为外，而不知所以行义由内也。当合内外之道。能知礼之本于自然，人顺而行之，是之谓礼。(《横渠礼记说·乐记》，第 292 页)

　　张载曰：卑高亦有义，高以下为基，亦是人先见卑处，然后见高也。动静阴阳，性也有常，不牵制于物也。(《横渠礼记说·乐记》，第 292 页)

　　"礼云礼云，玉帛云乎哉？乐云乐云，钟鼓云乎哉？"(程颐曰：)"此固有礼乐，不在玉帛钟鼓。先儒解者，多引'安上治民莫善于礼，移风易俗莫善于乐'。此固是礼乐之大用也，然推本而言，礼只是一个序，乐只是一个和。只此两字，含畜多少义理。"又问："礼莫是天地之序？乐莫是天地之和？"曰："固是。天下无一物无礼乐。且置两只倚子，才不正便是无序，无序便乖，乖便不和。"又问："如此，则礼乐却只是一事。"曰："不然。如天地阴阳，其势高下甚相背，然必相须而为用也。有阴便有阳，有阳便有阴。有一便有二，才有一二，便有一二之间，便是三，已往更无穷。老子亦曰：'三生万物。'此是生生之谓易，理自然如此。'维天之命，于穆不已'，自是理自相续不已，非是人为之。如使可为，虽使百万般安排，也须有息时。只为无为，故不息。《中庸》言：'不见而彰，不动而变，无为而成，天地之道可一言而尽也。'使释氏千章万句，说得许大无限说话，亦不能逃此二句。只为圣人说得要，故包含无尽。释氏空周遮说尔，只是许多。"（《河南程氏遗书》卷十八，第225页）

**【译文】**

应时制宜就是礼，礼就是应时制宜、随时而中而外现于功业的事物。所谓"违反制礼之义的礼节，违反道义原则的义行"，只要不符合随时而中的原则就都属于这样。但"违反制礼之义的礼节，违反道义原则的义行"，又不能一概而论。例如孔子认为应该为被休的母亲服丧，子思严格遵守礼制，认为不应该；又如制礼者认为"服小功丧，如果丧期已过才听到丧信，就不需要追服了"，如果让曾子来制礼，又不知道会怎么样，这是不能轻易评说的。随时而中的义理太大了，必须"精研事物的义理，达到神妙的境地，才能够运用"；"观察事物的会合贯通之处，从而施行制度和礼仪"，这样才是真正的义理。施行制度和礼仪却不能达到会合贯通，那就有不能随时而中的情况。礼也有不能改变的，如天叙和天秩，怎么能够改变呢？礼不一定都出自人为，如果没有人，天地的礼也自然会有，怎么会凭借人呢？天生万物时就有尊卑大小各种形象的区别，人只是遵循罢了，这就是要制礼的原因。有的学者认为礼只是出于人为，却不知道礼本来是起源于天道自然；告子认为义只是外在的，却不知道人能够按照义来行事，根源是从内在而来的。这都是不对的，应当把内在和外在两方面统合起来实行。

【章旨】

本章内容可以分为两部分，前一部分论礼本"时中"，后一部分论礼本"天之自然"，较为典型地反映了张载之学会通《中庸》《周易》并进而赋予礼以形上意义的特点。"时措"和"时中"都出自《中庸》，而《周易》对"时中"较为注重，"非礼之礼，非义之义"则本于孟子。张载将"时中"理解为礼之根本原则，而要掌握时中原则又需要"精义入神"并能"观其会通"，即能把握形上天道并能把握事物变化。张载进而又论述了礼本天之自然，亦有出于天叙天秩而根本不变的层面，这同样是对礼之超越性的强调。《经学理窟》对天道论涉及较少，本章也只是略有提及，天道论的相关内容可以参阅《正蒙》。

**4·20**　能答曾子之问〔1〕，能教孺悲之学〔2〕，斯可以言知礼矣。进人之速无如礼学。

【注释】

〔1〕曾子之问：曾子以知礼著称，《礼记》中有《曾子问》篇，讨论的都是比较复杂的礼学问题，皆为曾子问，孔子答。郑玄《目录》云："名为《曾子问》者，以其记所问多明于礼，故著姓名以显之。"

〔2〕孺悲：鲁国人，鲁哀公曾派他向孔子学礼。孺悲之学：即礼学。语本《礼记·杂记下》："恤由之丧，哀公使孺悲之孔子，学

士丧礼。《士丧礼》于是乎书。"

【参读】

张载曰：学礼，学者之尽也，未有不须礼以成者也。学之大，于此终身焉，虽德性亦待此而长，惟礼乃是实事，舍此皆悠悠。圣庸共由此途，成圣人不越乎礼，进庸人莫切乎礼，是透上透下之事也。(《横渠礼记说》，第 310 页)

【集解】

吕柟曰：不止礼也，道在其中矣，故能答不答。(《张子抄释》卷三)

【译文】

能够回答曾子所问的问题，能够教导孺悲所求的学问，这就能称得上懂礼了。没有什么能比学礼更使人快速进步的了。

【章旨】

本章论礼学的博大精深。曾子向孔子询问各种复杂的礼学问题，孺悲向孔子学士丧礼，二人都以知礼著称，因而张载以二人的学问来代表礼学的切己和切用，进而又认为学礼能发挥其他学问所不具有的提高人道德修养的作用。

4·21　学之行之而复疑之〔1〕，此"习矣而不察"者也〔2〕。故学礼所以求不疑。仁守之者在学礼也〔3〕。

【注释】

〔1〕学之行之：语本《礼记·中庸》："博学之，审问之，慎思之，明辨之，笃行之。"

〔2〕"习矣而不察"：指习惯于某种事物而觉察不到其中的道理。语出《孟子·尽心上》："行之而不著焉，习矣而不察焉，终身由之而不知其道者，众也。"赵岐注："人皆有仁义之心，日自行之无所爱，而不能著明其道以施于大事。仁妻爱子亦以习矣，而不能察知可推以为善。"

〔3〕仁守之：指思想上认识到了以后，还需要以仁心持守。语出《论语·卫灵公》："知及之，仁不能守之，虽得之，必失之；知及之，仁能守之，不庄以莅之，则民不敬。知及之，仁能守之，庄以莅之，动之不以礼，未善也。"

【参读】

张载曰：坎惟心亨，故行有尚，外虽积险，苟处之心亨不疑，则虽难必济而往有功也。今水临万仞之山，要下即下，无复凝滞之在前，惟知有义理而已，则复何回避！所以心通。(《正蒙·大心篇》，第25页)

张载曰："成德为行"，德成自信则不疑，所行日见乎外可也。(《正蒙·大易篇》，第51页)

张载曰：学者至于与孟子之心同，然后能尽其义而不疑。(《张子语录·语录上》，第310页)

【译文】

学习它，实行它，却又怀疑它，这就是所谓的"已经习以为常了，却不明察其中的道理"。所以，学礼就是要达到没有怀疑。以仁心持守的方法就在于学礼。

【章旨】

本章论学礼之方法。"学之行之而复疑之"，说明没有内化于心，故而守之不定。因此，学礼需要达到"不疑"，也即能达到对其"性与天道"之意义根据的切身体认。在这一意义上，"仁守"与"学礼"在过程上是同步的。张载对"疑"有多处精到的理解，泛见于《正蒙》《横渠易说》《经学理窟》和《张子语录》，可相互参读。

4·22　学者行礼时，人不过以为迂[1]。彼以为迂，在我乃是径捷[2]，此则"从吾所好"[3]。文则要密察[4]，心则要洪放[5]，如天地自然。从容中礼者[6]，盛德之至也。[7]

【注释】

〔1〕迂：迂阔，不实际，拘泥固执。

〔2〕径捷：简便，直捷。

〔3〕"从吾所好"：语出《论语·述而》："富而可求也，虽执鞭之士，吾亦为之；如不可求，从吾所好。"

〔4〕文：指礼文，礼的具体仪节规定。密察：详细地辨明。《礼记·中庸》："唯天下至圣为能聪明睿知，足以有临也；宽裕温柔，足以有容也；发强刚毅，足以有执也；齐庄中正，足以有敬也；文理密察，足以有别也。"

〔5〕洪放：也作"宏放"或"弘放"，开阔旷达。

〔6〕中礼：符合礼的要求。

〔7〕"文则要密察，心则要洪放"两句，朱熹辑入《近思录》卷二《为学》，作"文要密察，心要洪放"，出自《语录》。

**【参读】**

朱熹曰：便是看义理难，又要宽着心，又要紧张心。这心不宽，则不足以见其规模之大；不紧，则不足以察其文理之细密。若拘滞于文义，少间又不见他大规模处。（《朱子语类》卷九，第158页）

**【集解】**

叶采曰：文不密察，则见理粗疏；心不洪放，则所有狭滞。（《近思录集解》卷二，第65页）

吕柟曰：洪放而又密察便是道。（《张子抄释》卷三）

张伯行曰：密，详细也；察，明辨也；洪，宽广；放，舒展也。密察则见理精细，洪放则志气从容。如是，而外粹美而内安和。文与心洽，纯是天理之流行而已。（《近思录集解》卷二，第103页）

李文炤曰：密察所以尽精微，洪放所以致广大。潜室陈氏曰："文，谓节文之文，如周旋中规、折旋中矩之类，虽甚严密，不少舒放，然心里却甚泰然。"（《近思录集解》卷二，第55页）

施璜曰：文不密察，则见理粗疏；心不洪放，则所存隘陋。（《五子近思录发明》卷二，第139页）

张绍价曰：道体至小，故文要密察。密察以尽精微，则气质之粗疏者可变，道问学之功也。道体至大，故心要洪放。洪放以致广大，则气质之狭隘者可变，尊德性之功也。（《近思录解义》卷二，第94页）

**【译文】**

学者依礼实行时，人们只是认为这很迂阔。别人认为迂阔，在我却简便直捷，顺从我自己的喜好就可以了。礼的节文要仔细地考察，心却要开阔博大，就像天地自然而然。悠然不急迫又能合乎礼节，这是最高的德性了。

【章旨】

本章论行礼乃为学捷径。之所以如此，是因为礼本之于天道，故而礼的具体仪节规定虽然需要明辨，但行礼却需要保持内心宽舒，如同天地自然。因此，礼是贯通上下内外的，而行礼也成为一种切实可行的道德修养方式。

**4·23**　古人无倚卓①〔1〕，智非不能及也。圣人之才岂不如今人？但席地则体恭②，可以拜伏。今坐倚卓，至有坐到起不识动者。主人始亲一酌，已是非常之钦〔2〕。盖后世一切取便安也。

【校勘】

① 倚：徐刻本、四库本作"椅"。后句同此。

② 体：四库本作"恒"。

【注释】

〔1〕倚卓：椅子和桌子，后通作"椅桌"。

〔2〕钦：尊敬，恭敬。

【译文】

古人没有桌椅，并不是智力达不到。圣人的才智难道还不如今人吗？只是因为席地而坐，身体就恭敬，方便伏地跪拜。如今坐在桌旁椅上，以致有人一坐下直到最后站起来而不知道再动身

的。主人先亲自为客人倒一杯酒，已经算是非常恭敬了。这都是
因为后世一切都采取简便安逸的方式。

**【章旨】**

本章以古人席地而坐、不用椅桌以方便主客回应为礼，说明
古人的行为举止设施总是虑及道德修养，以此说明礼的意义。

# 气　　质

【解题】

　　本篇主要讨论"变化气质"的为学工夫，共 26 章。本篇与《礼乐》篇后半部分引出的"成性"问题直接相关，但主要侧重从"心"上论述，尤其重视"大心""虚心""存心""立心""立志""立本""诚意""求心""求是""义理""博学"等指点为学方法和强调为学重要性的内容。故黄震《黄氏日抄》曰："《理窟》一书，惟《气质》篇最于学者有益。"

　　"气质"是张载为学工夫的起点。吕大临《横渠先生行状》称张载："学者有问，多告以知礼成性、变化气质之道，学必如圣人而后已，闻者莫不动心有进。"在张载看来，气质是人生来就具有的，对人的德性起到一种局限作用；并且，后天的环境、行为会进一步影响气质，进而强化这种局限。好的气质自然有利于德性的培养，但其不就是德性本身，而坏的气质也可以被逐渐改变。因此，张载特别重视通过为学工夫去成就德性，并改变气质，此即是他所倡导的"知礼成性、变化气质之道"。在"知礼成性"这一命题中，"知"是明白义理，是对心的要求，"礼"是圣人所制作的行为规范，是对身的要求。故而，"知礼成性、变化气质之道"也就是张载反复强调的"合内外之道",其内容包括两个方面:一是体会义理,二是以礼行事。天道与圣人德性的特征是"自然",而学者则须在这两方面"勉勉"用功。以下的《气质》《义理》《学大原》诸篇基本上都是在讨论为学工夫问题,从《自道》篇开始又逐渐转入到对礼学问题的讨论。

5·1　变化气质[1]。孟子曰:"居移气,养移体,况居天下之大居者乎?"[2]"居仁由义"[3],自然心和而体正[4]。更要约时[5],但拂去旧日所为,使动作皆中礼,则气质自然全好。《礼》曰"心大体胖"[6],心既弘大则自然舒大而乐也。若心但能弘大[7],不谨敬则不立[8];若但能谨敬而心不弘大,则入于隘,须宽而敬。大抵有诸中者必形诸外[9],故君子心和则气和,心正则气正。其始也,固亦须矜持[10]。古之为冠者以重其首,为履者以重其足①,至于盘盂几杖为铭[11],皆所以慎戒之。

【校勘】

① 者:其他诸本无。

【注释】

〔1〕变化:改变,改善。气质:人受生理、欲望、习俗制约而形成的体质和素质,以及人在这些内外因素的影响下所形成的性格、心理和行为特征。

〔2〕"居移气,养移体,况居天下之大居者乎":居住环境可以改变人的气质,饮食条件可以改变人的体质,何况是居住在"仁"

这处天下最广大的住所呢。语出《孟子·尽心上》："孟子自范之齐，望见齐王之子，喟然叹曰：'居移气，养移体，大哉居乎！夫非尽人之子与？'孟子曰：'王子宫室、车马、衣服多与人同，而王子若彼者，其居使之然也，况居天下之广居者乎？'"赵岐注："'大哉居乎'者，言当慎所居，人必居仁也。"

〔3〕"居仁由义"：居住在仁所中，行走在义路上，指心中存仁，行事循义。语出《孟子·尽心上》："居恶在？仁是也。路恶在？义是也。居仁由义，大人之事备矣。"《孟子·离娄上》："言非礼义，谓之自暴也；吾身不能居仁由义，谓之自弃也。仁，人之安宅也；义，人之正路也。旷安宅而弗居，舍正路而不由，哀哉！"

〔4〕心和而体正：心态平和，举止端正。

〔5〕约：简要，精要。《论语·里仁》："不仁者不可以久处约，不可以长处乐。"

〔6〕胖（pán）：安泰舒适。"心大体胖"：心胸弘大，身体舒泰。语出《礼记·大学》："富润屋，德润身，心宽体胖，故君子必诚其意。"

〔7〕但：仅仅。

〔8〕立：指立身，自立，为人处事不随外力所动。

〔9〕有诸中者必形诸外：内心的状态必然表现于外在的言行之中。语本《礼记·大学》："小人闲居为不善，无所不至，见君子而后厌然，揜其不善，而著其善。人之视己，如见其肺肝然，则何益矣？此谓诚于中形于外，故君子必慎其独也。"

〔10〕矜持：保持庄重。

〔11〕盘盂：圆盘与方盂的并称，用于盛物。几杖：坐几和手杖，皆老者所用，古常用为敬老者之物。

【参读】

张载曰：大其心则能体天下之物，物有未体，则心为有外。世人之心，止于闻见之狭。圣人尽性，不以见闻梏其心，其视天下无一物非我，孟子谓尽心则知性知天以此。天大无外，故有外之心不足以合天心。见闻之知，乃物交而知，非德性所知；德性所知，不萌于见闻。(《正蒙·大心篇》，第25页)

二程曰：学者须敬守此心，不可急迫，当栽培深厚，涵泳于其间，然后可以自得。但急迫求之，只是私己，终不足以达道。(《河南程氏遗书》卷二上，第14页)

【集解】

吕柟曰：洪大敬谨，固是调气，亦是养性。(《张子抄释》卷三)

张伯行释"心但能弘大"至"须宽而敬"曰：学者必以此心为主，故心欲其弘大。然但能弘大而不操之以谨敬，则恐其无所检束而不立。若但能谨敬而不居之以弘大，又恐其过于拘迫而入于隘。故必居之以宽而复持之以敬，乃能尽乎此心之全量也。圣门如子张才高意广而驰情于外，是宽而不敬也；子夏笃信谨守而规模狭隘，是敬而不宽也。学者交勉于宽敬之间则几矣。○又释"大抵有诸中者必形诸外，故君子心和则气和，心正则气正"曰：此言君子养心之验也。大凡有诸中者必形于外，故盛德内蕴则英华发越，自光辉而不可掩。君子存养之功既至，其心恬适而和，则见之于气者亦从容而和；其心端庄而正，则见之于气者亦严肃

而正。外之所发，悉本于中之所存。此必至之符，亦自然之理也。(《濂洛关闽书》卷二)

**【译文】**

需要改变气质。孟子说："居住环境可以改变人的气质，饮食条件可以改变人的体质，何况是居住在'仁'这处天下最广大的住所呢！""居住在仁所中，行走在义路上"，自然会心态平和，举止端正。工夫更要简要时，只要除掉自己过去不好的行为，使行为都符合礼节，那么气质就自然会完全变好。《礼记》说"心胸弘大，身体舒泰"，心胸已经弘大了，那么自然就会舒泰而快乐。如果只能做到心胸弘大，举止不能谨慎恭敬，就无法立身；如果只能做到举止谨慎恭敬，心胸不能弘大，就会陷入气量褊狭。因而，必须做到既心胸弘大，又举止恭敬。大致说来，内心中存在的东西一定会表现于外在的举止上，因而君子心中平和，气质就会表现得平和；心中中正，气质就表现得中正。开始的时候，当然也需要保持庄重。古时制作冠帽，用来使头部庄重；制作鞋履，用来使足部庄重，以至于在圆盘、方盂、坐几、手杖上也要刻写铭文，都是为了提醒自己要举止慎重。

**【章旨】**

本章论变化气质的方法。张载认为要变化气质，首先需要"居仁由义"，其次还需要"使动作皆中礼"。前者的作用是"心和"或心能"洪大"，后者的作用是"谨敬"。"洪大"与"谨敬"相须为用。君子也即成学之人更多表现心和或洪大的一面，初学者更多需要矜持也即谨敬的一面。这仍然是张载一贯强调的身心交养的"合内外之道"。本章可以与 4·22、5·22 章相参。

**5·2** 人之气质美恶与贵贱夭寿之理，皆是所受定分[1]。如气质恶者，学即能移。今人所以多为气所使而不得为贤者，盖为不知学。古之人，在乡闾之中，其师长朋友日相教训，则自然贤者多。但学至于成性，则气无由胜。孟子谓"气壹则动志"[2]，"动"犹言"移易"，若志壹，亦能动气。必学至于如天，则能成性。

**【注释】**

〔1〕定分：生来被赋予或决定的。

〔2〕"气壹则动志"：气专一，就能扰动意志。语出《孟子·公孙丑上》："'既曰"志至焉，气次焉"，又曰"持其志，无暴其气"者，何也？'曰：'志壹则动气，气壹则动志也。今夫蹶者趋者，是气也，而反动其心。'"

**【参读】**

张载曰：气与志，天与人，有交胜之理。圣人在上而下民咨，气壹之动志也；凤凰仪，志壹之动气也。(《正蒙·太和篇》，第10页）

张载曰：天所性者通极于道，气之昏明不足以蔽之；天所命者通极于性，遇之吉凶不足以戕之；不免乎蔽之戕之者，未之学也。性通乎气之外，命行乎气之内，气无内外，假有形而言尔。故思知人不可不知天，尽其性然后能至于命。(《正蒙·诚明篇》，第21页）

张载曰：德不胜气，性命于气；德胜其气，性命于德。穷理尽性，则性天德，命天理，气之不可变者，独死生修夭而已。故论死生则曰"有命"，以言其气也；语富贵则曰"在天"，以言其理也。此大德所以必受命，易简理得而成位乎天地之中也。所谓天理也者，能悦诸心，能通天下之志之理也。能使天下悦且通，则天下必归焉；不归焉者，所乘所遇之不同，如仲尼与继世之君也。"舜禹有天下而不与焉"者，正谓天理驯致，非气禀当然，非志意所与也；必曰舜禹云者，余非乘势则求焉者也。(《正蒙·诚明篇》，第23页)

二程曰："壹"与"一"字同。一动气则动志，一动志则动气，为养气者而言也。若成德者，志已坚定，则气不能动志。(《河南程氏遗书》卷一，第11页)

【集解】

吕柟曰：既成性，其气皆变矣。气变后，便与天通。(《张子抄释》卷三)

张伯行释"气质恶者"至"盖为不知学"曰：所贵乎学者，为能变化气质而已。德胜气质，则愚者可进于明，柔者可进于强，此学之所以可贵也。故人但知力学，即能移其恶，以返于善。今人所以多为气所使，沉溺不返，而终其身流于庸愚而不得为贤者，盖为不知用学问之功以自变化其气质故耳。夫气质之恶者能用学问之功，尚可以变化而为贤，况气质之美者再加以学问之功，其所造岂可量哉？(《濂洛关闽书》卷二)

【译文】

一个人气质的好坏与社会地位的贵贱、寿命的长短之中的道理，都是生来被赋予的。比如气质不好的人，通过为学就可以改变。如今的人之所以经常被气质驱使而不能成为贤人，原因在于不懂得为学。古时候的人，在乡里之中，每天都有师长朋友教导训诫，自然有贤德的人就多。只要为学到了可以成就德性的地步，那么气质就不会战胜德性了。孟子说"气专一，就能扰动意志"，所谓"动"如同说"移除改变"。如果心志专一，也可以改变气质。为学必须要达到能像天道一样，才能成就德性。

**【章旨】**

本章论气质之理人人生而具有，因而气质可以由学而变，学至于成性则气无由胜。以上两章都是对"知礼成性、变化气质"观点的直接表述。这一观点在张载思想体系中极为重要。此两章可与《正蒙》《横渠易说》《张子语录》中相关论述相互参读。

**5·3** **诚意而不以礼则无征**[1]**，盖诚非礼无以见也。诚意与行礼无有先后，须兼修之。诚谓诚有是心，有尊敬之者则当有所尊敬之心，有养爱之者则当有所抚字之意**[2]**。此心苟息，则礼不备，文不当**[3]**。故成就其身者须在礼，而成就之礼则须至诚也**①。

**【校勘】**

① 之：其他诸本无。

**【注释】**

〔1〕诚意：使心意真诚。语出《礼记·大学》："欲正其心者，先诚其意。"征：预兆，迹象，验证。

〔2〕抚字：指对百姓的安抚体恤。

〔3〕文：指礼节仪式。

**【译文】**

心意真诚却不遵循礼节，那就无法验证，因为没有礼，真诚无法表现。心意真诚与行为遵循礼节是没有先后之分的，需要同时培养。所谓"诚"是说确实有这种心意，有尊敬的行为就应当有尊敬的心意，有养育爱抚的行为就应当有安抚体恤的心意。如果这种心意消失了，那礼就不能完备，仪式就不恰当了。因此，成就一个人的行为举止必然在于礼节，而成就一个人行为举止的礼节又必然在于最真诚的心意。

**【章旨】**

本章论述诚意与行礼须兼修。诚意是内，行礼是外，外是对内的表现，故诚意不能无礼，而礼亦不能丧失诚意。与二程相比，张载对《大学》的关注并不多，对《中庸》则非常倚重，故论"诚"处甚多，论"诚意"处则较少，此为一例。

**5·4** **天本无心，及其生成万物，则须归功于天，曰"此天地之仁也"。仁人则须索做**[1]**，始则须勉勉，终则复自然。人须常存此心**①[2]**，及用得熟却恐忘了。若事有汩没**[3]**，则此心旋失；失而复求之，则才得如旧耳。若能常存而不失，则就上日进**[4]**。立得此心，方是学不错**[5]**，然后要学此心之约到无去处也**[6]**。立本以此心，"多识前言往行以畜其德"**[7]**，是亦从此而辨**[8]**，非亦从此而辨矣。以此有心**②[9]**，则无有不善。**

**【校勘】**

①常：黄刻本、徐刻本、四库本作"当"。

②有：其他诸本皆作"存"。

**【注释】**

〔1〕须索：必须。

〔2〕存此心：指存养仁心。语出《孟子·离娄下》："君子所以异于人者，以其存心也。君子以仁存心，以礼存心。仁者爱人，有礼者敬人。"

〔3〕汩没（gǔ mò）：埋没，沉溺。事有汩没：犹泯没于事。

〔4〕就上：顺势。

〔5〕错：通"措"，舍弃。

〔6〕约：精要，简要。无去处：达到终点，即达到"不动心"的地步。《论语·里仁》："不仁者不可以久处约，不可以长处乐。"

〔7〕"多识前言往行以畜其德"：多学习古代圣贤的言论和行为，以此培养自己的德性。语出《周易·大畜·象》："天在山中，大畜。君子以多识前言往行，以畜其德。"

〔8〕是：正确的判断。《孟子·公孙丑上》："是非之心，智之端也。"

〔9〕有：获得。

**【参读】**

张载曰：大抵言"天地之心"者，天地之大德曰生，则以生物为本者，乃天地之心也。地雷见天地之心者，天地之心惟是生物，天地之大德曰生也。雷复于地中，却是生物。象曰："终则有始，天行也。"天行何尝有息？正以静，有何期程？此动是静中之动，静中之动，动而不穷，又有甚首尾起灭？自有天地以来以迄于今，盖为静而动。天则无心无为，无所主宰，恒然如此，有何休歇？人之德性亦与此合，乃是己有，苟心中造作安排而静，则安能久！然必从此去，盖静者进德之基也。（《横渠易说·上经》，第113页）

张载曰：天惟运动一气，鼓万物而生，无心以恤物。圣人则有忧患，不得似天。天地设位，圣人成能。圣人主天地之物，又智周乎万物而道济天下，必也为之经营，不可以有忧付之无忧。（《横渠易说·系辞上》，第185页）

张载曰：鼓万物而不与圣人同忧，天道也。圣不可知也，无心之妙非有心所及也。（《横渠易说·系辞上》，第189页）

**【集解】**

吕柟曰：存心熟，只是仁熟。（《张子抄释》卷三）

**【译文】**

天原本没有心，等到天生养成就万物，人们便将此功劳归之于天，说这是天地的仁爱之心。有仁爱之心的人却必须去实行，开始时必须勤勉力行，最终才能回复到如天道一样自然而然的状态。一个人应当经常保持这个心，到用得熟悉了却恐怕忘记。如果沉溺在各种杂事中，这个心就会马上失去。失去了再找到，才能像从前那样。如果能常常保持而不失去，那就能天天顺势进步。能确立这个心，才能学而不止，直到把握这个心的精要，达到最高的地步。用这个心确立大本，再"多了解前圣往贤的言行，不断培养自己的德性"，正确的可以据此分辨出来，错误的也可以据此分辨出来。用这种方法来获得仁心，就没有不善的事情了。

**【章旨】**

本章论"存心"，本于《孟子》。天地以生物为心，自然而然；人始学则需存心而勉勉，存而不失，终则自然。张载还有多处谈及"存心"问题（5·8、6·8），可相互参读。关于是非判断，本篇也有多处讨论（5·4、5·6、5·17、5·18、5·20），可相互参读。

**5·5** 古人耕且学则能之，后人耕且学则为奔迫[1]，反动其心[2]，何者？古人安分[3]，至"一箪食，一豆羹"[4]，"易衣而出"[5]，只如此其分也；后人则多欲，故难能。然此事均是人情之难[6]，故以为贵。

**【注释】**

〔1〕奔迫：急促，匆忙。

〔2〕动其心：指思想或感情受外界影响而发生的扰动。语出《孟子·公孙丑上》："志壹则动气，气壹则动志也。今夫蹶者趋者，是气也，而反动其心。"

〔3〕安分：安于本分。语本《孟子·尽心上》："君子所性，虽大行不加焉，虽穷居不损焉，分定故也。"

〔4〕"一箪食，一豆羹"：一盘饭，一碗汤，形容饮食简单。语出《孟子·告子上》："一箪食，一豆羹，得之则生，弗得则死。呼尔而与之，行道之人弗受；蹴尔而与之，乞人不屑也。"

〔5〕"易衣而出"：全家共享一件衣服，出门则换用之。语出《礼记·儒行》："儒有一亩之宫，环堵之室，筚门圭窬，蓬户瓮牖，易衣而出，并日而食。"

〔6〕此事：指如前所述的安于一盘饭、一碗汤、一件衣服换着出门的"安分"之事。人情：人的感受。

**【参读】**

张载曰：事无大小，皆有道在其间，能安分则谓之道，不能安分谓之非道。显诸仁，天地生万物之功，则人可得而见也；所以造万物，则人不可得而见，是藏诸用也。（《性理拾遗》，第374页）

**【集解】**

吕柟曰：学之难易，只在欲之多少。（《张子抄释》卷三）

**【译文】**

古人既耕种又为学是能做到的，后人既耕种又为学就会感到很匆忙急迫，心思反而会受到扰动，这是为什么呢？因为古人安于本分，以至于仅是一盘饭，一碗汤，一件衣服换着出门，也认为这是他的本分；后人却多贪欲，因此很难做到。不过，这些事都是按人的感受很难做到的，所以是可贵的。

**【章旨】**

本章继续论为学须安分寡欲才能不动心。所谓"安分"，也就是安于自己的本分，讲求义理，而不贪欲外在事物。

**5·6** 所以勉勉者①，谓"继之者善也，成之者性也"〔1〕，继继不已乃善而能至于成性也。今闻说到中道，无去处〔2〕，不守定〔3〕，又上面更求〔4〕，则过中也，过则犹不及也。不以学为行，室则有奥而不居〔5〕，反之他而求位，犹此也。是处不守定〔6〕，则终复狂乱，其不是亦将莫之辨矣。譬之指鹿为马，始未尝识马，今指鹿为之，则亦无由识鹿也。学释者之说得便为圣人，而其行则小人也，只闻知便为了〔7〕，学者深宜以此为戒。

**【校勘】**

① 所以：黄刻本、徐刻本、四库本作"所谓"。

**【注释】**

〔1〕"继之者善也，成之者性也"：辅助天道的是善，成就天道的是性。语出《周易·系辞上》："一阴一阳之谓道，继之者善也，成之者性也。"孔颖达疏："'继之者善也'者，道是生物开通，善是顺理养物，故继道之功者，唯善行也。'成之者性也'者，若能成就此道者，是人之本性。"

〔2〕无去处：指不知道到哪里寻求。

〔3〕不守定：不能牢牢守住，随外在环境动摇。

〔4〕上面：过于高远的地方。

〔5〕奥：室内西南隅，古时祭祀设神主或尊长居坐之处。居：部署，安排。

〔6〕是：正确。是处：对的地方，确凿无疑之处。

〔7〕闻知：口耳相传、缺乏深入验证的知识。了（liǎo）：完毕，结束。

【参读】

张载曰：为学所急，在于正心求益，若求之不已，无有不获，惟勉勉不忘为要耳。(《性理拾遗》，第375页)

【译文】

之所以要勤勉力行，就是《易传》所说"辅助天道的是善，成就天道的是性"，持续不断才是善，进而才能达到成就德性的境地。如今有人听到谈论中道，觉得不知道到哪里寻求，不能牢牢持守，于是就向更高远的地方寻求，这就超过了中道，超过了就与达不到是一样的。不能将所学付诸实行，就好比室内有安排神主的地方却不安排，反而到其他地方找位置。正确的地方不能坚守，那就最终又会陷入昏乱，连错误的地方也无法辨别了。比如把鹿指认成马，开始时本来是不认识马，如今把鹿当成马，这样就连鹿也不能再认识了。学佛的人在说法上好像是圣人，但其行为却是不学之人，仅听到表面的知识就满足了，学者对此尤其应当警惕。

【章旨】

本章论学者当勉勉以继善成性，不能过中，隐含对佛教有体无用的批评。本章提出的"中道"原则也很重要，体现张载学说的特点，在《正蒙》《易说》《语录》中经常论及，可互相参读。

5·7　孔子、文王、尧、舜皆则是在此立志，此中道也，更勿疑圣人于此上别有心[1]。人情所以不立，非才之罪也[2]。善取善者[3]，虽于不若己采取亦有益。心苟不求益，则虽与仲尼处何益！君子于不善，见之犹求益，况朋友交相取善乎①？人于异端〔4〕，但有一事存之于心，便不能至理；其可取者亦耳〔5〕，可取者不害为忠臣孝子。

**【校勘】**

① 善：其他诸本皆作"益"。

**【注释】**

〔1〕此上：犹此外。

〔2〕才：人性本有的才能。人情所以不立，非才之罪也：语本《孟子·告子上》："乃若其情，则可以为善矣，乃所谓善也。若夫为不善，非才之罪也。"

〔3〕取善：从他人那里获取德性上的益处。

〔4〕异端：非儒家圣人之道。《论语·为政》："子曰：'攻乎异端，斯害也已。'"朱熹集注："异端，非圣人之道，而别为一端，如杨、墨是也。"

〔5〕其：指异端。可取者亦耳：犹前句"于不善见之犹求益"，即从异端的错误中也可以获得德性上的益处。

**【集解】**

黄震释"心苟不求益，虽与仲尼处何益"曰：以上皆示学者紧切处。(《黄氏日抄》卷三十三)

吕柟曰：此只是虚。(《张子抄释》卷三)

**【译文】**

孔子、文王、尧、舜都是在中正之道上立志，不要再怀疑圣人在这之外还有别的用心。人情之所以立不起来，不是人性才能本身的过错。擅长学习善的人，即使是遇到不如自己的人，也可以有所收获而受益。如果内心不愿意寻求益处，那么即便与孔子相处，又能获得什么益处呢？君子对于不善的人，见到了也能获得益处，何况是朋友之间相互受益呢？一个人对于异端，如果将其偏离之处放在心上，便不能达到真正的义理；但对其中可受益之处也是一样，从中获得德性上的益处就不妨碍成为忠臣孝子。

【章旨】

本章继续论恪守中道，学者既要有向学之心，又不能受异端蛊惑。本章也涉及虚心求益的问题，可与2·13章相参。

**5·8　如是心不能存得虚牢固**①〔1〕，**"操则存，舍则亡"**〔2〕，**道义无由得生**〔3〕。**如地之安静不动，然后可以载物，生长以出万物。若今学者之心，"出入无时"**〔4〕，**记得时存，记不得时即休，如此则道义从何而生？**

【校勘】

① 得：徐刻本、四库本作"德"。

【注释】

〔1〕是心：即前数章所言之仁心、善心。虚：诸本皆如此，疑为衍文；或与"牢固"并为对本心性态的描述。

〔2〕"操则存，舍则亡"：指把持此心的时候就存在，放弃此心的时候就失去。语出《孟子·告子上》："故苟得其养，无物不长；苟失其养，无物不消。孔子曰：'操则存，舍则亡；出入无时，莫知其乡。'惟心之谓与？"

〔3〕道义：道德义理。语出《周易·系辞上》："成性存存，

道义之门。"孔颖达疏："此明易道既在天地之中，能成其万物之性，使物生不失其性；存其万物之存，使物得其存成也。性，谓禀其始也。存，谓保其终也。道，谓开通也。义，谓得其宜也。既能成性存存，则物之开通，物之得宜，从此易而来，故云'道义之门'，谓易与道义为门户也。"

〔4〕"出入无时"：指操舍不定。

**【参读】**

张载曰：学不能自信而明者，患在不自勉尔。当守道不回，如川之流，源泉混混，不舍昼夜，无复回却，则自信自明，自得之也。《易》曰"继之者善也"，惟其能相继而不已者，道之善也；至于成性，则不勉而中，不思而得，从容中道矣，故曰"成性存存，道义之门"。(《横渠易说·系辞上》，第 192 页)

朱熹曰：学者为学，未问真知与力行，且要收拾此心，令有个顿放处。若收敛都在义理上安顿，无许多胡思乱想，则久久自于物欲上轻，于义理上重。须是教义理心重于物欲，如秤令有低昂，即见得义理自端的，自有欲罢不能之意，其于物欲，自无暇及之矣。苟操舍存亡之间无所主宰，纵说得，亦何益！(《朱子语类》卷十二，第 201 页)

**【集解】**

吕柟曰：只是定耳。譬之地，甚明白。(《张子抄释》卷三)

**【译文】**

如果本心不能保持得牢固，"把持的时候就存在，放弃的时候就失去"，那么道义就无法产生。就好比大地安静不动，然后才能承载万物，生出长出万物。就像今日学者的善心，"操舍不定”，想起来就保持，想不起来就放弃，这样的话，道义从哪里产生呢？

**【章旨】**

本章继续讨论“存心”的问题。这里所“存”之“心”，乃为本心，由此心所出即是“道义”。本章也可以看作是对《孟子·告子上》“牛山之木”章的解释。

5·9　于不贤者犹有所取者[1]，观己所问何事。欲问耕则君子不如农夫，问织则君子不如妇人，问夷狄不如问夷人①，问财利不如问商贾。但临时己所问学者[2]，举一隅必数隅反[3]。

**【校勘】**

① 问夷狄不如问夷人：四库本改作“问制器不如问工人”。

**【注释】**

〔1〕不贤者：指圣贤、君子、学者以外，从事各种职业的普通人。取：取益，学习到德行上的好处。

〔2〕临时：指当其时其事。学者：学圣贤道理的人。

〔3〕隅：角，角落。反：类推。举一隅必数隅反：语本《论语·述而》：“不愤不启，不悱不发。举一隅，不以三隅反，则不复也。”邢昺疏：“其说之也，略举一隅以语之。凡物有四隅者，举一则三隅从可知，学者当以三隅反类一隅以思之。”

**【译文】**

对于普通民众，仍有可以学习的地方，这要看自己问的是什么事。要问耕种的事情，问君子不如问农夫；问纺织的事情，问君子不如问农妇；问外族的事情，不如问外族人；问财物货利的事情，不如问商人。只要随机向学者请教，掌握了一个方面，就可以推知其他方面。

【章旨】

本章继续论虚心好问以进学的方法。

5·10 "后生可畏"〔1〕，有意于古①〔2〕，则虽科举不能害其志，然不如绝利一源〔3〕。

【校勘】

① 意：徐刻本、四库本作"异"。

【注释】

〔1〕"后生可畏"：指后辈学者势必超过前辈，因而令人敬畏。语出《论语·子罕》："后生可畏，焉知来者之不如今也。"邢昺疏："言年少之人足以积学成德，诚可畏也。"

〔2〕古：指古代的典章文献及其中的道理。《论语·述而》："述而不作，信而好古。"

〔3〕绝利一源：断绝心中求利这一源头。

【集解】

吕柟曰：论科举优于程子，但人鲜不为其所夺。(《张子抄释》卷三)

【译文】

"年轻人是值得敬畏的"，有意愿学习古道的人，即使参加科举也不能妨碍他的志向，但是不如断绝求利这一根源。

**【章旨】**

本章由反面论为学忌以"利"为先。若树立正确的为学目标，科举之学亦可以为之。

5·11　学者有息时[1]，一如木偶人，牵揥则动[2]，舍之则息，一日而万生万死。学者有息时，亦与死无异，是心死也。身虽生，身亦物也。天下之物多矣，学者本以道为生，道息则死也，终是伪物[3]。当以木偶人为譬以自戒，知息为大不善，因设恶譬如此[4]，只欲不息。

**【注释】**

〔1〕息：停止，停息，这里指懈怠求取道义的精神。

〔2〕牵揥（chù）：牵拉。

〔3〕伪物：不真实、虚假的东西。

〔4〕恶譬：严苛的比喻。

**【集解】**

吕柟曰：息便是人欲，故曰人心惟危。（《张子抄释》卷三）

**【译文】**

学者懈怠的时候，就像木偶人一样，牵拉就动，放松就停，一天之内一会儿活一会儿死。学者懈怠的时候，也和死了没有区别，这是心死了。身体虽然活着，但身体也是一种物。天下的物很多，学者本来应当以道义为其生命，道义失去了，学者的生命就失去了，即使身体存在也终究是虚假的东西。学者应当以木偶人的比喻来警戒自己，知道精神懈怠有非常大的害处，因此我设想这样一个严苛的比喻，只是为了提醒学者不能懈怠。

【章旨】

本章以木偶人设喻，告诫学者当"以道为生"，以心御物。张载的譬喻，形象生动，意在提醒学者保持"勉勉"以求取"道义"的不懈精神。

5·12　欲事立须是心立，心不钦则怠堕[1]，事无由立。况圣人诚立[2]，故事无不立也。道义之功甚大，又极是尊贵之事。

【注释】

〔1〕钦：敬。

〔2〕诚立：犹立诚，或立于诚。

【参读】

张载曰：志学然后可与适道，强礼然后可与立，不惑然后可与权。博文以集义，集义以正经，正经然后一以贯天下之道。（《正蒙·中正篇》，第29页）

张载曰：敬斯有立，有立斯有为。（《正蒙·至当篇》，第36页）

张载曰：立斯立，道斯行，绥斯来，动斯和，从欲风动，神而化也。（《正蒙·三十篇》，第40页）

【集解】

张伯行释"道义之功甚大，又极是尊贵之事"曰：道者事物之理，义者裁制之宜人。能顺乎道义，则纲常名教无不自我而立，而其功为甚大矣。况天爵所在，又极为尊贵之事，而外至之显荣，皆不能及其万一者乎？人何惮而不为哉？（《濂洛关闽书》卷二）

【译文】

想要成就事业必须先要树立心志，心不恭敬就会懈怠堕落，事业就不可能成就。何况圣人以诚立心，所以事业没有不能成就的。道德义理的功效非常大，也是极为尊贵的事情。

【章旨】

本章论诚敬之心为立事之本。此所立之心，依然是本心。前几章强调心之不息，这里强调心之敬与诚，其实质意义是一致的。心立则道义生，事业成，故末句又强调道义之尊贵。

## 5·13 苟能屈于长者[1]，便是有问学之次第云尔①。

【校勘】

① 有：徐刻本、四库本无。

【注释】

〔1〕屈：屈服，折节。

【参读】

张载曰：克己，下学上达交相养也，下学则必达，达则必上，盖不行则终何以成德？明则诚矣，诚则明矣，克己要当以理义战退私己，盖理乃天德，克己者必有刚强壮健之德乃胜己。"雷在天上，大壮，君子以非礼弗履"。夫酒清人渴而不敢饮，肴干人饥而不敢食，非强有力者不能人所不能。人所以不能行己者，于其所难者则惰，其异俗者虽易而羞缩。惟心弘则不顾人之非笑，所趋义理耳，视天下莫能移其道。然为之人亦未必怪，正以在己者义理不胜惰与羞缩之病，消则有长，不消则病常在，消尽则是大而化之之谓圣。意思龌龊，无由作事。在古气节之士冒死以有为，于义未必中，然非有志概者莫能。况吾于义理已明，何为不为？正以不刚。惟大壮乃能克己，盖君子欲身行之，为事业以教天下。今夫为长者折枝，非不能也，但耻以为屈而不为耳，不顾义理之若何。（《横渠易说·上经》，第 130 页）

**【译文】**

如果能够屈服于辈分高的人，那就是明白问学的顺序了。

**【章旨】**

本章以"屈于长者"为问学之端。所谓"屈于长者"，在《礼记·曲礼上》多有论及，即是能事亲、事长，实际上也就是所谓"孝悌"之道（2·14）。张载以此为问学之始，一则在强调理学的实践性，二则也在强调理学的自反性和内在道德性。

**5·14**　整齐即是"如切如磋"也[1]，鞭后乃能齐也[2]。人须偏有不至处[3]，鞭所不至处，乃得齐尔。不知疑者，只是不便实作[4]。既实作，则须有疑。必有不行处[5]，是疑也。譬之通身会得一边[6]，或理会一节未全[7]，则须有疑。是问是学处也，无则只是未尝思虑来也。[8]

**【注释】**

〔1〕整齐：整治，使齐一。"如切如磋"：比喻君子的修养，

像磨制骨头、象牙以成器物那样，与人在互相商讨砥砺中不断提高。语出《诗经·卫风·淇奥》："瞻彼淇奥，绿竹猗猗。有匪君子，如切如磋，如琢如磨。"

〔2〕鞭后乃能齐：牧羊时，鞭打最后的羊，使羊群保持整齐。比喻为学时，针对自身的缺点进行改进。语出《庄子·达生》："善养生者，若牧羊然，视其后者而鞭之。"

〔3〕偏：片面，缺点。不至处：没有达到齐一的地方。

〔4〕便：就，即。实作：将所学落实到行为之中。

〔5〕不行处：指行不通的地方。

〔6〕通身：全部，完全。会：理解，领会。一边：一方面。

〔7〕一节：一部分。

〔8〕"不知疑者"至"是疑也"，朱熹辑入《近思录》卷二《为学》，出自《语录》。

**【参读】**

朱熹曰：人须做工夫，方有疑。初做工夫时，欲做此一事，又碍彼一事，便没理会处。只如居敬、穷理两事便相碍。居敬是个收敛执持底道理，穷理是个推寻究竟底道理。只此二者，便是相妨。若是熟时，则自不相碍矣。（《朱子语类》卷九，第150页）

朱子曰：读书无疑者，须教有疑；有疑者，却要无疑。到这里方是长进。（《朱子语类》卷十一，第186页）

**【集解】**

叶采曰：始学之士，知必有所不明，行必有所不通。不知疑者，是未尝实用功也。（《近思录集解》卷二，第65页）

张伯行曰：此言学必有疑，方是实工夫也。人之不知所疑，只因未尝着实用工夫。若既实用工夫，则必有所可疑之处。难道所作之事，俱无一节行不去？时有不行处，即是当疑处也。故无疑之中，忽然有疑，则其实作可知。有疑之后，更得无疑，然后无所行而不顺矣。（《近思录集解》卷二，第103—104页）

茅星来曰：作，非止作事，凡讲习讨论、省察克治之类皆是。不行，谓行有所不通也。〇朱子曰："学者须于思路断绝无可搜寻处，忽地彻悟，方始有得。"（《近思录集注》卷二，第95—96页）

施璜曰：实做工夫者，知有未达处必疑，行有阻碍处必疑，疑则思问矣。不知疑者，总是不曾着实下手做也。（《五子近思录发明》卷二，第139页）

郭嵩焘曰：于不行处见疑，横渠于义理一一以身体之，然后见理亲切。他日又曰："断事无失，吾乃沛然精义入神者，豫而已。"此亦内外交养之功也。（《近思录注》卷二，第53页）

张绍价曰：人不知疑者，只是不实用其力。若实用其力，则尊德性便忘却道学问，道学问又忘却尊德性；才要密察，便不洪放；才要洪放，又不密察。处处有碍，疑绪纷起，其不行处皆疑也。〇高景逸曰："凡事行不去时节，自然有疑，有疑要思其行不去者，即是格物。"（《近思录解义》卷二，第94页）

## 【译文】

所谓整治齐一，就是不断砥砺以提高自己的德性修养，只有鞭策督促不足之处才能达到齐一。一个人肯定有偏颇不足的地方，只要鞭策督促这些不足，就能达到齐一。不能提出疑问的人，只是没有把所学立即付诸实行。一旦付诸实行了，就肯定会有疑问。有行不通的地方，就会有疑问产生。比如全部义理只领会了一个方面，或领会了一部分而不是全部，就肯定会有疑问。因此，有疑问就是有可为学用功之处；如果没有疑问，那是因为从来没有认真思考过。

**【章旨】**

本章可分为两部分，前一部分论"整齐"，后一部分论"疑问"，都是论为学工夫。所谓"整齐"，就是看到自己修养上的不足，能有针对性地提高。所谓"疑问"，就是将所学付诸实行，在具体的实际情境中贯通自己的理解。张载对"疑"的工夫意义有多处讨论（8·23，6·39，8·22，8·23），可相互参读。此外，本章强调"实作"，与上章"能屈于长者"所包涵的通过实践、谦道以进德的意旨是相同的，下章亦是如此。

**5·15**　君子不必避他人之言[1]，以为太柔太弱。至于瞻视亦有节[2]，视有上下，视高则气高[3]，视下则心柔，故视国君者，不离绅带之中[4]。学者先须去客气[5]，其为人刚行[6]，则终不肯进[7]，"堂堂乎张也，难与并为仁矣"[8]。盖目者人之所常用，且心常记之，视之上下且试之[9]，己之敬傲必见于视。所以欲下其视者，欲柔其心也，柔其心则听言敬且信[10]。人之有朋友，不为燕安，所以辅佐其仁。今之朋友，择其善柔以相与[11]，拍肩执袂[12]，以为气合；一言不合，怒气相加。朋友之际，欲其相下不倦[13]，故于朋友之间主其敬者，日相亲与，得效最速。仲尼尝曰："吾见其居于位也，与先生并行也，非求益者也，欲速成者也。"[14]则学者

先须温柔，温柔则可以进于学。《诗》曰："温温恭人，惟德之基。"〔15〕盖其所益之多。〔16〕

**【注释】**

〔1〕言：言语，责备，议论。他人之言：指其他人对张载下述"柔其心"观点的议论、评价和态度。

〔2〕瞻视：观瞻，观看。节：仪节，规范。

〔3〕气高：气貌高亢。

〔4〕绅带：士大夫束腰之大带。视国君者不离绅带之中：语本《礼记·曲礼下》："天子，视不上于袷，不下于带；国君，绥视；大夫，衡视；士，视五步。凡视，上于面则敖，下于带则忧，倾则奸。"

〔5〕客气：指言行中的虚骄之气。

〔6〕刚：刚直，倔强，与"柔"相对。行（hàng）：刚强貌。《论语·先进》："子路，行行如也。"何晏集解："行行，刚强之貌。"

〔7〕进：指进学。

〔8〕堂堂：指容貌威仪之盛。张：子张，姓颛孙，名师，字子张，孔子弟子。"堂堂乎张也，难与并为仁矣"：容貌威仪堂堂的子张啊，很难和他一起行于仁道之上啊。这是曾子评价子张的话。语出《论语·子张》："曾子曰：'堂堂乎张也，难与并为仁矣。'"

〔9〕试：使用。

〔10〕听言：听取谏劝之言。

〔11〕善柔：阿谀奉承的人。《论语·季氏》："益者三友，损

者三友。友直，友谅，友多闻，益矣。友便辟，友善柔，友便佞，损矣。"邢昺疏："善柔，谓面柔，和颜悦色以诱人者也。"相与：相处，相交往。

〔12〕拍肩执袂：两个人搭着肩膀，拉着袖子，形容亲昵的样子。袂（mèi）：衣袖。

〔13〕相下：互相谦让。

〔14〕"吾见其居于位也，与先生并行也，非求益者也，欲速成者也"：我看见他坐在位子上，又与长辈并肩而行，他不是求上进，而是急于求成。这是孔子对一位童子的批评。语出《论语·宪问》："阙党童子将命。或问之曰：'益者与？'子曰：'吾见其居于位也，见其与先生并行也。非求益者也，欲速成者也。'"

〔15〕"温温恭人，惟德之基"：温和谦恭的人，以德性为其根基。语出《诗经·大雅·抑》："荏染柔木，言缗之丝。温温恭人，维德之基。"毛传："温温，宽柔也。"郑玄笺："宽柔之人温温然，则能为德之基止。言内有其性，乃可以有为德也。"

〔16〕"视有上下"至"听言敬且信"，亦见于《横渠礼记说·曲礼下》(第252页)。本章，朱熹辑入《近思录》卷五《克己》，出自《语录》。"学者先须去客气，先须温柔"，黄震辑入《黄氏日抄》卷二十三。

【集解】

叶采曰：学者当去轻傲之气，存恭谨之心。刚行，粗暴也。其为人粗暴，必不肯逊志务学，而亦终不能深造于道。子张气貌高亢，而无收敛诚实之意，故曾子以为"难与并为仁"。○心之神寓于目，故目视高下，而心之敬傲可见。心柔者听人之言，必敬且信，而不敢怠慢矣。○始则气轻而苟于求合，终则负气而不肯相下，若是者其果有益于己乎？故朋友之问以谦恭为主，则其相亲之意无厌，相观之效尤速。○阙里童子，居则当位，行则与先生并，盖轻傲而不循礼。故夫子以为非能求益者，但欲速于成人而已。故学者当以和顺为先，则谦虚恭谨有以为进学之地。○《诗·大雅·抑》篇。温和恭敬，为德之本。(《近思录集解》卷五，第 127—128 页)

张习孔曰：君子以心善其视，不以视善其心。先生欲以视验其心，故即心以教其视。○朋友关系之重如此。今人以为狎媟之资，是五伦废其一也，欲学之成也，得乎？○此小学之书，所以善体仲尼之志也。(《近思录传》卷五，第 130 页)

张伯行释"人之有朋友"至"得效最速"曰：此言取友之道也。善柔，工于媚悦者也。拍肩执袂，狎暱之态也。言人之有朋友，非为与之燕乐安处也，所以资其益以辅佐吾之仁也。今人不然，惟择朋友之工于媚悦者，相与拍肩执袂，狎暱游戏，以为意气之合。至于一言不合，则遂怒气相加。此小人之交易合易睽，不由于敬者也。夫所贵乎朋友者，欲其降心相下，责善不倦，而志同道合耳。故必于朋友之间，一以敬心主之，而严惮切磋，日相亲与，则德业自有日进之机，而学问自有日新之益，其得效也为最速矣。○又释"学者先须温柔"至"盖其所益之多"曰：人之躁暴者，其志必骄，气必傲，一种刚愎自用之态，欲以进学而入德，难矣。故学者须以温柔为先，温柔则和平谦顺，不骄不傲，自可以逊志时敏而日进于学。《诗》曰："温温恭人，维德之基。"言能温恭自持，则立德即基于此。可见温柔之受益甚多

也，学者可不以温柔自勉哉！（《濂洛关闽书》卷二）

张伯行曰：此欲人以恭逊温柔为进学之基，不可视高气傲，无受益处也。盖傲是客气，惟恐人加于我之上。一味贤知先人，不能自为仁，亦不能有以辅人之仁，是欲速成而非求益者。故张子谓：人说我太柔太弱，此却无妨，君子可无恤于人言而急欲避之也。人心惟傲不可长，当随时敛抑，至于瞻视之间，亦必不越其节。盖视有上下，宁下毋上，上则气高，下则心柔。故绅带之垂在下者也，视国君者不离绅带之中，礼也，所以视柔也。岂惟视国君当然？凡为学者皆以柔为道，先须去其客气。苟其人太刚而有行行气象，则粗暴不免，安能逊志务学？知其终不肯进也。子张圣门高弟，特以高亢，少诚实收敛之意，曾子谓其"难与并为仁"。可见仁是心细气静人做的，着不得一毫客气。客气未去，必越其瞻视之节而不能下也。○所以然者，人不可一日不视，视为人所常用，且心之神寓于目，是心托视以见也。故视之上下，所以试验其心之存。存心敬，则视必下；存心傲，则视必高。所以不欲其高而欲其下者，非故自卑而尊人，正欲柔其心也。柔其心则心不怠慢，听人之言必敬且信，人得以并与为仁，而己之学于是乎进矣！○夫柔非善柔之谓，相下而敬之谓也。学者所贵乎朋友，原不为燕昵自安之私，是我欲为仁，朋友亦欲为仁，所赖以陶淑观摩而相与辅佐者，如何傲他？无如今之朋友，始则气轻而易于苟合，善柔相与，非辅仁之资也，拍肩执袂，是燕安之私也；终则负气而不肯相下，一言遽怒，向之所谓相与者安在乎？欲其相下不倦，盖亦难矣。要不主敬之故，以敬为主，柔其心，下其视，听其言，而敬且信，则与相亲、相与之意无厌，何至有所不合，而其得效最速，有不辅我而为仁者乎！○夫朋友主敬，则效不期速而自速，否则轻浮欲速，夫子之所以益阙党童子也。童子不居隅坐之位，与先生长者并行。傲而简于礼，故夫子以为非求学问之进益，乃欲躐等而远跻成人之列者。观于此言，学者当以温柔为先。温，和也；柔，顺也。温柔而和顺，则与朋友相亲与，必不高视长傲以生客气，而可以进学，其益何如也！○末引《诗》以结之，见人言不足避也。《诗·大雅·抑》之篇。基，本也。《诗》称："温温恭人，如集于木。惴惴小心，如临于谷。"是心也，何其敬也！何其柔也！盖其为仁之本，受益弘多，君子不可不勉者此也。岂必以柔弱之言为避哉？张子尝曰"人要得刚，太柔则入于不立"，而此又云然者，前所云"刚"以强毅言，此云"刚行"以粗暴言；前所云"柔"以怯懦言，此云"温柔"以恭谨言，词同而意异也。(《近思录集解》卷五，第225—227页)

尹会一曰：此欲人存恭谨之心也。大凡君子持身自有定见，不必避他人之言，以为太柔太弱，宜济之以刚强。至于瞻视之间，亦有自然之节制，不可稍过。盖视有上下，视高则近于轻扬，而其气必高；视下则近于巽顺，而其心必柔。此不独视常人然也，即视国君者，即其瞻视以定吉凶，不离绅带而已得之。故学者必先去其轻傲之客气，然后进道有基，如其为人粗暴，则客气未除，必不肯逊志务学，而亦终不能进于道。昔曾子尝有言曰"堂堂乎张也，难与并为仁矣"，正以其气貌高亢，无收敛笃实之意，不可辅而为仁，亦不能有以辅人之仁也。○所谓视有上下，而气与心随之者，盖人身五官之用，视居其先，故目者尤人之所常用。且心之神常于目托之，视之上下且于目试之，己之恭敬傲慢，亦即于所视而见。所以欲下其视者，岂徒致谨于视哉？正欲制外以安内，而借以柔其心也。人诚能柔其心，则虚以受人，其于听人之言，必敬且信，而不敢怠惰矣。○此言交友以谦恭为主。人之有朋友，原非为相习于燕安，所以共勉于存理遏欲，而辅佐其仁。今人之交，不能亲近直谅之士，但择其工于媚悦而柔逊者，以相与拍肩执袂，以为气味相合。既非道义之孚，则必凶终隙末，一言不合，遂至怒气相加，岂复成朋友乎？夫朋友之际在乎取善辅仁，必卑以自牧，相下而无厌倦，方为得之。故惟能主其敬者，曰相亲与，则彼之善有以资乎我，我之善有以助乎彼，涵育熏陶，不自知其转移之捷，其得效为最速也。交友之道，张子言之尽矣，学者宜取法焉。○此言进学以温柔为主。昔仲尼尝有言曰礼有之，童子必隅坐，必随行。今阙党之童子则不然。吾见其居不让坐，俨然居于先生之位也；行不后长，俨然与先生并行也。是非求学问之进益者，乃欲速跻于成人之列者。○尝观诸诗矣，《大雅·抑》之篇有曰：温温然恭敬之人，是为进德之根基。盖以人自处于高亢，则志骄气盈，无由得益。惟温和恭谨，则德日进，而所益者多矣。是满则招损，谦则受益，无事不然也，学者其勉之。○由此观之，则凡为学者必先温和柔顺。诚温和柔顺，则谦能受益，而后有以为进学之地也。(《近思录集解》卷五)

李文炤曰：避他人之言，所以自反也。视国君不离绅带之中，所以致敬也。刚行，粗厉貌。终不肯进者，志不能逊也。子张容貌矜庄，未免于客气之胜，故曾子以为"难与并为仁"。○

人心固不可偏于柔，然接物听言之际，非柔则必自恃，岂能虚心以受天下之益哉？○陈氏曰："善柔，谓善为柔媚。气合，谓意气相合。相下，谓彼此相让。效，则忠告善道之益也。"○温柔，刚行之反也。（《近思录集解》卷五，第124—125页）。

茅星来曰："视国君不离绅带"者，如《曲礼》"天子视不上于袷，不下于带，国君绥视，大夫衡视，士视五步"，及《士相见礼》"凡与大人言，始视面，中视抱，卒视面"之类皆是。张子盖亦约略言之耳。客气，说已见前。刚行，刚强貌。"堂堂乎张也"二句，语出《论语》。"不必避他人之言，以为柔弱"者，盖人多于此致病，故先以此破其疑也。张子于"畏人非笑"尝再三言之，意可见矣。古之学者，言动举止皆有节制，而视最易忽，故又抽出言之。玩"至于"字、"亦"字可见，见无在而可苟也。末又引曾子之言，以证"为人刚行，终不肯进"之意。○此一节明"瞻视亦有节"之意。试之者，欲其反己自验，而有以知其诚然也。○"不为"之"为"，去声。下视柔心，接物皆然，此又于其中抽出朋友言之。"今之朋友"五句，所以极言为燕安而取友之病，以见非下视柔心不可之意。主敬，又下视柔心之本也。○此又引夫子之言，以明当下视柔心之意。温柔则心虚志逊而可以进学。其不然者，反是。○《诗·大雅·抑》之篇。引此以见温柔之得益也。（《近思录集注》卷五，第188—189页）

施璜曰：此章极言敬傲之分，要人温柔恭敬，不可高傲有客气也。何谓客气？曰：客与主对。让尽所对之宾，而安心居于卑末，又能尽心尽力供养，诸宾客有失错又能包容，此主气也。惟恐人加于我之上，惟恐人怠慢我，此是客气。学者必先去其客气，然后谦卑逊顺，不以贤智先人，方可以为仁，亦可以辅人之仁，不必避他人之言，以为太柔太弱，而视高气傲也。《诗》称"温温恭人，如集于木。惴惴小心，如临于谷"，真修德之基，受益弘多，不可不勉。(《五子近思录发明》卷四，第329页)

江永：刚暴者，常有矜高之病。○敬则相下，而非善柔，日与之亲，亦得相观之益。(《近思录集注》，第168页)

郭嵩焘曰：张子此段议论，专为朋友讲习取益工夫言之。胡文忠公每值事务丛委，或盛怒，闻人一言，便怡颜下气，就询其本末，惟恐有不尽。学者能得此意，则柔弱二字，终身受用，为益无穷。○前言"柔其心，则听言敬且信"，说得最佳。须是约束其心，使善思而循理。"温温恭人，维德之基。"温温者，恭之著也。此云"学者先须温柔"，疑语意稍失之。○横渠性刚，而以温柔为训，亦是克己工夫。(《近思录注》卷五，第115页)

张绍价曰：为人刚行，则务外自高。务外则不能实心体道，自高则不能虚心求益。故不可辅而为仁，亦不能有以辅人之仁也。○傲即客气，最为恶德。象之恶，丹朱之不肖，亦只一傲字而已。学者所当深戒也。○朋友取其辅仁，非取其善柔。高傲者矜己陵人，喜谀恶规。规其过则曰是诬我，劝以善则曰尔何知，怒气相加，反唇相稽，如仇敌然，何以辅仁？何以获益？朋友之间，主其敬者以相与，然后可获观摩之益。○此节言克己之功，当戒高傲，学温柔。温柔则卑以自牧，虚以受人，乃可以进学，而为修德之基。(《近思录解义》卷五，第194—195页)

【译文】

君子没必要害怕他人议论说我太柔和，太软弱。至于观看，也有礼节。目光有上下之别，看得高表明心高气傲，看得低表明内心柔和。因此，面见国君时，视线不要离开腰带的中间。学者首先需要祛除自己的虚浮轻傲之气，为人太刚强就终究不能上进，所谓"容貌威仪堂堂的子张，很难和他一起行于仁道之上"。因为眼睛是人所常用的器官，并且心思通常会记忆下来，又通过目光的高低表现出来，自己的恭敬或傲慢必然表现在目光中。所以，要让目光向下是为了使内心柔和，内心柔和就能对别人的进德之言恭敬且信任。一个人之所以有朋友，不是为了享受安乐，而是为了培养仁德。如今所谓的朋友，喜欢选择与阿谀奉承的人在一起，搭着肩膀、拉着衣袖，以为是志气相投；一句话不投机，就怒气相加。朋友之间，要想一直谦让相处，需要双方都以恭敬为主，平日亲近友好，这样对于增进仁道收效最快。孔子曾批评阙党童子说："我看见他坐在位子上，又与长辈并肩而行，他不是求上进，而是急于像成人一样。"因此，学者先要温和柔顺，温和柔顺就能在为学上有进步。《诗经》说"温和谦恭的人，以德性为其根基"，这是说温和柔顺所带来的益处很多。

**【章旨】**

本章篇幅较长，主要论述以"温柔"来进学成德的工夫。首先，张载提出学者要有定见，不怕他人的不解和非笑。其次，张载举了"瞻视"的例子，认为"目视"反映心气，学者需要"下其视"以"柔其心"，进而达到"听言敬且信"。再次，张载又论述了在交友之道中，也要"相下不倦""主敬""辅仁"。最后，张载引用了孔子和《诗经》的话，总结以"学者先须温柔，温柔则可以进于学"。"温柔"和前几篇反复谈到的"虚心"在德性上是相同的，差异在于前者主要针对"气"而言，后者则主要针对"心"，因而二者可以相须为用。

**5·16　多闻见，适足以长小人之气。"君子庄敬日强"**[1]**，始则须"拳拳服膺"**[2]**，出于牵勉**[3]**，至于中礼却从容**[4]**，如此方是为己之学**[5]**。《乡党》说孔子之形色之谨**[6]**，亦是敬，此皆变化气质之道也。**[7]

**【注释】**

〔1〕"君子庄敬日强"：语出《礼记·表记》："君子庄敬日强，安肆日偷。"孔颖达疏："言君子之人，恒能庄敬，故德业日强。"。

〔2〕"拳拳服膺"：诚恳信奉，衷心信服。语出《礼记·中庸》："回之为人也，择乎中庸，得一善则拳拳服膺，而弗失之矣。"郑玄注："拳拳，奉持之貌。"

〔3〕牵勉：勉强，努力维持。

〔4〕从容：悠闲舒缓，自然而然。《孟子·尽心下》："动容周旋中礼者，盛德之至也。"

〔5〕为己之学：提升自己道德修养的学问。语本《论语·宪问》："古之学者为己，今之学者为人。"何晏集解："孔曰：'为己，履而行之。为人，徒能言之。'"

〔6〕《乡党》：《论语》中的《乡党》篇，记载孔子的容色言动、衣食住行均符合于礼。形色：指形体和容貌。谨：恭敬。《论语·乡党》："孔子于乡党，恂恂如也，似不能言者。其在宗庙、朝

廷，便便言，唯谨尔。"

〔7〕"君子庄敬日强"至"方是为己之学"，亦见于《横渠礼记说·中庸》（第 306 页）。"此皆变化气质之道"，黄震辑入《黄氏日抄》卷三十三。

【集解】

吕柟曰：人知谦虚方有进。（《张子抄释》卷三）

张伯行释"多闻见适足以长小人之气"至"如此方是为己之学"曰：学问固资乎闻见，然徒夸多斗靡而无收敛近实之功，则轻浮浅露。自恃所长，适足以长小人之气。故君子必庄敬日强，以潜消其傲慢而敛束其心身。其始则拳拳奉持，未免牵苦勉强。至于久而合乎规矩，自然从容顺适。盖必如此，方是切实为己之学，而闻见为能有益也。（《濂洛关闽书》卷二）

【译文】

多闻多见恰好可以增长不学之人的傲气。"君子庄重恭敬，德业就不断增强"，开始为学时需要努力持守信奉，力行不倦，到了凡事都能符合礼节时就能悠闲自然，这样才是修养自身德性的学问。《论语·乡党》说孔子体态容貌的恭谨也是敬的表现，这都是变化气质的方法。

【章旨】

本章继续论以"敬"胜"气"。"闻见"是感官受外物作用所产生的认识，不依据于内在的德性。如果不学之人以此为足，恰恰会助长其驰欲于外的好胜心。正确的为学方法，应当是以敬立心，首先使内心专一，努力使行为合乎礼节要求，从而逐渐变化气质，最终达到成就德性之后的从容自然。

**5·17** 道要平旷中求其是，虚中求出实，而又博之以文①〔1〕，则弥坚转诚〔2〕。不得文，无由行得诚。文亦有时〔3〕，有"庸敬"〔4〕，有"斯须之敬"〔5〕，皆归于是而已。存心之始，须明知天德〔6〕。天德即是虚，虚上更有何说也！

**【校勘】**

① 博：鸣道本误作"传"，据其他诸本改。

**【注释】**

〔1〕博之以文：广泛地学习和实践各种文章典籍、礼仪制度。语本《论语·子罕》："颜渊喟然叹曰：'仰之弥高，钻之弥坚，瞻之在前，忽焉在后。夫子循循然善诱人，博我以文，约我以礼，欲罢不能，既竭吾才，如有所立卓尔。虽欲从之，末由也已。'"《论语》中"博文"与"约礼"对言，张载这里以"文"包含了"礼"。

〔2〕弥坚：愈加坚固，这里形容道的深厚。语本《论语·子罕》，邢昺疏："言夫子之道高坚不可穷尽，恍惚不可为形象，故仰而求之则益高，钻研求之则益坚。"

〔3〕时：适时，合于时宜。

〔4〕庸敬：通常情况下的敬。

〔5〕斯须：须臾，片刻。斯须之敬：临时的、特殊情况下的敬。有庸敬，有斯须之敬：语本《孟子·告子上》："孟季子问公都子曰：'何以谓义内也？'曰：'行吾敬，故谓之内也。''乡人长于伯兄一岁，则谁敬？'曰：'敬兄。''酌则谁先？'曰：'先酌乡人。''所敬在此，所长在彼，果在外，非由内也。'公都子不能

答，以告孟子。孟子曰：'敬叔父乎？敬弟乎？彼将曰："敬叔父。"曰："弟为尸，则谁敬？"彼将曰："敬弟。"子曰："恶在其敬叔父也？"彼将曰："在位故也。"子亦曰："在位故也。庸敬在兄，斯须之敬在乡人。"'"赵岐注："孟子使公都子答季子如此，言弟以在尸位，故敬之；乡人以在宾位，故先酌之耳。庸，常也。常敬在兄，斯须之敬在乡人。"

〔6〕天德：天所具有的生养万物的德性。

## 【参读】

张载曰：诚者，虚中求出实。(《张子语录·语录中》)

张载曰：与天同原谓之虚，须事实故谓之实，此叩其两端而竭焉，更无去处。(《张子语录·语录中》)

张载曰：天地之道无非以至虚为实，人须于虚中求出实。圣人虚之至，故择善自精。心之不能虚，由有物榛碍。金铁有时而腐，山岳有时而摧，凡有形之物即易坏，惟太虚无动摇，故为至实。《诗》云："德輶如毛"，毛犹有伦，上天之载，无声无臭，至矣。(《张子语录·语录中》)

张载曰：天地以虚为德，至善者虚也。虚者天地之祖，天地从虚中来。(《张子语录·语录中》)

## 【译文】

道理需要在平阔宽广的心态中体会其正确不移，在虚中体会其实，又要广泛地学习和实践各种文章典籍、礼仪制度，这样高坚不可穷尽的道就转变为内在的诚意。没有文章典籍、礼仪制度，就没办法实践诚意。文章典籍、礼仪制度也要合于时宜，有平常情况下的敬，也有特殊情况下的敬，都归摄于正确罢了。存养本心的开始,必须要体悟天德。天德就在于虚,虚以外还有什么可说的呢!

**【章旨】**

本章论"虚""诚"与"文"之间的关系。"虚"首先是天德的体现,其次也是对学者从各种感受、意念、欲望回归本心的实践工夫要求。"文"既指阅读文章经典,也指对礼乐制度的实践。张载认为,学者须由虚转诚,由诚转文。虚与诚是实质,文是形式和表现。本章以下,都与这种"虚心""大心"的实践工夫相关,可以相互参读。

5·18　求养之道,心只求是而已。盖心弘则是,不弘则不是;心大则百物皆通,心小则百物皆病[1]。悟后心常弘,触理皆在吾术内。睹一物则敲点着此心①[2],临一事又记念着此心,常不为物所牵引去。视灯烛,亦足以警道。大率因一事长一智,只为持得术博,凡物常不能出博大之中。[3]

**【校勘】**

① 则:其他诸本皆作"又"。

**【注释】**

〔1〕病:窒碍。

〔2〕敲点:敲打,激发。

〔3〕本章"心大则百物皆通,心小则百物皆病"二句,朱熹辑入《近思录》卷二《为学》,出自《语录》。

**【参读】**

问:"横渠言'心大则百物皆通,心小则百物皆病',何如?"(朱熹)曰:"此心小是卑陋狭隘,事物来都没奈何,打不去,只管见碍,皆是病。如要敬则碍和,要仁则碍义,要刚则碍柔。这里只看得一个,更着两个不得。为敬,便一向拘拘;为和,便一向放肆,没理会。仁,便煦煦姑息;义,便粗暴决裂。心大,便能容天下万物。有这物则有这理,有那物即有那道理,并行而不相悖,并育而不相害。"(《朱子语类》卷九十五,第2451页)

朱熹曰:"心大则百物皆通。"通,只是透得那道理去;病,则是窒碍了。(《朱子语类》卷九十八,第2529页)

**【集解】**

叶采曰:心大则宽平弘远,故处己待人无往而不达;心小则偏急固陋,无所处而不为病也。(《近思录集解》卷二,第65页)

吕柟曰:心存则自能开悟,能开悟则自能博大。(《张子抄释》卷三)

张习孔曰:心无私则大,大则物备于我;心有私则小,小则我拒于物。(《近思录传》卷二,第60页)

张伯行释"心大则百物皆通,心小则百物皆病"曰:通,洞达也。病,窒碍也。人之一心,乃百物之宰。惟心不蔽于私,不囿于欲而大,则本体清明,而于百物之理皆洞达而无所不通。若心为私所蔽,为欲所囿而小,则拘滞狭隘,而于百物之理皆窒碍而无所不病矣。此为学之道,不可不知,所以治心也。(《濂洛关闽书》卷二)

张伯行曰：心大则虚公朗彻，蕴蓄多而意旨融，故百物遇之皆豁然而无所不通；心小则狭隘昏塞，包容少而神思亦滞，故所见百物皆窒碍而无所不病。何以大其心？亦在居敬穷理而已。（《近思录集解》卷二，第104页）

尹会一曰：人心虚灵，具众理而应万事，原是广大的。惟能涵养此心，宽平宏远，自然处己待人无往而不达。若气拘习蔽，不加扩充，则此心褊急固陋，无所处而不为病矣。故学以治心为要也。（《近思录集解》卷二）

茅星来曰：通，谓道理通透，行无不得也。病，则窒碍而不通矣。朱子曰："心大，则能容天下之物，随时随处各有道理，泛应曲当，故百物皆通；心小，则卑陋狭隘，动辄见碍，如敬则拘束而碍和，和则流荡而碍敬，仁则煦煦姑息而碍义，义又粗暴决裂而碍仁，着得一个便是，容两个不得，故百物皆病。"（《近思录集注》卷二，第96页）

施璜曰：心大则万理透彻于心，故百物皆通；心小则有所昏蔽，故百物皆病。何以使心得大？穷理以致其知，则心大矣。（《五子近思录发明》卷二，第139页）

郭嵩焘曰：横渠之学多是要人从大处立规模，然谓"大其心则能体天下之物"，"心大则百物皆通"，仍是谓天下万物之理皆具于吾心，人多以意欲蔽之，则条理有不可见耳。吾心之理，体也；天下之物，皆其用也。惟无私者为能大其心，而百物皆通矣。程子云："须是大其心，使开阔。"本源正同，而立言各有归宿。（《近思录注》卷二，第53页）

张绍价曰：心大则宽快公平，道理明澈，所知所行无不顺

利，故百物皆通；心小则卑陋狭隘，识见锢蔽，所知所行无不窒碍，故百物皆病。（《近思录解义》卷二，第94页）

**【译文】**

寻求修养身心的方法，只是以心寻求正确的义理罢了。因为心弘大就正确，心不弘大就不正确；心弘大就能将各种事物贯通，心小就处处产生窒碍。体会到道理以后，心才能常常保持弘大，接触到的道理都在我的方法之内。看见一样东西就要激发一下这个心，遇到一件事又要惦记着这个心，使之时常不被外物牵累。看灯火烛光，也可以提醒人惊醒道理。大抵经历一件事就能增长一分智慧，就是因为持有的方法广博，所以各种事物通常不能超出这个博大的范围之外。

**【章旨】**

本章论悟道要心弘。"大心"是张载工夫论的重要方面，有多处论及，可相互参读。本章的特点是将"大心"与"悟道""求是"相联系，主张触处皆理，随时"求是"。所谓"是"，直接而言，就是孟子所说的"是非之心"之"是"，也即"义理"。"义理"是内在于心的，故而本章将"求是"作为"存心""养心"的根本方法。张载的修养工夫论受孟子影响很大，可以从本书的多处论述中看出。

**5·19** 求心之始则有所得①〔1〕，久思则茫然复失，何也？夫求心不得其要，钻研太甚则惑。心之要，只是欲平旷，熟后无心如天，简易不已〔2〕。今有心以求其虚，则是已起一心，无由得虚。切不得令心烦②〔3〕，求之太切则反昏惑〔4〕，孟子所谓"助长"也〔5〕。孟子亦只言存养而已〔6〕，此非可以聪明思虑〔7〕，力所能致也。然而得博学于文以求义理〔8〕，则亦动其心乎？夫思虑不违是心而已。"尺蠖之屈，以求伸也；龙蛇之蛰，以存身也；精义入神，以致用也；利用安身，以崇德也"〔9〕，此交相养之道〔10〕。夫屈者所以求伸也，勤学所以修身也，博文所以崇德也，惟博文则可以力致。人平居又不可以全无思虑，须是考前言往行，观昔人制节〔11〕，如此以行其事而已，故动焉而无不中礼③。

【校勘】

① 则：其他诸本皆作"如"。

② 切：鸣道本作"功"，据其他诸本改。

③ 礼：其他诸本皆作"理"。

【注释】

〔1〕求心：寻求本心。语本《孟子·告子上》："仁，人心也；义，人路也。舍其路而弗由，放其心而不知求，哀哉！人有鸡犬放，则知求之，有放心而不知求。学问之道无他，求其放心而已矣。"

〔2〕简易：简约平易，不烦难。语本《周易·系辞上》："乾知大始，坤作成物。乾以易知，坤以简能；易则易知，简则易从；易知则有亲，易从则有功；有亲则可久，有功则可大；可久则贤人之德，可大则贤人之业。易简而天下之理得矣。天下之理得，而成位乎其中矣。"

〔3〕切：务必。

〔4〕切：急切，急迫。

〔5〕助长：帮助生长。语本《孟子·公孙丑上》："必有事焉而勿正，心勿忘，勿助长也。无若宋人然：宋人有闵其苗之不长而揠之者，芒芒然归，谓其人曰：'今日病矣！予助苗长矣！'其子趋而往视之，苗则槁矣。天下之不助苗长者寡矣。以为无益而舍之者，不耘苗者也；助之长者，揠苗者也非徒无益，而又害之。"

〔6〕存养：保存和涵养本心。语本《孟子·尽心上》："尽其心者，知其性也。知其性，则知天矣。存其心，养其性，所以事天也。夭寿不贰，修身以俟之，所以立命也。"

〔7〕聪明：耳聪目明，指视听灵敏。思虑：思索考虑。

〔8〕博学于文：广泛地学习各种文化典籍。语出《论语·雍也》："君子博学于文，约之以礼，亦可以弗畔矣夫！"

〔9〕"尺蠖之屈，以求伸也；龙蛇之蛰，以存身也；精义入神，以致用也；利用安身，以崇德也"：语出《周易·系辞下》。尺蠖（huò）：蛾的幼虫，身体柔软细长，屈伸而行，故而用以比喻先屈后伸。蛰（zhé）：动物冬眠，潜伏起来不食不动。朱熹《周易本义》："因言屈信往来之理，而又推以言学亦有自然之机也。精研其义，至于入神，屈之至也，然乃所以为出而致用之本；利其施用，无适不安，信之极也，然乃所以为入而崇德之资。内外交相养，互相发也。"

〔10〕交相养之道：指虚心崇德与博文利用相互交养。

〔11〕节：礼节。

**【集解】**

湛若水释"求心之始"至"熟后无心"曰：张载所谓平旷，即勿忘勿助之间也。得此则得其理矣，失此则失其理矣。故茫然

而失者谓之忘，钻研太过者谓之助，过犹不及尔。学者于勿忘勿助之间，而平旷自然之气象自见矣。（《格物通》卷二十）

　　吕柟曰：只是定后便能有进。（《张子抄释》卷三）

　　张伯行释"'精义入神以致用也，利用安身以崇德也'，此交相养之道"曰："精义"四句，《易传》释《咸》九四爻辞也。精研其义至于入神，所以为出而致用之本；利其施用，无适不安，所以为入而崇德之资。此内外交相养之道也。○又释"勤学所以修身也，博文所以崇德也"曰：学欲其勤，故从事于致知力行，体之于己，使去恶从善，修身之事也；文欲其博，故多识乎前言往行，畜之于心，使日积月累，崇德之功也。（《濂洛关闽书》卷二）

## 【译文】

　　开始寻求本心的时候有收获，长时间思索后却又陷入迷茫，好像又失去了，这是为什么呢？这是因为寻求本心时没有把握要领，思虑过度，因而导致困惑。本心的要领，只是要保持宽广平阔，娴熟以后就会像天生万物一样无所用心，简单平易，永不停息。如今刻意用心寻求虚静，那就已经生出了一个思虑之心，反倒无法得到虚静。因此，务必不要让内心烦躁，太急迫地寻求，反而会陷入昏乱困惑，这就是孟子所说的"助长"。孟子也只是说存心养性罢了，这不是能够用聪明思虑、努力用功就可以达到的。但是，广泛地学习和实践文章典籍、礼仪制度来体会义理，也会让内心扰乱吗？这是思虑不违背本心罢了。"尺蠖缩回身体，是为了伸展；龙蛇冬眠潜伏，是为了保存自身；精研道义，达到神妙的境界，是为了付诸实用；利于施用，安处其身，是为了崇尚道德"，这就是身心、动静、内外交互涵养的方法。弯曲是为了伸展，勤奋学习是为了修养身心，广泛地学习和实践文章典籍、礼仪制度是为了崇尚道德，只有广泛地学习和实践文章典籍、礼仪制度是能够通过努力用功而达到的。一个人平日里也不能完全没有思虑，应该考察前圣往贤的言行，观察古人制定的礼节，依照这样的方式来处理自己的事情就行了，这样所有的行动就没有不符合礼节的了。

【章旨】

本章论"虚心"与"博文"相互交养。张载认为，"虚"是不可以"求"的，因为有"求"则有思虑勉强，而"虚"是无心如天的一种自然状态或精神境界。因而张载赞同孟子所说的"心勿忘，勿助长也"，此心只能存养。另一方面，张载也强调通过"博文"的方式体会义理，从而找到一个可以努力用功的途径。这种内外交养的方法，张载反复论及，可以互相参读。

5·20　学者既知此心[1]，且择所安而行之己不愧。疑则阙之[2]，更"多识前言往行以养其德"。"多闻阙疑"①，"多见阙殆"[3]，而今方要从头整理，将前言往行常合为一，有不合自是非也。

【校勘】

① 多闻阙疑：鸣道本倒作"多阙闻疑"，据其他诸本改。

【注释】

〔1〕此心：指本心。

〔2〕阙：搁置，保留。

〔3〕"多闻阙疑，多见阙殆"：多听别人说话，有疑问就先搁置；多看别人行事，有危险就不要去做。语出《论语·为政》："多闻阙疑，慎言其余，则寡尤；多见阙殆，慎行其余，则寡悔。"

【译文】

学者既然知晓了本心，再选择不违背其本心的方式去做，自己就没有愧疚了。有疑问就先保留，更要多学习前圣往贤的言行来培养自己的德性。"多听别人说话，有疑问就先保留"，"多看别人行事，有危险就不要去做"，如今正需要重新整理，将前圣往贤的言行贯通为一，有不相合的自然就是不对的。

【章旨】

本章论"多识前言往行"的必要性和方法。按照张载的理解，"多识前言往行"是在"知此心"之后，通过阅读、研究经典，把握其中的义理，以与"此心"相须为用。因此，本章最后强调"而今方要从头整理"，也就是把经典中的言论贯通一致，而不能停留在枝节。本篇有多章谈到"多识前言往行"（5·4，5·19，5·20，5·22），可以相互参读。


5·21　人能不疑〔1〕，便是德进。盖己于大本处不惑〔2〕，虽未加工〔3〕，思虑必常在此，积久自觉渐变。学者恶其自足〔4〕，足则不复进。


【注释】

〔1〕不疑：指对修身养德之根本的不怀疑。

〔2〕大本：修身养德的根本。

〔3〕加工：花功夫，用力。

〔4〕恶（wù）：忌讳。自足：自满。

**【译文】**

一个人对修身养德的根本无所怀疑，就是德行的进步。因为自己在根本处没有疑惑，即使没有再用工夫，也一定会在这方面常常思虑，积累久了自然会感觉到德行上慢慢变化。学者最忌讳自满，有自满就不会再有进步。

**【章旨】**

本章论对于"大本"的"不疑"。张载既常常强调"疑"（5·14，6·39，8·22，8·23），也常常强调"不疑"（4·21，7·2，8·3，8·8）。这二者的层次是不同的，因而并不矛盾。所谓"疑"，主要是在工夫层面，即"实作"时，心思意念起到一种知行贯通作用；所谓"不疑"，则是对"德性""义理""本心"的一种信念，因而贯穿于修身养德的全过程，既是起点，也是终点。

5·22　立本既正，然后修持。修持之道，既须虚心，又须得礼，内外发明〔1〕，此合内外之道也。当是"畏圣人之言"〔2〕，考前言往行以畜其德，度义择善而行之〔3〕。致文于事业而能尽义者〔4〕，只是要学。晓夕参详比较，所以尽义。惟博学然后有可得以参较琢磨，学博则转密察〔5〕，钻之弥坚〔6〕，于实处转笃实①，转诚，转信。故只是要博学，学愈博则义愈精微。"舜好问，好察迩言"〔7〕，皆所以尽精微也。

舜与仲尼，心则同，至于密察处，料得未如孔子。大抵人君则有辅弼疑丞[8]，中守至正而已[9]，若学者则事必欲皆自能，又将道辅于人。舜为人君，犹起于侧微[10]。

【校勘】

① 笃：徐刻本、四库本作"为"。

【注释】

〔1〕内：指心。外：指身。发明：印证。

〔2〕"畏圣人之言"：敬畏圣人的话。语出《论语·季氏》："君子有三畏：畏天命，畏大人，畏圣人之言。"

〔3〕度（duó）：斟酌。义：义理。

〔4〕文：文章，文献，这里指圣贤经典中的义理。

〔5〕密察：详细明辩。语本《礼记·中庸》："文理密察，足以有别也。"

〔6〕钻之弥坚：越钻研探索越觉得博大厚实。语出《论语·子罕》："仰之弥高，钻之弥坚；瞻之在前，忽焉在后。"

〔7〕迩言：浅近之言，常人之语。"舜好问，好察迩言"：舜喜欢向人提问，喜欢分析别人浅显言语里的含义。语出《礼记·中庸》："舜其大知也与！舜好问而好察迩言，隐恶而扬善，执其两端，用其中于民。其斯以为舜乎！"

〔8〕辅弼疑丞：古代君主身边的辅佐大臣。语本《尚书大传》："古者天子必有四邻，前曰疑，后曰丞，左曰辅，右曰弼。天子有问无以对，责之疑；可志而不志，责之丞；可正而不正，责之辅；可扬而不扬，责之弼。"

〔9〕至正：最中正之道。中守至正：指人君持守最中正之道。语本《礼记·礼运》："王前巫而后史，卜筮瞽侑皆在左右。王中，心无为也，以守至正。"

〔10〕侧微：卑贱。语出《尚书·舜典·序》："虞舜侧微，尧闻之聪明，将使嗣位，历试诸难，作《舜典》。"孔颖达疏："不在朝廷谓之侧，其人贫贱谓之微。"

**【集解】**

吕柟曰：精微只在广大中，故好问好察，巨细一道。(《张子抄释》卷三 )

**【译文】**

根本既然已经确立，之后就需要修养持守。修养持守的方法，既需要虚心，又需要遵循礼节规范，身心内外相互印证，这就是统合内外的道理。应当敬畏圣人的言论，仔细考察前圣往贤的言行以培养自己的德性，斟酌义理，选择正确的原则付诸实行。要把文章中的义理运用在成就事业中，并且可以穷尽义理，就只能在于为学。日夜参酌详审比较，才能穷尽义理。只有广泛地学习之后，才能够参酌比较琢磨。学问广泛，就要转向详细明辨；努力钻研，在实事上转向淳厚朴实，再转向诚意，转向信实。因此，必须要广博学习，学习得越广泛，义理的辨析就精微。"舜喜欢提问，喜欢分辨别人浅近言语的道理"，这都是能够把握精微的表现。舜与孔子的用心是相同的，但在详细明辨上，估计比不上孔子。这是因为人君有辅佐的大臣，只要持守大中至正之道就可以了；如果是学者，凡事却都想要自己处理好，还要以道辅助别人。舜虽然是君主，但出身卑微。

**【章旨】**

本章继续论"虚心"与"得礼"、"博学"与"密察"、"文"与"诚"、"内"与"外"交互为用的关系,可与5·17、5·19章相参。

5·23 学者所志至大①,犹恐所得浅,况可便志其小。苟志其小,志在行一节而已〔1〕。若欲行信,亦未必能信。自古有多少要如仲尼者,然未有如仲尼者。颜渊学仲尼,不幸短命。孟子志仲尼〔2〕,亦不如仲尼。至如乐正子,为信人,为善人〔3〕,其学亦全得道之大体,方能如此。又如漆雕开言"吾斯之未能信"〔4〕,亦未说信甚事,只是谓于道未信也。

**【校勘】**

① 志:鸣道本作"得",据其他诸本改。

**【注释】**

〔1〕一节:事物的一端。

〔2〕孟子志仲尼:语本《孟子·公孙丑上》:"非其君不事,非其民不使,治则进,乱则退,伯夷也。何事非君,何使非民,治亦进,乱亦进,伊尹也。可以仕则仕,可以止则止,可以久则久,可以速则速,孔子也。皆古圣人也,吾未能有行焉,乃所愿,则学孔子也。"

〔3〕乐正子,为信人,为善人:语出《孟子·尽心下》:"浩生不害问曰:'乐正子,何人也?'孟子曰:'善人也,信人也。''何谓善?何谓信?'曰:'可欲之谓善,有诸己之谓信,充实之谓美,

充实而有光辉之谓大，大而化之之谓圣，圣而不可知之之谓神。乐正子二之中，四之下也。'"乐正子：乐正克，为孟子弟子。

〔4〕"吾斯之未能信"：语出《论语·公冶长》："子使漆雕开仕。对曰：'吾斯之未能信。'子说。"漆雕开：孔子弟子。

**【参读】**

张载曰：中正然后贯天下之道，此君子之所以大居正也。盖得正则得所止，得所止则可以弘而至于大。乐正子、颜渊，知欲仁矣。乐正子不致其学，足以为善人信人，志于仁无恶而已；颜子好学不倦，合仁与智，具体圣人，独未至圣人之止尔。(《正蒙·中正篇》，第26页)

张载曰：学者中道而立，则有仁以弘之。无中道而弘，则穷大而失其居，失其居则无地以崇其德，与不及者同，此颜子所以克己研几，必欲用其极也。未至圣而不已，故仲尼贤其进；未得中而不居，故惜夫未见其止也。(《正蒙·中正篇》，第27页)

**【集解】**

吕柟曰：仲尼只是好古敏求过人。(《张子抄释》卷三)

湛若水释"学者所志至大"至"志在行一节而已"曰：心之本体，与天地同大也。君子之学，复其初焉尔矣。故必见大，然后能志大，所志系于所见也。志于大而局于小者有之矣，未有志于小而能大者也。故子贡曰："贤者识其大者，不贤者识其小者。"孟子曰："从其大体为大人，从其小体为小人。"君子小人贤否之别，顾其所识所从大小之辨尔。故志不可不早定也。(《格物通》卷四)

张伯行释"学者所志至大"至"况可志其小"曰：学者当

"为天地立心，为生民立命，为往圣继绝学，为万世开太平"，非止一身一时之事已也。故所志至大，犹恐所得尚浅，况可徒志其小，而卑近自安，则其所成就可知矣。何贵乎有是学哉！（《濂洛关闽书》卷二）

**【译文】**

学者所立的志向极大，仍然恐怕所获得的很浅薄，何况志向在小的方面呢！如果志向在小的方面，那就只是立志在实践事物的一方面罢了。比如要实践信，也不一定就能信。自古以来有多少以孔子为榜样的人，但没有人做得像孔子那样。颜渊学习孔子，但不幸早死。孟子立志学孔子，也比不上孔子。至于乐正子，做到了信与善，也是因为他的学问全都掌握了道的大要，才能这样。又如漆雕开说"我还没有信心能胜任这件事"，也没说信什么事，只是指对于道还没有信心。

**【章旨】**

本章论学者当志于道，举颜渊、孟子、乐正子、漆雕开等人为例，说明其虽学圣贤，尚且不能完全做到，况且如果志于一个小的方面呢！这也一方面要求学者要志大心大，另一方面证明道德义理具有贯通性，不能碍于一事一节。


**5·24 慎喜怒，此只矫其末而不知治其本，宜矫轻警惰**[1]。**若天祺，**公之弟，御史。**[2]，气重也**[3]，**亦有矫情过实处**[4]。[5]。

**【注释】**

〔1〕轻：轻佻，轻率，不慎重。惰：懈怠，懒惰，轻慢不敬。

〔2〕天祺：张戬（1030—1076），字天祺，张载之弟，幼年庄重老诚，不善嬉游。公：指张载。御史：宋官职名，专司纠弹、监察朝廷官吏。张戬曾任御史之职。

〔3〕重：庄重，稳重。与前文"轻"相对。

〔4〕矫情过实：违背常情，不合情理。

〔5〕"矫轻警惰"，朱熹辑入《近思录》卷五《克己》，出自《语录》。"宜矫轻警惰"，黄震辑入《黄氏日抄》卷三十三。

**【集解】**

叶采曰：轻则浮躁，惰则弛慢，二者为学之大患。然轻者必惰，虽二病而实相因，其进锐者其退速，轻与惰之谓也。(《近思录集解》卷五，第127页)

吕柟曰：矫在偏处用可，不然则过实。(《张子抄释》卷三)

张习孔曰：四字既得，又当推而之他，使一身之疾尽祛，可以为难矣。(《近思录传》卷五，第129页)

李文炤曰：朱子曰："知有此病，必去其病，此便是疗之之药。如觉言语多，便用简默。意思疏阔，便加细密。所谓'矫轻警惰'，盖如此。"〇胡氏曰："学者之所患，最是轻与惰。轻则物欲恣，惰则自治废，只敬字可以治之。"薛轩曰："只当于心志言动上用力。"(《近思录集解》卷五，第124页)

张伯行释"矫轻警惰"曰：轻者，浮躁也。矫者，强而返之也。惰者，懈怠也。警者，惕而醒之也。凡人词气浮躁，则其中必不诚；躬行懈怠，则其业必不进。故当矫其轻而归于笃实，警

其惰而进以精勤，然后可以为学也。(《濂洛关闽书》卷二)

张伯行曰：轻，浮躁也；惰，弛慢也。学之不进，多为此。二病却又相因，轻者必至于惰。矫之使有所敛抑，警之使有所戒惕。"君子耻其言而过其行"，即矫轻警惰之意也。薛敬轩曰："只当于心智言动上用功。"胡敬斋曰："只一敬字可以治之，敬乃矫之、警之之道也。"(《近思录集解》卷五，第 225 页)

尹会一曰：此欲学者戒轻惰之弊也。学以养重为先，轻则失之浮躁，而所学不固，是在有以矫之。礼陶乐淑，以变化其气质，矫轻之道也。学以勤敏而进，惰则失之弛慢，而学且日隳，是在有以警之。恪恭震动，以淬厉其精神，警惰之方也。然轻者必惰，虽二病而实相因，其进锐者其退速，轻与惰之谓矣，可不戒乎？(《近思录集解》卷五)

茅星来曰：轻则不能厚重以自持，惰则不能振作而有为。二者为学之大患，故必有以矫之警之，而后可以进于学。(《近思录集注》卷五，第 188 页)

施璜曰：轻则浮躁，惰则弛慢，二病常相因，轻者必惰，惰者必轻也。(《五子近思录发明》卷四，第 327—328 页)

郭嵩焘曰：德不立，信不孚，总坐一轻字；业不成，事不豫，总坐一惰字。(《近思录注》卷五，第 114 页)

张绍价曰：轻与惰，皆出于气。气之轻者浮躁，矫之以厚重，而学始固；气之惰者弛靡，警之以奋勉，而学乃进。(《近思录解义》卷五，第 609 页)

【译文】

慎重地控制喜怒，这只是纠正末节，却不知道治理根本，应当矫正轻浮、警戒怠惰。像天祺（张载之弟，曾任御史）的气质凝重，但做事也有违背常情、不合情理的地方。

**【章旨】**

本章依然强调学者要变化气质。张载之所以以矫轻警惰为本，慎喜怒为末，是因为喜怒是当下的情绪反应，而轻浮、怠惰则是更基本、影响更大的品格气质。不仅气轻需要改变，气重也需要改变。文中提到张戬，即是举例说明气重也有弊端。

**5·25** 人多言安于贫贱，其实只是计穷、力屈、才短，不能营画耳[1]。若稍动得[2]，恐未肯安之。须是诚知义理之乐于利欲也，乃能。[3]

**【注释】**

〔1〕营画：经营谋划。

〔2〕动：相对前文"计穷、力屈、才短，不能营画"而言，指对这种状态有所改变而能行动。

〔3〕本章，朱熹辑入《近思录》卷七《出处》，出自《语录》。

**【集解】**

叶采曰：朱子曰："人须是读书，洞见此理，知得不求富贵只是本分，求着便是罪过。不惟不可有求之之迹，亦不可萌求之之心。"愚谓：真知义理之可乐，然后富贵不足动其心。(《近思录集解》卷七，第 151 页)

吕柟曰：到乐处则真知矣，除是孔颜。(《张子抄释》卷三)

张习孔曰：此孟子所谓饱仁义者，方能不愿膏粱也。苟非其

人，箪食豆羹见于色矣。(《近思录传》卷七，第159页)

张伯行曰：人多言安贫贱，非真能安者也。大抵计穷无所复之，力屈无所得伸，才短无所见长耳。若稍可营为，恐未肯即安，而此心将萌动矣。惟平日义利之辨，见之既明，诚知义理之可乐有甚于利欲者，乃能淡然无求，而不为贫贱所移也。彼世俗之子，谈何容易哉！(《濂洛关闽书》卷二)

张伯行曰：此勘破世俗矫语贫贱之人，而为诛心之论也。安是心安，非勉强排遣。其所以能安者，乐在其中，义理足以养心故也。俗人亦动说安贫贱，推原其由，只是计穷、力屈、才短三者，营求无门，区画无路耳。若计有所出，力有可为，才有足济，稍会转动，未有不趋走如鹜者，恐未肯安之也。必其真知义理之可乐，内重者外自轻，一切利欲无足以动其心，乃能安乎贫贱耳。无求之之心，才算是安。(《近思录集解》卷七，第268—269页)

施璜曰：此言真知义理之可乐，然后能安于贫贱也。(《五子近思录发明》卷七，第404页)

郭嵩焘曰：今人不独读书为士者能为此言，即在官者亦多能为此言，而真能安者无几。生平所见，若朱慎甫、萧仲虎，庶几近之。(《近思录注》卷七，第140页)

张绍价曰：此言真知义理之可乐，然后能安于贫贱也。○今人亦解说"一饮一啄，自是前定"，及遇小小利害，便生驱避计较之心。古人刀锯在前，鼎镬在后，视之如无物者，盖缘只见这道义，不见那刀锯鼎镬。(《近思录解义》卷七，第225页)

**【译文】**

人们经常说要安心于贫贱的生活，其实这只是谋略用尽、力量不足、才干缺乏而不能经营谋划罢了。如果稍能改变，恐怕未必愿意安心。一定是真正体会到义理带来的愉悦更胜于利益和欲望的满足，才能够做到。

**【章旨】**

本章论"诚知义理之乐"，才能"安于贫贱"，所涉及的也是心气、理欲、义利之间的关系问题。

**5·26** 天资美不足为功，惟矫恶为善，矫惰为勤，方是为功。人必不能便无是心，须使思虑，但使常游心于义理之间。立本处以易简为是，接物处以时中为是。"易简而天下之理得"，时中则要博学素备。

**【集解】**

吕柟曰：易简只是无私。曲心博学，便知太过不及，非谓泛观也。（《张子抄释》卷三）

张伯行释"天资美"至"方是为功"曰：此言人不可恃其天资而不用人力也。天资粹美之人，其于道也为近，其造道也亦易。若徒恃其天资之美，而不加以勉强之力，则亦不足以为功。惟是有美质而不敢自恃，强勉奋发，矫其恶以力于善，矫其惰以趋于勤，此方是竭尽心力而能为功耳。夫天资之美者尚不可恃，则天资之不美者可不"人一己百，人十己千"，加百倍之功哉？学者亦可以知所勉矣。（《濂洛关闽书》卷二）

**【译文】**

天赋好，并不能代替修养功夫；只有将恶改变为善，将怠惰改变为勤奋，才是真正的功夫。一个人肯定不能没有倚靠天资的心，需要用心思虑，只是常常使心思意念潜心于义理之中。在确立根本时，要以平易简约为原则；在应接事物时，要以随时而中为原则。"平易简约，就能获得天下的道理"，做到随时而中就要平时广泛地学习和积累。

**【章旨】**

本章所论仍然是以心制气的为学工夫。天资是气质，容易产生好的功效，但不能取代工夫，矫恶、矫惰则是在心上做工夫。工夫应当以义理为本，不仅心中要平阔广大、简易直接，还要在待事接物时能随时而"中"，而要做到"时中"则又需"博学"。"存心""义理""易简""弘大""时中""博学"是本篇反复提及的工夫要旨，与张载的理学体系是贯通的。

# 义　理

**【解题】**

本篇继上篇之后，继续讨论为学之道，但较多偏重讨论为学与义理之间的关系，而不像上篇偏重为学与气质之间的关系，故而篇名取作"义理"，与上篇略有分别。本篇共60章，大概可以分为两部分，前32章主要是"劝学"，激励学者要奋发有为，向道不息，志趣高远，以道德性命为学，以义理为归，反躬自治，虚心求益，深沉有造；第33章以后则较为集中地讨论读书方法，提出"总其言以求作者之意"、"自立说以明性"、"于不疑处有疑方是进"、"心解则求义自明"等观点。本篇内容有6章辑入《近思录》卷二《为学》，5章辑入卷三《致知》，由此亦可见其大旨。

"义理"是张载使用比较频繁的概念之一，其内涵需要随文体会。北宋理学创立，是在儒家"义理之学"的广泛复兴背景下进行的，"义理"并不是张载专门使用的概念。儒家"义理之学"，是针对"训诂之学""文辞之学"和"异端之学"而言，其一般特征是强调对儒家经典意义的体认和实践。但由于这种体认不可避免地具有个体性，因而强调"义理之学"的诸家所建构出的理论必然会有不同侧重。理解张载所讲的"义理",大致可以从四个层面来着眼:一,就其直接涵义讲,是指隐藏在经典文辞中的思想内容,大致相当于我们今天常讲的"道理"、"涵义";二,就深层所指讲,则是指儒家的道德性命之理,也可以称之为"性理",因其从天道而来,故而具有"形而上"的性质;三,就其实践意义而言,也是学者立身处事的行为法则;四,就其理论形态而言,也可以等于张载所主张的"道学",或后世所称的"理学"。

**6·1  学未至而好语变者**[1]**,必知终有患。盖变不可轻议,若骤然语变,则知操术已不正**[2]**。**[3]

**【注释】**

〔1〕至:达到。变:权变,与"经"相对。

〔2〕操术:所执持的学习方法。

〔3〕本章,朱熹辑入《近思录》卷二《为学》,出自《语录》。

**【参读】**

张载曰:惟神为能变化,以其一天下之动也。人能知变化之道,其必知神之为也。(《正蒙·神化篇》,第18页)

**【集解】**

杨伯嵒曰:"可与共学,未可与适道;可与适道,未可与立;可与立,未可与权。"学之未至,其可骤然而语变哉!(《泳斋近思录衍注》卷二,第45页)

叶采曰:变者,非常行之道,盖权宜之事也,自非见理明、

制义精者，不足以与此。苟学未至而轻于语变，则知其学术之源已不正，终必流于邪谲矣。(《近思录集解》卷二，第66页)

吕枏曰：此"未能立而言权，鲜不仆矣"之意。(《张子抄释》卷三)

张习孔曰：孔子所以未可与权。(《近思录传》卷二，第61页)

张伯行曰：变者，权宜之用，非常行之道也。学未至而言权变，则必不合宜而终有患。盖常道人皆可行，变则非圣人不能及。若骤然语变，是其操术已先不正，势必流于诡谲，乃取患之道也。(《濂洛关闽书》卷二)

张伯行曰：此见权之未可轻言也。天下事行权不离乎经，而未能守经，又安可语权？学未至，则论其常且未必能守经，而即好语达变之事，此必知其后之终有弊矣。盖变以权通，乃义精仁熟者能之，岂可轻议？若骤然语此，则知其必有依回迁就之心，而操术已先不正，又安能权乎事理之中，而轻重各得其宜乎？故君子之学，虽不自限其所至，亦未尝躐等以为高也。(《近思录集解》卷二，第106页)

茅星来曰：变者，正道所不能行，用此以通之也。盖古人或不得已而出于此，自非义精仁熟，有变化从心之妙者，不能与也。若学未至而轻于语变，未有不流为邪妄者，如王安石之新法是也。(《近思录集注》卷二，第98页)

施璜曰：君子道其常，不敢轻易语变。语变者，可与权之事也，岂可骤然轻议哉？必也学至于能立，而后语变，方得时措之宜也。(《五子近思录发明》卷二，第141页)

郭嵩焘曰：横渠此论，未知何所指。疑"语变"是一切反

常道行之，恐仍是指王安石，故直截以为操术不正，而虑其终有患。叶氏以权宜之事言之，恐误。(《近思录注》卷二，第54页)

张绍价曰：学必精义入神，始可语变。学未至而好语变，妄作偾事，终必有患。贤守经，圣达权，权非体道者不能用，故变不可轻议。理未明，义未精，而骤然语变，操术不正，权谋谲诈，所以终必有患也。〇或问理会变处。朱子曰："今且当理会常，未要理会变。常底许多道理未能理会得尽，如何便要理会变！圣贤说话，许多道理平铺在那里，且要阔着心胸平去看，通透后自能应变。不是硬捉定一物，便要讨常，便要讨变。建州有徐楠者，常言秦始皇贤于汤武，管仲贤于夫子。近日有一种说，亦颇似之。此恐是日前于根本不曾大段用功，而便于讨论世变，着力太深，所以不免此弊。"(《近思录解义》卷二，第96页)

【译文】

为学没有达到一定地步就喜欢说权变的人，可以肯定地知道其终究会导致祸患。因为权变不是可以轻易说的，如果没有掌握常道就突然说权变，那么可以知道他所操持的方法已经不是正道了。

【章旨】

本章论为学不要轻易谈论权变。这里的"变"，指权宜之变，与作为常道的"经"相对。权变也是需要的，但要在把握了不变的常道之后，才能合理地权变。因此，为学没有达到较高的阶段就轻易说权变，用心必然不符合义理，其方法自然也不属于正道了。本章可能不仅是针对一般的学者而言，如茅星来、郭嵩焘所看到，这也是对王安石变法的批评。

6·2　吾徒饱食终日〔1〕，不图义理，则大非也。工商之辈，犹能晏寐夙兴以有为焉〔2〕。知之而不信而行之，愈于不知矣。学者须得中道乃可守。

【注释】

〔1〕吾徒：犹我辈，这里指儒者。饱食终日：成天吃饱喝足，无所事事。语出《论语·阳货》：“饱食终日，无所用心，难矣哉！”孔颖达疏：“此章疾人之不学也。”

〔2〕晏寐夙兴：也作“夙兴夜寐”，早起晚睡，形容勤劳。

【译文】

我们这些人整天吃饱喝足，不追求义理，这就大错特错了。工商阶层尚且能早起晚睡，努力作为。知道了却不能相信并付诸实践，还不如不知道。学者必须获得中道，才可以持守。

【章旨】

本章先论义理之学的必要，又论义理之学不可只知而不行，最后强调中道的重要性。本章是对学者的警戒，既不可不学，也不可好高骛远，故而“须得中道乃可守”。

6·3　人到向道后〔1〕，俄顷不舍〔2〕，岂暇安寝？然君子向晦入燕处〔3〕，君子随物而止〔4〕，故入燕处。然其仁义功业之心未尝忘，但以其物之皆息，吾兀然而坐〔5〕，无以为接，无以为功业，须亦入息。

**【注释】**

〔1〕向：仰慕，归向。

〔2〕俄顷：片刻，一会儿。

〔3〕向晦入燕：人在天将黑时，开始进入到休息状态。晦：晚上，夜。燕：指休息，闲居。语出《周易·随·象》："泽中有雷，随，君子以向晦入宴息。"

〔4〕随物而止：顺应事物而停止思虑。

〔5〕兀（wù）然：独立貌。

**【集解】**

吕柟曰：只是随时动静，如天之春冬。然不道冬全无生意，亦自藏在里面。（《张子抄释》卷三）

**【译文】**

一个人到了向往道义的地步以后，片刻都不想舍弃，哪里有闲暇安心睡觉？不过，君子在日落时进入休息状态的时候，顺应事物而停止思虑，所以进入休息状态。但他成就道德、事业的心思并没有忘记，只是因为外物的活动都停止了，我一个人坐在那里，没有什么可感触的，没有成就事业的条件，也就需要进入休息状态了。

**【章旨】**

本章论道德本心在任何情况下都不会停止。张载这里反复所讲之"息"，是指不与外物相交相感，非指德性。就其德性而言，则仍然是不息，只是随着心物之间作用的减弱，而没有了明显的表现。

**6·4** 此学以为绝耶？何因复有此议论。以为兴耶？然而学者不博[1]。孟子曰："无有乎尔，则亦无有乎尔。"[2]孔子曰："天之未丧斯文也，匡人其如予何！"[3]今欲功及天下，故必多栽培学，则道可传矣。

**【注释】**

〔1〕博：多。

〔2〕"无有乎尔，则亦无有乎尔"：语出《孟子·尽心下》："由孔子而来，至于今百有余岁，去圣人之世，若此其未远也；近圣人之居，若此其甚也。然而无有乎尔！则亦无有乎尔！"乎尔：语气助词，表感叹。这句话是孟子以道自任的感叹。

〔3〕"天之未丧斯文也，匡人其如予何"：语出《论语·子罕》："子畏于匡，曰：'文王既没，文不在兹乎？天之将丧斯文也，后死者不得与于斯文也；天之未丧斯文也，匡人其如予何？'"匡：地名，在今河南省长垣县西南。这句话是孔子以道自任的自信。

**【集解】**

吕柟曰：此子厚以孔孟自处之实。（《张子抄释》卷三）

张伯行曰：此学，孔孟之学也。言此学至今，千有余岁，以为绝耶，则今日议论复存；以为兴耶，则此时学者尚少。然大道不可无传，而天意固自有在。孔孟当日皆确然自信，以为己任，如"无有乎尔"与"未丧斯文"之语，盖皆知其必不终泯没也。今欲功及天下，必多栽培后学，化导而成就之，则圣学不孤，吾道可得人而传矣。噫！张子此言，其所以为继往开来计者，真有同于孔孟之心也夫。（《濂洛关闽书》卷二）

**【译文】**

这种学问是要断绝了吗？那为何还有关于这学问的议论。是要兴盛了吗？但是学者不多。孟子说："已经没有人了！恐怕再没有了！"孔子说："上天如果不想丧失这种道德礼乐，匡地的人能把我怎么样呢？"今天要想让天下所有人都受益，就必须多多培育后学，这样孔孟之道就可以传承了。

**【章旨】**

本章是张载以"学"命志，反映了其效法孔孟、"为天下继绝学"的抱负和担当。

**6·5**　人不知学，其任智自以为人莫及[1]，以理观之，其用智乃痴耳。棋酒书画，其术同①，均无益也；坐寝息，其术同，差近有益也[2]；惟与朋友燕会议论，良益也。然大义大节须要知，若细微亦不必知也②。

**【校勘】**

① 同：徐刻本、四库本作"固"。

② 不：徐刻本、四库本无。

**【注释】**

〔1〕任智：使用自己的小聪明。

〔2〕差近：勉强接近。

**【集解】**

吕柟曰：程子又曰："两相观为善，功夫多。"（《张子抄释》卷三）

张伯行释"人不知学"至"其用智乃痴耳"曰：凡人不知笃学，虽其聪明之质，不过小智自用耳。彼原未见其大，故以为人莫己若。惟好学穷理，灼见大原，方觉其用智者，皆穿凿之见，乃痴也，非真智也。(《濂洛关闽书》卷二)

**【译文】**

一个人不懂得为学，只是使用自己的小聪明，自认为没有人能比得上，从义理上看，他的聪明不过是愚痴罢了。下棋、饮酒、书法、绘画，这些修养方法一样，都没有什么益处；坐着或躺下休息，这些修养方法一样，稍微有点好处；唯有与朋友聚会讲论，是非常有益的。不过，基本的义理和法则需要把握，像那些太具体细微的地方就不必都要明白了。

**【章旨】**

本章论为学的几种方式及其各自的利弊。"不学而任智"，非是智，而是"痴"；棋酒书画，无关道德，故无益；坐寝息，可以养气，故"差近有益"；只有与朋友议论，是对义理的认知，故"良益也"，但这也只是在"大义大节"的层面，"细微"则需要在实践中自己体会。以上五章，都是在强调"义理之学"的重要性。

**6·6** 凡人为上则易[1]，为下则难[2]。然不能为下，亦未能使下[3]，不尽其情伪也[4]。大抵使人，常在其前己尝为之，则能使人[5]。

**【注释】**

〔1〕为上：居于尊贵的地位，地位高。

〔2〕为下：居于卑贱的地位，地位低。

〔3〕使下：役使仆从。

〔4〕情伪：真假，真诚与虚伪。

〔5〕本章，朱熹辑入《近思录》卷十《政事》。

**【集解】**

杨伯嵒曰：《文王世子》曰："知为人子，然后可以为人父；知为人臣，然后可以为人君；知事人，然后能使人。"此之谓也。(《泳斋近思录衍注》卷十，第139页)

叶采曰：乐于使人而惮于事人，此常情也。然知事人之道，然后知使人之道。己未尝事人，则使人之际必不能尽其情。(《近思录集解》卷十，第195页)

张习孔曰：此之谓絜矩之道。(《近思录传》卷十，第203页)

张伯行曰：此言使人之不易也。凡人之情，当其为上，则发号施令，殊觉易为；使之为下，则奉命承旨，转觉其难。然究之事，不亲历，人情何由体贴？不能为下之人，便不能使下，何也？以其所为之情伪曲折，我不尽知也。大抵欲使人者，常在其身前日己尝为之，则凡所以趋承效力之数，轻重缓急，无不了然心中，则能斟酌使之，无所往而不当也。(《近思录集解》，第351页)

李文炤曰：乐于使人而惮于事人，此人之常情也。然不能为下，亦安能使为下者循分称职而不尽其情伪哉？常在其前己尝为之，则知事人之道，推此心以使人，必无不以其道者矣。(《近思录

集解》卷十，第 193 页）

茅星来曰：上、下，以上下司而言。情，实也。为上者出令以使人，故易；为下者听命于人，故难。然或苦于为下之难而不能为，则下之情伪有所不知，不但为所欺罔，而己之所以使之者，亦必不能以尽其道，故亦未能以使下也。盖使人作事，常于其前身自为之，则有以尽其情伪，所以能使人也。○古人言为县令者，必为丞簿；为郡守者，必为通判；为监司者，必为郡守。不然，虽有善政，不宜骤擢。其见盖与此合，当不但欲使之亲民，知利害所在而已。（《近思录集注》卷十，第 348 页）

江永：己尝事人，则使之之际能尽其情，而亦能知其伪。（《近思录集注》卷十，第 231 页）

张绍价曰：为上易，为下难，此特以势位言耳，实则为上更难于为下。《礼》曰："知事人然后能使人。"未尝为下，以尽事上之道，而居高位以临下，颐指气使，惟我驱策，骄气胜而不肯下人，安能尽人之情伪？（《近思录解义》卷十，第 285 页）

【译文】

大抵人居于上位很容易，居于下位就很困难。但是，不能居于下位，也就不能懂得如何役使居于下位的人，不能知道其中的真实和虚伪。大抵役使别人，常常在此之前自己已经亲自做过，就能够役使。

【章旨】

本章论述先要为下，而后才可以为上。不过，张载实际上要强调的仍然是为学问题，即要推己及人，有了实际的体会才能真知真行。

**6·7**　凡事蔽盖不见底[1]，只是不求益。有人不肯言其道义所得，所至不得见底，又非"于吾言无所不说"[2]。[3]

【注释】

〔1〕蔽盖：蒙蔽，壅蔽。见底：看到事情的根底、底细、究竟。

〔2〕说（yuè）：同"悦"，喜悦，高兴。"于吾言无所不说"：语出《论语·先进》："子曰：'回也，非助我者也！于吾言无所不说。'"

〔3〕本章，朱熹辑入《近思录》卷二《为学》，出自《语录》。

【集解】

叶采曰：行己无隐，则是非善恶有所取正，庶可以增益其所未知、所未能。苟固为蔽覆，恐人之知，是则非求益者也。○人不肯言其知之所得、行之所至，使人不可得而见者，盖苟安自足，恐人之非己，又非若颜子之如愚，于圣言无所不悦者之比也。（《近思录集解》卷二，第66页）

吕柟曰：此只是不肯真学，故表里不一。（《张子抄释》卷三）

张习孔曰：凡人既不能悦先生之言，又不肯自呈其陋，计惟有蔽盖而已。然"礼闻来学，不闻往教"，此等人何须其言道义所得所至，故先生以不屑为教。（《近思录传》卷二，第61页）

张伯行曰：此为护短而不求益者发也。凡人有志进学，自当直明其所造，以为就正之实。故凡事掩蔽遮盖，不使人见底者，只是无志，不思求进益耳，即谓得意忘言、才华不露，圣门如颜子者，何尝不足多？然吾见有人不肯自言其道义之所得所至，故为隐藏，人竟不得见其底里，却又非如颜子之深潜默契，于圣言"无所不说"之谓，只是掩蔽人耳目，怕人非笑而已，何从而得进益乎？（《近思录集解》卷二，第106页）

尹会一曰：学者心地光明磊落，自曰务求益，岂甘为自覆之计哉？（《近思录集解》卷二）

茅星来曰：盘覆曰"盖"，下曰"底"。凡物以盖蔽其上，则底不得见矣，以喻学者掩藏不欲人见之意。○所得以知言，所至以行言。颜子于圣人之言无所不说，所以默然听受如愚人。今非于吾言无所不说，而使人不得见底，如此总以见其不求益之意。（《近思录集注》卷二，第98页）

施璜曰：凡事遮掩，不使人知其底里，又不肯言其所得所至，皆是不求益，惟恐人之非笑也。若有求益之心，则必以其所得所至，尽其底里，就正于有道矣。（《五子近思录发明》卷二，第141页）

江永：学者于师友之前，不肯自言其所得之浅深，惟恐人之知其底里，与颜子之"无所不说"而"如愚"者异矣。（《近思录集注》卷二，第94页）

郭嵩焘曰：此是近日学者通病，所以终身无长进。○君子之道，坦易而已，岂惟学然哉？持身涉世而蔽盖不见底，必是阴险。为政而蔽盖不见底，必于道有不足，而营私护过，求掩饰耳目。今人利用此术，以为深沉机密，岂有是处？（《近思录注》卷二，第55页）

张绍价曰：学者须将所知所能与所不知不能，毕陈于师友之前，然后人得因其病而药之，长善而救其失。若凡事蔽盖不见底里，不肯言其道义所得所至，此乃不思求益，恐人非笑，巧自掩覆，貌为有学，与颜子之"无所不说"，"终日不违如愚"者不同。自欺欺人，虽明师益友，亦无如之何矣。○朱子答徐思邈曰："某某守旧说甚固，乃是护惜己，不肯自将来下毒手弹驳。如人收得假金，不肯试将火煅，如此如何得长进？"（《近思录解义》卷二，第320页）

**【译文】**

凡事掩盖起来，看不到根底，这就是不求上进。有些人不愿意说出他对道义的体会，也看不到他达到的程度，这与孔子称赞颜回所说"对我说的话没有不喜欢的"并不相同。

**【章旨】**

本章论学者为人应当真实坦诚，使人知道自己达到的程度，而不是掩盖不足、怕人非笑，这样才能在为学中不断受益。

**6·8** **人虽有功**[1]，**不及于学，心亦不宜忘。苟不忘**①**，则虽接人事**[2]，**事即是实行**②[3]，**莫非道也。心若忘之，则"终身由之"**[4]，**只是俗事。**[5]

**【校勘】**

① 苟不忘：其他诸本皆作"心苟不忘"。

② 事即是实行：其他诸本均作"即是实行"。

**【注释】**

〔1〕功：事务，事业。

〔2〕接：接触，应对。

〔3〕实行：将义理落实在实际行动中。

〔4〕"终身由之"：一生都在使用，却不知道这是道的作用。语出《孟子·尽心上》："行之而不著焉，习矣而不察焉，终身由之而不知其道者，众也。"

〔5〕本章，朱熹辑入《近思录》卷二《论学》，出自《语录》。

【集解】

杨伯嵒：心诚，求之虽不中，不远矣。一心以为有鸿鹄将至，以之学弈犹不可，而况学道者乎？（《泳斋近思录衍注》卷二，第44页）

叶采曰：人有妨废学问之功者，然心不忘乎学，则日用无非道，故曰"即是实行"；心苟忘乎学，则日用而不知，故曰"只是俗事"。"实行"与"俗事"非二事，特以所存者不同耳。（《近思录集解》卷二，第65页）

吕柟曰：无事无心。（《张子抄释》卷三）

张习孔曰：心不忘者，念念常在天理也。（《近思录传》卷二，第60页）

张伯行曰：功不及者，无暇学也。然能念念不忘，则虽接应人事即是实行。盖日用间随处皆道，心在即道在也。若心有不在，则终身所由总系俗事，与道日远，虽学何益？故为学之功犹可徐图，而为学之心则不可刻离也。（《濂洛关闽书》卷二）

张伯行曰：此言心存则无不是学也。人或有他事之工夫，一时不暇及于为学，然此心亦当不忘所以为学之道。心苟不忘，何必诵读《诗》《书》乃可谓之学？虽接人应事亦是。吾日用当然之实行，莫非道之所寓也。道在，即留心于道，亦莫非学也。心若忘乎所以学，即同是道之当学，有终身由之而不知者，只见是俗事而已。盖学不论事，只在乎心。心乎为学，事即是学。因事废学，终身安能离事？吾恐心以事移，则心为俗心，学亦为俗学焉耳。（《近思录集解》卷二，第104页）

尹会一曰：此欲学者存心体道不可有间也。人或有他务，妨废学问之功，然道体事而无不在，此心操持在己，到处是学。苟念念不忘，则虽酬接人事，即是学道工夫。若逐事纷驰，毫无见地，则日用而不知，终身汩没于俗事中，何有实行哉？盖心存则为实行，心不存则为俗事，非二事也，心之存亡不同也。然则学者亦何适而可不存其心哉？（《近思录集解》卷二）

李文炤曰：人多言为事所夺，有妨讲学者，此为不能使船嫌溪曲者也。遇富贵就富贵做工夫，遇贫贱就贫贱做工夫。兵法一言甚佳，因其势而利导之也。（李文炤《近思录集解》卷二，第55页）

茅星来曰："功不及于学"，即指下"人事"而言。或奔走衣食，或应酬世务，皆是。"不宜忘"，谓不宜忘学，如为一事即用心在一事上，便是敬；为一事，即穷究一事之理，便是义。○朱子曰："人能常求放心，不使废惰，则虽接人事，而道理自然随其事之当然而发见矣。学者此最为要，所以孔门只教人求仁也。"（《近思录集注》卷二，第96页）

施璜曰：此言人心宜刻刻不忘乎学，则虽有事，不暇学问，而心心念念在学上，日用应酬，无非道也，故曰"即是实行"。若心不在学上，虽终身由之，而不知其是道矣，故曰"只是俗事"。实行、俗事之分，特以心在不在、学与不学耳。（《五子近思

录发明》卷二，第139页）

　　江永曰：学不止读书，接人事，无非道，即无非学。"实行"与"俗事"，特以心之所存者不同耳。(《近思录集注》卷二，第93页）

　　郭嵩焘曰：言忠信，行笃敬，是人人应尽的道理。应人接物，时时提醒此心，即此是道。○心不忘处，只是念念在道理上体贴，所行合理，即是道也。心上无道理，所行亦未有能合理者。江氏云"心之所存不同"，未知所存何事。横渠只浑涵言之，须着实与说出。(《近思录注》卷二，第53页）

　　张绍价曰：功犹事也。虽应事接物，无暇读书修业以为学，而为学之心亦不宜忘。学之道，知行敬义而已。心苟不忘，则应事之时，敬焉而心不外驰，义焉而事皆中理。以平日之所知，验临时之所行，"接人事，即是实行，莫非道也"。否则，"终身由之，只是俗事"而已。(《近思录解义》卷二，第95页）

　　**【译文】**

　　一个人即使忙于事务，没有时间专门为学，心里也不应当忘记为学。假如没有忘记，那么即便是在应对各种事务，这些事务就是对学问的实践，没有事情是与道无关的。如果心里忘记了为学，那么即使一辈子生活在道义之中，他所做的也只是日常杂务。

　　**【章旨】**

　　本章仍然强调为学的重要性。一个人即使无暇专门为学，也可以将为学和事务结合起来，触处皆道。

**6·9**　今人自强自是[1]，乐己之同，恶己之异[2]，便是有固必意我[3]，无由得虚。学者理会到此虚心处，则教者不须言。求之书[4]，合者即是圣言，不合者则后儒添入也。

**【注释】**

〔1〕自强自是：逞强好胜，自以为是。

〔2〕乐己之同，恶己之异：喜悦别人与自己相同，厌恶别人与自己有异。

〔3〕意：臆测，臆度。必：期必。固：固执，顽固。我：私己，自私。固必意我：语出《论语·子罕》："子绝四：毋意，毋必，毋固，毋我。"何晏集解："以道为度，故不任意。用之则行，舍之则藏，故无专必。无可无不可，故无固行。述古而不自作处，群萃而不自异，唯道是从，故不有其身。"

〔4〕书：指儒家经典。

**【参读】**

张载曰：意，有思也；必，有待也；固，不化也；我，有方也。四者有一焉，则与天地为不相似。(《正蒙·中正篇》，第28页)

**【集解】**

吕柟曰：虚心见理，便真无窒故也。(《张子抄释》卷三)

**【译文】**

如今的人逞强好胜，自以为是，喜欢别人与自己相同，厌恶别人与自己有异，这就是心中有臆测、期必、固执、自私，无法做到虚心。为学之人如果能领悟到这个虚心的道理，那么就不需要老师多讲。在经典中研求，与其理解一致的就是圣人之言，不一致的就是后世儒者添加进来的话。

【章旨】

本章论虚心对于为学的重要性。关于"虚心",张载在《经学理窟》中反复论及(5·17,5·19,7·13,8·18,8·26,8·31),可以相互参读。

**6·10** 要见圣人,无如《论》《孟》为要。《论》《孟》二书于学者大足,只是须涵泳。

【参读】

问:"圣人之经旨,如何能穷得?"(程颐)曰:"以理义去推索可也。学者先须读《论》、《孟》。穷得《论》、《孟》,自有个要约处,以此观他经,甚省力。《论》、《孟》如丈尺权衡相似,以此去量度事物,自然见得长短轻重。某尝语学者,必先看《论语》、《孟子》。今人虽善问,未必如当时人。借使问如当时人,圣人所答,不过如此。今人看《论》、《孟》之书,亦如见孔、孟何异?"(《河南程氏遗书》卷十八,第205页)

伯温问:"学者如何可以有所得?"(程颐)曰:"但将圣人言语玩味久,则自有所得。当深求于《论语》,将诸弟子问处便作已问,将圣人答处便作今日耳闻,自然有得。孔、孟复生,不过以此教人耳。若能于《论》、《孟》中深求玩味,将来涵养成甚生气质!"(《河南程氏遗书》卷二十二上,第279页)

程颐曰:凡看《语》、《孟》,且须熟玩味,将圣人之言语切己,不可只作一场话说。人只看得此二书切己,终身尽多也。

（《河南程氏遗书》卷二十二上，第285页）

程颐曰：学者当以《论语》、《孟子》为本。《论语》、《孟子》既治，则六经可不治而明矣。读书者，当观圣人所以作经之意，与圣人所以用心，与圣人所以至圣人，而吾知所以未至者，所以未得者，句句而求之，昼诵而味之，中夜而思之，平其心，易其气，阙其疑，则圣人之意见矣。（《河南程氏遗书》卷二十五，第322页）

【译文】

要向圣人问学，没有比《论语》《孟子》更重要的了。《论语》《孟子》两部书对于学者完全足够，只是需要深入领会。

【章旨】

本章论为学当涵泳《论语》《孟子》。对此，二程论述尤多，可参读。

**6·11** 以有限之心，止可求有限之事。欲以致博大之事[1]，则当以博大求之，"知周乎万物而道济天下"也[2]。

【注释】

[1] 致：求取，获得。

[2] "知周乎万物而道济天下也"：语出《周易·系辞上》："《易》与天地准，故能弥纶天地之道。……与天地相似，故不违；知周乎万物，而道济天下，故不过；旁行而不流，乐天知命，故不忧；安土敦乎仁，故能爱。"

**【参读】**

张载曰：谷之神也有限，故不能通天下之声；圣人之神惟天，故能周万物而知。(《正蒙·天道篇》，第15页)

张载曰：知周乎万物而道济天下，然后不错。若不如此，则或得于此而失于彼也。(《横渠易说·系辞上》，第185页)

**【集解】**

张伯行曰：处事者心，而心之分量亦有不同。如以有限之心，则所容受本自无几，而察识扩充皆有未及，故止可求有限之事。若欲致博大之事，则民胞物与是何事业，必心体廓然，方能肆应，故当以博大求之，《易》所谓"知周乎万物而道济天下"者是也。(《濂洛关闽书》卷二)

**【译文】**

用有限的心思，只能够寻求有限的事情。想要完成博大的事情，就应当用博大的心思来寻求，这就是《易传》所说"通晓万物并且能以仁义之道引导天下"的道理。

**【章旨】**

本章论心当博大。张载于此，多有论及(5·1，5·18，6·12，6·50，8·17)，可相互参考。

**6·12** 尊其所闻则高明[1]，行其所知则光大[2]。凡未理会至实处，如空中立，终不曾踏着实地。性刚者易立[3]，和者易达[4]。人只有立与达，"己欲立而立人，己欲达而达人"[5]。然则刚与和犹是一偏，惟大达则必立，大立则必达。

**【注释】**

〔1〕尊其所闻：敬畏听到的圣贤之言。高明：崇高而明睿。语出《礼记·中庸》："故至诚无息，不息则久，久则征，征则悠远，悠远则博厚，博厚则高明。博厚，所以载物也；高明，所以覆物也；悠久，所以成物也。博厚配地，高明配天。"

〔2〕光大：广大，广阔而博大。语出《周易·坤·象》："至哉坤元，万物资生，乃顺承天。坤厚载物，德合无疆。含弘光大，品物咸亨。""光大"即"博厚"，与"高明"对言。"高明"配天，属知；"光大"或"博厚"配地，属行。

〔3〕刚：刚直。立：立身。

〔4〕和：平和。达：通达。

〔5〕"己欲立而立人，己欲达而达人"：语出《论语·雍也》："夫仁者，己欲立而立人，己欲达而达人。"

**【集解】**

吕柟曰：大立大达，只是义与仁。（《张子抄释》卷三）

**【译文】**

敬畏听到的圣贤之言就崇高而明睿，将所知道的道理付诸实行就广阔而博大。只要还没有理解到最切实的地步，就像立在空中，终究不能脚踏实地。禀性刚直的人容易立身，禀性平和的人容易通达。一个人只需要立身与通达，所谓"自己想要立身，也要帮助他人立身；自己想要通达，也要帮助他人通达"。但刚直与平和仍然只是一个方面，只有完全通达才能立身，完全立身才能通达。

## 【章旨】

本章论"立"与"达"。所谓"立",是以道德立身;所谓"达",是以道德通达于事业。所谓"刚"与"和",虽然也是天生而来的禀性,但本质上属于气质,因而"犹是一偏"。因此,"刚"与"和"虽然对"立"与"达"有所帮助,却不能完全依赖。而"立"与"达",则是心依义理来立和达。义理是贯通的,适用于任何事情或情况,因而"大达则必立,大立则必达"。

**6·13　学者欲其进,须钦其事。钦其事则有立,有立则有成。未有不钦而能立,不立则安可望有成!**

## 【译文】

学者想要有所进步,就必须恭敬地对待他所面对的事情。恭敬地对待事情就能立身,立身就能成就事业。没有不恭敬却能立身的,不立身又怎么能希望事业有所成就呢?

### 【章旨】

本章论由敬事而立身,由立身而成事。可与上章相参。

**6·14　人若志趣不远,心不在焉[1],虽学无成。人惰于进道,无自得达[2]。自非成德君子[3],必勉勉至"从心所欲不逾矩"[4],方可放下。德薄者,终学不成也。**

## 【注释】

〔1〕心不在焉:心思不在这里,形容思想不集中。语出《礼

记·大学》："心不在焉，视而不见，听而不闻，食而不知其味。"

〔2〕无自得达：不能自然得通达于道。

〔3〕自：连词，假如。成德君子：有盛德的君子。

〔4〕"从心所欲不逾矩"：随心所欲而不越出规矩，形容内在的道德修养达到了一种自然而然的境界。语出《论语·为政》："吾十有五而志于学，三十而立，四十而不惑，五十而知天命，六十而耳顺，七十而从心所欲不逾矩。"

【集解】

黄震释"心不在焉，虽学无成"曰：以上皆示学者紧切处。

(《黄氏日抄》卷三十三)

【译文】

一个人如果志向不高远，心思不集中，即便为学也不会有所成就。一个人对提高道德修养的事情很怠惰，就不可能自然地通达于道。假如不是有盛德的君子，就必须力行不倦直到能"随心所欲而不越出规矩"，才能顺其自然。德性浅薄的人，终究是学无所成。

【章旨】

本章继续论学者当志趣高远，勉勉用力而修身成德。关于立志，张载也有多处论及（5·23，7·4，8·29），可以相互参考。

6·15　闻见之善者〔1〕，谓之学则可，谓之道则不可，须是自求。己能寻见义理，则自有旨趣〔2〕。自得之安①，则居之安矣〔3〕。

**【校勘】**

① 自得之安：其他诸本皆作"自得之"。

**【注释】**

〔1〕闻见之善：由所闻所见得来的道德知识。

〔2〕旨趣：基本的为学宗旨和方向。

〔3〕自得之安则居之安矣：自己体会得泰然，就会居处得泰然。语出《孟子·离娄下》："君子深造之以道，欲其自得之也。自得之，则居之安；居之安，则资之深；资之深，则取之左右逢其原。"

**【参读】**

张载曰：诚明所知乃天德良知，非闻见小知而已。(《正蒙·诚明篇》，第20页)

程颐曰：闻见之知，非德性之知。物交物则知之，非内也，今之所谓博物多能者是也。德性之知，不假闻见。(《河南程氏遗书》卷二十五，第317页)

**【集解】**

吕柟曰：因闻见有得，亦不可谓非道。(《张子抄释》卷三)

**【译文】**

由所闻所见得来的善，称作为学是可以的，称作道却不可以，道应当自己寻求。自己能够找到义理，就自然有了为学的宗旨和方向。自己体会得泰然，就会居处得泰然。

**【章旨】**

本章论为学须自得于己，不能以闻见知识为道。这也是张载思想的重要观点，其多有论及（5·16，5·20，7·19），可相互参考。

## 6·16　合内外，平物我，此见道之大端。[1]

**【注释】**

〔1〕本章，朱熹辑入《近思录》卷二《论学》，出自《语录》。

**【集解】**

叶采曰：合内外者，表里一致，就己而为言也。平物我者，物我一体，合人己而为言也。（《近思录集解》卷二，第65页）

张习孔曰：此所谓忠恕，违道不远。（《近思录传》卷二，第60页）

张伯行曰：道者，事物当然之理，内外一致而物我同原者也。苟专内则遗外，徇外则忘内，是囿于一偏，无以见道量之无方；徇物则丧我，为我则绝物，是蔽于私欲，无以见道体之无间。故必合内外而知万物之出一原，平物我而知万物之同一体，如此则见道之大端，而得所从事矣。（《濂洛关闽书》卷二）

张伯行曰：道无间于身心，道不分乎人己。故人能看得内外合一，则事物之理即通性命之原，而道之在一身者，其大端彻矣；人能看得物我无间，则成己即当成物，成物即所以成己，而道之通于天下者，其大端得矣，故曰"此见道之大端"也。（《近思录集解》卷二，第104页）

尹会一曰：忠以自尽，恕以与人，而求道不远矣。（《近思录集解》卷二）

李文炤曰：朱子曰："道只是致一公平之理而已。"（李文炤《近思录集解》卷二，第55页）

茅星来曰：见道之大端，犹曾点、漆雕开，见大意而已。若说到细微精密处，则当就内外物我间，一一各究其当然之极，而不使有毫发之差谬，乃真为见得到。从此实下工夫，方可深造自得。（《近思录集注》卷二，第96页）

施璜曰：内外合一，以道无内外之殊也；物我无间，以道无人己之分也。故为见道之大端，所见者大也。（《五子近思录发明》卷二，第140页）

郭嵩焘曰：合内外，平物我，亦是《西铭》余义。（《近思录注》卷二，第54页）

张绍价曰：有内外之见，则是内非外，自私用智，故须合内外；有物我之见，则私己之心胜，爱物之念微，故须平物我。二者见道之大端也。（《近思录解义》卷二，第316页）

## 【译文】

统合身心内外，平等地看待物我，从这里可以看到道的主要方面。

## 【章旨】

本章继上章再论为学只有"合内外，平物我"才能对"道"有基本的认识。所谓"内"指心，"外"指身，"合内外"即是将内在的体会与外在感受结合起来，相互影响，以培养德性。所谓"平物我"，则是无我无私，将自己放在道所生的万物中，大心而观，以道义为念，这样就能打破自己的意必固我。张载的这一思想，在《正蒙》和《经学理窟》中多有论及，可以相互参考。

**6·17**　道德性命，是长在不死之物也。己身则死，此则常在。

【集解】

吕柟曰：此道之常在，即己身亦常在。（《张子抄释》卷三）

【译文】

道德性命是长久存在而不会消亡的事物。人的身躯会死亡，道德性命却永远都存在。

【章旨】

本章论内在的德性为本，外在的身体为末。德性源于不息的天道，身体则源于气化成形。因此，身体有生死，德性则常在。本章虽然简短，但能很鲜明地反映张载的道德形而上学思想。

**6·18**　耳目役于外，揽外事者[1]，其实是自堕[2]，不肯自治[3]。只言短长[4]，不能反躬者也[5]。[6]

【注释】

〔1〕揽：包揽，收揽。

〔2〕自堕：荒废、废弃自己本有之物。

〔3〕自治：修养自身的德性。

〔4〕短长：短处和长处，指评判或批评外在事物的优劣、是非。

〔5〕反躬：反过来要求自己，自我检束。语出《礼记·乐

记》：“好恶无节于内，知诱于外，不能反躬，天理灭矣。”

〔6〕本章，朱熹辑入《近思录》卷二《论学》，出自《语录》。

【集解】

叶采曰：急于自治，何暇务外；厚于反躬，何暇议人。(《近思录集解》卷二，第66页)

张习孔曰：此等人甚多，非吾徒也。(《近思录传》卷二，第61页)

张伯行曰：为学之道，务在敛视听，慎言动，专其心于为己之功，而不暇他及。若役耳目，揽外事，则志已纷驰，必怠惰而不肯自治；论说短长，则好于议人，必浮躁而不能反己者也。欲以进于学难矣。盖心不两用，未有逐于外而不荒于内者。学者之患，大率皆然，可不谨哉！(《濂洛关闽书》卷二)

张伯行曰：凡人有志为学，则必听明内敛，谢绝闲事，然后心思静专而有用。若耳目逐于外好，收揽外边俗事以示其才者，其实是自怠本领工夫，不肯自治其身心，只管好言人之短长，至于己之是非得失，竟置勿问，乃不反求诸躬以自验者也。故人欲观其才，吾直薄其志；人或谓其有观人之识，吾谓其无自知之明也。夫堂堂之子张、曾子，犹难其为仁，方人之子贡，夫子亦警以不暇，学者可不知所勉哉！(《近思录集解》卷二，第106页)

尹会一曰：言学当近里着己，不可自宽也。人苟急于自治，何暇务外？其聪明驰骛者，良由心思涣散、自治不切耳。人苟厚于反躬，何暇议人？其评较短长者，岂知当身之责备哉？学者最宜猛省。(《近思录集解》卷二)

茅星来曰：役，用也。揽，兜揽也。所谓外者，凡博闻广见，通晓世务，无所得于身心者皆是。"只言短长，不能反躬"，谓但知讲论古今得失，而不能反求之躬，以实有诸己者也，所谓"耳目役于外，揽外事者"如此。程子以记诵博识为玩物丧志，亦此意也。朱子曰："此亦是见理不透，无安自己身心处，所以如此。"（《近思录集注》卷二，第98页）

施璜曰：内重则外轻，故务外者不自治；若肯自治者，必不役耳目于外也。好议论人长短，责人则明，责己则昏也。若能反躬，则自检点不暇，何暇言人短长耶？（《五子近思录发明》卷二，第141页）

江永：好揽外事则自治轻，徒言短长则躬行缓。（《近思录集注》卷二，第94页）

郭嵩焘曰：子贡方人，子曰："赐也贤乎哉！夫我则不暇。"可与此参看。（《近思录注》卷二，第55页）

张绍价曰：人苟有反躬自治之心，日夜汲汲，以求真知实践之不暇，何暇他及耶？役耳目、揽外事者，心驰于外，舍己芸人，自惰而不肯自治，好议论短长，常熟于世故人情，而疏于省身克己，不能反躬者也。（《近思录解义》卷二，第97页）

**【译文】**

耳目被外物役使，喜欢包揽身外俗事的人，其实是自己怠惰，不愿意修养自身的德性。只是喜欢说长道短，其实是不能够反身要求自己。

**【章旨】**

本章继续论述学者需要反躬自治，不能心驰于外或好言短道长。

**6·19** 天地之道要[1]，一言而道尽亦可。有终日善言而只在一物者，当识其要，总其大体，一言而乃尽尔。

**【注释】**

〔1〕要：要点，精义。

**【参读】**

张载曰：有天德，然后天地之道可一言而尽。（《正蒙·天道篇》，第15页）

**【译文】**

天地之道的要点，用一句话说尽也是可以的。有些人整天善于言辞，却只能说在一件具体的事物上。应当把握要点，总括主旨，就能用一句话说完了。

**【章旨】**

本章论为学当能识得大体，便能一言而尽。道之要之所以可以一言而尽，在于义理具有贯通性。义理的贯通性是本篇的一个重要主题，有多章反复论及。

**6·20** 释氏之学，言以心役物，使物不役心。周孔之道，岂是物能役心？"虚室生白。"[1]

**【注释】**

〔1〕"虚室生白"：房子空着，就能发出光亮。比喻内心保持虚静，不为欲念所蒙蔽，自然达到悟道境界。语出《庄子·人间

世》：“瞻彼阕者，虚室生白，吉祥止止。”

**【集解】**

吕柟曰：虚生白，只是诚则明矣。（《张子抄释》卷三）

**【译文】**

佛教学说主张用心来驾驭外物，而不能让外物驱使心。周公孔子的学说，难道是让外物驱使心吗？“内心保持虚静，自然达到悟道境界。”

**【章旨】**

本章继续论述心物关系，并对佛教予以批评。

**6·21**　今之性，“灭天理而穷人欲”[1]，今复反归其天理。古之学者便立天理，孔孟而后，其心不传，如荀扬皆不能知[2][3]。

**【注释】**

〔1〕“灭天理而穷人欲”：语出《礼记·乐记》：“夫物之感人无穷，而人之好恶无节，则是物至而人化物也。人化物者，灭天理而穷人欲者也。”

〔2〕荀扬：荀子和扬雄。荀子主张“性恶论”，扬雄主张“性善恶混”。张载继承孟子性善论，对二者持批评态度。

〔3〕本章亦见于《横渠礼记说·乐记》（第291页）。

**【参读】**

张载曰：烛天理如向明，万象无所隐；穷人欲如专顾影间，区区于一物之中尔。（《正蒙·大心篇》，第26页）

张载曰：天理一贯，则无意、必、固、我之凿。意、必、固、我，一物存焉，非诚也；四者尽去，则直养而无害矣。(《正蒙·中正篇》，第28页)

张载曰：穷人欲则心无虚，须立天理。人心者人欲，道心者天理，穷人欲则灭天理，既无人欲则天理自明，明则可至于精微。谓之危，则在以礼制心。(《横渠礼记说·乐记》，第290页)

**【译文】**

如今谈人性，"泯灭了天理，而只是去追求欲望满足"，现在应该回归其天理。古时学者就把天理树立为根本，孔子、孟子之后，这种用心就没有了传承，譬如荀子、扬雄都不能知晓这个道理。

**【章旨】**

本章沿用了《礼记·乐记》的"天理"概念，提出"今复反归其天理"的主张。本章可注意的有两点：一是这里的"天理"与"性"，有密切关系；二是不同于二程所说"吾学虽有所授，'天理'二字却是自家体贴出来"(《河南程氏外书》卷十二)，"天理"并不是张载思想的核心概念，张载更喜欢使用"义理"。当然，无论是性，还是理，在张载这里，也都包涵着先天至善的本体意义，这是理学家共同的地方。

**6·22**　义理之学，亦须深沉方有造[1]，非浅易轻浮之可得也[2]。盖惟深则能通天下之志[3]。只欲说得便似圣人，若此则是释氏之所谓祖师之类也[4][5]

## 【注释】

〔1〕深沉：深心沉力，穷究到底。与后文"轻浮"相对。造：造就，成就。语本《孟子·离娄下》："君子深造之以道。"

〔2〕浅易轻浮：浅尝辄止，亵慢懒惰。与前文"深沉"相对。

〔3〕惟深则能通天下之志：语出《周易·系辞上》："夫《易》，圣人之所以极深而研几也。唯深也，故能通天下之志；唯几也，故能成天下之务；唯神也，故不疾而速，不行而至。"

〔4〕祖师：指佛教中创立宗派的人。佛教禅宗创立后，提倡顿悟成佛，主张教外别传，往往借助一些"公案""话头"来启发后学。张载这里以此作为不"深沉"的表现。

〔5〕"义理之学"至"非浅易轻浮之可得也"，朱熹辑入《近思录》卷三《致知》，出自《文集》。

## 【集解】

杨伯嵒：晦翁曰："明道先生诗云：'道通天地有形外，思入风云变态中。'观他此语，须知有极至之理，非册子上所能载者。人须是自向里入深去理会此个道理。才理到深处，又易得似禅，须是理会到深处，又却不与禅相似方是。今之不为禅学者，只是未曾到那深处，才到那深处，定走入禅去也。譬如人在淮河上立，不知不觉走入番界去定也。只如程门高第游氏，则分明是投番了。虽上蔡、龟山也只在淮河上游游漾漾，终看他未破，时时去他那下探头探脑，心下也须疑他那下有个好处在。大凡为学，须是四方八面都理会交通晓，仍更理会向里来。譬如喫果子一般，先去其皮壳，然后食其肉，又更和那中间核子咬破始得。若不咬破，又恐里头别更有滋味在。若是不去其皮壳，固可；

若只去其皮壳了，不管里面核子，亦不可，恁地则无缘到得极去处。"（《泳斋近思录衍注》卷三，第52页）

叶采曰：朱子曰："圣人言语，一重又一重，须入深处看，方有得。若只见皮肤，便有差错。"（《近思录集解》卷三，第75页）

黄震释"学须深沉，非浅易轻浮之可得"曰：以上皆示学者紧切处。（《黄氏日抄》卷三十三）

张习孔曰：浅易轻浮无事可为，况义理之学乎？（《近思录传》卷三，第70页）

张伯行曰：义理之具于物者，莫不有表里精粗。今人都从外面觑得粗浅，便自以为义理之学，是猎取而非有造也。须深心沉力，穷究到底，方有造耳。浅易看过，轻浮用事，岂有得乎善乎？（《近思录集解》卷三，第121页）

茅星来曰：李氏曰："学问须深潜缜密，然后蹊径不差。释氏所谓'一超直入如来地'，其失处正坐此，不可不辩。"（《近思录集注》卷三，第109页）

江永曰：朱子曰："子张谓'执德不宏'，'宏'字有深沉重厚之意。横渠谓'义理深沉方有造，非浅易轻浮所可得'，此语最佳。"（《近思录集注》卷三，第104页）

郭嵩焘曰：程子多言完养涵泳，此"深沉"又别，直须苦思力索以得之。（《近思录注》卷三，第64页）

张绍价曰：义理之学无穷，须思虑深沉，方能由浅入深，由表达里，深造有以自得。浅易轻浮者，纵有所知，苟焉而已，安能有所得耶？（《近思录解义》卷三，第354页）

【译文】

关于义理的学问，也需要深心沉力才能有所成就，不是浅易轻浮就能有收获的。因为只有深心才能有通达天下的心志。只是想通过评说就能像圣人，像这样就成了佛教所谓的祖师话头一类的东西了。

【章旨】

本章论为学需要深沉。所谓"深沉"，一则是不浮躁怠惰，二则是精研义理，三则是体之于身，且能付诸实行。

6·23　此道自孟子后千有余岁，今日复有知者。若此道天不欲明，则不使今日人有知者；既使人知之，似有复明之理①。志于道者，能自出义理〔1〕，则是成器〔2〕。

【校勘】

① 理：鸣道本作"者"，据其他诸本改。

【注释】

〔1〕自出义理：指通过自己的体会，道德性命之理由内心自然生发，而非来自于外在的口耳见闻。

〔2〕成器：比喻成为有用的人材。语出《礼记·学记》："玉不琢，不成器；人不学，不知道。"

【集解】

吕柟曰：张子自任类孟子。（《张子抄释》卷三）

【译文】

这个道，自孟子之后一千多年了，到今天才又有人知晓了。

如果上天不想昌明这个道，就不会让今天的人知晓它；既然让人知晓，似乎就有昌明的理由。有志于道的人，能够自己体会出义理，就能有所成就。

**【章旨】**

本章一方面表达了张载对昌明道学的自觉担当，另一方面强调志于道者当自出义理。本章可与6·4、6·38、8·25章相参。张载在本篇多处谈及"道"与"义理"的关系，细究二者差别，似在于"道"更多指客观存在（"天道"）和行为方式（"人道"），"义理"则更多强调道德性命中包涵的先验行为原则以及对这一原则的体会和认识，故而这里要求"志于道者，能自出义理"。

**6·24**　"人一能之，己百之；人十能之，己千之。"〔1〕曰能者，是今日不能而能之〔2〕。若以圣人之能而为不能，则狂者矣，终身而莫能得也。

**【注释】**

〔1〕"人一能之，己百之，人十能之，己千之"：形容为学用功，勤奋不懈，勇猛精进。语出《礼记·中庸》："人一能之，己百之，人十能之，己千之。果能此道矣，虽愚必明，虽柔必强。"

〔2〕今日不能而能之：今日虽然做不到，但经过用功学习以后，他日能够做到。

**【译文】**

"别人一次能学会的，自己用一百次的功夫也能学会；别人十次能学会的，自己用一千次的功夫也能学会。"这里说的

"能"，是指自己今日虽然做不到而他日能够做到的事。如果把圣人能做到的当作自己做不到的，那就是狂妄无知的人了，终身都不会有收获。

【章旨】

本章区分学者之能与圣人之能。学者之能为工夫，因而用力即有进步；圣人之能为境界，因而无所能用力。这里仍然强调工夫要切实。

## 6·25　学贵心悟，守旧无功[1]。

【注释】

〔1〕旧：从前的成说。

【集解】

吕柟曰：心悟便是心常存惺也。(《张子抄释》卷三)

张伯行曰：为学视乎一心。心能明悟，则日新月异，其所得自未可量。若斤斤执守旧说，而明悟不生，是其学亦止于此而已，未见其有进益之功也。(《濂洛关闽书》卷二)

【译文】

为学贵在用心体会，仅仅持守成说是没有效果的。

【章旨】

本章论为学当用心体认，不能局限于文辞旧说。这亦是就义理的特点而言。

## 6·26　知德斯知言[1]。己尝自知其德，然后能识言也。

人虽言之，己未尝知其德，岂识其言？须是己知是德，然后能识是言①，犹曰知孝之德则知孝之言也。

**【校勘】**

① 是言：鸣道本误作"言言"，据其他诸本改。

**【注释】**

〔1〕知言：善于辨析他人的言辞。《论语·尧曰》："不知言，无以知人也。"《孟子·公孙丑上》："'何谓知言？'曰：'诐辞知其所蔽，淫辞知其所陷，邪辞知其所离，遁辞知其所穷。'"

**【参读】**

张载曰："武成取二三策"，言有取则是有不取也。孟子只谓是知武王，故不信漂杵之说，知德斯知言，故言使不动。（《张子语录·语录下》，第 331 页）

**【集解】**

吕柟曰：知德后已行过，故识言。（《张子抄释》卷三）

**【译文】**

懂得了德性以后，才能辨析言辞。自己已经了解了他的品德，然后才能识别他的言辞。别人虽然说过了，自己却还不了解他的品德，怎么能识别他的言辞呢？应当是自己懂得了这样的品德，然后才懂得这样的言辞。这就好像说，懂得了孝这种品德才能懂得孝的言辞。

**【章旨】**

本章解释"知言"。张载认为，言的实质在于德，故知德才能知言。这一理解，显然是继承孟子而来。

**6·27**　三代时人<sup>〔1〕</sup>，自幼闻见莫非义理文章<sup>〔2〕</sup>，学者易为力。今须自作<sup>〔3〕</sup>。

**【注释】**

〔1〕三代：指夏、商、周三个朝代，是儒家思想中的理想时代。

〔2〕文章：礼乐法度。《论语·公冶长》："子贡曰：'夫子之文章，可得而闻也。夫子之言性与天道，不可得而闻也已矣。'"何晏集解："章，明也。文彩形质著见，可以耳目循。"《论语·泰伯》："巍巍乎其有成功也，焕乎其有文章。"朱熹集注："文章，礼乐法度也。"

〔3〕作：振作，激发。

**【参读】**

吁问："每常遇事，即能知操存之意，无事时，如何存养得熟？"（二程）曰："古之人，耳之于乐，目之于礼，左右起居，盘盂几杖，有铭有戒，动息皆有所养。今皆废此，独有理义之养心耳。但存此涵养意，久则自熟矣。敬以直内是涵养意。言不庄不敬，则鄙诈之心生矣；貌不庄不敬，则怠慢之心生矣。"（《河南程氏遗书》卷一，第7页）

**【集解】**

张伯行释"三代时人"至"学者易为力"曰：三代之时俗，尚敦庞，邪说鲜少。人自幼时，所闻所见莫非义理文章，无所纷杂。学者其心已明，其见已定，故易为力，而进于道德之途。今

则非自振作，即不能有成矣。世风日下，可胜叹哉。(《濂洛关闽书》卷二)

**【译文】**

夏商周三代时候的人，从小听见、看到的没有不是表现道德义理的礼乐法度，学者容易着力学习。如今必须自我振作。

**【章旨】**

本章比较古今学者之别，并激励当今学者要自我振作。

**6·28** 为学大益，在自能变化气质，不尔卒无所发明[1]，不得见圣人之奥[2]。故学者先须变化气质，变化气质与虚心相表里。[3]

**【注释】**

〔1〕发明：阐发，彰明。

〔2〕奥：奥妙，深奥，隐秘处。

〔3〕"为学大益"至"不得见圣人之奥"，又见于《张子语录·语录中》(第321页)，朱熹辑入《近思录》卷二《为学》，出自《横渠孟子说》。

**【集解】**

叶采曰：所贵于学，正欲陶镕气质，矫正偏驳。不然，则非为己之学，亦何以推明圣人之蕴哉！○朱子曰："宽而栗，柔而立，刚而无虐，简而无傲，便是教人变化气质。"(《近思录集解》卷二，第64页)

吕楠曰：岂止表里，本一事也。(《张子抄释》卷三)

张习孔曰："为学在变化气质"，先贤格言也。先生增"自求"二字，意更深切。不自求，卒难变也。(《近思录传》卷二，第59页)

张伯行曰：人生所赋之理，原自至足，而气质不能皆纯，故不得不思所以变化之。学也者，所以矫偏反正，为变化之要者也。人之为学多端，其莫大之益，只在自求变化其气质。若不能变化，则口耳之功，辞章之为，何与自己事？皆是为人之弊。于学中亲切之故，茫然无见，将安所发明乎？如是则圣人奥妙之旨，终不能得矣。夫圣人千言万语，无非为学，无非所以变化气质者耳。(《近思录集解》卷二，第103页)

茅星来曰：言人之为学，欲以得益也，而益之大者，则在自求变化气质而已。故学者须于身心上细细体认，稍有偏驳处，便自觉察而痛改之，此为己之实学也。不然，则轻浮浅露，无真实切己工夫，故"不得见圣人之奥"。〇东莱谓"变化气质，方可言学"。朱子曰："此意甚善，但愚意则以为必学方能变化气质耳。若不读书穷理，主敬存心，而徒切切计较于昨非今是之间，恐亦劳而无补也。"问："气质不善，可以变化否？"曰："须是变化而反之。如'人一己百，人十己千'，则'虽愚必明，虽柔必强'。"(《近思录集注》卷二，第95页)

施璜曰：为己之学，全在自求变化其气质。能变化，则气质清明，义理昭著，可以得见圣人之蕴奥，此为学之大益。故圣人教人用百倍之功以求之也。(《五子近思录发明》卷二，第138页)

陈沆曰：学者不能变化气质，则终身浑是病痛。就令孳孳为学，亦只是于血气上用功，而不能于义理上有得也。安得不百倍

其功，以自求变化哉？（《近思录补注》卷二，第113页）

郭嵩焘曰：程子言学皆主变化气质。横渠于此着"自求"二字，极有力。气质偏驳处，须是自家体验，求得其根源，逐渐消磨，久则自然变也。变化气质，亦是克己之功。（《近思录注》卷二，第53页）

张绍价曰：为学大益，在于尊德性，道问学，百倍其功，以变化其气质。气质变则自明而诚，可深入于精微之奥，否则虽从事于学，亦为人而已。拘于气禀，学无心得，安能有所发明以见圣人之奥耶？（《近思录解义》卷二，第93页）

**【译文】**

为学最大的好处在于能够自然地改变气质。不然的话，终究没有什么彰明，看不到圣人的奥妙。因此，学者首先需要改变气质，改变气质与内心谦虚是内外补充的关系。

**【章旨】**

本章将"变化气质"作为为学的一个重要内容，并指出需将"变化气质"与"虚心"内外结合。张载对这两方面都有反复论及，可以相互参读。

**6·29** 大中[1]，天地之道也。得大中，阴阳鬼神莫不尽之矣①[2]。

**【校勘】**

① 鸣道本此章与前章合，但二章语义不连贯，据其他诸本另分章。

**【注释】**

〔1〕大：博大。中：无过与不及，中正不偏。

〔2〕阴阳鬼神：指天地间精气的聚散变化。《周易·系辞上》："精气为物，游魂为变，是故知鬼神之情状。"孔颖达疏："物既以聚而生，以散而死，皆是鬼神所为。但极聚散之理，则知鬼神之情状也。"

**【参读】**

张载曰：知虚空即气，则有无、隐显、神化、性命通一无二，顾聚散、出入、形不形，能推本所从来，则深于易者也。若谓虚能生气，则虚无穷，气有限，体用殊绝，入老氏"有生于无"自然之论，不识所谓有无混一之常；若谓万象为太虚中所见之物，则物与虚不相资，形自形，性自性，形性、天人不相待而有，陷于浮屠以山河大地为见病之说。此道不明，正由懵者略知体虚空为性，不知本天道为用，反以人见之小因缘天地。明有不尽，则诬世界乾坤为幻化。幽明不能举其要，遂躐等妄意而然。不悟一阴一阳范围天地、通乎昼夜、三极大中之矩，遂使儒、佛、老、庄混然一涂。语天道性命者，不罔于恍惚梦幻，则定以"有生于无"，为穷高极微之论。入德之途，不知择术而求，多见其蔽于诐而陷于淫矣。（《正蒙·太和篇》，第8页）

张载曰：大中至正之极，文必能致其用，约必能感而通。未至于此，其视圣人恍惚前后，不可为之像，此颜子之叹乎！（《正蒙·中正篇》，第27页）

张载曰：知德以大中为极，可谓知至矣；择中庸而固执之，乃至之之渐也。惟知学然后能勉，能勉然后日进而不息可期矣。

（《正蒙·中正篇》，第 27 页）

张载曰：体正则不待矫而弘，未正必矫，矫而得中，然后可大。故致曲于诚者，必变而后化。（《正蒙·中正篇》，第 27 页）

张载曰：极其大而后中可求，止其中而后大可有。（《正蒙·中正篇》，第 28 页）

**【译文】**

博大而中正，是天地运行的原则。达到了博大而中正，那么天地间阴阳鬼神的聚散变化就没有不能穷尽的了。

**【章旨】**

本章论"大中"为天地之道。强调"大中""中正""中道"，是张载理学的重要特点。这一思想既来自《中庸》，也来自《周易》，是针对不学之人的怠惰和佛老异端的"过犹不及"两个极端而提出的。张载的相关论述较多（如 5·6，5·7，8·18），可以彼此参考。

**6·30 仁不得义则不行**[1]**，不得礼则不立**[2]**，不得智则不知**[3]**，不得信则不能守，此致一之道也**[4]**。**

**【注释】**

〔1〕行：付诸实践。语本《孟子·万章下》："夫义，路也；礼，门也。惟君子能由是路，出入是门也。"

〔2〕立：立身。语本《论语·泰伯》："兴于诗，立于礼，成于乐。"

〔3〕知：理解，懂得。语本《孟子·离娄上》："仁之实，事

亲是也；义之实，从兄是也；智之实，知斯二者弗去是也；礼之实，节文斯二者是也；乐之实，乐斯二者，乐则生矣。"

〔4〕致：到达。一：同一。致一：犹"一致"，指事物性质不同，但趋向相同，没有根本分歧。语本《周易·系辞下》："三人行则损一人，一人行则得其友，言致一也。"《易·系辞下》："天下同归而殊涂，一致而百虑。"

【集解】

张伯行曰：仁者，本心之全德，统四端而兼万善者也。然必得义，而后恩爱周流，裁制合宜，若不得义则不行；必得礼，而后亲疏厚薄，品节常足，若不得礼则不立；必得智，而后良心时见，察识扩充，若不得智则不知；必得信，而后恺恻中存，诚实恳挚，若不得信则不守。盖天予以仁，即予以义礼智信，此致一之道，所以与仁相资为用，而不能离者也。(《濂洛关闽书》卷二)

【译文】

仁没有义就不能施行，没有礼就不能立身，没有智就不能理解，没有信就不能持守，这是天下殊途同归的道理。

【章旨】

本章论仁贯五常。义是行仁的方法，礼是立仁的形式，智是知仁的条件，信是守仁的前提。五常虽然各有其义，但从道义而言，则没有分歧。

**6·31**　大率玩心未熟[1]，可求之平易，勿迂也。若始求太深，恐自兹愈远。[2]

**【注释】**

〔1〕玩：研讨，反复体会。

〔2〕本章亦见于《张子语录·语录中》（第324页）。

**【译文】**

大致来说，体会本心没有达到纯熟的程度，可以在平和简易中探求，不要拘泥固执。如果开始时寻求过于艰深，恐怕会越寻求就偏离得越远。

**【章旨】**

本章论义理之学的平易性，不应该求之繁难艰深。张载对此也多有论及（如8·8，8·9），可相互参考。

**6·32** 学不能推究事理，只是心粗。至如颜子未至于圣人处，犹是心粗。[1]

**【注释】**

〔1〕本章，朱熹录入《近思录》卷三《致知》，出自《文集》。

**【集解】**

叶采曰：颜子不能不违仁于三月之后者，是其察理犹或有一毫之未精，故所存犹或有一毫之间断。(《近思录集解》卷三，第75页)

张习孔曰：孔子三十而立，四十始能不惑。颜子短命，则其不能推究事理，宜亦有之。(《近思录传》卷三，第70页)

张伯行曰：心具众理，必于众理推究全尽，方完得心之本体，而此心细入无间矣。故不特大段空疏者算做心粗，即至颜子优入圣域，而不能不违仁于三月之后，犹有未达之一间，则此一间心理未融，犹是心粗。直须义精仁熟，全体不息，而后可谓不粗，此则圣人之事也。(《近思录集解》，第121页)

茅星来曰：朱子曰："颜子比之众人纯粹，比之孔子便粗。如'有不善未尝不知，知之未尝复行'，是他细腻如此。然犹有此不善处，便是粗。伊川说'未能不勉而中，不思而得，便是过'一段甚好。"又曰："圣人言语磨棱合缝，滴水不漏，如言'以德报怨'、'一言兴邦'之类，无不仔细。孟子说得便粗，如'今之乐犹古之乐'、'公刘、太王好货好色'之类。故横渠说孟子'比圣人自是粗'。"(《近思录集注》卷三，第109页)

江永曰：颜子尚心粗。人有一毫不是，便是心粗。○心粗，学者之通病。颜子未至圣人，犹是心粗。一息不存，即为粗病。要在精思明辨，使理明义精，而操存涵养，无须臾离，无毫发间，则天理常存，人欲消去，其庶矣乎！(《近思录集注》卷三，第105页)

郭嵩焘曰：以颜子未至圣人为心粗，偏是横渠敢下此等字。圣人只说颜子好学，于其死后，犹言"吾见其进，未见其止"，看来已是优入圣域。《孟子》书直说他"具体而微"，宋儒因之谓"于圣人未达一间"，要皆是拟议之词。(《近思录注》卷三，第64页)

张绍价曰：浅易轻浮则心粗，而不能推究事理。虞廷执中，惟一必先以惟精，必察之极其精，然后守之纯于一。一者，无二、无杂、无间断之谓也。颜子不能不违仁于三月之后，犹微有二处、杂处、间断处。其所以守之者，未能与圣人之纯一；由其

所以察之者，未能如圣人之极其精也，故曰犹是心粗。(《近思录解义》卷三，第 111 页)

**【译文】**

为学不能够推求出事物中的义理，只是因为心思粗疏。至于像颜子不能达到圣人的地方，也还是因为心思有粗疏之处。

**【章旨】**

本章论推究事理，切忌心粗，可与 6·22 章相参。

## 6·33　观书必总其言而求作者之旨 ①。

**【校勘】**

① 者：鸣道本作"著"，据其他诸本改。

**【集解】**

张伯行曰：总者，该括贯串之谓。此教人以观书之法也。言古人立言，皆有深意。观书者，必总括其言而融会贯通之，以求作者用意之所在，方为有得。不然，恐所观者徒古人之糟粕而已，何益哉！(《濂洛关闽书》卷二)

**【译文】**

看书时必须概括其中的言论，进而寻求作者的意旨。

**【章旨】**

本章论读书要寻求言外之意，可与 6·19 章相参。本章以下，基本都是讨论读书的方法。

## 6·34　学者言不能识得尽，多相违戾 ①〔1〕，是为无天

德〔2〕。今颦眉以思②〔3〕，已失其心也。盖心本至神，如此则已将不神害其至神矣。

**【校勘】**

① 违：鸣道本误作"连"，据其他诸本改。

② 眉：鸣道本误作"省"，据其他诸本改。

**【注释】**

〔1〕违戾：违背，抵触，不一致，不合情理。

〔2〕天德：天所赋予人的德性。

〔3〕颦眉：皱眉，表示心思窒碍、烦乱、忧愁。

**【集解】**

吕柟曰：到至神处，思亦已矣。(《张子抄释》卷三)

**【译文】**

学者对言论不能理解透彻，很多地方互相抵触，这是丢失了天所赋予人的德性。如今心思窒碍，就已经失去了本心。因为人心本来是最神妙的，心思窒碍就已经是用不神妙的言论损害了最神妙的心了。

**【章旨】**

本章继上章再论不当以言害意。


**6·35** 能乱吾所守。脱文。①


**【校勘】**

① 诸本皆如此，当为残简。

**6·36** 有言经义须人人说得别[1]，此不然。天下义理只容有一个是，无两个是。

**【注释】**

〔1〕经义：经书的义理。也指科举考试科目之一。宋代以经书中文句为题，应试者作文阐明其义理，故称经义。

**【译文】**

有人说经书的义理应当每个人都说得不同，这种说法是不对的。天下的义理只容许一种正确的解释，不会有两种正确的解释。

**【章旨】**

本章论经书中的义理都是唯一的、客观的，不因人而别。这里涉及"意"与"理"的关系，即"意"当遵循"理"，而不应以"意"害"理"。

**6·37** 且滋养其明①[1]，明则求经义将自见矣。又不可徒养，须观他前言往行②，便畜得己德。若要成德，须是速行之。

**【校勘】**

① 滋：鸣道本作"兹"，据其他诸本改。

② 须：徐刻本、四库本作"有"。

**【注释】**

〔1〕且：此，今。明：明睿，明智，明察。

**【集解】**

吕柟曰：明行一理。（《张子抄释》卷三）

**【译文】**

现在先涵养明察的能力，能够明察，再寻求经义就能自然呈现了。也不能只是涵养，还需要观察前圣往贤的言语和行为，就能培养自己的德行。如果要成就德性，就要尽快付诸行动。

**【章旨】**

本章继上章再论求经义之法。这里指出了获得道德知识的三个环节：一是先要涵养自己的德性和智慧，而后才能懂得经义；二是不仅要涵养德性，还要通过了解圣贤的言行，扩大道德知识；三是要将知行结合，道德知识必须付诸实行才具有真正的意义。

6·38　当自立说以明性，不可以遗言附会解之〔1〕。若孟子言"不成章不达"及"四体不言而喻"〔2〕，此非孔子曾言而孟子言之，此是心解也〔3〕。〔4〕

**【注释】**

〔1〕遗言：古训，成说。

〔2〕章：本指诗歌或乐曲的段落，引申为事物发展的阶段。喻：知晓，明白。"不成章不达"：指君子于道，没有一定的成就，也就不会通达。语出《孟子·尽心上》："君子之志于道也，不成章

不达。""四体不言而喻":指君子的本性,会在手足四肢上表现出来,不用言语,别人也能一目了然。语出《孟子·尽心上》:"仁义礼智根于心,其生色也,睟然见于面,盎于背,施于四体,四体不言而喻。"

〔3〕心解:用心领会。

〔4〕本章亦见于《张子语录·语录中》(第323页)。

**【参读】**

张载曰:以心求道,正犹以己知人,终不若彼自立彼为不思而得也。(《正蒙·中正篇》,第31页)

张载曰:大率知昼夜阴阳则能知性命,能知性命则能知圣人,知鬼神。彼欲直语太虚,不以昼夜、阴阳累其心,则是未始见易,未始见易,则虽欲免阴阳、昼夜之累,末由也已。易且不见,又乌能更语真际!舍真际而谈鬼神,妄也。所谓实际,彼徒能语之而已,未始心解也。(《正蒙·乾称篇》,第65页)

张载曰:诵《诗》虽多,若不心解而行之,虽授之以政则不达,使于四方,言语亦不能,如此则虽诵之多,奚以为?(《张子语录·语录上》,第309页)

**【集解】**

吕柟曰:才能立说,便是学过,不是袭取。(《张子抄释》卷三)

**【译文】**

应当自己立论来彰明德性,不能用前人的故训成说来附会地理解。比如孟子说"君子于道,没有一定的成就,也就不会通达"以及"君子的本性,会在手足四肢上表现出来,不用言语,别人也能一目了然"，这都是孔子没有说过而孟子说出来的，这是自己用心领会的结果。

**【章旨】**

本章论"心解"。所谓"心解"，也就是强调义理需要自己切身体会，不能受语言的约束。张载对此多有强调，可与 6·15、6·22、6·25、6·26 等章参读。

**6·39** 读书少，则无由考校得义精[1]。盖书以维持此心，一时放下则一时德性有懈。读书则此心常在，不读书则终看义理不见。书须成诵精思，多在夜中或静坐得之。不记则思不起，但通贯得大原后，书亦易记。所以观书者，释己之疑，明己之未达。每见每知所益，则学进矣。于不疑处有疑[2]，方是进矣。[3]

**【注释】**

〔1〕考校：考查比较。义精：对义理把握的很精微。

〔2〕不疑处：容易被忽略、不容易引起疑问的地方。

〔3〕"学者观书，每见每知新意则学进矣"，亦见于《张子语录·语录中》（第 321 页）。本章，朱熹辑入《近思录》卷三《致知》，出自《语录》，被分为两章，"读书少"至"终看义理不见"为一章，"书须成诵精思"至"方是进矣"为另一章。

**【集解】**

叶采曰：读书不多，则见义不精。然读书者，又所以维持此心，使无放逸也。故读书则心存，心存则理得。○朱子曰："书须成诵，少间不知不觉，自然触发晓得。盖一段文义横在心下，自是放不得，必晓得而后已。今人所以记不得，思不去，心下若存若亡，皆不精不熟之故也。"又曰："横渠作《正蒙》时，或夜里默坐彻晓，他直是恁地勇，方做得。"〇每见是书而每知新益，则学进矣。然学固足以释疑，而学亦贵于有疑。盖疑则能思，思则能得，于无疑而有疑，则察理密矣。(《近思录集解》卷三，第92—93页)

黄震释"读书，则此心常在"曰：以上皆示学者紧切处。(《黄氏日抄》卷三十三)

吕柟曰：须有疑后方明。(《张子抄释》卷三)

张习孔曰：读书少则所见义理不广，即前篇所言"难得胸臆如许大"是也。其弊非止"德性有懈"而已。〇先生天资颖绝，其读书尚如是，后学安可卤莽？(《近思录传》卷三，第91页)

张伯行释"所以观书者"至"于不疑处有疑方是进矣"曰：所以观古人之书者，正欲释吾之疑，求明吾之所未达也。然学问无穷，日新月异，人能每见每加新益，则今此所得较胜于前，而学进矣。且于不疑处转而有疑，则后此见解愈未可量，方是进矣。若拘守一说，既不能悟，复不能疑，安望其学之进益哉？(《濂洛关闽书》卷二)

张伯行曰：古今义理多在书中，读书少则见闻固陋，考校不精，故格物穷理，以读书为要也。盖义理可以养心，读书正以维持此心。心一放逸，无所归着，则一时之德性懈矣。懈则必昏，何由得义精？须是读书则心存，心存则理得。不然者，终看义理不见也。朱子曰："存心与读书为一事，方得。"〇读书之法，在熟读而精思，然必读之熟方能思之精。先须成诵，到成诵后，或中夜，或静坐，随时精思，自得之矣。若不能成诵，不能记忆，思何由起而又何由得之乎？六经浩渺，乍来难记。时时读，时时思，便贯通得大原。既得大原之后，千流万派，脉络分明，亦自易记也。〇书以释疑尤贵。有疑所以观书，有初间怀着疑胎，义理未达于心，一与古人披对，涣然冰释，自是以往，每见每知新益，则日知其所亡而有日新之功，则学有长进处矣。然天下无一览而尽之理，自以为无疑，终得其粗，不能通微，所谓进者，非进也。须于不疑处有疑，用心剖析，毫芒一层剥入一层，方是进境矣！（《近思录集解》卷三，第152—153页）

尹会一曰：此言读书所以存心，惟心存而后理得也。读书不多则疑信相半，无由考校得义理精详。盖书以维持此心，使之不放；一时放下则昏惰乘之，德性即因之有懈。盖惟读书则神明不至外驰，而此心常在；使不读书则此心不在虚灵之舍，虽义理自在当前，亦终看不见矣。是读书即治心之功，治心即明理之要。人可不多读书乎！〇此示人以读书之法也。书须熟读，令可成诵，则文义常留于心，而触处精思，或在夜中，或于静坐，皆可得其解。若未能成诵，便不记得，若存若亡，亦思不起矣。但读书者果能思之至精，通贯书之大原，则理在而辞可忆，义明而文可推，而书亦易记。故惟能记而后能思，亦惟能思而后能记，此其所以交相因也。〇惟记与思相因，所以观书者，己有疑必释之，己有未达必明之。读书者，诚由记与思之功，而知所未知，于不疑得疑，则所得于书者不已深乎！（《近思录集解》卷三）

李文炤曰：读书则心存，心存则理得，可以见尊德性、道问学之相须矣。○薛氏曰："读书以防检此心，犹服药以消磨此病。病虽未除，常使药力强，则病自衰。心虽未定，常使书味深，则心自熟，久则衰者尽而熟者化矣。"○成诵者，精熟而可默诵也。通贯大原而书易记者，已得其理，则其言自不能忘也。○朱子曰："此说最为捷径，盖未论看得义理如何，且是收拾得此心有归着处，不至走作。然亦须是专一精研，使一书通透，都无记不得处，方可别换一书，乃为有益。若但轮流通念而核之不精，则亦未免枉费工夫也。须是通透后，又如此温习乃佳耳。"（《近思录集解》卷三，第89页）

茅星来曰：此以见读书非徒穷理之事，实亦养心之要也。朱子曰："读书固收心之一助，然只读书时收得心，而不读书时便为事所动，则是心之存时常少，放时常多也。学者当移此读书工夫，向不读书处用力，使动静两得，而此心庶几无时不存矣。"○承上文读书而言其所以读之法也。朱子曰："读书须反复研究，直待不思索时，此意常在心胸之间驱遣不去，方为有功。"又曰："李先生常言：'道理须是日中理会，夜间却去静处坐地思量，方始有得。'"○此又以其验处言之。（《近思录集注》卷三，第138页）

施璜曰：多读书则义理考校得精，亦是养心之一助，故手不释卷，则心亦常存不走作。但必以明理为主，若不知穷理，专学文艺，虽终日读书，心愈放也。○此言书贵熟读也。朱子曰："横渠教人读书，必要成诵，真道学第一义。须是如此，方有着力处也。"又曰："近与学者讲论，尤觉横渠'成诵'之说，最为捷径。"又曰："横渠云今人不及古人，只争这些子。古人记得，故晓得；今人卤莽记不得，故不晓得。合此观之，则知书只要熟读，别无方法。熟读则成诵矣，熟读而又精思，何患学之不进哉！"（《五子近思录发明》卷三，第196—197页）

江永曰：朱子曰："张子说得'维持'字好。盖不读书，则此心便无用处。"○"人常读书，庶几可以管摄此心，使之常存。"○朱子曰："读书须是成诵，方精熟。今人所以记不得，说不去，心下若存若亡，皆是不精不熟之患。横渠说：'读书须是成诵。'今人所以不如古人处，只争这些子。古人记得，故晓得；今人卤莽，记不得，故晓不得。紧要处、慢处，皆须成诵，自然晓得也。"○读书无疑者须教有疑，有疑者却要无疑，到这里方是长进。（《近思录集注》卷三，第125页）

郭嵩焘曰："多闻，择其善者而从之，多见而识之。"须是多闻多见，而后能有所择。所以能知择，即是考校得义理精也。○读书以释己疑，到读书后，又自生疑。疑者进学之机也，须是逐层推勘，乃始有疑。此最是张子启发学者深微处。（《近思录注》卷三，第81页）

张绍价曰：读书多，则博观约取，斟酌至当，而精义之学出焉；读书少，则见闻寡陋，道理孤单，无由考校得义精。书以维持此心，将圣人言语，浸灌胸臆，则足以荡涤邪秽，涵养德性。一时放下，则此心无所维持，而德性有懈。读书以维持此心，考究义理，不读书则心无所用，非放逸，即空寂，而义理亦无由而见。由张子之言观之，则欲存心者，不可以不读书；欲穷理者，不可以不读书。陆王之学，但教人存心，而禁人读书穷理，其说正与张子相反，所以卒为异学也。○朱子曰："圣贤之言，须常将来眼头过，口头转，心头运。"○此言读书考校义理在于精思，而精思必先以熟读也。朱子曰："荀子说诵数以贯之，见得古人诵书，亦记遍数。乃知横渠教人读书必须成诵，真道学第一义。遍数已足，而未成诵，必欲成诵；遍数未足，虽已成诵，必满遍数。但百遍时自是强五十遍时，二百遍时自是强一百遍时。""今所以记不得，说不去，心下若存若亡，皆是不精不熟之患。今人所以不如古人处，只争这些子。古人记得，故晓得；今人卤莽，记不得，故不晓得。紧要处、慢处皆须成诵，一一认得，如自己做出来一般，方能玩味反复，向上有通透处。若不如此，只是虚设议论，非为己之学也。"○大抵观书先须熟读，使其言皆若出于吾之口；继以精思，使其意皆若出于吾之心，然后可以有得。然熟读精思，既晓得后，又须疑，不止于此，庶几有进；若以为止如此矣，则终不复有进也。○读书须反复研究，直待不思索时，常在心胸间，驱遣不去，方为有功。○学者只是要熟，工夫纯一而已，读时熟，看时熟，玩味时熟。(《近思录解义》卷三，第 140—141 页)

**【译文】**

书读得少，就无法通过考察比较，对义理有很精微的把握。读书可以用来保持本心，一时放下书本，那么一时在德性修养上就会有所懈怠。常读书就能常存本心，不读书就终究无法明白义理。读书需要能够背诵，能够精微地思考，这样就经常在夜里或在静坐时有所收获。记不住就想不起来，只要贯通书本的根本原则以后，书上的内容就容易记住。之所以要看书，是为了解释自己的疑惑，明白自己还没有明白的地方。每次看到义理，每次有所受益，那么为学就进步了。在不容易引起疑惑的地方发现了疑惑，才是进步。

**【章旨】**

本章论以读书来涵养德性的具体方法。这里强调的重点如下：一是需要多读，但多读不是为了增加知识，而是为了时常提醒自己，不使德性修养有所松懈；二是读书需要记诵，进而可以随时予以精思；三是要努力体会贯通书本的根本义理；四是要不断发现自己的不足以及努力的方向；五是读书需要有疑问，疑问产生于由理论向实践落实时的跨越，因而有疑问才会有进步。朱子读书法对张载此段论述多有肯定，历代《近思录》注解也颇多阐发，可参考。

**6·40** 学者潜心略有所得，即且志之纸笔，以其易忘，失其良心〔1〕。若所得是〔2〕，充大之以养其心。立数千题，旋注释，常改之，改得一字即是进得一字。始作文字，须当多其词以包罗意思①。

**【校勘】**

① 其：鸣道本作"以"，据其他诸本改。

**【注释】**

〔1〕良心：良好的用心。

〔2〕是：正确。

**【译文】**

学者专心于对义理的体会，稍有收获，就应当用纸笔记录下来，因为体会容易遗忘，这样就失去了原本良好的用心。如果体会是正确的，就扩充它，来涵养本心。可以确定很多题目，再做注解，常常修改，修改一个字就有一个字的进步。开始写作文章时，应当多用词语来包容道理。

**【章旨】**

本章继续论读书之法。本章强调以文字的方式辅助记忆，以注释的方式扩充义理。相对于读书时对道德知识的感悟，用文字概括、记录以及进行解释则能够起到将道德知识理性化的作用。张载这里已经注意到了道德知识需要融合感性与理性两个方面来发挥作用。

**6·41** **常人教小童，亦可取益。绊己不出入**[1]**，一益也；授人数次，己亦了此文义，二益也；对之必正衣冠，尊瞻视**[2]**，三益也；尝以因己而坏人之才为忧**①**，则不敢堕，四益也。**[3]

**【校勘】**

① 为忧：其他诸本皆作"为之忧"。

**【注释】**

〔1〕绊：本指拴缚马足的绳索，引申为拴缚，牵制。

〔2〕瞻视：观看。《论语·尧曰》："君子正其衣冠，尊其瞻视，俨然人望而畏之，斯不亦威而不猛乎？"

〔3〕本章亦见于《张子语录·语录抄》(第335页)，朱熹辑入《近思录》卷十《政事》，出自《语录》。

**【集解】**

叶采曰：取益，谓有益于己。绊，牵系也。〇数数，犹频数也。了，晓彻也。（《近思录集解》卷十，第 196 页）

张习孔曰：此蒙师"四箴"也。（《近思录传》卷十，第 205 页）

张伯行曰：此言教小学之有益，犹《书》所谓"教学半"也。盖人尝以教小童为有妨自己之功，不知教学之中，在己亦可取益。凡教小童，则必日与之同在学中，是有绊系己身，使不得时常出入，不出入则少外物之诱，是自己得宁静之道，一益也。数数，频频，不一次也。言教小童者，又必授之以书，且授之也，亦不是一时便休。若授人以书而至数数然不已，则在己亦必了然于此书之文义矣。夫书贵习熟，以授小童之故，而使书理常在目前，在己又得时习之功，是二益也。且在我之威仪必谨，亦学问要紧工夫也。而教小童则必正其衣冠，使子弟之有所严惮；尊其瞻视，使子弟之有所取法。是得小童以摄自己之威仪也，非三益乎？抑凡人之志气，最患其有颓堕委靡之病，教小童则受人教育之托，常恐因己而教坏人之才质，以此为忧，则必自求其有可教人之本，而不敢自堕其所学也，岂非四益乎？（《近思录集解》卷十，第 353—354 页）

李文炤曰：绊，牵系也。数数，犹烦屡也。了，晓彻也。出入绊，则其益在专；文义了，则其益在明；衣冠正、瞻视尊，则其益在敬；不敢惰，则其益在勤。何往而非学哉！（《近思录集解》卷十，第 194 页）

茅星来曰：绊，牵系也。〇数数，犹频频也。了，明了也。〇按此条所谕，皆教小童时所以自处之道，非论教小童之道也。

朱子曰："更须自己勉力，使义理精通，践履笃实，足以应学者之求而服其心，则成己成物，两无亏欠矣。"（《近思录集注》卷十，第 350 页）

施璜曰：此言教童子有四益，非认真训蒙者不知也。养蒙之功，乃为圣为贤的基址，其责任甚重，故师范要端庄。先做圣贤，然后可以当蒙师之任。第一益，可以拘束身心；第二益，可以晓彻文义；第三益，是存养工夫；第四益，是省察工夫。人能知此四益，而以养正为己任，则师道立而贤才出，善人多矣。（《五子近思录发明》卷十一，第 565 页）

江永：上"数"，如字；下"数"，音朔，谓授书遍数多也。〇教小童者，或多出入，授书草率，惰慢无威仪，不顾坏人才，是不善取四益矣。（《近思录集注》卷十，第 232 页）

郭嵩焘曰：更有一益。教小童多是诱掖奖劝，使之乐从，自须坚忍其质性，从容以求善其事，久之亦自能变化其气质。能于此究心，即亦进德之资也。（《近思录注》卷十，第 187 页）

张绍价曰：旧说，此言教童子之益。一益可以拘束身心，二益可以晓彻文义，三益可以整肃威仪，四益可以省察愆尤。蒙养为作圣之基，责任甚重，能知此四益，以养正为己任，则师道立而善人多矣。（《近思录解义》卷十，第 287 页）

**【译文】**

普通人教小孩子读书，也可以从中受到益处：牵绊自己，无法外出，这是第一个益处；给别人教过好多次以后，自己也了解了文义，这是第二个益处；在别人面前，必定要整理衣冠，端正目光，这是第三个益处；经常担心因为自己而毁坏了他人的才能，因而不敢懈怠，这是第四个益处。

【章旨】

本章论教小童之"四益"，同样是由外返内，使自己心无旁骛，潜心体会义理，谨言慎行，反躬自省，以此提高德性修养。

**6·42** 有急求义理复不得，于闲暇有时得。盖意乐则易见，急而不乐则失之矣。盖所以求义理，莫非天地、礼乐、鬼神至大之事，心不洪则无由得见。

【译文】

有时急迫地寻求义理却更加得不到，在空闲的时候却偶尔得到了。这是因为义理在心意愉悦时容易发现，心意急迫而不愉悦时就失去了。大抵用来寻求义理的方式，无非在天地、礼乐、鬼神这些大事上，因而心不洪大，义理就没有办法发现。

【章旨】

本章论寻求义理应当保持内心的简易洪大，而不能急迫刻意。张载对"洪大"多有论及（5·1、5·18、6·11、8·17），可相互参照。

**6·43** 语道不简易，盖心未简易。须实有是德，则言自归约。盖趣向自是居简，久则至于简也。

【译文】

论道不能简要平易，是因为内心不能简要平易。一定是真得有这样的品德，言语才能自然达到简要。大抵志趣本来简要，时间长了就能达到简要。

**【章旨】**

本章继续论内心简易，才能论道简易。张载对此也多有论及（5·19、5·26、6·31、6·49、8·17、9·4），可参读。

**6·44** 闻之知之，得之有之[1]。

**【注释】**

〔1〕得：指体之于身。

**【译文】**

从别人那里听到的，只是头脑里知道；在自己身上体验到的，才是真正属于自己的。

**【章旨】**

本章论学须实得。

**6·45** 孔子适周，诚有访乐于苌弘①[1]，问礼于老聃[2]。老聃未必是今老子，观老子薄礼[3]，恐非其人。然不害为两老子，犹左丘明别有作《传》者也[4]。

**【校勘】**

① 苌：鸣道本作"长"，据其他诸本改。

**【注释】**

〔1〕苌（cháng）弘：周景王、敬王的大臣刘文公所属大夫，

精于音律乐理。访乐于苌弘：语本《礼记·乐记》："丘之闻诸苌弘，亦若吾子之言是也。"郑玄注："苌弘，周大夫。"

〔2〕问礼于老聃：语本《史记·老子韩非列传》："孔子适周，将问礼于老子。"

〔3〕老子薄礼：语本《道德经》第三十八章："故失道而后德，失德而后仁，失仁而后义，失义而后礼。夫礼者，忠信之薄而乱之首。"

〔4〕《传》：指《春秋左氏传》。《论语·公冶长篇》："巧言、令色、足恭，左丘明耻之，丘亦耻之。匿怨而友其人，左丘明耻之，丘亦耻之。"何晏集解："孔曰：'左丘明，鲁太史。'"《史记·十二诸侯年表》："鲁君子左丘明惧弟子人人异端，各安其意，失其真，故因孔子史记，具论其语，成《左氏春秋》。"张载认为《论语》提到的左丘明并非写作《春秋左氏传》的左丘明。

**【集解】**

吕柟曰：言亦有为而发，不可道老子是二人。（《张子抄释》卷三）

**【译文】**

孔子到了周都城，确实有向苌弘请教乐、向老聃请教礼的事情。但老聃不一定就是今天所说的老子。看老子鄙薄礼制，恐怕老子不是老聃。但不妨碍有两个老子，就像《论语》中提到的左丘明之外还有另一个写《左传》的左丘明。

**【章旨】**

本章以义理推测孔子问礼的老聃不是著《道德经》之老子。本章可以看作是张载读书求取大意的一个具体例子。

**6·46** 《家语》《国语》虽于古事有所证明<sup>[1]</sup>，然皆乱世之事，不可以证先王之法<sup>①</sup>。

**【校勘】**

① 王：鸣道本误作"下"，据其他诸本改。

**【注释】**

〔1〕《家语》：也称《孔子家语》，其中记录了孔子及孔门弟子的思想言行。《国语》：我国最早采用国别体编写的史书，记录了周朝王室和鲁国、齐国、晋国、郑国、楚国、吴国、越国八国的历史，偏重于记述历史人物的言论。

**【译文】**

《家语》《国语》虽然能印证一些古时候的事情，但都是混乱不安定时代的事情，不能以此来印证古代圣王治国做事的法则。

**【章旨】**

本章论《家语》《国语》失于义理。

**6·47** 观书且勿观史，学理会急处，亦无暇观也。然观史又胜于游山水林石之趣，始似可爱，终无益，不如游心经籍义理之间。

**【集解】**

吕柟曰：读经后看史易。（《张子抄释》卷三）

**【译文】**

读书可以暂且不读史书，为学要领会紧急处，也就没有空闲读史书了。然而读史书又胜过游玩山水林石的乐趣，这些事开始时似乎有意思，终究没有益处，不如把心思用在认真阅读经典以体会道德义理上。

**【章旨】**

本章论义理之学胜于史学，史学胜于游乐山水。

**6·48** 心解则求义自明，不必字字相校[1]。譬之目明者，万物纷错于前，不足为害；若目昏者，虽枯木朽株皆足为梗[2]。

**【注释】**

〔1〕校：斟酌考察。

〔2〕梗：阻碍，障碍。

**【参读】**

张载曰：凡观书不可以相类泥其义，不尔则字字相梗，当观其文势上下之意。如"充实之谓美"，与《诗》之言美轻重不同。(《张子语录·语录中》，第 322 页)

**【集解】**

吕柟曰：觉思后始自得。(《张子抄释》卷三)

**【译文】**

读书时用心体会，寻求义理就自然明白，没有必要一个字一个字地斟酌考察。就像眼睛明亮的人，万物在眼前纷繁交织，也构不成损害；如果是眼睛昏花的人，即使是枯树烂桩，也都会成为障碍。

**【章旨】**

本章再论读书当求心解，可于6·34、6·38章互参。

**6·49** 观书且不宜急迫了，意思则都不见，须是大体上求之。言则指也〔1〕，指则所视者远矣。若只泥文而不求大体则失之，是小儿视指之类也。常引小儿以手指物示之，而不能求物以视焉，只视于手，及无物则加怒耳。

**【注释】**

〔1〕指：本为手指，引申为用手指指着，指示，指点。

**【集解】**

吕柟曰：言为大人之学，不当如小儿识见。(《张子抄释》卷三）

**【译文】**

读书不适宜心态太急迫，否则道理都体会不出来，而是应当在主旨上寻求。言语是指向，有所指就能看到很远的东西。如果只是拘泥于文字，不求把握主旨，这就失去了意义，就与小孩子看手指一样了。我常引着小孩子，用手指东西让他看，他却不能找着所指示的东西来看，只是看着手，等发现没有东西就发脾气。

**【章旨】**

本章继续论读书当因言而求其旨，不可因言忘意。

6·50 博大之心未明，观书见一言大，一言小，不从博大中求<sup>①</sup>，皆未识尽。既闻中道不易处<sup>[1]</sup>，且体会归诸经义<sup>②</sup>。己未能尽天下之理，如何尽天下之言？闻一句语则起一重心<sup>[2]</sup>，所以处得心烦<sup>[3]</sup>，此是心小则百物皆病也。今既闻师言此理是不易，虽掩卷守吾此心可矣。凡经义不过取证明而已，故虽有不识字者，何害为善？《易》曰"一致而百虑"<sup>[4]</sup>，既得一致之理，虽不百虑亦何妨！既得此心，复因狂乱而失之，譬诸亡羊者，挟策读书与饮酒博塞<sup>[5]</sup>，其亡羊则一也，可不监<sup>③[6]</sup>！

**【校勘】**

① 求：其他诸本作"来"。

② 体：其他诸本作"休"。

③ 监：徐刻本、四库本作"鉴"。

**【注释】**

〔1〕易：改变。

〔2〕重（chóng）：量词，层，道。

〔3〕处：对待。

〔4〕"一致而百虑"：趋向虽然相同，却有各种考虑。语出《周易·系辞下》。

〔5〕挟策读书：手拿书本，勤奋读书。饮酒博塞：喝酒赌博。语本《庄子·骈拇》："臧与谷二人相与牧羊，而俱亡其羊。问臧奚事，则挟策读书；问谷奚事，则博塞以游。二人者，事业不同；其

于亡羊均也。"

〔6〕监：通"鉴"，警戒。

**【集解】**

吕柟曰：明博大之心，亦只是会本穷源。(《张子抄释》卷三)

**【译文】**

广博弘大的心思没有明了，读书时看到有的说法大，有的说法小，不从广博弘大中寻求，都是体会不彻底的表现。既然听到了中道是不变的道理，就可以用心体会，归并会通经书中的义理。自己没有能穷尽天下的义理，怎么能穷尽天下的言论？听到一句话，就产生一重心思，因而搞得心情烦燥，这是心胸狭小导致外物都成了障碍。如今既然听到老师说这个道理是不变的，即使合上书本，持守我的本心，也是可以的。但凡经书上的道理，不过是用来印证本心罢了。因此，即使是不识字的人，怎么会妨害他为善呢？《周易》说"趋向相同，却有各种考虑"，既然得到了趋向相同的道理，即使没有各种考虑又有什么妨害呢！已经得到了本心，却又因为昏乱而失去了，这就像丢失了羊的人，无论是因为在手拿书本读书，还是因为在饮酒赌博，丢失羊都是一样的，怎么能不以此为鉴戒呢！

**【章旨】**

本章论读书当大心，当以文识义，而不可因言害意。可与6·11、6·34章相参。

**6·51** 人之迷经者，盖己所守未明，故常为语言可以移动。己守既定①，虽孔孟之言有纷错，亦不须思而改之，复

**锄去其繁，使词简而意备。**

**【校勘】**

① 定：鸣道本误作"守"，据其他诸本改。

**【集解】**

吕柟曰：只是极高明便见。(《张子抄释》卷三）

**【译文】**

一个人之所以对经书上的道理辨别不清，是因为自己持守的义理还不明确，因此常常被言语动摇改变。自己持守的义理一旦确定了，即便是孔子、孟子的话有纷乱错杂，也不用思索就可以改正，再除去那些繁杂的表述，使文词简明而意思齐备。

**【章旨】**

本章再论读书当守己，不当限于语言。以上四章，意思一贯，都是要说明语言文辞与义理的主从关系。

**6·52　经籍亦须记得。虽有舜禹之智，吟而不言〔1〕，不如聋盲之指麾〔2〕。故记得便说得，说得便行得。故始学亦不可无诵数①〔3〕。**

**【校勘】**

① 数：徐刻本、四库本作"记"。

**【注释】**

〔1〕吟而不言：只诵读而不谈论。

〔2〕指：手指。麾（huī）：古代用以指挥军队的旗帜。指麾：

同"指挥",指以手或手持物挥动示意。

〔3〕诵数:反覆诵读,引申为记诵、背诵。

**【集解】**

吕柟曰:自是切实次序。若记得止为说得,不为行得,便不是。(《张子抄释》卷三)

**【译文】**

经籍也应当记忆于心。即使有舜、禹的智慧,只诵读而不谈论,还不如聋子盲人的指挥。因此,记住了就能讨论,讨论了就能付诸实行。所以,开始为学时,也不能没有反复诵读记忆。

**【章旨】**

本章论读书当先熟记于心,而后才能用心体会,付诸实行。可与6·39章相参。

**6·53** 某观《中庸》义二十年,每观每有义,已长得一格〔1〕。六经循环,年欲一观。观书以静为心,但只是物不入心〔2〕。然人岂能长静,须以制其乱。

**【注释】**

〔1〕格:法式,标准,规格。

〔2〕物不入心:不被外在的事物扰乱心思。

**【集解】**

吕柟曰:观书亦制心乱之一方。大抵古人言行多是治心病的方子。(《张子抄释》卷三)

## 【译文】

我体会《中庸》的义理二十年了，每读一遍都能体会出新的义理，已经达到更高的程度。六经需要循环着读，每年要读一遍。读书时要保持内心平静，但这只是要做到内心不被外物干扰。不过，一个人怎么能长时间保持内心安静呢？这就需要克制内心的昏乱。

## 【章旨】

本章是张载自道读书经验。一则多读，二则心静，三则理明，一层更进一层。

## 6·54　发源端本处既不误[1]，则义可以自求。

## 【注释】

〔1〕发源端本处：本指事物的开端，张载这里指本心。

## 【参读】

张载曰：孟子言水之有本无本者，以况学者有所止也。大学之道在止于至善，此是有本也。思天下之善无不自此始，然后定止，于此发源立本。乐正子，有本者也，日月而至焉，是亦有本者也。声闻过情，是无本而有声闻者也，向后伪迹俱辨则都无也。(《张子语录·语录下》，第328页）

## 【译文】

发源立本的地方既然没有错误，那么义理就可以自己寻求。

## 【章旨】

本章论义理之端在心。"发源端本处"，即道德本心。

**6·55** 学者信书，且须信《论语》《孟子》。《诗》《书》无舛杂。《礼》虽杂出诸儒①[1]，亦若无害义处②。如《中庸》《大学》出于圣门，无可疑者，《礼记》则是诸儒杂记。至如礼文[2]，不可不信，己之言礼未必胜如诸儒。如有前后所出不同且阙之，记有疑议亦且阙之[3]，"就有道而正焉"[4]。

**【校勘】**

①礼：徐刻本、四库本作"理"。

②若：鸣道本、黄刻本误作"苦"，据徐刻本、四库本改。

**【注释】**

〔1〕《礼》：当指《周礼》《仪礼》和《礼记》三礼。

〔2〕礼文：指礼乐仪制。

〔3〕疑议：有疑问而难以决定的争论。

〔4〕"就有道而正焉"：语出《论语·学而》："君子食无求饱，居无求安，敏于事而慎于言，就有道而正焉，可谓好学也已。"

**【译文】**

学者要相信书上的言论，那就应该相信《论语》《孟子》。《诗经》《尚书》没有驳杂错乱。礼书虽然杂出于不同儒者，但也没有损害义理的地方。比如《中庸》《大学》出自孔子的弟子，这没什么可以怀疑的，《礼记》却是不同儒者在不同场合记录下来的。再如礼制，不可以不相信，自己论礼未必能胜过这些儒者。如果有前后文记载不同的地方就暂时搁置，记载有难以决定的争论也暂时搁置，"请懂得的人来指正"。

【章旨】

本章论六经的性质及读六经的方法。《论语》《孟子》多直达义理，故先读。《诗》《书》也比较纯粹。各种礼制及《礼记》相对复杂，但大体也可以信从。

6·56　尝谓文字若史书历过[1]，见得无可取则可放下，如此则一日之力可以了六七卷书。又学史不为为人[2]，对人耻有所不知，意只在相胜。医书虽圣人存此，亦不须大段学[3]，不会亦不甚害事，会得不过惠及骨肉间，延得顷刻之生，决无长生之理，若穷理尽性则自会得[4]。如文集、文选之类，看得数篇无所取，便可放下。如道藏、释典，不看亦无害。既如此则无可得看，唯是存义理也①。故唯六经则须着循环，能使昼夜不息，理会得六七年，则自无可得看。若义理则尽无穷[5]，待自家长得一格则又见得别。[6]

【校勘】

① 存：其他诸本皆作"有"。

【注释】

〔1〕文字：指各种典籍。历过：看过，翻过。

〔2〕不为（wèi）为（wéi）人：不是为了做人。

〔3〕大段：十分，用过多功夫。

〔4〕穷理尽性：穷究天地万物之理与性。语本《周易·说卦》："和顺于道德而理于义，穷理尽性，以至于命。"

〔5〕尽：倒，却。

〔6〕"故唯六经须循环"至"则又见得别"，朱熹辑入《近思录》卷三《致知》，作"六经须循环理会，义理尽无穷，待自家长得一格则又见得别"，出自《语录》。

**【集解】**

张习孔曰：所谓"温故知新"也。(《近思录传》卷三，第91页)

张伯行曰：古者以《易》《诗》《书》《礼》《乐》《春秋》为六经，宋以《易》《诗》《书》《周礼》《礼记》《春秋》为六经，总皆囊括天地间义理，而切于自家之身心，非可一涉即止，略晓文义也。周而复始，循环理会，简中义理，尽供寻味，无有穷尽，所谓温故而知新也。待自家知识日增长得一格，又觉今日所见之六经与前日所见之六经境地迥别，盖义理无穷，心思亦与高无穷也。张子亲历之，故能言之。(《近思录集解》卷三，第153页)

尹会一曰：此言读六经之法也。古者以《易》《诗》《书》《礼》《乐》《春秋》为六经，宋以《易》《诗》《书》《周礼》《礼记》《春秋》为六经。读者须周而复始，深求玩味，其义理自无穷也。待所学有进，知识日增，则所见日高矣。(《近思录集解》卷三)

李文炤曰：循环，谓周而复始。长一格者，温故而知新，而识进于高明也。(《近思录集解》卷三，第89页)

茅星来曰：此即《论语》"温故知新"之意。然必于一经理会已到，然后再理会一经。若徒循环泛涉，非根柢务实之学也。(《近思录集注》卷三，第138页)

施璜曰：李氏曰："横渠此言，非身亲历之，胡能语之如此耶？"今之穷经者，当以此为法。其味无穷，皆实学也。(《五子近思录发明》卷三，第 203 页)

郭嵩焘曰：六经之义尽无穷，随所见浅深而皆有得。反复读之，又见所得有未尽处，或前时所见到后竟不谓然。固是终身求之不尽，尽读尽有益处。(《近思录注》卷三，第 81 页)

**【译文】**

我曾说过，各种典籍中，像史书可以翻阅，觉得没有益处就可以搁置，这样用一天的工夫就可以看完六七卷书。而且研究历史不是为了做人，不过是耻于在人面前有所不知，意图只是在于相互争胜。医书虽然是圣人保留的，也不需要大部分都学，不懂也不太碍事，懂得了也不过是对肉体有些好处，能延长片刻的生命，绝对没有长生不死的道理，如果能穷究到天地万物的性理，自然就能懂得。如文集、文选一类的书，读过几篇没有什么益处，就可以搁置。如道教、佛教的书籍，不看也没有什么坏处。既然这样，那就没有什么可以看的书了，只是存养义理就行了。因此，只有六经需要循环往复地读，能昼夜不停，认真理解领会六七年，就自然没有什么可读的书了。像义理却是没有穷尽，等自己提高一个层级后，却又会有别的体会。

**【章旨】**

本章继续论史书、医书、文集、文选、道藏、释典等皆可不读，唯六经须循环体会，以义理为归。

**6·57** 语道断自仲尼，不知仲尼以前更有古可稽，虽文字不能传，然义理不灭，则须有此言语，不到得绝。

**【集解】**

吕柟曰：道自开辟便有人能言，只至仲尼宏精耳。(《张子抄释》卷三)

张伯行释"语道断自仲尼"至"然义理不灭"曰：道不始自仲尼，而语道者必以仲尼为断，盖会其统宗也。至仲尼以前更有可考，虽去古已远，文不能传，然义理之在人心者，不容泯灭，则其言语可想而知。盖千圣相承，源流若一，道无不同，言无或异，后之学者所当静念也。(《濂洛关闽书》卷二)

**【译文】**

论道的人以孔子为断，不知道孔子之前也有历史可以考察，虽然论道的文字没能流传下来，但是义理不会泯灭，因此也应当有谈论道理的言语，不至于断绝。

**【章旨】**

本章论道不受文字限制，孔子之前亦有道，而今则借六经相传。

6·58　由学者至颜子一节，由颜子至仲尼一节，是至难进也。二节犹二关。然而得仲尼地位，亦少《诗》、礼不得。孔子谓学《诗》学礼，以言以立[1]，不止谓学者①，圣人既到后，直知须要此不可阙[2]。不学《诗》，直是无可道，除是穿凿任己知[3]。《诗》《礼》《易》《春秋》《书》，六经直是少一不得。

**【校勘】**

① 不止：鸣道本误作"只不"，据其他诸本改。

**【注释】**

〔1〕学《诗》学礼，以言以立：即学《诗》以言，学礼以立。意为学习《诗经》，才会与人交流；学习礼制，才能立身处事。语本《论语·季氏》："尝独立，鲤趋而过庭。曰：'学诗乎？'对曰：'未也。''不学诗，无以言。'鲤退而学诗。他日又独立，鲤趋而过庭。曰：'学礼乎？'对曰：'未也。''不学礼，无以立。'鲤退而学礼。闻斯二者。"

〔2〕直：副词，特，但，表强调。

〔3〕任己知：使用自己的小聪明。

**【集解】**

吕柟曰：六经如饮食衣服，人当于中尽所以耕耘织纴之方。

（《张子抄释》卷三）

**【译文】**

由学者到颜回是一个阶段，由颜回到孔子是一个阶段，这是最难达到的两个阶段。两个阶段像两个关卡。然而即便到了孔子的阶段，也不能缺少《诗》和礼。孔子说学习《诗经》和礼制，以此才会与人交流和立身处事，针对的不只是学者，即使达到了圣人的地步，也知道这确实是不可缺少的。不学《诗》，简直无法言语，除非穿凿附会，使用自己的小聪明。《诗经》《三礼》《周易》《春秋》《尚书》，六经确实是一个都不能少。

## 【章旨】

本章继续强调六经的重要性。即使到圣人地步，六经依然不可少。

**6·59** 大凡说义理，命字为难[1]。看形器处尚易[2]，至要妙处本自博以语言[3]，复小却义理[4]，"差之毫厘，缪以千里"[5]。

## 【注释】

〔1〕命字：用适当的文字表达。

〔2〕形器：有形的器物。

〔3〕博：扩充。

〔4〕小却义理：使义理受到局限或限制。

〔5〕"差之毫厘，缪以千里"：语出《礼记·经解》："《易》曰：'君子慎始，差若毫厘，缪以千里。'"

## 【译文】

大抵谈说义理，用适当的文字表达是最困难的。看有形的器物尚且容易，到了义理的精深奥妙之处，本来是想扩充语言来形容，却反而把义理局限了，这就是所谓的"开始时差了一毫厘，造成的错误却差了一千里"。

## 【章旨】

本章论语言对义理的影响，仍然强调不应以辞害意。

**6·60** 从此学者，苟非将大有为[1]，必有所甚不得已也〔2〕。

**【注释】**

〔1〕大有为：语出《孟子·公孙丑下》："故将大有为之君，必有所不召之臣，欲有谋焉，则就之，其尊德乐道，不如是不足以有为也。"

〔2〕不得已：语出《孟子·滕文公下》："予岂好辩哉，予不得已也。"

**【集解】**

张伯行曰：此学，圣贤相传，修己治人之道也。言从此学者，苟非其志在致君泽民，将欲大有为于天下，则必有所甚不得已，而悼大道之无传，惧微言之将绝，绍述往圣，以开乎后学者，如孔子之作《春秋》，孟子之辟杨、墨是也。盖吾儒得志，则行其道而复唐虞三代之治；不得志，则明其道而广万世教学之传，其心一而已矣。(《濂洛关闽书》卷二)

**【译文】**

从事这种学问的人，如果不是想要大有作为，那就必定是不能不如此。

**【章旨】**

本章论学者当以道自任，以继绝学。

# 学大原上

## 【解题】

本篇与下篇依然主要讨论为学工夫问题。两篇本为一篇，由于篇幅较大，在刊刻时一部分在卷三，一部分在卷四。故鸣道本、黄刻本中两篇篇名都作"学大原"，至徐刻本之后才在篇名上加了"上""下"。所谓"学"即是为学，"大原"是根本、根源的意思。这里的"学大原"，包含着为学的起始态度、入手方法、目标及理论依据等多重内涵。

《学大原上》共30章。本篇起首第1章就从前篇的"观书"转到"观礼"上，并提出以此"集义""养气"的为学方法；第2章也提出"书多阅而好忘者，只为理未精耳"，继而提出"养心识明静，自然可见"的方法；这都显示出两篇之间的一些递进性。如果说《义理》篇主要侧重于"劝学"、"立志"及读书，本篇则更侧重于讨论初学者如何入手以及要避免哪些误区。本篇内容，除了可以与前几篇相互参证以外，特别值得注意的思想有"集义"、"理精"、"下学上达"、"闲邪"、"正心"、"寡欲"等。此外，张载强调为学不当"先以功业为意"、"须是要进有以异于人"、"学者不可谓少年"、"耳不可以闻道"、"忧道则凡为贫者皆道"、"学至于乐则自不已"等，也都有很鲜活的激励意义。

**7·1** 学者且须观礼，盖礼者滋养人德性，又使人有常业，守得定，又可学便可行，又可集得义[1]。养浩然之气须是集义，集义然后可以得。浩然之气，严正刚大，必须得礼上下达。集义者，克己也①。

【校勘】

① 集：徐刻本、四库本无。"浩然之气"至"克己也"：徐刻本为双行小字。

【注释】

[1] 集义：集聚道义，即使自己的行为都符合道义。语出《孟子·公孙丑上》："'敢问何谓浩然之气？'曰：'难言也。其为气也，至大至刚，以直养而无害，则塞于天地之间。其为气也，配义与道；无是，馁也。是集义所生者，非义袭而取之也。'"朱熹集注："集义，犹言积善，盖欲事事皆合于义也。"

【参读】

二程曰：浩然之气，天地之正气，大则无所不在，刚则无所屈，以直道顺理而养，则充塞于天地之间。"配义与道"，气皆主于义而无不在道，一置私意则馁矣。"是集义所生"，事事有理而在义也，非自外袭而取之也。告子外之者，盖不知义也。(《河南程氏遗书》卷一，第11页)

【集解】

吕柟曰：此亦内外交养之功。(《张子抄释》卷四)

## 【译文】

学者如今应当观看礼乐，因为礼乐能够培养人的德性，又能使人有经常性的学业，内心能够持守得住，而且学习了就能付诸实行，还能使自己的行为符合道义。要培养浩然正气，必须要使自己的行为都符合道义，行为都符合道义之后才能有收获。所谓浩然正气，严肃、中正、刚毅、弘大，必须靠礼乐才能通达天道和人道。所谓行为符合道义，就是要克制自己的私欲。

## 【章旨】

本章论以礼来集义养气。"集义养气"之说，出自孟子。张载以礼作为集义的重要手段，是因为礼虽然体现在外在的身体行为上，但其根源却在人内在的德性，因而可以通过观礼、行礼达到培养内在德性和陶冶气质的目的。这里的"集义"，是指平常的行为都能符合道义。相对于《义理》篇反复强调的"义理"，"集义"还包涵着对义理的体会和实践，因而其意义更进一层。此外，这里的"浩然之气"是体现在人精神状态中的天地之气，纯善无恶，至大至刚，也可以说是道德境界的体现，因而是"集义"的验效。

**7·2　书多阅而好忘者，只为理未精耳，理精则须记了无去处也**[1]。**仲尼"一以贯之"**[2]，**盖只着一义理都贯却**[3]。**学者但养心识明静**[4]，**自然可见，死生存亡皆知所从来，胸中莹然无疑**[5]，**止此理尔。孔子言"未知生，焉知死"**[6]，**盖略言之。死之事只生是也，更无别理。**[7]

**【注释】**

〔1〕记了无去处：忘不了，难以忘记。

〔2〕一以贯之：语出《论语·里仁》："子曰：'参乎！吾道一以贯之。'"邢昺疏："'吾道一以贯之'者，贯，统也。孔子语曾子言，我所行之道，唯用一理以统天下万事之理也。"

〔3〕着（zhuó）：依附，附着。却：助词，用在动词后面，表动作的完成。

〔4〕心识：心志。

〔5〕莹然：光洁貌，形容通达，透彻。

〔6〕"未知生，焉知死"：语出《论语·先进》："季路问事鬼神。子曰：'未能事人，焉能事鬼？'曰：'敢问死。'曰：'未知生，焉知死？'"

〔7〕"死生存亡"至"更无别理"，亦见于《河南程氏遗书》卷二上（第17页）。

**【集解】**

吕柟曰：必心常存省后，理自然精。既常存省，何不知之有！（《张子抄释》卷四）

**【译文】**

书读得多却容易遗忘，只是因为对义理还缺乏精熟的把握，义理精熟了就肯定会记住以后再忘不了。孔子说他的道是通贯的，这是因为只靠一个义理就能把所有事物都贯通起来。为学之人只要涵养心志，达到清明平静的状态，自然可以领悟义理，知道活着或死亡都是从哪里来，心中洒落，没有窒碍，只有这个义理。孔子说"活着的事情还不明白，怎么能知道死后的事情呢"，大致说得就是这个意思。死亡的事情也只是遵循活着的道理，再没有其他道理了。

**【章旨】**

本章论"理精"。所谓"理精"，就是精熟于理。学者如果能够精熟于理，便能在读书和思考的时候，用义理对所有的事情"一以贯之"，"死生存亡皆知所从来，胸中莹然无疑，止此理尔"。这里涉及"心"与"理"的关系，也就是工夫与本体的关系，是后世理学反复讨论的问题，值得认真体会。

**7·3** 下学而上达者两得之[1]，人谋又得[2]，天道又尽。任私意以求是未必是①，虚心以求是方为是。夫道，仁与不仁，是与不是而已。

**【校勘】**

① 任：徐刻本、四库本作"人"。

**【注释】**

〔1〕下学而上达：语出《论语·宪问》："不怨天，不尤人，下学而上达，知我者，其天乎？"何晏集解："孔曰：'下学人事，上知天命。'"

〔2〕人谋：与众人商议谋划。语出《周易·系辞下》："人谋鬼谋，百姓与能。"王弼注："人谋，况议于众以定失得也。"

**【译文】**

向下学习人事与向上通达天道应当兼顾，既能获得与众人的谋划，也能体悟到天道。凭借私意去寻求正确，未必真的正确，只有用虚心的态度去寻求正确，才是真正的正确。所谓道，不过就是仁与不仁，正确与不正确罢了。

【章旨】

本章论"下学上达"和"虚心以求是"。贯穿于"下学"之人事与"上达"之天道的，都是"义理"，而所谓的"是"实质上也是把握了"义理"之后才能做出的正确判断。因此，本章实际上要强调的还是把握义理的重要性。

**7·4 既学而先有以功业为意者，于学便相害。既有意，必穿凿创意作起事也[1]。德未成而先有以功业为事①，是"代大匠斫，希不伤手"也[2]。[3]**

【校勘】

① 有以：其他诸本皆作"以"。

【注释】

〔1〕创意：人为地创立新意。作起：创制，设立。

〔2〕"代大匠斫（zhuó），希不伤手"：代替高明的匠人砍木头，很少不伤害自己的手指。语出《老子》："民不畏死，奈何以死惧之。若使民常畏死，而为奇者，吾得执而杀之，孰敢？常有司杀者杀，夫代司杀者杀，是谓代大匠斫，稀有不伤其手者矣。"

〔3〕本章，朱熹辑入《近思录》卷二《为学》，出自《语录》。

【集解】

叶采曰：功业，立言立事皆是也。为学而先志于功业，则穿凿创造，必害于道矣。（《近思录集解》卷二，第65页）

吕柟曰：业从德出。(《张子抄释》卷四)

张习孔曰：此孔子所以悦漆雕开也。(《近思录传》卷二，第 60 页)

张伯行曰：功业，如立言立事皆是。大匠，木工也。斫，削木也。为学而先以功业为志，则必躁急而穿凿，意见轻率，而造作事端，大有害于道矣。盖学莫要于立德，德成而后措之为功业。若未成而先事乎功业，鲜不至于决裂者，是犹代大匠斫木，而欲不伤其手也得乎？(《濂洛关闽书》卷二)

张伯行曰：学术、事功，原非两途，而兼营则妨，预期亦病。故君子既有志于学，则止得求学。而乃先以功业为意，是一心为学，一心为功业，其为学之心必不专，而于学便有相害处。盖功业虽本于学术，然必时至事起而后见之，非可意为也。既属有意，必以私智穿凿，创造意见，生出事端，则是架虚凿空，未有见功之时，而学已先杂也。且功业亦是德成之后，方能举而措之裕如耳。德未成而妄期功业，是以未成之资而先为已成者之事，犹之人欲代大匠而斫木，未能运斤，鲜不自伤其手者，安能期功业之有成哉！(《近思录集解》卷二，第 105 页)

尹会一曰：古人德成而功业自见，立言立事皆其道之充积，不能以已也。苟方志学而辄思有所创建，其于学必有妨。盖既有意，则一心偏向功业上去，势必私逞胸臆，穿凿创造，多事纷扰，其害道也甚矣！是知无实得而强思创建，犹未能操斤而代匠斫，鲜有不伤手者，可不慎欤！(《近思录集解》卷二)

李文炤曰：胡氏曰："人要做事业，亦是私意。君子之学只是明理应事。事当为处，则明明为之不倦；不当为处，则截

然不为，故禹稷忧而颜子乐也。"（李文炤《近思录集解》卷二，第56页）

　　茅星来曰："代大匠斫"句，见老子《道德》下篇。先以功业为意，便有先获正助之意，故曰"于学便相害"。大匠，艺之已成者也。艺未成而代之斫，少有不伤手者。言不但斫之不善已也，以喻"于学便相害"之意。李弘斋曰："不必待仕宦有位有职事，方为功业，但随力到处，有以及物，即功业也。"胡敬斋："学者只是修身，功业是修身之效。若以功业为意，非惟失本末先后之序，心亦难收。"又曰："要立功业是私意，不要立功业亦是私意，只循理而已。"（《近思录集注》卷二，第97页）

　　施璜曰：为学原为修德，若学而先以功业为意，则是不务修德而欲做事业，不但穿凿创意，于道有害，恐功业亦难成也。（《五子近思录发明》卷二，第140页）

　　江永：学成自能立功业，若先以此为志，则穿凿创造，有害于道矣。"代大匠斫者伤其手"，老子语。（《近思录集注》卷二，第93页）

　　郭嵩焘曰：今天下大患，在一味模棱粉饰，无任事之心。然至负其才气，穿凿创意，作起事端，以自矜多智而能耐事，以乱天下有余，而终究仍归于粉饰。此无他，仍坐不学之过耳。（《近思录注》卷二，第54页）

　　张绍价曰：学以为己，非为功业。学而先以功业为意，则主于为人，留心经世之务，而反躬修德之意疏，故于学相害。穿凿创意，作起事端，生心害政，贻祸无穷。德未成而先以功业为事，功业不可建，且往往至于身败名裂。殷深源、房次律，皆代

大匠斫而伤其手者也。(《近思录解义》卷二，第95页)

**【译文】**

已经为学却又把建功立业当作目标，对于为学就会有妨害。既然有了意图，肯定会牵强附会、按自己的意图来做事。德性还没有成就，却先把建功立业当作要做的事情，这就是所谓"代替有才能的工匠来砍木头，很少有不伤手的"。

**【章旨】**

本章论为学不当先以功业为意。这并不是说为学与功业是矛盾的，只能选择其一，而是因为为学首先是内在的道德性命之学，而功业能否成功却要涉及很多外在条件，因而功业并不是为学的首要目的，而为学反倒是功业的必要条件。因此，为学需要先"立志"，而不是先"有意"。

**7·5** 为学须是要进①，有以异于人〔1〕。若无以异于人，则是乡人〔2〕。虽贵为公卿，若所为无以异于人，未免为乡人。

**【校勘】**

①进：鸣道本前衍"须"字，据其他诸本删。

**【注释】**

〔1〕有以异于人：与普通人有所不同。语本《孟子·离娄下》："君子所以异于人者，以其存心也。"

〔2〕乡人：指俗人。语本《孟子·离娄下》："是故君子有终身之忧，无一朝之患也。乃若所忧则有之：舜，人也；我，亦人也。

舜为法于天下，可传于后世，我由未免为乡人也，是则可忧也。"

【集解】

张伯行曰：为学须日见其进益，而有以异于人，方是实学。若无以异于人，则与乡人不学者何异？虽进而贵为公卿，亦云荣矣，然所为无以异人，是亦一乡人而已，何足取重于世，而列于士君子之林乎？故进德修业之功，诚宜亟也。(《濂洛关闽书》卷二)

【译文】

为学必须不断上进，与普通人有所不同。如果与普通人没有不同，就是俗人。即便像公卿一样尊贵，如果他所做的与普通人没有不同，也免不了是一个俗人罢了。

【章旨】

本章论为学需要"有以异于人"。所谓"异于人"，源自孟子，也就是孟子所谓"存心"或"有诸己"，即能反身而诚，以圣人为法。这也就是孔子所说的"为己"之学。

## 7·6　富贵之得不得，天也[1]。至于道德，则在己求之而无不得者也[2]。

【注释】

〔1〕富贵之得不得，天也：语本《论语·颜渊》："子夏曰：'商闻之矣：死生有命，富贵在天。'"

〔2〕至于道德，则在己求之而无不得者也：语本《孟子·尽心上》："求则得之，舍则失之，是求有益于得也，求在我者也。求之

有道，得之有命，是求无益于得也，求在外者也。"

**【集解】**

吕柟曰：与俗人同者，只是未居广居。(《张子抄释》卷四)

张伯行曰：此言人当求其在己，而不可浮慕乎外也。在天者，有得不得，不可以强求，富贵是也。在己者，无众不得，不可以不求，道德是也。今人舍其所可得，而求其所不必得，将富贵未来而道德已丧，卒至于两无所得也，何若求在己者之有益哉？(《濂洛关闽书》卷二)

**【译文】**

富与贵能不能获得，这是由外在条件决定的，而道德却内在于己，如果自己去寻求那就不可能得不到。

**【章旨】**

本章论道德之"求则得之"，也是源自孟子，其意仍在于强调学者"反求诸己"，所为之学乃是关于道德性命的为己之学。以上四章的意旨是完全相同的，可以参照阅读。

## 7·7　汉儒极有知仁义者，但心与迹异。

**【集解】**

张伯行曰：汉之诸儒如荀杨辈，极有所见，似知仁义者，然择焉不精，语焉不详，知犹弗知，所以内外扞格。其存仁制义之心与履仁蹈义之迹，两不相符也。(《濂洛关闽书》卷二)

**【译文】**

汉代儒者中有非常知晓仁义的人，但是内心与行迹并不符合。

**【章旨】**

本章继上章又反而论汉儒有知而无行。

**7·8** 戏谑直是大无益，出于无敬心。戏谑不已，不惟害事，志亦为气所流[1]。不戏谑，亦是持气之一端[2]。善戏谑之事，虽不为无伤。[3]

**【注释】**

[1] 流：放纵，无节制。

[2] 持：持守，控制。

[3] "戏谑不已"至"持气之一端"，朱熹辑入《近思录》卷四《存养》，出自《语录》。

**【参读】**

张载曰：戏言出于思也，戏动作于谋也。发乎声，见乎四肢，谓非己心，不明也；欲人无己疑，不能也。过言非心也，过动非诚也。失于声，缪迷其四体，谓己当然，自诬也；欲他人己从，诬人也。或者以出于心者归咎为己戏，失于思者自诬为己诚，不知戒其出汝者，归咎其不出汝者，长傲且遂非，不智孰甚焉！（《正蒙·乾称篇》，第66页）

**【集解】**

叶采曰：朱子曰："横渠学力绝人，尤勇于改过，独以戏为无伤。一日忽曰：'凡人之过，犹有出于不知而为之者，至戏则皆有心为之也，其为害尤甚。'遂作《东铭》。"（《近思录集解》

卷四,第113页)

吕柟曰:只不谑,便是和而不流。(《张子抄释》卷四)

张伯行释"戏谑不惟害事"至"亦是持气之一端"曰:戏谑不惟有害于事,而志亦不端正,未免为气所使,易至于流而不返。不戏谑,则厚重庄严,言动不苟,而气自沉静,是亦持气之一端也。(《濂洛关闽书》卷二)

张伯行曰:戏谑虽小,往往至于害事,且心无诚实,而气多轻浮。气壹则动志,故志亦为所流。若不戏谑,则出于心、作于谋者,无过言过动而要于诚,虽持志工夫不止乎此,此亦其一端也。(《近思录集解》卷四,第198页)

施璜曰:朱子曰:"今以不戏谑为持志之一端,是真能主敬者也。"(《五子近思录发明》卷三,第277页)

江永曰:朱熹《答刘子澄》曰:"戏谑亦是自家有此玩侮之意,以为之根,而日用间流转运用,机械活熟,致得临事不觉出来。又自以为情信辞巧,主于爱人,可以无害于义理,故不复更加防遏,以至于此。盖不唯害事,而所以害于心术者尤深。昔横渠先生尝言之矣。此当痛改,不可缓也。"〇永按:张子作《东铭》,亦以戏言、戏动为戒。戏谑之害事,纳侮启衅、招尤致悔是也。人之有口才,多机智而好狎侮者,尤易犯此病,当深戒之。(《近思录集注》卷四,第152页)

郭嵩焘曰:"不戏谑,亦是持气之一端",补《东铭》之义所未备。此亦由横渠克己之功,推阐及此。(《近思录注》卷四,第102页)

张绍价曰:戏谑不惟纳侮启衅,招尤致悔,志为气流,亦大为心术之害。戏谑，发于言而生于心，先有玩侮之意，而后有戏谑之言。故必敬以持志，使庄肃之心常胜其轻狎之心，然后能不戏谑，所谓德胜不狎侮也。不戏谑，所以制其外也。持志，所以直其内也。(《近思录解义》卷四，第174页)

**【译文】**

开玩笑真的是没有任何好处，这是出于没有恭敬心。经常开玩笑，不仅妨碍事情，而且心志也会被气所放纵。不开玩笑，也是保持正气的一个方面。爱开玩笑这个事情，即使不做也无妨。

**【章旨】**

本章论戏谑。张载认为戏谑是出于没有恭敬心，而且时间一长容易使心志被习气带偏，故而不戏谑也是保持正气的一种方法。本章可与《东铭》相互参读。

**7·9　圣人于文章不讲而学**〔1〕**。盖讲者有可否之疑，须问辨之后明**①**；学者有所不知，问而知之，则可否自决，不待讲论。如孔子之盛德，惟官名礼文有所未知**〔2〕**，故其问老子、郯子**〔3〕**；既知则遂行，而更不须讲。**〔4〕

**【校勘】**

① 之：其他诸本皆作"而"。

**【注释】**

〔1〕文章：礼乐法度。

〔2〕官名礼文：官职的名称，礼乐的仪制。

〔3〕郯(tán)子：己姓，子爵，春秋时期郯国（今山东省临

沂市郯城县）国君。问老子、郯子：语本《史记·老子韩非列传》：
"孔子适周，将问礼于老子。"《左传·昭公十七年》："秋，郯子来
朝，公与之宴。……仲尼闻之，见于郯子而学之。"

〔4〕本章亦见于《河南程氏遗书》卷二上（第22页）。

**【集解】**

吕楠曰：仲尼亦只是明得快耳。（《张子抄释》卷四）

**【译文】**

圣人对于礼乐法度不作讲论，而只是学习。因为讲论的人
如果有可行或不可行的疑问，需要问难辨论以后才能明白；而为
学之人有不知道的，询问了就能知道，可行或不可行由自己来决
定，不需要等待讲论。例如孔子有这么高的德性，只是对官职名
称、礼乐仪制有不知道的，因此向老子、郯子请教，已经知道了
就去实行，不再需要讲论了。

**【章旨】**

本章论圣人于文章不讲而学。这里所谓的"文章"，指礼乐
法度。张载强调，对于礼乐法度，要体之于身，验之于心以后，
重点在付诸实行，而不在空谈议论。

**7·10** "忠信所以进德"者何也[1]？闲邪则诚自
存[2]，诚自存斯为忠信也。如何是闲邪？非礼而勿视听言
动[3]，邪斯闲矣。[4]

**【注释】**

〔1〕"忠信所以进德"：以忠待人，以信待物，其品德就会日

进不已。语出《周易·乾·文言》："君子进德修业。忠信所以进德也。修辞立其诚，所以居业也。"

〔2〕闲邪则诚自存：防止邪恶，就能自存诚心。语本《周易·乾·文言》："庸言之信，庸行之谨，闲邪存其诚，善世而不伐，德博而化。"

〔3〕非礼而勿视听言动：不合礼的事情，不要去做。语本《论语·颜渊》："颜渊问仁，子曰：'克己复礼为仁。一日克己复礼，天下归仁焉。为仁由己，而由人乎哉？'颜渊曰：'请问其目。'子曰：'非礼勿视，非礼勿听，非礼勿言，非礼勿动。'"

〔4〕本章亦见于《河南程氏遗书》卷二上（第26页）。

【集解】

吕柟曰：只此四勿，甚易甚难。（《张子抄释》卷四）

张伯行曰：《易》云"忠信所以进德"者何也？盖忠信即诚也，非礼即邪也。吾人一心，诚与邪不容并立，故闲邪则诚自存，诚存则无欺无伪，斯即所为忠信也。至邪于何而闲？如人之视听言动，有不合于理者皆邪也。审其非礼而断断禁止焉，则私欲无闲可入，而邪自闲矣。此进德之事也。（《濂洛关闽书》卷二）

【译文】

"以忠待人，以信待物，其品德日进不已"，这怎样能做到？防止邪恶就能自存诚心，诚心自存就能忠信待人。那怎样才能防止邪恶？不合礼的事，不要看，不要听，不要说，不要动，邪恶就被防止了。

【章旨】

本章论如何进德的修养工夫。其实仍然可以分为两个方面，外在的是"非礼勿动",内在的是"存诚",二者是交相作用的关系。

**7·11** 日月星辰之事,圣人不必言①。颜子辈皆已理会得,更不须言也。

**【校勘】**

① 必言:其他诸本皆作"言必是"。

**【译文】**

日月星辰之类的事情,圣人不一定非要谈论。颜回等人都已经领会了,更不需要说了。

**【章旨】**

本章论日月星辰之事,圣人不必言。古代言及日月星辰,往往涉及占卜、历法或灾异谴告,这本是汉代儒学的重要内容。张载这里强调"圣人不必言",包涵着对孔子儒学的重新定位,以及对汉代儒学的批评。颜子在孔门中以立德著称,并不涉及日月星辰之事。张载这里说"颜子辈皆已理会得",当是他的推测。本章强调的仍然是为学首先在于"为己"。

**7·12** 学者不可谓少年,自缓便是四十、五十〔1〕。二程从十四岁时便锐然欲学圣人〔2〕,今及四十未能及颜闵之徒①〔3〕。小程可如颜子②,然恐未如颜子之无我。〔4〕

**【校勘】**

① 及:其他诸本皆作"尽及"。

② 小程：鸣道本衍"心"，据其他诸本删。

**【注释】**

〔1〕自：苟，若，如果。缓：迟，慢。自缓：指为学成长缓慢。

〔2〕锐然：急切，迫切。

〔3〕颜闵之徒：孔子弟子颜回和闵损等人。闵损，字子骞，在孔门中以德行与颜回并称。《论语·先进》："德行：颜渊、闵子骞、冉伯牛、仲弓。言语：宰我、子贡。政事：冉有、季路。文学：子游、子夏。"

〔4〕"二程从十四岁时，便锐然欲学圣人"一句，朱熹收入《近思录》卷十四《观圣贤》，出自《语录》。

**【集解】**

吕柟曰：至此，则横渠之学亦思欲化乎！（《张子抄释》卷四）

张习孔曰：夫子十五而志学，积十五年之功，始能立。二程先生，志学之年亦同。其泛滥于诸家，出入于老、释，亦几十年，然后反求诸六经，是亦夫子能立之候也。（《近思录传》卷十四，第238页）

张伯行释"二程从十四五时，便锐然欲学圣人"曰：为学观其立志。二程夫子，从十四五岁时便与人不同，锐然欲学圣人，此所以终为大儒而上接孔孟之传也。今人不能立志，而所学皆非其学，欲不流于汙下也难矣。（《濂洛关闽书》卷二）

张伯行曰：志于学者希矣，况语及圣人，则群生退诿，孰敢以此为学？不知同得五行之秀，人皆有圣人材料。圣人只是一个完人，步步就人伦日用中，无越言，无越动，做到纯熟便是了。故学圣人，不要从圣人身上起意，须从自家身上硬立根脚。十四五时，正当志学之年，而二程先生即锐然以此为学，真有得于周子"希圣"、"希天"之旨者。周子每令二先生寻仲尼、颜子乐处，所乐何事？盖亦早以圣人期之，宜其后来优入圣域也。孟子云"人皆可以为尧舜"，"乃所愿则学孔子也"。古人不肯以第一等事让第一等人，而今人只是日慑气短，此道之所以不明不行也。（《近思录集解》卷十四，第429页）

李文炤曰：朱子曰："明道浑然天成，不犯人力。伊川工夫造极，可夺天巧。"（《近思录集解》卷十四，第237页）

茅星来曰：此言二程自幼立志如此，以见人之皆可以为圣人也。（《近思录集注》卷十四，第405页）

郭嵩焘曰：伊川为《明道行状》，言"自十五六时，闻汝南周茂叔论道，慨然有求道之志"，是二程之学实自濂溪发之。然《二程遗书》所载濂溪问答数事，而无一语著其受学之实功。伊川序明道墓碑，直谓得不传之学于遗经。盖其初从濂溪年甚少，于学之大原尚未能有见也。其锐然欲学圣人，得自濂溪之启发，此其年岁之可推求者也。（《近思录注》卷十四，第226页）

张绍价曰：学以立志为第一义。二程子自十四五时，便锐然欲学圣人，盖与孔子十五志学同，所以卒成大儒。言学便以圣为志，欲学圣人之学，先立圣人之志。孟子愿学孔子，而与滕文公道性善，告以成覸三人之言，使笃志力行，以学圣人。盖不如是，决不能有成也。朱子编《近思录》，而终之以此，其策励后学之意，至深切矣。学者可不勉哉！（《近思录解义》卷十四，第337页）

【译文】

"学者"不可以用来指称少年，如果成学缓慢，就到了四五十岁。二程从十四步时就迫切想学圣人，如今到四十岁了还没达到颜回、闵损等人的境界。程颐可以像颜回，但恐怕还做不到像颜回那样没有私意。

【章旨】

本章以二程为例，论为己之学之难，警示学者应当锐意进取。

## 7·13　心既虚则公平，公平则是非较然易见[1]，当为不当为之事自知。

【注释】

〔1〕较然：明显貌。

【集解】

张伯行曰：心者应事之宰也。心有所系则私曲，而陷于一偏，于事多不能别白。惟虚则本体洞然，绝去系累，故公而无私，平而不偏，是非当前不难立见，而当为不当为之事自知之甚明，举无足以惑我矣。(《濂洛关闽书》卷二)

【译文】

能做到内心虚静，就能看待事物公正。看待事物公正，那么是非对错就朗然可现，哪些事当做、哪些事不应当做自然心中明白。

**【章旨】**

本章再论虚心则无我，无我则无私，无私则公平，公平则知是非。

**7·14** 正心之始[1]，当以己心为严师，凡所动作则知所惧[2]。如此一二年间，守得牢固则自然心正矣。[3]

**【注释】**

〔1〕正心：使内心归向于正。语出《礼记·大学》："欲修其身者，先正其心；欲正其心者，先诚其意。"

〔2〕惧：戒惧，慎独。《礼记·中庸》："是故君子戒慎乎其所不睹，恐惧乎其所不闻。莫见乎隐，莫显乎微，故君子慎其独也。"《礼记·大学》："所谓诚其意者，毋自欺也，如恶恶臭，如好好色，此之谓自慊。故君子必慎其独也。"

〔3〕本章，朱熹辑入《近思录》卷四《存养》，出自《语录》。

**【集解】**

张习孔曰：此即无自欺之说。诚意正心，功实一贯。(《近思录传》卷四，第115页)

叶采曰：视心如严师，则知所敬畏，而邪僻之念不作。(《近思录集解》卷四，第113页)

湛若水曰：人心之失，事迁之也。惟执事敬，则心事合一而本体立矣。本体立，则视听言动，无往而非本体之发，夫恶得而放之？夫人之心，不可欺也。知其不可欺，恒若严师之存，而本心无不正者矣。(《格物通》卷二十)

吕柟曰：此便是慎独工夫。(《张子抄释》卷四）

张伯行曰：人惟不知敬畏，故此心常放荡而入于邪欲。正其心者，当以己心为严师，常临于上，凡勤作之间，懔然如有所督责，而知畏惧。如此一二年，渐久渐熟，守得牢固，自无非僻之干，而其心一出于正矣。(《濂洛关闽书》卷二）

张伯行曰：人惟无戒慎恐惧之心，故肆欲妄行，无所忌惮，而不得其正。以己心为严师，则一动一作，自知自惧。知是心之明，惧是心之诚，明与诚合，愈知愈惧，愈惧愈知。心常在腔子里，至于一二年之久，坚牢贞固，无少走作，心自然正矣。夫所师之心，与其所欲正之心，无二心也。只要提撕警觉，亦临亦保，所谓诚意以正心者，而岂如佛氏本心观心之学哉？(《近思录集解》卷四，第199页）

茅星来曰：朱子曰："持守之要，固贵此心常自整顿。然学未讲，理未明，亦有错认人欲作天理者，又不可以不察也。"（茅星来《近思录集注》卷四，第169页）

施璜曰：正心无他法，只是要此心常在腔子里。今以己心为严师，则有恐惧敬畏之意，而心在腔子里矣。如此一二年，常存敬畏，则心常在，焉有不正之患乎？(《五子近思录发明》卷三，第277页）

郭嵩焘曰："十目所视，十手所指，其严乎"，亦只是此心见得如此。横渠直截"以己心为严师"，使知所惧，语其要，亦只"毋自欺"而已。(《近思录注》卷四，第102页）

张绍价曰：持志而不戏谑，则心可得而正矣。奉心为严师，常存敬畏，无敢少忽。凡有动作，如临师保，不敢萌一毫邪念，日用之间，常使道心为主。人心听命，则守得牢固，自然心正矣。○朱子曰："古人言志帅心君，须心有主张始得。"(《近思录解义》卷四，第174页)

**【译文】**

开始做正心工夫的时候，应当把自己的内心当作一位严格的老师，只要有活动都要知道戒惧。这样用一两年的时间，持守得很坚固，内心自然就能端正了。

**【章旨】**

本章论正心。所谓"正心"，也就是通过内心的"戒慎恐惧"工夫，保持本心的持续呈现。这是属于从《大学》中引出的一种道德修养工夫。

**7·15** 其始且须道体用分别以执守，至熟后只一也。道初亦须一意虑参较比量[1]，至已得之则非思虑所能致。

**【注释】**

〔1〕意虑：思虑。

**【参读】**

张载曰："不识不知，顺帝之则"，有思虑知识，则丧其天矣。君子所性，与天地同流异行而已焉。(《正蒙·诚明篇》，第23页)

张载曰：大率天之为德，虚而善应，其应非思虑聪明可求，故谓之神，老氏况诸谷以此。(《正蒙·乾称篇》，第66页)

## 【译文】

开始为学时，暂且可以将道的体与用分开来持守，到了熟悉以后，二者其实只是一个。开始时，对于道也需要用思虑来参酌比较；到了体悟之后，就不是通过思虑所能把握的了。

## 【章旨】

本章论学者的执守与不执。"执守"是初学时的思虑、比较、考量阶段，"不执"是体悟后无思无勉的自然阶段。张载对这两个阶段区分得很清楚，也有多处论述，可以彼此参读。

**7·16**　古者惟国家则有有司[1]，士庶人皆子弟执事[2]。又古人于孩提时已教之礼①，今世学不讲[3]，男女从幼便骄惰坏了，到长益凶狠，只为未尝为子弟之事，则于其亲已有物我[4]，不肯屈下，病根常在。[5]

## 【校勘】

①孩提：其他诸本皆作"提孩"。

## 【注释】

〔1〕有司：官吏。古代设官分职，各有专司，故称。

〔2〕执事：主管其事，供役使差遣。

〔3〕学不讲：倒装句，犹不讲学。学：即学礼。

〔4〕物我：彼此，外物与己身的分别。

〔5〕"世学不讲"至"病根常在"，朱熹辑入《近思录》卷五《克己》，出自《语录》。此句后接："又随所居而长，至死只依旧。为子弟，则不能安洒扫应对；在朋友，则不能下朋友；有官长，则

不能下官长；为宰相，不能下天下之贤。甚则至于徇私意，义理都丧，也只为病根不去，随所居所接而长。人须一事事消了病，则义理常胜。"

**【集解】**

杨伯嵒曰：后世小学既废，父母爱逾于礼，恣之骄惰而莫为禁止，病根既立，随寓随长，卒至尽失其良心，盖有自来。学者所当察其病源，力加克治，则旧习日消，而道心日长矣。(《泳斋近思录衍注》卷五，第 90 页)

叶采曰："世学不讲"，谓今之世为学之道不讲也。子弟之事，如洒扫应对进退之类皆是。病根，即骄惰也。(《近思录集解》卷五，第 189 页)

黄震释"今世学不讲"至"子弟之事"曰：以上皆示学者紧切处。(《黄氏日抄》卷三十三)

吕柟曰：教子弟者，当诲之于豫。(《张子抄释》卷四)

张习孔曰：先生历言凡人堕落之病。虽至贵为宰相，而其病不瘳，虽贵何补？至究其受病之原，则一言以蔽之曰"未尝为子弟之事"而已。然则人欲已其病，而使世宙不受凶狠之毒，舍孝弟之道何从乎？《论语》曰："其为人也孝弟，而好犯上作乱者，未之有也。"故曰："孝弟为仁之本。"推而至于伐一树、杀一兽，有所不忍也。不匮之仁，遍于六宇矣。吾愿人熟记先生之言，从幼即教其男女，此胜残去杀之一道也。(《近思录传》卷五，第 131 页)

张伯行曰：此推究病根，欲人以义理胜气质也。古者小学之教所以豫养善心，裁抑客气，盖当为子弟之初，而义理固已行乎其间矣。后世俗学不讲此意，男女从幼恣其骄慢惰废。父母爱逾于礼，把他本根坏了，到长时益凶恶暴狠，莫能禁止，只为他平日未尝为子弟之事。勿说他人不肯屈下，就是生我之亲，亦且视若隔膜，忘此身之自来，有物我之异视。病根既固，随寓随长，至于牿亡良心，死而不变。随其所居所接，无一可者。在家为子弟，出门交朋友，仕卑而有官长，仕尊而为宰相，俱以骄惰之心行之。又其甚者，徇私任意，尽失义理。夫岂其性恶哉？只为自幼受病，中入膏肓，根深不去，人事多涉，私意愈长。一时难以尽消，须是逐时省察，一事不放过，便与克下，渐渐消除，消到此病尽了，则本然之心复生。义理胜其气质，可以变骄惰凶狠之习，为温柔谦逊之风，随其所居而无不尽道也。（《近思录集解》卷五，第227页）

尹会一曰：此言教子弟者当慎之于始也。古者教人必先小学，所以收放心、养德性，而预绝其骄惰之根也。近世小学不讲，父母于子，爱逾于礼，是以男女从幼即习于骄傲怠惰，坏了气质，及其长也，暴戾恣睢，遂益形其凶狠。此岂其天性然哉？只为未习小学，身为子弟之事，则于一体之亲已分彼此，不肯安意下之，骄惰之病根常在，又随身之所居而日有所长。夫人之骄惰日长，则焉往而不败乎？当其为子弟不能安子弟之分，凡洒扫应对之节，皆所不屑为，由是在朋友则蔑视侪辈，意气自用，足高气扬，虽遇胜己之友，亦不能相下矣。又或时而遇有官长，则平日虚愤之气习惯自然，将以卑逾尊，蔑礼犯分，其所必至，如何能下官长？设使为宰相，则封己自足，嫉贤妒能，亦其所不免，安肯虚怀折节下天下之贤？又其甚者，但徇夫一己之私心，尽丧其本然之义理。此岂有他故哉也？只为骄惰之病根不去，随所居之地与所接之人，积习渐长，为害滋甚，故人须随在精察，力加克治，使事事消除骄惰之病，则人心退听，道心日长，而本然之义理常胜矣。教子弟者，其可不慎之于始乎！（《近思录集解》卷五）

李文炤曰：陈氏曰："安详恭敬不讲，而矜骄惰慢成习，此天理所由灭，而人欲所由炽也。坏，谓坏其质性。亲，父母也。有物我，犹言分彼此。病根，即骄惰也。"○陈氏曰："此言病根随所居而长也。安，谓安意为之。下，谓屈己下之。"○陈氏曰："徇，从也。居，居处。接，交接。"朱子曰："《诫子书》曰：只是'勤谨'二字。循之而上，有无限好事，吾虽未敢言，而窃为汝望之；反之而下，有无限不好事，吾虽不敢言，而未必不为汝忧之也。"（《近思录集解》卷五，第125页）

施璜曰：此章言小学不讲，男女从幼便骄惰坏了，种下病根。及长不禁，又随所居所接而长，卒至良心尽失，义理都丧。故学者要勇革旧习，察其病根，而力锄去之。必使义理胜其气质，庶几骄惰凶狠之习，变为温柔谦逊，然后可以待人接物，随其所居而能尽道也。（《五子近思录发明》卷四，第329—330页）

陈沆曰：弟子者，国家之元气。自小学失教，人才不成人才，风俗不成风俗，非细故也，岂非君相父兄之责哉？（《近思录补注》卷五，第218页）

郭嵩焘曰：学者日在优柔怠忽中，一身病全然不觉，病根亦因之愈深。工夫亦在随事省察，消除得一病痛，逐渐推去，积久日益光明。（《近思录注》卷五，第116页）

张绍价曰：世学不讲，家庭无善教育，庠序安得有贤子弟？为父母者，溺爱子女，养成骄惰凶狠之性，于其亲已有物我，不肯屈下，何有于他人？病根不去，随在而长，为子弟，接朋友，事官长，为宰相，一以骄惰凶狠行之，徇私灭义，无所不至。学者须深察病根，力加克治，使义理胜其气质，变凶狠为温柔，然后可以进学而修德也。(《近思录解义》卷五，第195页)

【译文】

古时候只有国家才有专职服务的人员，士人和百姓都是差遣子弟。而且古人在小孩儿两三岁的时候就已经开始教给他们礼节了。当今之世，不再讲论为学，子女从小就骄纵懒惰坏了，到长大以后更加凶狠，只是因为没有做过作为子弟应被差遣的事，于是对于他们的亲人已经有彼此的隔阂，不愿意谦卑居下，病根始终存在。

【章旨】

本章论不讲礼学的弊端。张载认为，古人之所以能做到谦卑无私，与他们从小接受礼学的实践有重要的关系。所谓的"子弟执事"，也就是洒扫应对进退之事，这是所谓"小学"的重要的内容。朱熹《〈大学章句〉序》："人生八岁，则自王公之下，至庶人之子弟，皆入小学，而教之以洒扫、应对、进退之节，礼、乐、射、御、书、数之文。"张载这里则是从"孩提"时开始，由在家"执事"，来达到道德实践的逐渐内化。

**7·17** 近来思虑大率少不中处[1]。今则利在闲，闲得数日，便意思长远[2]，观书到无可推考处[3]。

【注释】

〔1〕少不中处：不符合义理的地方较少。

〔2〕意思：思想，心思。

〔3〕推考：以思虑推求考察。

【译文】

近来我的思虑大体上很少有不符合义理的地方。如今的好处在于悠闲，保持几天的悠闲，心中的想法就会变得长远，读书能达到不需要用思虑推求考察的地步。

【章旨】

本章论闲。"闲"即无意，即涵养，读书时便能心思博大，道理自现，无需推考。这是张载对自己为学心境的描述和反省。

**7·18　颜子所谓"有不善"者**[1]，**必只是以常意有迹处便为不善而知之**[2]。**此知几也**[3]，**于圣人则无之矣。**

【注释】

〔1〕颜子所谓"有不善"者：语本《周易·系辞下》："颜氏之子，其殆庶几乎？有不善未尝不知，知之未尝复行也。"王弼注："在理则昧，造形而悟，颜子之分也。失之于几，故有不善。"

〔2〕意：思虑。迹：形迹，行动。

〔3〕知几：指有预见，看出事物发生变化的隐微征兆。《周易·系辞下》："知几其神乎。君子上交不谄，下交不渎，其知几乎？几者，动之微，吉之先见者也。君子见几而作，不俟终日。"

**【参读】**

张载曰：盛德之士，然后知化，如颜子庶乎知化也。有不善未尝不知，已得善者，辨善与不善也。《易》曰"有不善未尝不知"，颜子所谓有不善者，必只是以常意有迹处便为不善而知之，此知几也，于圣人则无之矣。(《横渠易说·系辞下》，第223页)

张载曰：知德为至当而不忘至之，可见善于微也。盖欲善不舍，则善虽微必知之。不诚于善者，恶能为有为无，虽终身由之不知其道，乌足与几乎！颜子心不违仁，故不善未尝不知，其致一也。(《横渠易说·系辞下》，第223页)

张载曰：孔子称颜子"不善未尝不知，知之未尝复行"，其知不善，非独知己，凡天下不善皆知之，不善则固未尝复行也。又曰"吾未见能见其过而内自讼"，亦是非独自见其过，乃见人之过而自讼。"其殆庶几"，言庶几于知几。(《横渠易说·系辞下》，第224页)

**【译文】**

之所以说颜子"有不善的地方"，一定只是由于他把平常的思虑导致的行迹当作不善而知道。这是能觉察到事物变化的细微征兆，对于圣人来说就没有这种"不善"了。

**【章旨】**

本章论颜子的"不善"和"知几"。颜回之"不善"，即其有"意"有"迹"处；圣人无我，故亦无此不善。同为"知几"，颜回在其"意"表现出"迹"时，马上能够觉察，这是学者的"知几"；而圣人能察知万物的变化，这是圣人的"知几"，二者境界有所不同。

**7·19**　耳不可以闻道。夫子之言性与天道，子贡以为不闻<sup>[1]</sup>，是耳之闻未可以为闻也。

**【注释】**

〔1〕夫子之言性与天道，子贡以为不闻：语本《论语·公冶长》："子贡曰：'夫子之文章可得而闻也，夫子之言性与天道，不可得而闻也。'"

**【参读】**

张载曰：子贡曰："夫子之文章，可得而闻也，夫子之言性与天道，不可得而闻也。"子贡曾闻夫子言性与天道，但子贡自不晓，故曰"不可得而闻也"，若夫子之文章则子贡自晓。圣人语动皆示人以道，但人不求耳。（《张子语录·语录上》，第 307 页）

张载曰：子贡谓夫子所言性与天道不可得而闻，既云夫子之言，则是居常语之矣。圣门学者以仁为己任，不以苟知为得，必以了悟为闻，因有是说。明贤思之。（《张子语录·语录上》，第 307 页）

**【译文】**

用耳朵是不可能听到道的。孔子谈论性与天道的话，子贡认为没有听过，所以用耳朵听到不能当作真正的听到。

**【章旨】**

本章解释《论语》子贡说的话"夫子之言性与天道，不可得而闻也"。张载认为孔子是谈论过"性与天道"的，但子贡之所以会说"不可得而闻也"，是因为子贡只是用耳朵"闻"，而没用心体会，故而没有理解，也没有记忆。重视对义理的理解，是张载的一贯之道，其多有论述，可以相互参读。

## 7·20　忧道则凡为贫者皆道[1]，忧贫则凡为道者皆贫[2]。

**【注释】**

〔1〕忧道：忧虑道德不能成就。语出《论语·卫灵公》："君子忧道不忧贫。"

〔2〕忧贫：忧虑物质生活的匮乏。

**【集解】**

吕柟曰：此即孟子所引阳虎之言，人可以不忧道乎！（《张子抄释》卷四）

张伯行曰：人心不能两用。忧道则念念在道，即或有时为贫，而总无干禄求利之心，皆不违乎道也。忧贫则念念在贫，即或有时为道，而无非沽名希宠之意，皆所以为贫也。此义利之介，君子小人之所由分也。（《濂洛关闽书》卷二）

**【译文】**

忧虑道德不能成就的人，即使处在贫困之中，他关心的也只是道；忧虑物质生活贫困的人，即使偶尔做一些有关道义的事情，他所关心的也只是摆脱贫困。

**【章旨】**

本章解释《论语》"君子忧道不忧贫"。"忧道"与"忧贫"的差别，其实也是如何对待理与欲的两种不同方式的差别。

**7·21** 道理今日却见分明，虽仲尼复生，亦只如此。今学者下达处行礼，上又见性与天道①，他日须胜孟子、门人如子贡子夏等人②，必有之乎！

**【校勘】**

① 上：黄刻本、徐刻本作"下面"，四库本作"下而"。

② 子贡子夏：其他诸本皆作"子夏子贡"。

**【参读】**

张载曰：今且只将尊德性而道问学为心，日自求于问学有所背否，于德性有所懈否。此义亦是博文约礼，下学上达，以此警策一年，安得不长！每日须求多少为益，知所亡，改得少不善，此德性上之益。读书求义理，编书须理会有所归着，勿徒写过，又多识前言往行，此学问上益也。勿使有俄顷闲度，逐日似此，三年庶几有进。(《近思录拾遗》，第376页)

**【译文】**

这个道理在今天已经看得非常清楚，即使是孔子再生，也只能是这样。如今学者在下依礼而行，往上又体会性命与天道，有朝一日一定能胜过孟子和孔子的学生如子贡、子夏等人。

**【章旨】**

本章论道理分明，学者只需下学上达，以道自任。可以与6·5、7·3章相参。

**7·22** 气质犹人言性气[1]。气有刚柔、缓速、清浊之气也；质，才也[2]。气质是一物，若草木之生亦可言气质。惟其能克己，则为能变，化却习俗之气性，制得习俗之气。所以养浩然之气"是集义所生者"，集义犹言积善也，义须是常集，勿使有息，故能生浩然道德之气。某旧多使气[3]，后来殊减[4]，更期一年庶几无之，如太和中容万物[5]，任其自然。

**【注释】**

〔1〕性气：性情之气，天生而有的气性。

〔2〕才：才力，才能。

〔3〕某：自称之词，指代"我"或本名，旧时谦虚的用法。使气：恣逞意气。

〔4〕殊：副词，甚，极。

〔5〕太和：天地间冲和之气。语出《周易·乾》："保合大和，乃利贞。"

**【参读】**

张载曰：人之刚柔、缓急、有才与不才，气之偏也。天本参和不偏，养其气，反之本而不偏，则尽性而天矣。性未成则善恶混，故亹亹而继善者斯为善矣。恶尽去则善因以成，故舍曰善而曰"成之者性也"。(《正蒙·诚明篇》，第23页)

**【集解】**

黄震释"某旧多使气"至"任其自然"曰：以上皆示学者紧切处。(《黄氏日抄》卷三十三)

吕柟曰：此便是能内自讼，何气质不可化！(《张子抄释》

卷四）

**【译文】**

气质就如同人们所说的性情之气。气有刚烈柔和、缓慢迅速、清通浑浊等等不同的气，质就是才力。气质是一种普遍存在的东西，如草木的生长也可以说是气质使然。只有能约束自我，才能改变气质，逐渐祛除习俗所导致的气质之性，制约习俗之气。之所以说培养浩然正气是集聚道义的结果，集聚道义就像平常说的积累善德，道义需要常常集聚，不使其有所停止，因此能产生正大刚直的道德之气。我过去经常恣逞意气，后来减得很少了，期望再用一年时间就能达到几乎没有的地步，就像天地间冲和之气能包容万物，任凭其自然而然。

**【章旨】**

本章再论集义养气，可与7·1章相参。气质是自然所生，但有各种性质差异；义理是天地之道所涵，刚健无私，没有不同。张载吸收孟子的思想，既强调"养天地浩然之气"，也强调"集义"，并且主张用"集义"来变化习俗之气，最终达到如"太和中容万物，任其自然"的精神境界。张载此段论述同样结合自己的亲身体验而言，故而读来亲切有味。

**7·23**  人早起未尝交物[1]，须意锐精健平正[2]，故要得整顿一早晨[3]。及接物[4]，日中须汩没[5]，到夜则自求息反静。

**【注释】**

〔1〕交物：人心通过感官与外在事物接触。

〔2〕意锐：犹锐意，勇于进取，意志坚决专一。精健：精干强健。平正：公平正直。

〔3〕整顿：整饬身心意念。

〔4〕接物：犹交物。

〔5〕汩（gǔ）没：沉沦，沉溺。

**【译文】**

人早晨起床时还没有与外物接触，这时需要心思意念敏锐、精干强健、公平正直，因此一早晨都要整顿自己。到了与外物接触以后，中午时就沉溺于各种事情之中了，到夜晚时自然就要寻求停止，返归内心平静的状态。

**【章旨】**

本章论一天内心思随着与外物接触程度不同而产生的变化。这种变化，也是气使之然。这就要求一方面"养气"，另一方面"变化气质"。

**7·24**　"仁之难成久矣，人人失其所好"〔1〕，盖人人有利欲之心，与学正相反驰①。故学者要寡欲。孔子曰："枨也欲，焉得刚！"〔2〕〔3〕

**【校勘】**

① 反驰：其他诸本皆作"背驰"。

**【注释】**

〔1〕"仁之难成久矣，人人失其所好"：语出《礼记·表记》："仁之难成久矣，惟君子能之。人人失其所好，故仁者之过易辞也。"郑玄注："言仁道不成，人所由不得其志。"

〔2〕枨（chéng）：指申枨，孔子弟子。"枨也欲，焉得刚"：申枨有那么多欲望，怎么能够做到刚强呢。语出《论语·公冶长》："子曰：'吾未见刚者。'或对曰：'申枨。'子曰：'枨也欲，焉得刚？'"

〔3〕本章亦见于《横渠礼记说·表记》（第313页）。"从失其所好"至"故学者要寡欲"，朱熹辑入《近思录》卷五《克己》，出自《语录》。

**【集解】**

叶采曰：仁者天理之公，利欲者人心之私，故背驰。(《近思录集解》卷五，第127页)

张习孔曰：真实体会，方有此言。然又须明理，不然则巢父、许由矣。(《近思录传》卷五，第129页)

张伯行释"仁之难成久矣"至"故学者当寡欲"曰：学莫先于求仁。仁为吾心所固有，似不难成。今仁之难成久矣，以人人失其固有，而不知所好也。盖仁者天理公，利欲者人心之私。人人有利欲之心，则私心胜，天理亡，与其所学大相反戾矣。故学者当以寡欲为要，利欲既消则天理自见，此不两立之机也。(《濂洛关闽书》卷二)

张伯行曰：仁者，人心之天理，生而有之，而不可不知所以成之者也。学者不知内求，仁之难成亦已久矣。自家所好，自家失之，至于尽人而皆然。盖中于形气之私，利欲得而间之，则义理之好不胜利欲之好，与学正相背驰。故学者必有以胜利欲而复天理，寡之又寡，以至于无，而仁庶可得而成也。(《近思录集解》卷五，第225页)

尹会一曰：此言求仁之方在于寡欲也。仁道至大而至精，其难成久矣。夫仁本固有而所以难成者，以人人失其所好，好所不当好也。盖公与私不并立，仁者天理之公，无所为利欲；利欲者人心之私，显悖乎天理。今人人有欲利之心，则与为仁之学分途异径，正相背驰矣。故学者求仁有要道焉，惟在寡欲而已。纷华靡丽不以动其一心，耳目口体不敢逞其欲，寡之又寡，以至于无，则其于仁也何难成之足患哉！(《近思录集解》卷五)

茅星来曰：首二句，《礼·表记》篇夫子之言。下三句，张子释人之所以失其所好之故也。能好仁，则当其所好而仁可成矣。人皆反此，而失其所好，仁之所以难成也。盖学莫大于求仁，而有利欲之心则不能矣，故曰"与学正相背驰"。陈氏曰："仁之难成，私欲间之也。私意行，则所好非其所当好矣。"(《近思录集注》卷五，第188页)

施璜曰：朱子曰：仁者本心之全德，莫非天理，而亦不能不坏于人欲。故为仁者必有以胜私欲而复于礼，则事皆天理，而本心之德复全于我矣，此仁之所以成也。今谓人人有利欲之心，与天理正相背驰，安得仁之易成乎？故学者要寡欲，寡之又寡，以至于无，则造于仁者之域亦不难也。(《五子近思录发明》卷五，第328页)

郭嵩焘曰：伊川云"人有身，便有自私之理"，自私是只顾

得一己。横渠言寡欲，又是包揽外头许多物事，为己之私。凡自私者，亦未有能寡欲者也。（《近思录注》卷五，第114页）

张绍价曰：仁者，人心固有之德。所以难成者，失其秉彝之好，好所不当好。人人有利欲之心也，理欲互为消长，利欲长一分，则天理消一分，与学正相背驰，仁何由成？学者要寡欲，欲寡则心存，心存则理得，而仁庶几可成也。（《近思录解义》卷五，第195页）

【译文】

"仁德难以成就已经很久了，人们都失去对仁的喜好"，这是因为人们都有满足欲望的心愿，与为学恰好背道而驰。因此，学者要减少欲望。孔子说："申枨有那么多欲望，怎么能够做到刚强呢！"

【章旨】

本章解释《礼记·表记》"仁之难成久矣，人人失其所好"，论为学当寡欲。

**7·25**　"乐则生矣"[1]，学至于乐则自不已，故进也。生犹进，有知乃德性之知也[2]。吾曹于穷神知化之事[3]，不能丝发[4]。

【注释】

[1] 乐（lè）：内心愉悦，快乐。"乐则生矣"：语出《孟子·离娄上》："仁之实，事亲是也。义之实，从兄是也。智之实，知斯二者弗去是也。礼之实，节文斯二者是也。乐之实，乐斯

二者。乐则生矣，生则恶可已也。恶可已，则不知足之蹈之、手之舞之。"

〔2〕德性之知：指修己成德方面的知识。与见闻之知相对。

〔3〕穷神知化：穷究事物的神妙，了解事物的变化。《周易·系辞下》："穷神知化，德之盛也。"

〔4〕丝发：如丝之发，形容细微、细致。

**【译文】**

"内心愉悦，仁义就能不断生发"，为学到了内心愉悦的程度，自然就不能停止，所以能够进步。"生"的意思如同"进"，得到的知识就是德性之知。我辈对于穷究事物的神妙、了解事物的变化这样的事，不能有一丝一毫的偏差。

**【章旨】**

本章解释孟子"乐则生矣，生则恶可已矣"，并论德性之知当锐意求精。"乐则生矣"，即是为己之学。德性之知，达于天道，故当穷神知化，精进不辍。

## 7·26　礼使人来悦己则可，己不可以妄悦于人〔1〕。

**【注释】**

〔1〕妄悦于人：指无原则地取悦别人。语本《礼记·曲礼上》："礼，不妄说人，不辞费。"郑玄注："为近佞媚也。君子说之不以其道，则不说也。"

**【集解】**

张伯行曰：尽其礼之当然，使人来观者，自然悦服于己，此则可也，以其合乎天理人心之同也。若有意求悦于人，则饰情干誉，已非复礼之本然，是妄而已矣。故人当尽其在我也。（《濂洛关闽书》卷二）

**【译文】**

用礼使别人悦服自己是可以的，自己不可以故意取悦别人。

**【章旨】**

本章论"礼不妄悦人"，其依据仍在于礼的根本是为己之学，其意义在于道德性，而非功利性，因而不能借礼的形式来满足自己的私意或私欲。

**7·27**　婢仆始至者，本怀勉勉敬心。若到所提掇[1]，更谨则加谨。慢则弃其本心，便习以成性①。故仕者入治朝则德日进，入乱朝则德日退，只观在上者有可学无学尔②。[2]

**【校勘】**

① 成性：其他诸本皆作"性成"。

② 无学：其他诸本皆作"无可学"。

**【注释】**

〔1〕提掇：指主人对婢仆的训导。

〔2〕本章，朱熹辑入《近思录》卷六《家道》，出自《语录》，出自《语录》。

**【集解】**

叶采曰：提掇，谓提起警策之也。（《近思录集解》卷六，第137页）

吕柟曰：此为中人以下发，然亦警在上者也。(《张子抄释》卷四)

张习孔曰：仆婢贱人，原无恒心，故随人提掇而成性。仕者则君子也，岂无挟持自主者乎？何以德随乱朝而退也？若此仕者，是与仆婢一类矣，其才岂足齿乎？(《近思录传》卷六，第142页)

张伯行曰：此言御婢仆者，须时常警策，使之勿怠勿惰也。提掇者，提醒而点掇之也。婢仆初来之时，本欲自献其忠勤，以示可用，故常怀勉勉敬慎之心。若在上之人所提掇更严，则彼亦愈加勤谨。或纵而慢之，则彼将弃其初来之本心，久之便习懒以成性。若出仕之人，亦是如此。入治朝，则在位多君子，纪纲整肃，不得不勉勉以赴功，故德日进；入乱朝，则在位多小人，法度废弛，遂亦因循而自堕，故德日退。然则德之为进为退，只观在上位者有可学与无可学之人耳。仕者且然，况婢仆辈乎！(《近思录集解》卷六，第243页)

李文炤曰：提掇，犹言提撕。下之应上，犹响之应声也。(《近思录集解》卷六，第134页)

茅星来曰：此并及教养婢仆之法。盖一家之中，必使婢仆下人皆得其道，而后可以为齐也。末又就上文推广言之。(《近思录集注》卷六，第202页)

施璜曰：此言御婢仆之法。婢仆就役于人者，当其始至，本怀勉勉敬心，似可久服役者，然必常提掇，方能更加劝谨。提掇者，常常警策教诲之，宽严得中，恩威相济，庶几不弃其本心。若怠慢纵弛，则丧其本怀矣。故张子以仕者入治朝则德日进，入

乱朝则德日退为比，全在用婢仆者知所提掇耳。(《五子近思录发明》卷五，第 361 页)

江永：提掇更谨者，莅之以庄，御之以道，令其自不敢惰慢，非徒尚威严之谓也。(《近思录集注》卷六，第 177 页)

郭嵩焘曰：臣之事君，下之事上，婢仆之事主，只是一理。上无道揆，下无法守，则乱不终日，君昏于上，国乱于下，理有不爽者。然而君子于此，固常求所以自立矣。○更历仕宦三十余年，每思横渠此言，未尝不心惧，继又悟德之所以退者，非但与今世士大夫周旋相奖以成习，无能取益也。闻其所言，而心不谓然，察其所为，而益不谓然，则常怀薄视士大夫之心，至于一切薄视，而德之日退，可不问矣。孟子固谓"以友天下之士为未足，又尚论古之人"，吾人固当以此自励。○曾文正之知人，识不易及，然所倚任，皆勉勉为君子，只是提掇更谨。其谨处，正在一身爱憎无所私，劝惩无所苟，所以终日谈笑，而威严若神者此耳。○近时朝政，专厉威严，言官乘之，益为苛察刻薄，毛举细故，以急行操切之政，而纪纲法度日益废弛，人心日益媮薄。所谓衰敝之余，济以严酷，速乱而已矣。横渠言"视在上者有可学无可学"，最可玩味。(《近思录注》卷六，第 125 页)

张绍价曰：此言驭婢仆之法。婢仆就役于人，始至之时，本怀敬勉之心。为主人者，若能慈以畜之，而不涉于姑息，庄以莅之，而不启其轻侮，时时就其本心提掇而警觉之，则彼必益加恭谨，而不敢怠于所事。若惰慢纵弛，则彼且弃其本心，而不可使令矣。仕者入治朝，则上有可学，而德日进；入乱朝，则上无可学，而德日退，其理亦犹是也。待婢仆者，亦惟先自正其身，御

之有道，使彼有可学，斯善矣。(《近思录解义》卷六，第 207 页)

【译文】

奴仆刚到主人家，本来怀着勤勉恭敬的心。如果受到了训导，就会更加谨慎。怠慢之后就失去本心，长久养成习惯便成为习性。因此，士人如果进入政治清明的朝廷，德行就日渐进步；进入政治昏乱的朝廷，德行就日益退步，这只是看地位高的人有没有可以学习的地方。

【章旨】

本章以婢仆的心思变化为例，说明仕者容易受朝廷风气影响，故强调"在上者"当以学求治。

**7·28　学得《周礼》，他日有为，却做得些实事。以某且求必复田制[1]，只得一邑用法。若许试其所学[2]，则《周礼》田中之制皆可举行[3]。使民相趋如骨肉，上之人保之如赤子[4]，谋人如己[5]，谋众如家，则民自信。**

【注释】

〔1〕田制：关于农田的制度，指井田制。

〔2〕其：指张载本人。

〔3〕举行：施行。

〔4〕保之如赤子：语本《尚书·康诰》："若保赤子，惟民其康乂。"

〔5〕谋人如己：为人谋划如同为自己谋划一样。

**【集解】**

吕柟曰：治体便是如此谋为。故《周礼》一书，皆周公仁智之心。（《张子抄释》卷四）

**【译文】**

学懂了《周礼》，如果有一天能有所作为，便要做一些实在的事。以我来说，将请求恢复井田制，只需用一邑的土地来试行。如果许可我试行所学，那么《周礼》的土地制度都可以施行。如果能让民众归附像对待自己的亲人，居官之人保养百姓像保养自己的婴孩，为别人谋划像是为自己谋划，为众人谋划像为自己的家庭谋划，那么民众自然能诚实不欺。

**【章旨】**

本章是张载自道其学习《周礼》的现实抱负。

**7·29　火宿之微茫**[1]**，存之则烘然**[2]**。少假外物，其生也易**[3]**，久可以燎原野，弥天地。有本者如是也。**

**【注释】**

〔1〕火宿：犹宿火，隔夜未熄的火。微茫：犹微芒，微弱的光芒。

〔2〕烘然：火热貌。

〔3〕生：燃烧。

**【译文】**

隔夜未熄的火焰还有微弱的光芒，保存下来就能燃烧得很热。再稍微凭借外物，就会燃烧得很迅速，时间长了可以燃遍整片原野，充满天地。有根本的事物就是这样。

【章旨】

本章以宿火可以燎原为喻，论学当有本，终究可以产生巨大影响。

**7·30**　孔子谓"柴也愚，参也鲁"〔1〕，亦是不得已须当语之。如正甫之堕①〔2〕，昞之多疑〔3〕，须当告使知其病，则病上偏治〔4〕。庄子谓牧羊者止鞭其后〔5〕。人亦有不须驱策处，则治其所不足。某只是太直无隐已甚②，人有不善即面举之。

【校勘】

① 堕：其他诸本皆作"随"。

② 已甚：徐刻本、四库本作"凡某"。

【注释】

〔1〕"柴也愚，参也鲁"：高柴愚直，曾参鲁钝。语出《论语·先进》："柴也愚，参也鲁，师也辟，由也喭。"何晏集解："愚，愚直之愚。鲁，钝也。"高柴，字子羔，孔子弟子。

〔2〕正甫：姓名不详，当为张载弟子。

〔3〕昞：苏昞，字季明，先随张载问学，张载逝世后又从学于二程。曾记录张载与二程洛阳论学语为《洛阳议论》，并为张载《正蒙》分类编次成章。

〔4〕偏：副词，特别，专门。

〔5〕牧羊者止鞭其后：语本《庄子·达生》："善养生者，若牧羊然，视其后者而鞭之。"

**【集解】**

吕柟曰：只如此，便是成己成物。大直即诚也。(《张子抄释》卷四)

**【译文】**

孔子说"高柴愚直，曾参迟钝"，也是不能不如此说。如同正甫的怠惰，苏昞的多疑，应当告诉他们，让他们知道自己的缺点，在缺点上专门整治。庄子说放羊人只鞭打落后的羊。人也有不需要鞭策的地方，那就纠正他的不足。我只是太过率直，毫无隐晦，他人有不善之处就当面指正。

**【章旨】**

本章是张载自述其教学之道，即让学者在其"病"上知晓并有所进取。本篇有多章是张载结合自己为学经验的自述，非常鲜活生动。

# 学大原下

【解题】

本篇是上篇的继续。全篇共33章，大部分思想都在前几篇有所体现，比较重要的观点有"心且宁守之，其发明却是末事"，"心不可劳，当存其大者"，"知德斯知言"，"人当平物我，合内外"，"学者只是于义理中求"，"只有责己，无责人"等。由于《经学理窟》的文献来源主要是讲学语录，故从中可以看到，张载经常通过回顾自己的为学经历，来描述其中的感受；或设置一些形象的比喻，来印证道理；或激励学者唯义理是求，能勉勉用功，又不因急迫而产生偏弊。因此，我们在阅读本篇时，也需要反复体会其中的感受，而非仅仅总结观点内涵。

**8·1** 天下之富贵，假外者皆有穷已[1]，盖人欲无厌而外物有限①。惟道义则无爵而贵[2]，取之无穷矣。

【校勘】
① 厌：其他诸本皆作"餍"。

【注释】

〔1〕假外：凭借外在的条件。

〔2〕无爵而贵：虽然没有爵位，却非常尊贵。语出《荀子·儒效》："故君子无爵而贵，无禄而富，不言而信，不怒而威，穷处而荣，独居而乐！"

【集解】

吕楠曰：人之道义，与天地同大，故贵尊。(《张子抄释》卷四)

张伯行曰：此言人爵之不足慕，而天爵之当修也。假，借也。餍，足也。天下之富贵，必待假借于外而后得者，皆有穷尽者也。盖人心之欲无餍，而外求之物有限。有限者，不足以供无餍之取。惟人心自有之道义，则无爵而贵，不假外求，可以任吾之取而无穷，此则所当自求者矣。(《濂洛关闽书》卷二)

【译文】

天下的富贵，凭借外在条件的都有穷尽，因为人的欲望无法满足，但外物是有限的。只有道义虽然没有爵位却非常尊贵，取用起来也没有穷尽。

【章旨】

本章论道义之尊贵以及取用之无穷，仍是强调为己之学是求则得之，不依赖于任何外在条件。

8·2 圣人设教〔1〕，便是人人可以到此①，"人皆可以为尧舜"②〔2〕。若是言且要设教，在人有所不可到，则圣人之语虚设耳。

**【校勘】**

① 到：其他诸本皆作"至"。

② 皆：鸣道本脱，据其他诸本补。

**【注释】**

〔1〕圣人设教：圣人实施教化。《周易·观·彖》："观天之神道，而四时不忒，圣人以神道设教，而天下服矣。"

〔2〕"人皆可以为尧舜"：语出《孟子·告子下》："曹交问曰：'人皆可以为尧舜，有诸？'孟子曰：'然。'"

**【译文】**

圣人实施教化，就是人人可以达到，所谓"每个人都能成为像尧舜那样的人"。如果说既要实施教化，对于一个人来说又有做不到的情况，那么圣人的话就是在空谈了。

**【章旨】**

本章论圣人设教不是虚设。这也意味着成德之学建立在人人共有的人性基础上。


8·3　慕学之始，犹闻都会纷华盛丽，未见其美而知其有美不疑①，步步进则渐到，画则自弃也〔1〕。观书解大义非闻也，必以了悟为闻。


**【校勘】**

① 美：鸣道本作"义"，据其他诸本改。

**【注释】**

〔1〕画：截止，停止。语本《论语·雍也》："冉求曰：'非不说子之道，力不足也。'子曰：'力不足者，中道而废，今女画。'"

自弃：自甘落后，不求上进。语本《孟子·离娄上》："自暴者不可与有言也，自弃者不可与有为也。言非礼义，谓之自暴也。吾身不能居仁由义，谓之自弃也。"

**【集解】**

张伯行释"慕学之始"至"画则自弃也"曰：志之所向谓之慕。慕学之始，必志有定向，不见异而迁，不畏难而阻，方能渐至其域。如人闻都会美丽，虽目未曾见，而心已不疑，步步向前，自然到彼境界。若止而不进，则不能至矣。故凡为学而画以自限者，皆自弃之人，慕道不真者也。（《濂洛关闽书》卷二）

**【译文】**

开始向慕为学的时候，就像听到别人说都市繁华富丽，虽然还没有见到它的富丽，却毫不怀疑地相信它的富丽，一步步前进便能渐渐到达，如果停止了就是自甘落后。读书了解大概的意思不算"听到"，只有用心领悟了才是"听到"。

**【章旨】**

本章论为学不应画地自弃，而须了悟自得。关于"闻"，可与 7·19 章相参。

**8·4**　人之好强者，以其所知少也。所知多，则不自强满〔1〕。"学然后知不足"〔2〕，"有若无，实若虚"〔3〕，此颜子之所以进也。

**【注释】**

〔1〕不自强满：不自满自足。

〔2〕"学然后知不足"：语出《礼记·学记》："虽有嘉肴，弗食不知其旨也；虽有至道，弗学不知其善也。学然后知不足，教然后知困。知不足，然后能自反也。知困，然后能自强也。"

〔3〕"有若无，实若虚"：语出《论语·泰伯》："曾子曰：'以能问于不能，以多问于寡，有若无，实若虚，犯而不校，昔者吾友尝从事于斯矣。'"何晏集解："马曰：'友，谓颜渊。'"

**【集解】**

吕柟曰：才自强处，便是自退。(《张子抄释》卷四)

张伯行曰：强，满足也。人之智识有限，而学问无穷。彼好自满足者，由其所知者少，故识见短浅，不过涉猎记诵，便诩诩自矜。若从事于学，所知既多，则所见者大方，恐恐然谓天下之理不能尽，知绝不敢有一毫自欺之蔽因以欺人，而何有于强满乎？盖学然后知不足，如颜子之有若无，实若虚，深知义理之无穷，所以见其进，未见其止，能竭才于卓立之地也。人慎毋遽自足哉！(《濂洛关闽书》卷二)

**【译文】**

一个人喜欢争强好胜，是因为他知道得还不多，知道得多了就不会自满自足了。"为学之后才知道自己的不足"，"有好像无，实好像虚"，这就是颜回可以不断进步的原因。

**【章旨】**

本章论为学需要虚心，才能不断进取。

**8·5**　某与人论学二三十年，所恨不能到〔1〕。人有得，是人人各自体认。至如《明道行状后语》〔2〕，亦甚铺陈①，若人体认，尽可以发明道理；若不体认，亦是一场闲言长语〔3〕。

**【校勘】**

① 陈：鸣道本作"语"，据其他诸本改。

**【注释】**

〔1〕到：犹止，学问达到最高境界。

〔2〕《明道行状后语》：该文不见于张载《文集》，也不见于《河南程氏遗书》中程颐所作《明道先生行状》后的附文，当为佚文。

〔3〕闲言长语：无关紧要的话。

**【集解】**

吕柟曰：凡言能体认，不贵多。（《张子抄释》卷四）

**【译文】**

我与别人论学二三十年，遗憾的是还没有达到最高境界。一个人为学有收获，是各自用心体察认识的结果。至于像《明道行状后语》，也是论述了很多，如果自己体察认识，完全可以发现其中的道理；如果不能体察认识，也只不过是一些无关紧要的话。

**【章旨】**

本章论为学需要用心体认。

**8·6**　今人为学如登山麓，方其迤逦之时莫不阔步大走〔1〕，及到峭峻之处便止，须是要刚决果敢以进。〔2〕

【注释】

〔1〕迤逦（yǐ lǐ）：斜延，延伸貌。

〔2〕本章亦见于《河南程氏遗书》卷十七（第176页）。朱熹收入《近思录》卷二《为学》，出自《遗书》。

【集解】

杨伯嵒曰：人之为学不进则退，譬如登山，中间非驻足之地，兼亦无不进不退之理，古人谓"百尺竿头进一步"是也。（《近思录衍注》卷二，第34页）

吕柟曰：过峭峻处，方是登山，始可小天下也。（《张子抄释》卷四）

张习孔曰：妙喻。峻处要刚决果敢，亦须平处循序，不必阔步。（《近思录传》卷二，第43页）

张伯行曰：此言有志为学者，不可以无勇也。迤逦，山势坦缓处也。峻，陡急处也。人之求道，务造其极，如人之登山，必至其巅，所谓有志者也。然欲至巅，必须直上；欲造极，则必须勇行。今之为学者，譬如登山麓，方其平缓处，莫不宏阔其步，及到峻险处，则遂住步畏阻而不前，多是趋易而避难，进锐而退速耳。故须刚决而必往，果敢而无畏，然后进进不已，以至于极也。学者若能如是，将学圣贤必至圣贤，犹之登山麓者必至山巅云尔。（《近思录集解》卷二，第74页）

茅星来曰：麓，《尔雅》："山足也。"迤逦，行貌。峻处，即后第三卷张子所谓"险阻艰难"是也。但彼以知言，而此以行言耳。○盖行到峭峻之处，大段已是用工夫来，若于此畏难退步，则前功尽弃。孟子所谓"深造之以道"，正须于此处着力精进，过此则有资深逢原之乐矣。(《近思录集注》卷二，第70页)

施璜曰：此言为学要刚果以进也。人能刚决果敢，则勇于进道。及到峻处，更发愤用力，必要登峰造极，只见其进，不见其止也。(《五子近思录发明》卷二，第115页)

张绍价曰：仁者先难而后获。见易则进，畏难则止，学者之大病也。刚决果敢以进，愈困难，愈奋勉，以毅力贯彻始终，必跻其巅而后已，则不以难自沮矣。○朱子曰："为学须要刚毅果决，悠悠不济事。且如'发愤忘食，乐以亡忧'，是甚么精神！甚么骨力！"(《近思录解义》卷二，第68页)

【译文】

今人为学就像爬山，当到了山路平缓的时候没有不大步快走的，等到了陡峭高峻的地方就停下了。应当要刚毅果断地前进。

【章旨】

本章论为学须刚毅果敢地不断进步。

**8·7** 学之不勤者①，正犹七年之病不蓄三年之艾〔1〕。今之于学，加工数年〔2〕，自是享之无穷。人多是耻于问人，假使今日问于人，明日胜于人，有何不可？如是，则孔子问于老聃、苌弘、郯子、宾牟贾〔3〕，有甚不得？聚天下众人之善者是圣人也，岂有得其一端而便胜于圣人也？

**【校勘】**

① 勤：徐刻本、四库本作"动"。

**【注释】**

〔1〕七年之病不蓄三年之艾：生病七年了，却没有储藏三年的艾，比喻为学不勤到了无可救药到地步。语出《孟子·离娄上》："今之欲王者，犹七年之病求三年之艾也。苟为不畜，终身不得。苟不志于仁，终身忧辱，以陷于死亡。"

〔2〕加工：加倍用工。

〔3〕宾牟贾：复姓宾牟，名贾，孔子弟子，精于乐理。孔子问于老聃、苌弘、郯子、宾牟贾：语本《史记·老子韩非列传》："孔子适周，将问礼于老子。"《礼记·乐记》："宾牟贾侍坐于孔子，孔子与之言，及乐。……子曰：'唯。丘之闻诸苌弘，亦若吾子之言是也。'"《左传·昭公十七年》："仲尼闻之，见于郯子而学之。"

**【集解】**

吕柟曰：只肯问，便是入圣人。（《张子抄释》卷四）

张伯行释"聚天下众人之善者是圣人也"曰：一人之善有限，众人之善无穷。人惟自用而不资于人，所以为凡庸之归耳。若夫虚心采纳，聚天下众人之善于一己，而浑然无善之可名，自非舜之乐取诸人，禹之闻言则拜，孔子之问礼问官者，未足语此也，是则圣人而已矣。（《濂洛关闽书》卷二）

**【译文】**

为学不勤奋，就好像生病七年了，却没有储藏三年的艾。如今对于为学，加倍用功几年，自然会受益无穷。人们大都以向人请教为耻。假如今天向别人请教，明天就胜过别人，有什么不可以的？如果这样，孔子向老聃、苌弘、郯子、宾牟贾请教，有什么不行呢？汇集天下所有人之善的人才是圣人，怎么会有得到一个方面就能胜过圣人这样的事呢？

**【章旨】**

本章可分为两部分，前一部分论为学需勤，后一部分论为学要不耻下问。

**8·8** 心且宁守之，其发明却是末事。只常体义理，不须思，更无足疑。天下有事，其"何思何虑"！自来只以多思为害，今且宁守之，以攻其恶也。处得安且久，自然文章出，解义明。宁者，无事也，只要"行其所无事"〔1〕。

**【注释】**

〔1〕"行其所无事"：顺着事物的本性去做，而不刻意而为。语出《孟子·离娄下》："禹之行水也，行其所无事也。如智者亦行其所无事，则智亦大矣。"

**【集解】**

吕柟曰：多思者，杂思也，便是心不存，学不进。(《张子抄释》卷四)

**【译文】**

内心要平静地持守，至于阐发却是其余的事。只要经常体会义理，不需要思虑，更没必要去怀疑。天下的事情，有什么需要思虑的呢！我历来都认为思虑多是有坏处的，如今只要平静地持守，以克制思虑多的坏处。能够处在平静之中，并且长久地维持，那么自然会礼乐法度彰明，经籍义理明白。所谓平静，就是没有事情，只是顺着事物的本性去做而不刻意而为。

**【章旨】**

本章论学者要"宁守"。即学者要保持内心的平静，常体会义理，少思虑，不刻意勉强。

**8·9**　**心清时常少，乱时常多。其清时即视明听聪，四体不待羁束而自然恭谨，其乱时反是。如此者何也？盖用心未熟，客虑多而常心少也**[1]**，习俗之心未去而实心未全也**[2]**。有时如失者，只为心生，若熟后自不然。心不可劳，当存其大者，存之熟后，小者可略**[3]**。**[4]

**【注释】**

〔1〕客虑：因外在环境而生的思虑。常心：能够自主而保持恒常不变的心。

〔2〕实心：本有的真诚之心。

〔3〕小者：与前者"大者"相对，前指本心，此指习心。略：治理。语本《孟子·告子上》："耳目之官不思，而蔽于物。物交物，则引之而已矣。心之官则思，思则得之，不思则不得。此天之所与我者。先立乎其大者，则其小者不能夺也。此为大人而已矣。"

〔4〕本章，朱熹辑入《近思录》卷四《存养》，出自《语录》。"有时如失者"至"小者可略"，《近思录》作"人又要得刚，太柔则

入于不立。亦有人主无喜怒者，则又要得刚，刚则守定不回，进道勇敢。载则比他人自是勇处多。"

**【集解】**

叶采曰：心者，耳目四肢之主。天君澄肃，则视明听聪，四体自然从令。若存心于道者未熟，则客虑足以胜其本心，习俗足以夺其诚意。〇朱子曰："横渠大段用功夫来，说得更精切。"又曰："客虑是泛泛底思虑，习俗之心是从来习染偏胜之心，实心是义理之心。"（《近思录集解》卷四，第112—113页）

黄震释"心清时常少"至"当存其大者"曰：此皆先生养心用工处，无静坐把捉之苦，最可法。舍此而言心，则易入禅学。（《黄氏日抄》卷三十三）

吕柟曰：存其大者，是宁心要法。（《张子抄释》卷四）

张习孔曰：先生此言，犹是中人以上。（《近思录传》卷四，第114页）

张伯行曰：此张子涵养熟后，体验精切，因言心清心乱之辨，复自道其所得以示人也。心为天君，耳目四肢之所听命，而载生初本来之义理。义理是纯粹至善底，本清者也，心存义理，故清；为物欲所扰，物欲是昏浊底，本乱者也，义理之心不足以胜之，故乱。人往往清时少，乱时多。尝验之矣。当其清时，视自明，听自聪，四体自恭谨。盖天君澄肃，而百体从令，清时之验如此。及其乱时，非无心于视也，而视不能明；非无心于听，而听不能聪；非无心于羁制拘束其四体也，而四体不能恭谨。乱与清时相反之验如此。如此者何也？用心于义理者，不可以不熟也。用心不熟，在外之虑足以胜吾本然之心，则客虑多而常心

少；气习之染足以胜吾真实之心，则习俗之心未去而实心未完。故清时少，乱时多也。(《近思录集解》卷四，第197—198页)

茅星来曰：朱子曰："横渠大段用功夫来，说得更精切。学者固未免有散缓时，但才觉得收敛，渐渐做去，但得收敛时多，散缓时少，便是长进处。"(《近思录集注》卷四，第168页)

郭嵩焘曰：此是横渠体验有得之言。其清时一种境界，即圣人所谓"日月至焉"者也。自余使心不至常乱，已不易。视明听聪，四体自然恭谨，到得此种清时，恐非所几也。○船山云："士之交友，君之使臣，识闇而力柔者，绝之可也。"今日却只此一种人讨便宜，由乡愿之流极以致此也。(《近思录注》卷四，第101页)

张绍价曰：在内为主者心常清，在外为宾者心常乱。形气统于一心，心清则以理宰气，视明听聪，虽处屋漏暗室之中，而坐必正，体必直，手容必恭，足容必重，不待羁束，自然恭谨。所谓"四体不言而喻"也，所谓"天君泰然，百体从令"也。乱则以气汩理，故反是。客虑，浮泛之思虑也。习俗之心，习染偏胜之心也。实心，义理之心也。义理之心未充，不足胜其客虑习心，任其缠绕纠结，则以气动志，而心清时少，乱时常多矣。程子言"未有箕踞而心不慢"者，外正然后内直也。张子言"心清则四体恭谨"者，内直则外自正也。(《近思录解义》卷四，第174页)

## 【译文】

内心保持清明的时候通常比较少，而昏乱的时候比较多。内心清明的时候，就能看得清楚，听得明白，身体不需要约束就能自然而然地恭敬谨慎，昏乱的时候则相反。为什么会是这样呢？因为用心还没有达到纯熟，外在环境引起的思虑多，而能保持自主恒常本心的时候少，习俗养成的习心没有去除，而本有的义理之心还没有完全显出。有时候好像失去了什么，只是因为内心生出思虑，如果用心纯熟后就自然不会这样了。心不可太过劳攘，应当保存本心，保存得精熟以后，习心就可以治理。

**【章旨】**

本章继上章再论学者要用心熟而少思虑，存实心而去习心。

## 8·10　人言必善听乃能取益，知德斯知言。

**【集解】**

吕柟曰：善听，虽闻恶言亦有益。（《张子抄释》卷四）

张伯行曰：法语巽言，虽能从能悦，而不改不绎，终无益也。故能取益者，在于善听。方听之时，既听之后，一一能默识心通，坦然由之而无疑，斯其益也大矣。然善听言者，必由于知言，而言不易知也。惟知德而于吾心固有之理体验亲切，然后于人之言，彻始彻终，心解神会，斯无不知焉。欲受益者，可不深思其故哉！（《濂洛关闽书》卷二）

**【译文】**

别人的话必须要善于听取，才能获得益处。理解了德性，才能明白言论。

**【章旨】**

本章论知言。所谓"善听"，即能听之以义理，反之以内心。

张载于此，多有论述。以下四章，均是讨论"言"的问题。

**8·11**　**所以难命辞者**[1]**，只为道义是无形体之事。今名者已是实之于外，于名也命之又差，则缪益远矣**[2]**。**

【注释】

〔1〕命辞：运用文辞表达思想。

〔2〕缪：错误，乖误。

【参读】

张载曰：形而上者，得意斯得名，得名斯得象；不得名，非得象者也。故语道至于不能象，则名言亡矣。（《正蒙·天道篇》，第15页）

【译文】

之所以运用文辞来表达思想很难，主要是因为道德义理是无形无象的事物。如今名称本来已经外在于实际了，对于名称又确定得有差错，那么最后的错误就更大了。

【章旨】

本章论命辞之难。命辞是使用语言对义理予以形容。命辞是否恰当，既源于对义理的体会程度，也源于语言表述的限度，故而言"难"。因其难，故而当慎重其事。对此，张载也多有论述，可相互参考。

**8·12**　**人相聚得言，皆有益也，则此甚善。计天下之言**[1]**，一日之间，百可取一，其余皆不用也。**

**【注释】**

〔1〕计：总计。

**【译文】**

人们聚在一起讨论，都是有好处的，这样做很好。总计天下的言论，一天之内，一百句可取的可能只有一句，其余的都没有用处。

**【章旨】**

本章继上章再论得言之难。

**8·13** 答问者命字为难〔1〕，己则讲习惯，听者往往致惑。学者用心未熟，以《中庸》文字辈〔2〕，直须句句理会过〔3〕，使其言互相发明①，纵其间有命字未安处，亦不足为学者之病。〔4〕

**【校勘】**

① 使：鸣道本脱，据其他诸本补。

**【注释】**

〔1〕命字：运用文字表达思想。

〔2〕辈：等，类。

〔3〕直须：应当。

〔4〕"如《中庸》文字"至"互相发明"，朱熹辑入《近思录》卷三《致知》，出自《语录》。

**【参读】**

朱熹曰：《中庸》一书，枝枝相对，叶叶相当。不知怎生做得一个文字齐整。（《朱子语类》卷六十二，第1479页）

朱熹曰：横渠云："如《中庸》文字，直须句句理会过，使其言互相发。"今读《大学》，亦然。某年十七八时，读《中庸》《大学》，每早起须诵十遍。今《大学》可且熟读。（《朱子语类》卷十六，第319页）

**【集解】**

张伯行曰：《中庸》建立大本，经纶大经，其文字如二典、三谟，却又枝枝相对，叶叶相当。厥后，朱子分为三十三章，支分节解，脉络贯通，详略相因，摆布得如此细密，正是句句理会过，使其言互相发明耳。"辈"，指当时门人也。朱子尝谓此言真读书之要法，非但可施于《中庸》。（《近思录集解》卷三，第153—154页）

尹会一曰：《中庸》文字，一句有一义，须逐句深求玩味，使一书之言前后互相发明。（《近思录集解》卷三）

茅星来曰："《中庸》文字辈"，凡《诗》《书》《论》《孟》之文皆是。必言《中庸》者，盖古圣贤之书无非发明《中庸》之道，故必于此见之明，而后于事事物物之宜无往不当其可，以之读他书，亦易为力。如前程子所言"读《春秋》以《中庸》为准"是也。句句理会过，则触处洞然，无所疑滞，自有以见夫不偏不易之道，随在具足，无少欠缺，融会贯通，不拘所读何书，而无往非《中庸》之道之所在矣。游定夫读《西铭》，涣然不逆于心，曰"此《中庸》之理"，亦此意也。（《近思录集注》卷三，第

139 页)

张绍价曰:《中庸》发明性道教之旨,一理分为万事,万事合为一理,首尾贯通,脉络分明。须句句理会过,使其言互相发明,则于孔门传授心法庶乎有以得之矣。(《近思录解义》卷三,第142 页)

**【译文】**

回答问题的人用文字表达意思很难,自己讲习惯了,听众往往感到困惑。学者用心还没有纯熟,对《中庸》一类的文字,应当一句一句地仔细体会,使其文字相互阐明,纵使其中有用字不妥当的地方,也不足以成为学者体会义理的障碍。

**【章旨】**

本章继续论语言文字的表达之难,并以《中庸》为例,阐发文本与义理的关系。

8·14　草书不必近代有之,必自笔札已来便有之。但写得不谨,便成草书。其传已久,只是法备于右军①〔1〕,附以己书为说。既有草书,则经中之字传写失其真者多矣②。以此,《诗》《书》之中字尽有不可通者。

**【校勘】**

①其传已久只是:鸣道本误抄左行,作"则经中之字是",据其他诸本改。

②真:鸣道本误作"专",据其他诸本改。

**【注释】**

〔1〕右军：指王羲之。晋王羲之曾任右军将军，后被称为"右军"。

**【译文】**

草书不一定是近代才有，必定是从用笔书写产生以后就有了。只要写得不严谨，就成了草书。草书流传已经很久，只是到了王羲之才有规范的写法，并附上自己书写的文字作为说明。自草书出现以后，经书中文字传抄时丢失原貌的情况便很多。由于这个原因，《诗经》《尚书》中的文字便有很多不能读通的。

**【章旨】**

本章论以草书传抄经书造成其中文字多有不可通的情况。

**8·15**　静有言得大处，有小处。如"仁者静"〔1〕，大也；"静而能虑"〔2〕，则小也。始学者亦要静以入德，至成德亦只是静。

**【注释】**

〔1〕"仁者静"：语出《论语·雍也》："知者乐水，仁者乐山；知者动，仁者静；知者乐，仁者寿。"

〔2〕"静而能虑"：语本《礼记·大学》："知止而有后定，定而后能静，静而后能安，安而后能虑，虑而后能得。"

**【集解】**

吕柟曰：小大只争生熟。静而能虑，恐亦不小。(《张子抄释》卷四)

**【译文】**

静，有从境界说的情况，也有从工夫说的情况。如"有仁德的人，内心宁静"，这是从境界说的情况；"内心宁静，然后能够思虑"，这是从工夫说的情况。初学者也要从保持内心平静开始道德修养，到了成就德性之后也还只是内心平静。

**【章旨】**

本章论静。所谓大处之静，是境界，即吕柟所说之"熟"；小处之静，是工夫，即吕柟所说之"生"。故入德与成德，皆有静。本章可以与8·9章参读。

**8·16　学不长者无他术**〔1〕**，惟是与朋友讲治**〔2〕**，"多识前言往行以有其德"**①**，"非礼勿言，非礼勿动"，即是养心之术也。苟以前言往行为无益**②**，自谓不能明辨是非，则是"不能居仁由义，自弃者也"决矣**〔3〕**。**

**【校勘】**

① 有：其他诸本皆作"畜"。

② 往行：其他诸本皆无。

**【注释】**

〔1〕长：长进。

〔2〕讲治：讲习研治。

〔3〕决：必然，一定。"不能居仁由义，自弃者也"：语出《孟子·离娄上》："吾身不能居仁由义，谓之自弃也。"

## 【集解】

张伯行曰：会友讲学，多识前言往行以畜其德，此资于外者也。谨言慎动，严绝非礼，以养其心，此治于内者也。内外交致其功，而进学之方尽此矣。若既不收益于外，而又不明辨于内，是以仁义为不能居由，而绝无进学之志者也，其自弃也决矣，尚何望哉？（《濂洛关闽书》卷二）

## 【译文】

为学不见长进的话，没有其他办法，只是要与朋友讲论研治，"多学习前圣往贤的言论和行为，以此培养自己的德性"，"不符合礼的不说，不符合礼的不做"，这就是养心的方法。如果认为学习前圣往贤的言论和行为没有益处，自认为不能明确地分辨正确与错误，那这必然是"不能内心存仁、做事循义的而不求上进的人"。

## 【章旨】

本章论养心之术，一是与朋友讲治，二是多识前言往行，三是处事以敬，总之都是以义理养心。

**8·17　人欲得"正己而物正"〔1〕，大抵道义虽不可缓，又不欲急迫，在人固须求之有渐，于己亦然。盖精思洁虑以求大功，则其心隘，惟是得心弘放得如天地易简，易简然后能应物皆平正。"博学于文"者，只要得习坎心亨〔2〕，盖人经历险阻艰难，然后其心亨通。捷文者皆是小德应物〔3〕，不学则无由知之，故《中庸》欲前定将所以应物也①〔4〕。〔5〕**

**【校勘】**

①中庸：其他诸本皆作"中庸之"。以：徐刻本、四库本作"如"。

**【注释】**

〔1〕"正己而物正"：语出《孟子·尽心上》："有事君人者，事是君则为容悦者也；有安社稷臣者，以安社稷为悦者也；有天民者，达可行于天下而后行之者也；有大人者，正己而物正者也。"

〔2〕习坎：《周易》卦名，坎为险，习为重，故习坎为重重险阻。亨：亨通，通达，顺畅。《周易·习坎》："有孚，维心亨，行有尚。"孔颖达疏："以亨通之性，而往谓阴闇之所，能通于险，故行可贵尚也。"

〔3〕捷文：简便的文字、制度。小德：德行节操之小者。语本《礼记·中庸》："小德川流，大德敦化。"《论语·子张》："大德不逾闲，小德出入可也。"朱熹集注："小德者，全体之分；大德者，万殊之本。"

〔4〕前定：预先确定，事前有所准备。语出《礼记·中庸》："言前定则不跲，事前定则不困，行前定则不疚，道前定则不穷。"

〔5〕"博学于文者"至"将所以应物也"，亦见于《横渠礼记说·中庸》(第 309 页)。

**【参读】**

程颢曰：志道恳切，固是诚意；若迫切不中理，则反为不诚。盖实理中自有缓急，不容如是之迫，观天地之化乃可知。

(《河南程氏遗书》卷二上，第 13 页)

**【集解】**

黄震释"心洪放如天地易简，然后能应物皆平正"曰：此皆先生养心用工处，无静坐把捉之苦，最可法。舍此而言心，则易入禅学。(《黄氏日抄》卷三十三)

**【译文】**

一个人要想"端正自己而使万物端正"，大抵对道义的追求虽然不能放松，但也不能急迫，对别人固然需要逐步要求，对于自己也是如此。因为精细地思索和考虑来谋求大功绩，心思就会狭隘；只有把心放得很博大，像天地一样平易简约，然后应对事物才能公平正直。广泛地学习经籍的人，只是要在处于各种困境中仍能保持内心通达，因为人只有经历了险阻艰难，然后他的心才能保持通达顺畅。简便的文字都是待人接物的细微品德，不学习就没有办法知道，所以《中庸》想要通过事前有所准备来应接事物。

**【章旨】**

本章论"正己而物正"，首先需要心思宏大，应物自然平正；其次需要博学于文，保持习坎心亨。此章可与5·22章相参。

8·18　人当平物我①，合内外。如是，以身鉴物便偏见，以天理中鉴则人与己皆见②。犹持镜在此，但可鉴彼，于己莫能见也，以镜居中则尽照。只为天理常在，身与物均见则自不私。己亦是一物，人常脱去己身则自明。然身与心常相随，奈何有此身，假以接物则举措须要是[1]。今见人意我固必，以为当绝，于己乃不能绝，即是私己。是以"大人正己而物正"，须待自己者皆是著见[2]，于人物自然而正。以诚而明者[3]，既实而行之明也，明则民斯信矣。己未正而正人，便是有意我固必。鉴己与物皆见，则自然心洪而公平。意我固必，只为有身便有此；至如恐惧、忧患、忿懥、好乐[4]，亦只是为其身。虚，亦欲忘其身贼害而不顾。只是要公平③，不私于己，"无适无莫，义之与比"也[5]。

**【校勘】**

① 平物我：鸣道本作"平我"，据其他诸本改。

② 见：鸣道本作"鉴"，据其他诸本改。

③ 要：徐刻本、四库本作"两"。

**【注释】**

〔1〕假：凭借，依靠。是：正确。

〔2〕著见：明白呈现，显现。

〔3〕诚而明：因诚心而产生明智。《礼记·中庸》："自诚明，谓之性；自明诚，谓之教。诚则明矣，明则诚矣。"

〔4〕恐惧、忧患、忿懥（zhì）、好乐：语本《礼记·大学》："所谓修身在正其心者，身有所忿懥，则不得其正；有所恐惧，则不得其正；有所好乐，则不得其正；有所忧患，则不得其正。"郑玄注："懥，怒貌也。"

〔5〕适（dí）：亲近，厚待。莫：疏远，冷淡。"无适无莫，义之与比"：没有固定的厚薄亲疏，只是按照义的要求去做。语出《论语·里仁》："君子之于天下也，无适也，无莫也，义之与比。"

**【参读】**

张载曰：烛天理如向明，万象无所隐；穷人欲如专顾影间，区区于一物之中尔。(《正蒙·大心篇》，第26页)

张载曰：不得已，当为而为之，虽杀人，皆义也；有心为之，虽善，皆意也。正己而物正，大人也；正己而正物，犹不免有意之累也。有意为善，利之也，假之也；无意为善，性之也，由之也。有意在善，且为未尽，况有意于未善耶！仲尼绝四，自始学至成德，竭两端之教也。(《正蒙·中正篇》，第28页)

**【集解】**

吕柟曰：孔子绝四，以无意为始，无我为终，最好玩。(《张子抄释》卷四)

**【译文】**

人应当公平地对待外物与自我，统合自己的内在与外在。如果能这样，那么用己身来照察外物就是偏见，以天理居中地照察就能把别人与自己都看到。就如同我手里拿着镜子，只能照见别人，照不见自己，把镜子放在中间就都能照见。只是因为天理常在，己身与外物都能看到，那么自然不会有偏私。自己也是一物，一个人能够经常摆脱己身就自然看得清楚。然而，身与心常常相伴相随，无奈有了这个身体，凭借身体去接触外物，那么行为举动就要正确。如今看到别人的臆测、自私、固执、期必，认为应当除去，而自己却不能除去，这就是自私。因此，"道德高尚的人端正自己而使万物端正"，应当等到自己的本心都明白呈现，对于别人和外物自然就能公正。由诚心而产生明智的人，既能付诸实践，而且行为明智，明智了就能使民众信服。自己没有端正却要端正别人，就是有臆测、自私、固执、期必。照察自己和外物都能看到，那么自然可以内心弘大而公正平直。有臆测、自私、固执、期必，只是因为人有身体就有这些。至于像恐惧、忧愁、愤怒、喜好，也只是因为有身体的缘故。保持虚静，也是想忘却由己身造成的害处而不顾忌。只是要公平，对自己不自私，"对别人没有固定的厚薄亲疏，只按照道义去做就行了"。

**【章旨】**

本章继上章再论正己而物正，强调己心无私，自然心洪而人与物皆能公平。本章特别强调天理之公与己身之私的对峙，主张"以诚而明"，这就由为学工夫的论述上升到了本体论依据的论述，可与《正蒙》相关章节参照。

8·19 勿谓小儿无记性，所历事皆能不忘。故善养子者，当其婴孩，鞠之使得所养[1]，令其和气①；乃至长而性美，教之示以好恶有常。至如不欲犬之升堂②，则时其升堂而朴之③[2]。若既朴其升堂，又复食之于堂，则使孰从④？虽日挞而求其不升⑤，不可得也。[3]

**【校勘】**

① 令：鸣道本作"合"，据其他诸本改。

② 犬之：鸣道本作"其"，据其他诸本改。

③ 朴：其他诸本皆作"扑"。后句同。

④ 从：其他诸本皆作"适从"。

⑤ 升：其他诸本皆作"升堂"。

**【注释】**

〔1〕鞠：养育，宠爱。《诗·小雅·蓼莪》："父兮生我，母兮鞠我。"毛传："鞠，养。"

〔2〕朴：同"扑"，击，打。

〔3〕本章亦见于《张子语录·语录上》（第315页），末尾多一段文字："是施之妄。庄生有言：'养虎者，不敢以生物与之，为其有杀之之怒；不敢以全物与之，为其有决之之怒。'养异类尚尔，况于人乎？故养正者，圣人也。"（《张载集》，第315页）亦见于《河南程氏遗书》卷二下（第57页）。

**【集解】**

吕柟曰：溺爱者，溺害也。（《张子抄释》卷四）

**【译文】**

不要说小孩子没有记性，他们经历的事情都能不忘记。因此，善于养育孩子的人，在他们还是婴儿的时候，宠爱他们，使他们得到养护，让他们具备温和之气；到了长大以后性情美好，再教导他们知道喜好或厌恶都有一定之规。就好像养狗的人不想让狗跑进厅房，那就在它跑进厅房的时候击打它。如果既在它跑进厅房的时候击打，又在厅房喂食，那让它该怎么做呢？这样即使整天打它，想让它不跑进厅房也是做不到的。

**【章旨】**

本章论教人之法，当自幼示之以好恶之常。本章同时见于《经学理窟》《张子语录》和《河南程氏遗书》，而以《张子语录》最为详细，故出于张载之语的可能较大。

**8·20** 教之而不受，虽强告之无益。譬之以水投石，必不纳也。今夫石田[1]，虽水润沃，其干可立待者，以其不纳故也。出庄子言："内无受者不入，外无主者不出。"①[2][3]

**【校勘】**

① 鸣道本无此章，据其他诸本补。

**【注释】**

[1] 石田：多石而不可耕之地。

[2] 主：保持。"内无受者不入，外无主者不出"：内部不能接受就进不去，外部不能保持就出不来。语出《庄子·天运》："中无主而不止，外无正而不行。由中出者，不受于外，圣人不出；由外入者，无主于中，圣人不隐。"

[3] 本章亦见于《张子语录·语录上》(第316页)。

**【集解】**

吕柟曰：自幼能听道说，便成贤哲，初虚故也。(《张子抄释》卷四)

**【译文】**

如果不接受教导，即使勉强告诉也没有什么帮助。就像用水泼向石头，肯定不会被吸收。如今有石头多的田地，即使用水滋润浇灌，很快田地就干涸了，这是因为它不吸收的缘故。这就是庄子所说："内部不能接受就进不去，外部不能保持就出不来。"

**【章旨】**

本章继上章再论教之又需受之，否则亦无益。

**8·21　学者不论天资美恶，亦不专在勤苦，但观其趣向着心处如何**①〔1〕。

**【校勘】**

① 鸣道本无此章，据其他诸本补。

**【注释】**

〔1〕着心处：用心、关心所在的地方。

**【集解】**

张伯行曰：凡人于学者，多论其天资美恶，与其用力勤苦，以卜他日成就。然亦有不必然者，但观其趋向着心处如何耳。苟趋向既端，着心既切，则质之恶者可化为美，而力之始勤者自不至于终怠而可以有成矣。（《濂洛关闽书》卷二）

**【译文】**

学者不管天赋禀性是好是坏，也不仅仅在于是否勤奋刻苦，只要看他心中志趣用在什么地方。

**【章旨】**

本章再论学者为学趣向的重要性。只要趣向正确，其他都是辅助；否则，纵使天资好或用功勤苦，终究无济于事。

**8·22　学者以尧舜之事须刻日月要得之**〔1〕，**犹恐不至，有何媿而不为**①〔2〕？**此始学之良术也。**

## 【校勘】

① 有何：鸣道本作"在可"，据其他诸本改。

## 【注释】

〔1〕尧舜之事：指圣贤之学。刻：通"克"，限定。

〔2〕媿（kuì）：惭愧。

## 【译文】

学者把尧舜的事业限定日期来努力实现，仍然害怕达不到，怎么还会感到羞愧而不去做呢？这是初学的好方法。

## 【章旨】

本章再论当以尧舜之事为志。

8·23 义理有疑，则濯去旧见以来新意〔1〕。心中苟有所开〔2〕，即便札记〔3〕，不思则还塞之矣。更须得朋友之助，一日间朋友论着①，则一日间意思差别。须日日如此讲论，久则自觉进也②。〔4〕

## 【校勘】

① 一：徐刻本、四库本无。

② "日间"以下，徐刻本、四库本另分章。

## 【注释】

〔1〕濯去：清洗，祛除。来：产生，开始，发生。

〔2〕开：指心思意念的开豁、了然。

〔3〕即便：立即。

〔4〕"义理有碍，则濯去旧见以来新意"一句，亦见于《张子

语录·语录中》(第321页)。本章,朱熹辑入《近思录》卷三《致知》,出自《文集》。

【集解】

叶采曰:心有所疑而滞于旧见,则偏执固吝,新意何从而生,旧疑何自而释?○疑义有所通,随即札记,则已得者可以不忘,未得者可以有进。不记则思不起,犹山径之蹊间,不用则茅塞之矣。(《近思录集解》卷三,第75页)

吕柟曰:朋友功夫于身最多,所以学者贵先择友。(《张子抄释》卷四)

张习孔曰:学者佳境。(《近思录传》卷三,第71页)

张伯行释"义理有疑"至"更须得朋友之助"曰:濯,洗涤也。札者,所以记也。学者于义理觉得有疑,则当涤去旧见,以待新意之来。苟心有所开,随即札记,庶已得者可以不忘,未得者可以有进。若不记,则思不起,而新意还为所塞矣。然朋友之助,更不可少。须得互相讲究,庶几所疑愈析,所见愈长,而自有日新之益也。(《濂洛关闽书》卷二)

张伯行曰:此合下节,即日知所亡、月无忘所能之意也。义理有疑于心者,只缘执而不化,心有所系吝,不能推而广之,是以知识为之蔽塞。须濯去旧见,如去浑水,引出清者来,便觉新意活泼流动,而疑可释矣。今学究家固滞不通,多为旧见不濯之病。张子此言,其示人之意切矣。○新意既来,旧障尽撤,则前所未知者而今知之,是"心中有所开"也。随手笔札记录,以时观省,则已知者可以不忘。若不记,则旋得旋失,安能思忆得起?犹山径之蹊间,不用则茅塞之矣。张子处处安置笔砚,有得则识之，或中夜起坐，取烛以书，其生平用功正是如此。○此又言朋友讲习之益也。学既勉于自进，更须得朋友之助。若于一日间剖析疑难，觉意思有些差别，即须日日如此。盖会聚一番，精神便收敛一番；讲习一番，义理便开发一番，其进无涯也。张子见二程，共语道学之要，遂涣然自信，此亦自以其得力者语人乎！（《近思录集解》卷三，第122页）

李文炤曰：以水去垢，谓之濯。义理之有疑，犹器物之有垢也。濯而去之，则新者可来矣。札记，则已得者可以不忘，未得者可以有进。不记则思不起，而终归于塞。盖义理未熟，不得不如此其勤恳也。○日日讲论，则无闲废之功，而有相长之益矣。（《近思录集解》卷三，第65页）

茅星来曰：旧见，凡旧人之见与自己旧时之所见皆是。学者于旧见有未安，安若更苦用思索？费力愈多，而于本文之意转加蒙晦。故当一切濯而去之，但就经文虚心涵泳，令其本意了然，心目之间无少差误，然后回视旧所见处，自有以见其得失之所在，而豁然无复窒碍矣。○朱子曰："学者观书，病在只要向前，不肯退步看。愈向前，愈看得不分晓，不若退步却看得审，大概病在执着不肯放下。一是主私意，一是旧有先入之说，虽欲摆脱，亦被他自来相寻。横渠谓'濯去旧见，以来新意'，甚好。"（《近思录集注》卷三，第109—110页）

施璜曰：此言札记与朋友讲习之大有进益也。人执旧见在胸中不化，则难与辨论，必濯去旧见，则舍己徙义而新意生。有所得，则随手记录，以时观省。又得朋友之助，会聚一番，精神收敛一番，讲论一番，义理开发一番，其进益洵无涯也。（《五子近思

录发明》卷三，第 180 页）

郭嵩焘曰：义有疑，只就读书时言之。如守着此一解，而觉滞碍处多，便更探求一义以解之，愈拘□则愈滞碍也。故下言讲论之功，学须是讲而始明。（《近思录注》卷三，第 64 页）

张绍价曰：此言学贵日新也。习坎，温故也。心亨，知新也。知新由于温故，而温故尤不可以不知新。人为旧见所囿，胸中滞而不化，心虑闭塞，则新意无由而来。故义理有疑，须濯去旧见，则心虑开而新意来。心有所开，则随时札记，以备异日观省。否则随得随失，旋开旋塞，无复新意之来矣。更须得朋友之助，朋友讲论一番，则心中必有所开，而新意之来，有不知其何以然者。盖人心中有机，不拨则不动。朋友讲论，正所以拨动其机，机动则新意踊跃而出，如泉始达，源源而来。孔子所以有"起予"之叹，而君子以友辅仁，所以必先以文会友也。〇朱子曰："学者不可只管守从前所见，须除了方见新意。如去了浊水，然后清者出焉。"〇"到理会不得处，便当'濯去旧见，以来新意'，仍且只就本文看之。"〇"涵养之功，则非他人所得与，若致知之事，则正须朋友讲学之功，庶有发明。胡文定固是资质好，然在太学，多闻师友之训，所以能然。"（《近思录解义》卷三，第 112 页）

## 【译文】

对义理有疑惑，就除去过去的看法，以便引发新的想法。心中如果有所开悟，就马上用笔记下来，如果不思考就会又回到闭塞不通的状态。还需要得到朋友的帮助，一天有朋友讲论，一天的想法就会与过去不同。需要每天都这样议论探讨，时间长了就会觉察到自己的进步。

**【章旨】**

本章论为学求进的几种方式：一是义理有疑，则除去旧见，二是札记以思，三是朋友讲论。


**8·24** 在可疑而不疑者，不曾学，学则须疑。譬之行道者将之南山，须问道路之自出①〔1〕，若安坐则何尝有疑！


**【校勘】**

① 自出：其他诸本皆作"出自"。

**【注释】**

〔1〕自出：犹在何处。

**【集解】**

吕柟曰：疑只似经历一般。(《张子抄释》卷四)

**【译文】**

在可以有疑问的地方没有疑问，这是没有学习，学习就需要有疑问。就像一个走路的人要去南山，需要问人路从哪里走。如果只是安然地坐在那里，怎么会有疑问！

**【章旨】**

本章继上章再论进学须疑。所谓"疑"，实则是将知识体会于身以求自得的一种方式，张载多有论及，可相互参较。


**8·25** 学者只是于义理中求。譬如农夫，是穮是蓘〔1〕，虽有饥馑①，必有丰年。盖求之则须有所得〔2〕。

**【校勘】**

① 有：徐刻本、四库本作"在"。

**【注释】**

〔1〕穮（biāo）：耘田除草。蔉（gǔn）：以土壅苗根。饥馑：灾荒，庄稼收成很差或颗粒无收。

〔2〕求之则须有所得：语本《孟子·尽心上》："求则得之，舍则失之，是求有益于得也，求在我者也。求之有道，得之有命，是求无益于得也，求在外者也。"

**【集解】**

吕柟曰：道不得，患在人不肯为耳。（《张子抄释》卷四）

张伯行曰：耘苗曰穮，壅苗曰蔉。学者之于义理，如农夫之于田亩，皆视其所求何如耳。农夫用力穮蔉，虽目前不免饥馑，必有丰年之报。人之于学也亦然。盖求之既勤，未有无所得者。不求则义理与我无与是，犹不耕则丰年与我何涉也。有志于学者，可不知所求哉？（《濂洛关闽书》卷二）

**【译文】**

学者只管在义理中寻求。就像农民，只管耕田除草，以土壅苗，虽然可能会有灾荒，也必定会有丰收的年份。因为只要去寻求，就必定会有收获。

**【章旨】**

本章论义理只需自求，必有所得，语本《孟子》。

**8·26　道理须义从理生**①。集义又须是博文，博文则利用[1]。又集义则自是经典，已除去了多少挂意[2]，精其义直至于入神。义则一种是义[3]，只是尤精。虽曰义，然有一意必固我便是系碍，动辄不可。须是无倚，百种病痛除尽，下头有一不犯手势自然道理[4]，如此是快活，方真是义也。孟子所谓"必有事焉"[5]，谓下头必有此道理，但起一意必固我，便是"助长"也。浩然之气本来是集义所生，故下头却说义。气须是集义以生，义不集如何得生？"行有不慊于心则馁矣"②[6]。义集须是博文，博文则用利，用利即身安[7]，到身安处却要得资养此得精义者③。脱然在物我之外[8]，无意必固我，是精义也。然则道义从何而生④？洒扫应对是诚心所为，亦是义理所当为也。

**【校勘】**

① 义从理生：抄释本作"从义理生"。

② 不：鸣道本脱，据其他诸本补。

③ 义：鸣道本作"气"，据其他诸本改。

④ 则：其他诸本皆作"立则"。

**【注释】**

〔1〕利用：使事物或人发挥效能，物尽其用。《尚书·大禹谟》："正德，利用，厚生，惟和。"《周易·系辞下》："精义入神，以致用也；利用安身，以崇德也。"

〔2〕挂意：在意，牵念。

〔3〕一种：一样，同样。

〔4〕下头：下面，下边。不犯手势：无需着手去做，形容自然

而然。

〔5〕“必有事焉”：指一定要培养道义。语本《孟子·公孙丑上》：“必有事焉而勿正，心勿忘，勿助长也。”

〔6〕慊（qiè）：满足，满意。“行有不慊于心则馁矣”：语本《孟子·公孙丑上》：“是集称所生者，非义袭而取之也。行有不慊于心，则馁矣。”

〔7〕用利即身安：物尽其用，身体便安乐。

〔8〕脱然：舒适貌。

**【参读】**

张载曰：志学然后可与适道，强礼然后可与立，不惑然后可与权。博文以集义，集义以正经，正经然后一以贯天下之道。（《正蒙·中正篇》，第29页）

张载曰：博文约礼，由至著入至简，故可使不得叛而去。温故知新，多识前言往行以畜德，绎旧业而知新益，思昔未至而今至，缘旧所见闻而察来，皆其义也。（《正蒙·中正篇》，第30页）

张载曰：意，有思也；必，有待也；固，不化也；我，有方也。四者有一焉，则与天地为不相似。（《正蒙·中正篇》，第28页）

张载曰：天理一贯，则无意、必、固、我之凿。意、必、固、我，一物存焉，非诚也；四者尽去，则直养而无害矣。（《正蒙·中正篇》，第28页）

**【集解】**

吕柟曰：到不犯手，便是义精且熟也。（《张子抄释》卷四）

**【译文】**

道理应该是从义理中产生道义。要使行为都合乎道义，还应当广泛学习文化典籍，广泛学习文化典籍才能在行事中发挥效用。并且，要使行为都合乎道义，就自然要读儒家经典，读儒家经典就已经祛掉了很多心中的牵念，要精研其中的道义直到达到神妙的境界。道义都是道义，只是要非常精微。虽然说是道义，但是如果有一点臆测、期必、固执、自私的念头就是妨碍，一做事就不对。必须是没有任何凭借，各种缺点都消除掉，下面就有一个不需要着手去做的自然而然的道理，这样才是畅快，才是真正的道义。孟子所谓"必有事焉"，就是指下面肯定有这个道理，但是只要心里生出一点臆测、期必、固执、自私的念头，就是"助长"。浩然之气原本就是行为都合乎道义而后产生的，所以下面却又说到道义。气必须是行为都合乎道义而后产生，行为不合乎道义，气怎么能够产生呢？"行为如果有愧于心，气就疲软了"。行为都合乎道义，就需要广泛学习文化典籍；广泛学习文化典籍，行事中才能发挥效用；行事中能发挥效用，人的身心才会安泰；到了身心安泰的时候，才能够滋养这个得到精义的身心。超脱在外物与自我之外，没有臆测、期必、固执、自私的念头，这就是精于道义。然而道义从哪里产生呢？洒水扫地，待人接物，自己用诚敬之心来做，也是义理要求做的事情。

**【章旨】**

　　本章详论如何通过"集义"以获得"义理"。张载在这里提到的途径主要有"博文""精义""绝四""利用""养气""诚心"等，可仔细品读。本章也可以看作是张载借助于《易传》《论语》对《孟子》"知言养气"章的解读。"集义"，就是使行为都符合道义。道义的根本在内心，但也需要借助于前圣行贤的言论即经典来了解，这便是"博文"与"精义"，最终的目的则在于"入神"。整个过程针对的是私己的意必固我，因而要求学者既要"有事"，又不能"助长"。

8·27　凡所当为，一事意不过则推类[1]，如此也善①；一事意得过，以为且休，则百事废，其病常在。谓之病者，为其不虚心也。又病随所居而长，至死只依旧。为子弟则不能安洒扫应对，在朋友则不能下朋友，在官长不能下官长②，为宰相不能下天下之贤。甚则至于徇私意[2]，义理都丧，也只为病根不去，随所居所接而长。人须一事事消了病，则常胜，故要克己。克己，下学也。下学上达交相养③，盖不行则成何德行哉④！[3]

【校勘】

① 也善：其他诸本皆作"善也"。

② 在：其他诸本皆作"有"。

③ 养：其他诸本皆作"培养"。

④ 德：鸣道本作"病"，据其他诸本改。

【注释】

[1] 意：意料，猜测。推类：犹类推，指比类而推究。

[2] 徇：曲从私意。

[3] "凡所当为一事"至"百事废"，"又病随所居而长"至"则常胜"，朱熹辑入《近思录》卷五《克己》，后一部分与"世学不讲"至"病根常在"（7·16）合为一章。

**【集解】**

吕柟曰：病处看破就除去，正犹去疾一般，方是好人。(《张子抄释》卷四)

李文炤曰：推类则过可改，且休则善不迁。(《近思录集解》卷五，第125页)

茅星来曰：意不过，谓心有所未安也。为一事而心有未安，则当以类而推，凡心之有所未安者，皆不可以苟为也。事事如此，周详审慎，自无有不善者矣。若以意所便安，不复求进，则天下之事皆视为不甚经意而有所不为矣，故曰"百事废"。(《近思录集注》卷五，第189页)

**【译文】**

凡是应当做的，有一件事不能够预料，就以类推究，这样也是好的；一件事能够预料，自认为可以罢休了，那么很多事情就会荒废，这种病痛会一直存在。之所以说这是病痛，是因为这会导致不能虚心。而且这种病会伴随日常生活而增长，到死都还是那样。作为子弟，不能安分于洒扫应对；在朋友面前，不能向朋友谦卑；在官长面前，不能向官长谦卑；当宰相，不能向天下贤才谦卑。更甚至于曲从私意，丧失义理，也只是因为没有除去病根，而且随着日常生活和与人交往而增长。一个人必须一件件事地消除这个病痛，就能常常战胜自己，因此要克制私欲。克制私欲，就要向下学习礼乐人事。下学礼乐人事与上达道德天命要相互滋养。因为如果不能付诸实行，那么如何能成就道德品行呢！

**【章旨】**

本章论"虚心"以克祛私意才能按义理行事。所谓"意"，是一种无根据的猜测。长期以"意"行事，会助长人的私心和傲气。只有"义理"，才能成为行为的依据。而要掌握义理，就需要虚心下学，克祛己私，成就德行。

8·28　大抵人能弘道，举一字无不透彻。如义者，谓合宜也。以合宜推之，仁、礼、智、信皆合宜之事①。惟智则最处先，不智则不知，不知则安能为，故要"知及之，仁能守之"〔1〕。仁道至大，但随人所取如何。学者之仁如此，更进则又至圣人之仁，皆可言仁。"有能一日用其力于仁"〔2〕，犹可谓之仁。又如不穿窬已为义〔3〕，"精义入神"亦是义〔4〕，只在人所弘。

**【校勘】**

① 智：其他诸本无。

**【注释】**

〔1〕"知及之，仁能守之"：语出《论语·卫灵公》："知及之，仁不能守之，虽得之，必失之。"

〔2〕"有能一日用其力于仁"：语出《论语·里仁》："有能一日用其力于仁矣乎？我未见力不足者。盖有之矣，我未之见也。"

〔3〕不穿窬已为义：语出《孟子·尽心下》："人能充无穿逾之心，而义不可胜用也。"赵岐注："穿墙逾屋，奸利之心也。"

〔4〕"精义入神"：语出《周易·系辞下》："精义入神，以致用也。"

**【参读】**

张载曰：不穿窬，义也；谓非其有而取之曰盗，亦义也。恻隐，仁也；如天，亦仁也。故扩而充之，不可胜用。(《正蒙·有德篇》，第46页)

**【集解】**

吕柟曰：惟道无尽，愈近愈远，愈求愈大。(《张子抄释》卷四)

**【译文】**

大概来说，人能够弘扬天道，列举一个字就能透彻到底。如"义"字，指的是合宜。以合宜类推，仁、礼、智、信都是合宜的事。只有智处在最先的位置，没有智德就不能认识，不认识怎么能够有所作为呢，因此才要"用智德达到，用仁德持守"。仁道极为广大，只是随人怎样体会。学者的仁是这样，更进一步就又到了圣人的仁，都可称作仁。"有人用一天的工夫追求仁德"，也可称作仁。又如不偷盗已经是义，"精研义理达到神妙的境界"也是义，只是在人去弘扬。

**【章旨】**

本章论"人能弘道"，仁义礼智信中任一字都可以贯穿诸德。这本质上是因为义理是贯通的。

**8·29** 在始学者，得一义须固执[1]，从粗入精也。如孝事亲，忠事君，一种是义[2]，然其中有多少义理也。

**【注释】**

〔1〕固执：坚持。《礼记·中庸》："诚之者，择善而固执之者也。"

〔2〕一种：一样。

**【译文】**

对于初学者，掌握了一种义就需要坚定地持守，这是由粗浅深入到精微的过程。比如以孝心侍奉亲人，以忠心侍奉君主，只是一种义，但其中却有多少义理！

**【章旨】**

本章继上章再论始学需固执一义，从粗入精。

**8·30**  学者大不宜志小气轻。志小则易足①，易足则无由进；气轻则"虚而为盈，约而为泰，亡而为有"〔1〕，以未知为已知〔2〕，未学为已学。人之有耻于就问，便谓我好胜于人，只是病在不知求是为心，故学者当无我。〔3〕

**【校勘】**

① 易：鸣道本误作"义"，据其他诸本改。

**【注释】**

〔1〕"虚而为盈，约而为泰，亡而为有"：本来空虚，却自以为充实；本来穷困，却要自以为奢泰；本来没有，却自以为有。语出《论语·述而》："善人，吾不得而见之矣，得见有恒者，斯可矣。亡而为有，虚而为盈，约而为泰，难乎有恒矣。"

〔2〕以未知为已知：本来不知道，却自以为知道。《论语·为

政》:"知之为知之,不知为不知,是知也。"

〔3〕"学者大不宜志小气轻"至"未学为已学",朱熹辑入《近思录》卷二《为学》,出自《语录》。

**【集解】**

杨伯嵒曰:学如不及,犹恐失之。易足,则所有必不大。"知之为知之,不知为不知,是知也。"如以未知为已知,则终身不知矣。(《泳斋近思录衍注》卷二,第45页)

叶采曰:志小则易于自足,故怠惰而无新功;气轻则易于自大,故虚诞而无实得。(《近思录集解》卷二,第66页)

吕柟曰:志小、气轻相成。(《张子抄释》卷四)

张习孔曰:观者各宜自省,欲治二病,须从源头上用功,非警戒创艾所能疗也。(《近思录传》卷二,第62页)

张伯行曰:为学必视人之志气。志宜大不宜小,气宜静不宜轻。志小则迫狭,而其量易足,易足则不复求进而无成功。气轻则虚浮,而以未知为已知,未学为已学,则果于自欺而无实得。惟宽大其心,沉静其气,自可无二者之病矣。(《濂洛关闽书》卷二)

张伯行曰:学者动言"志气"两字,亦知志与气固有所当戒乎?学以圣人为归,志甚不宜小也;学以重远为务,气甚不宜轻也。志小则局量褊浅,少有得则自以为足,易足则懈怠之心生,何由而可进于极?气轻则神情浮诞,见识不求其实得,强以未知为已知,功力不期于实殚,强以未学为已学。人能尚其志,持其气,则以之任重道远而进于圣贤之学,其庶几也夫。(《近思录集解》卷二,第107页)

尹会一曰：学者惟不自画，斯日进无疆；不自欺，斯学古有获，亦在乎虚其心以自厉其志气而已。(《近思录集解》卷二)

茅星来曰："志小易足"以下，所以极志小、气轻之弊，以见学者之大不宜如此也。张氏曰："学者于道理有所见，正宜深潜涵养，孜孜惕惕，益勉其所未至。顾乃谝谝自足，甚者抗颜欲为人师，适见其陋而已，何足与语于道哉！"(《近思录集注》卷二，第98页)

施璜曰：有必为圣人之志，则志不小矣，故歉然不自满足，而有日进之益；厚重端严，则气不轻矣，故义理则日知其未知，而学之不已，不敢虚骄以欺人也。(《五子近思录发明》卷二，第142页)

江永曰：志小者恒自画，气轻者多虚夸。(《近思录集注》卷二，第94页)

郭嵩焘曰："士不可不以弘毅"，志小气轻，恰得其反。(《近思录注》卷二，第55页)

张绍价曰：黄勉斋曰："理义无穷，如登嵩华，如涉溟渤，且要根脚纯实深厚，然后可以承载。初涉文义，便有跳踉自喜之意，又安能任重而致远耶？"〇价按：志小则不弘，气轻则不毅。"学"字"志"字，遥应卷首濂溪先生语。志小则得少辄足，自画而不能进，安能志伊学颜、以士希贤、以贤希圣？气轻则虚恌自是，亡而为有，虚而为盈，约而为泰，故"以未知为已知，未学为已学"。(《近思录解义》卷二，第97页)

【译文】

为学者千万不能志向小而气质轻浮。志向小就容易满足，容

易满足就没办法进步；气质轻浮就会"本来空虚，却自以为充
实；本来穷困，却自以为奢泰；本来没有，却自以为有"；本来
不知道，却自以为知道；本来没学过，却自以为已经学过。一个
人把向人请教当作耻辱，便说自己喜好胜过别人，其实弊病只在
于不知道用心于寻求正确，因此学者应当没有私己。

**【章旨】**

本章警示学者不应志小气轻，并论为学当无我。

**8·31** 圣人无隐者也[1]。圣人，天也，天隐乎？及有
得处，便若"日月有明，容光必照焉"[2]，但通得处则到。只
恐深厚，人有所不能见处。以颜子观孔子，犹有看不尽处[3]。
所谓"显诸仁，藏诸用"者[4]，不谓以用藏之[5]，但人不能
见也。虚则事物皆在其中。身亦物也，治身以道与治物以道，
同是治物也。然治身当在先，然后物乃从，由此便有亲疏远近
先后之次入礼义处。

**【注释】**

〔1〕无隐：没有隐瞒或掩饰。《论语·述而》："二三子以我为
隐乎？吾无隐乎尔。吾无行而不与二三子者，是丘也。"

〔2〕"日月有明，容光必照焉"：太阳月亮有光辉，每条缝隙
都能照亮。语出《孟子·尽心上》："孔子登东山而小鲁，登泰山
而小天下，故观于海者难为水，游于圣人之门者难为言。观水有术，
必观其澜。日月有明，容光必照焉。"

〔3〕以颜子观孔子，犹有看不尽处：语本《论语·子罕》：

"颜渊喟然叹曰：'仰之弥高，钻之弥坚。瞻之在前，忽焉在后。夫子循循然善诱人，博我以文，约我以礼，欲罢不能。既竭吾才，如有所立卓尔，虽欲从之，末由也已。'"

〔4〕"显诸仁，藏诸用"：表现为仁德，隐藏于日常所用的事物之中。语出《周易·系辞上》："显诸仁，藏诸用，鼓万物而不与圣人同忧，盛德大业，至矣哉！"

〔5〕以用藏之：用日用常行之事隐藏。

**【参读】**

张载曰：天体物不遗，犹仁体事无不在也。"礼仪三百，威仪三千"，无一物而非仁也。"昊天曰明，及尔出王，昊天曰旦，及尔游衍"，无一物之不体也。(《正蒙·天道篇》，第13页)

张载曰：圣人有感无隐，正犹天道之神。(《正蒙·天道篇》，第15页)

张载曰：世人知道之自然，未始识自然之为体尔。(《正蒙·天道篇》，第15页)

**【集解】**

吕柟曰：至贯通后，只一理。(《张子抄释》卷四)

**【译文】**

圣人无所隐瞒。圣人就像天一样，天有隐瞒吗？圣人所能达到的地方，就像"太阳月亮有光辉，每条缝隙都能照亮"，只要是通畅之处就能到达。只是可能有深远厚重之处，一般人不能全部看到。以颜回观孔子，仍然有看不透彻的地方。之所以说"显现于仁德，隐藏于日用事物"，并不是说要用日用事物来隐藏，只是因为人看不透彻而已。保持虚心，那么事事物物就都在道中。己身也是物，用道来修身与用道来处理外物，都是处理事物。但修身应当在前面，然后处理事物才随后，这样就有了礼义之中亲疏远近先后的顺序。

## 【章旨】

本章先论圣人无隐，次论为学当有序。

## 8·32 只有责己[1]，无责人。人岂不欲有所能，己安可责之？须求其有渐。

## 【注释】

〔1〕责：责备。《论语·卫灵公》："躬自厚，而薄责于人，则远怨矣。"

## 【参读】

张载曰：中心安仁，无欲而好仁，无畏而恶不仁，天下一人而已，惟责己一身当然尔。(《正蒙·中正篇》，第29页)

张载曰：责己者当知天下国家无皆非之理，故学至于不尤人，学之至也。(《正蒙·中正篇》，第30页)

张载曰：以责人之心责己则尽道，所谓"君子之道四，丘未能一焉"者也；以爱己之心爱人则尽仁，所谓"施诸己而不愿，亦勿施于人"者也；以众人望人则易从，所谓"以人治人改而止"者也。此君子所以责己责人爱人之三术也。(《正蒙·中正篇》，第32页)

张载曰：居可久之德，难从无征之德，君子不以责人。君子以贤德自居，不强率人，待其心回，故善俗自然。(《横渠易说·下

经》，第 159 页）

【译文】

只能责备自己，而不能责备别人。他人难道不想具备才能吗，自己怎么能责备他呢？要求别人应当有一个过程。

【章旨】

本章论当责己，无责人。此亦为己之学的必然之义。

**8·33　世儒之学，正惟洒扫应对便是。从基本一节节实行去，然后制度文章从此而出。于此不。**阙文。[1]

【校勘】

① 于此不阙文：徐刻本、四库本无。

【参读】

张载曰：教人者必知至学之难易，知人之美恶，当知谁可先传此，谁将后倦此。若洒扫应对，乃幼而孙弟之事，长后教之，人必倦弊。惟圣人于大德有始有卒，故事无大小，莫不处极。今始学之人，未必能继，妄以大道教之，是诬也。(《正蒙·中正篇》，第 31 页）

【译文】

世儒的为学之道，只是要求洒水扫地、待人接物就行了。从根本一步步付诸实行，然后礼乐法度就从这里产生。

【章旨】

本章论洒扫应对是入学之道，终至于制度文章由此而出。

# 自　　道

【解题】

　　本篇主要是张载对自己为学体验及实践的描述，故篇名取作"自道"。全篇共 20 章，有 12 章是张载"自道"，6 章讨论祭祀的时间、等级、原因、设位、变服等问题，剩余 2 章也与礼敬有关。虽然在其他篇偶尔也可以看到张载自道的言辞，但本篇最为集中。如第 1 章以"穿窬之盗"设喻，自述为学发展阶段；第 4、8 章描述自己夜里内心平静的状态；第 9 章描述自己无法以合适的方式安置孔子画像，最终决定"不若卷而藏之，尊其道"；第 14 章描述自己依礼坚持穿丧服，从怕人讥笑到习以为常的心态变化；第 13 章描述自己不为世用而等待气运变化的使命感，第 11、16 章讲试图将礼学先在家中推行的自信心；第 9 章是与宋神宗关于圣人心迹的对谈，都非常生动，可以想见张载之为人、志向、心态、修养，亦能激发学者为学的勇气。

　　**9·1**　某学来三十年，自来作文字、说义理无限，其有是者皆只是亿则屡中[1]。譬之穿窬之盗[2]，将窃取室中之物而未知物之所藏处，或探知于外人，或隔墙听人之言，终不能自到，说得皆未足实<sup>①</sup>。观古人之书，如探知于外人；闻朋友之论，如闻隔墙之言；皆未得其门而入，不见宗庙之美，家室之好<sup>〔3〕</sup>。比岁方似入至其中<sup>〔4〕</sup>，知其中是美是善，不肯复出，天下之议论莫能易此。譬如既凿一穴已有见，又若既至其中却无烛，未能尽室中之有，须索移动方有所见<sup>〔5〕</sup>。言移动者，谓逐事要思。譬之昏者观一物必伫目于一<sup>②〔6〕</sup>，不如明者举目皆见。此某不敢自欺，亦不敢自谦，所言皆实事。学者又譬之知有物而不肯舍去者有之，以为难入不济事而去者有之。

**【校勘】**

① 足：徐刻本、四库本作"是"。

② 伫：其他诸本皆作"贮"。

**【注释】**

〔1〕亿则屡中（zhòng）：料事总是能与实际相符。亿：通"臆"，意料，推测。语出《论语·先进》："赐不受命，而货殖焉，亿则屡中。"

〔2〕穿窬（yú）：挖墙洞和爬墙头，指偷窃行为。窬：通"逾"，翻越。语出《论语·阳货》："色厉而内荏，譬诸小人，其犹穿窬之盗也欤！"何晏集解："穿，穿壁；窬，窬墙。"

〔3〕宗庙之美，家室之好：语出《论语·子张》："子贡曰：'譬之宫墙，赐之墙也及肩，窥见室家之好。夫子之墙数仞，不得其门而入，不见宗庙之美，百官之富。得其门者或寡矣。'"

〔4〕比岁：近年。

〔5〕须索：必须，须要。

〔6〕伫目于一：将目光聚集于一处。伫：久立，等待。

**【参读】**

张载曰：某比来所得义理，尽弥久而不能变，必是屡中于其间，只是昔日所难，今日所易，昔日见得心烦，今日见得心约，到近上更约，必是精处尤更约也。(《张子语录·语录中》，第317页)

**【集解】**

吕楠曰：曲尽苦学之功，可谓思则得之，行有余力，真非自谦也。(《张子抄释》卷四)

**【译文】**

我为学到如今三十年了，历来写文章、讲说义理多不胜数，其中正确的地方都只是揣测得与实际相符。就像穿壁翻墙的小偷想要偷取屋内的东西却不知道东西藏在哪里，或者向外人打探，或者隔墙听人说话，终究不能亲自看到，说的都不够真实。读古人的书，好比向外人打探；听朋友议论，好比隔墙听人说话，都没有得门而入，没看到宗庙的美观、居室的美好。近年来我才似乎进入其中，知道其中如何美、如何善，不愿意再出来，天下的议论也不能改变我的想法。就像把屋子凿开一个洞，已经能够看见一些里面的东西，又像已经进入屋内却没有灯烛，不能看到室内所有的东西，必须要移动才能看见。所谓移动，就是说每件事情都要思索。譬如视力昏花的人看一件东西必须要将目光盯在一处，不像视力清明的人抬眼就能都看见。这些我不敢自欺，也不敢自谦，所说的都是实际情况。学者中，又有的像知道其中有东西而不愿意离去，也有的认为难以进入，不能成事，于是就离开。

**【章旨】**

本章是张载以"穿窬之盗"设喻，自道为学经历和体验，可见其为学的勤苦，也从一个角度见其为学的特点。张载这里总结了为学过程的三个阶段：第一阶段是"观古人之书""闻朋友之论"，只是听闻义理，但缺乏对义理的实在性和丰富性的真实感受，此时犹如小偷"未得其门而入"；第二阶段是已经对义理有所感受，也具备了坚定的信念，但还不能达到自然而然的境界，因而必须"逐事要思"，此时犹如小偷已进入屋中，但晚上漆黑一片，需要摸索才能逐渐知道屋中之物；第三阶段是"明者举目皆见"。张载以此说明，为学不仅需入乎其内，而且需要经历一个勤苦摸索的过程，最终达到"性与天道"自然合一的境界。张载对这个为学过程多有论及，这里以自道和比喻的方式进行论述，最为形象生动。此外，张载起首回顾说自己"学来三十年""有是者皆只是亿则屡中"，一则是形容自己为学曾经的艰苦，二则是相对此时的体验而言。所谓"亿则屡中"，主要是指对义理的思虑、推测，这也就是张载所说的"譬如既凿一穴已有见，又若既至其中却无烛，未能尽室中之有，须索移动方有所见。言移动者，谓逐事要思"。这种状态虽然不能达到平易简约、心弘自然，但也属于一种"勉勉"工夫，是学者为学不可避免的一个阶段。

9·2 祭祀用分至[1]，四时正祭也[2]。其礼，特牲[3]，行三献之礼[4]。朔望用一献之礼[5]，取时之新物[6]，因荐以是日<sup>[7]</sup>，无食味也<sup>[8]</sup>。元日用一献之礼<sup>[9]</sup>，不特杀<sup>[10]</sup>，有食<sup>①</sup>。寒食、十月朔日皆一献之礼<sup>[11]</sup>。丧自齐衰以下<sup>[12]</sup>，不可废祭。

【校勘】

① 有：四库本作"侑"。

【注释】

〔1〕分至：指春分、秋分、冬至、夏至。《左传·僖公五年》："凡分至启闭，必书云物。"杜预注："分，春、秋分也。至，冬、夏至也。"

〔2〕正祭：首日之祭，与次日"绎祭"相对。

〔3〕特牲：祭礼只用一种牲畜。《礼记·郊特牲》，陆德明题解："郊者，祭天之名，用一牛，故曰特牲。"

〔4〕三献：祭祀时进献祭物三次，即初献、亚献、终献，合称"三献"。

〔5〕一献：祭祀时进酒一次。

〔6〕时之新物：这一季节新近收获的作物。

〔7〕荐：进献祭品。

〔8〕食味：食物的美味。《礼记·郊特牲》："笾、豆之荐，水土之品也，不敢用常亵味而贵多品，所以交于神明之义也，非食味之道也。"孔颖达疏："'所以交于神明之义也，非食味之道也'者，解所以物多不美之意，所以交接神明之义，取恭敬质素，非如人事饮食美味之道也。"

〔9〕元日：吉日。

〔10〕特杀：专门杀牲。

〔11〕寒食：节日名，在清明前一日或二日，这一天不能动烟火，只能吃冷食，故名。十月朔日：十月初一日，天气渐寒，北方开始用炉火，宋代朝廷有赐衣之制，士民祭扫祖先坟茔，后世也称为"寒衣节"。《河南程氏外书》卷二："拜坟则十月一日拜之，感霜露也；寒食则又从常祭礼。"

〔12〕齐衰（zī cuī）：丧服名，五服之第二等，服用粗麻布制成，以其缉边缝齐，故称"齐衰"。

【集解】

吕柟曰：此礼亦可谓酌中。但元日行三献礼，用特牲；余四祭，从俗节亦可。(《张子抄释》卷四)

【译文】

祭祀用春分、秋分、冬至、夏至这四个日子，这是春夏秋冬四个季节的首日之祭。祭祀的仪节是用一种牲畜，进献三次祭物。每月的初一和十五，进献一次祭物，取用这一季节新近收获的作物，在这一天作为进献的祭品，不需要平常食物的美味。吉日，进献一次祭物，不需要专门杀牲，可以用平常的食物。寒食节，十月初一，进献一次祭物。凡是服齐衰以下丧期的，都不能废止祭祀。

【章旨】

本章论一年中祭祖的时间和祭品的使用情况，包括四时祭、朔望祭、元日祭、寒食祭等。四时即春分、夏至、秋分、冬至，这是"正祭"，需"特牲"，行"三献"，以示隆重。其他时节的祭祀，非正祭，只一献即可。如果正处于齐衰以上的服丧期，则

可以不按这里的要求进行祭祀。随着社会的变化，宋代礼学发展
的一个重要内容是"家礼"的制定，朱熹《家礼》是带有总结性
的著作，而此前也有关于家礼仪节的广泛讨论，张载这里对祭祀
时间及祭物使用的讨论也属于此，其他更详细的讨论可见本书
《祭祀》篇。

**9·3** 某向时谩说[1]，以为已成，今观之全未也①。然
而得一门庭[2]，知圣人可以学而至，更自期一年如何。今
且专以圣人之言为学②，闲书未用阅，阅闲书者盖不知学之
不足。

**【校勘】**

① 未：鸣道本误作"味"，据其他诸本改。

② 以：徐刻本、四库本作"与"。

**【注释】**

[1] 谩：通"漫"，胡乱，随便。

[2] 门庭：门径，方法。

**【集解】**

吕柟曰：知而好，好而且乐矣，其勇乎！（《张子抄释》卷四）

**【译文】**

我从前胡乱说，以为自己已经学成，如今看来完全没有。但
也得到一个门径，知道圣人境界是可以通过学习达到的，再用一
年时间看自己能达到什么程度。如今一门心思学习圣人的话，经
籍之外的书不需要看，看经籍之外书的人还不知道自己为学的

局限。

【章旨】

本章为张载自道其为学的反省、自信及紧迫感。一是反省其学之不足，二是肯定圣人可学而至，三是寄望专门为功一年以期有成。本章可以与9·1章相参。


**9·4** 思虑要简省，烦则所存都昏惑。中夜因思虑不寐，则惊魇不安。某近来虽终夕不寐，亦能安静，却求不寐，此其验也。


【集解】

湛若水：善谋虑者之于政治也，犹其于学也。善谋事者，于平心得之；善为学者，于中思得之。张载之学，盖得之于精思者也，故有得则疾书之。程颐谓之曰："大率有强探力索之状，而无优游自得之气。愿更完养思虑，他日自当调畅。"然则载之此言，盖深有感悟于程颐之说也乎？夫虚灵不昧者，心之体也。吾心之体立，则天下之理是是而非非者见矣，于思虑也何有？舍是则憧憧往来，朋从尔思，本体惑矣，安能善谋乎？（《格物通》卷六）

吕柟曰：要不寐安静，只有除去一个利名心。又思亦不论繁简，只论邪正。若将正思换了邪思，便安静，虽不寐亦好，故曰终夜不寝以思。（《张子抄释》卷四）

【译文】

思虑要简单，繁杂了就会导致心中所存都是昏乱困惑。半

夜因为思虑多而睡不着，即使睡着了也会被噩梦惊吓而心中不平
静。我最近虽然整夜不睡，也能保持内心平静，因此反而想保持
不睡，这就是验证。

【章旨】

本章论思虑简省以求内心平静，也是工夫体验之语。

**9·5**　家中有孔子真<sup>〔1〕</sup>，尝欲置于左右，对而坐又不可，
焚香又不可，拜而瞻礼皆不可<sup>〔2〕</sup>，无以为容<sup>〔3〕</sup>。思之不若卷
而藏之，尊其道。若召伯之甘棠<sup>〔4〕</sup>，始也勿伐，及教益明于
南国则至于不敢拜<sup>①〔5〕</sup>。

【校勘】

①拜：徐刻本、四库本作"伐"。

【注释】

〔1〕孔子真：孔子的画像。

〔2〕瞻礼：瞻仰礼拜。

〔3〕容：适宜。

〔4〕召伯之甘棠：语出《诗经·召南·甘棠》："蔽芾甘棠，
勿翦勿伐，召伯所芟。蔽芾甘棠，勿翦勿败，召伯所憩。蔽芾甘棠，
勿翦勿拜，召伯所说。"《史记·燕召公世家》："周武王之灭纣，
封召公于北燕。……召公巡行乡邑，有棠树，决狱政事其下，自侯
伯至庶人各得其所，无失职者。召公卒，而民人思召公之政，怀棠
树不敢伐，哥咏之，作《甘棠》之诗。"

〔5〕教益：受教导后得到的好处。南国：泛指南方。《诗序》：

《甘棠》，美召伯也。召伯之教，明于南国。"召公居北燕，南国意谓非常远的地方，形容教益之大。拜：表示恭敬的一种礼节，行礼时下跪，低头与腰平，两手至地。《诗经·召南·甘棠》郑玄笺："拜之言拔也。"张载则解为拜礼之拜。

**【参读】**

张载曰：《甘棠》初能使民不忍去，中能使民不忍伤，卒能使民知心敬而不渎之以拜，非善教寖明，能取是于民哉？（《正蒙·乐器篇》，第56页）

**【集解】**

吕柟曰：此解拜字，与《诗》注异。又曰拜圣真，近于烦黩。若临之在上，质之在旁，亦自惊惕，故曰见尧于墙。（《张子抄释》卷四）

**【译文】**

家中有孔子画像，曾经想放置在身边，对着坐觉得不对，焚香礼敬觉得也不对，礼拜完再瞻仰还是觉得不对，无法找到一种合适的对待方式。仔细考虑过后，觉得倒不如把它卷起来收好，只是遵从孔子的道。这就像召伯曾经在一棵甘棠树下处理政事，起初百姓只是不愿砍伐这棵树，到后来他的教化从北方传播到南方，以至于百姓都不敢礼拜这棵树。

**【章旨】**

本章是张载自道其无法找到对待孔子像的正确礼节而引起内心不安，最后决定"卷而藏之，尊其道"，并引召伯"甘棠"的故事来证明人同此心，反映张载一方面尊道，另一方面贵礼的学术特点。

**9·6**　近作十诗，信知不济事[1]，然不敢决道不济事[2]。若孔子于石门[3]，是信其不可为，然且为之者何也？仁术也。如《周礼》"救日之弓"、"救月之矢"[4]，岂不知无益于救？但不可坐视其薄蚀而不救[5]，意不安也。①[6]

**【校勘】**

①此章，鸣道本与前章合，其他诸本另分章，二章文意不类，据改。

**【注释】**

〔1〕信知：深知，确知。

〔2〕决：必然，一定。道：说。

〔3〕石门：鲁国都城的外门。孔子于石门：语本《论语·宪问》："子路宿于石门。晨门曰：'奚自？'子路曰：'自孔氏。'曰：'是知其不可而为之者与？'"

〔4〕"救日之弓""救月之矢"：遇日食，以为是阴侵阳，必以矢射月，称"救日"；遇月食，以为是阳侵阴，必以矢射日，称"救月"。语出《周礼·秋官·庭氏》："庭氏掌射国中之夭鸟。若不见其鸟兽，则以救日之弓与救月之矢射之。"

〔5〕薄蚀：指日月相掩食。《吕氏春秋·明理》："其月有薄蚀。"高诱注："薄，迫也。日月激会相掩，名为薄蚀。"

〔6〕本章亦见于《张子语录·语录上》(第315页)，末尾多一段："救之不过失数矢而已。故此诗但可免不言之失。今同者固不言，不同者又一向不言，不言且多故识，言之亦使知不同者不徒闲

过而已，极只是有一不同耳。"

【参读】

子厚言："十诗之作，止是欲验天心于语默间耳。"正叔谓："若有他言语，又乌得已也？"子厚言："十篇次叙，固自有先后。"（《张子语录·后录上》，第337页）

【集解】

吕柟曰：日月明知不能救而且救，况于民乎？宜孔子不已也。（《张子抄释》卷四）

【译文】

近来写了十首诗，深知没什么用处，但也不敢说一定没有任何用处。就像孔子在石门，明知做不了但还是要做的是什么呢？不过是推行仁道的事情。又比如《周礼》中有遇日食射月救日的弓，遇月食射日救月的箭，难道他们不知道这对救助日月没什么帮助吗？这只不过是他们不能坐着等待日月被侵蚀而不做一些挽救的措施，是心意不能安然啊。

【章旨】

本章是张载自道知其不可为但又不能无所作为的心境，并引子路石门事和《周礼》救日救月之载以证之，反映了张载的仁爱意识和担当精神。

**9·7　凡忌日必告庙[1]，为设诸位[2]，不可独享，故迎出庙，设于他次。既出则当告诸位，虽尊者之忌亦迎出。此虽无古[3]，可以意推。荐用酒食[4]，不焚楮币[5]，其子孙食素。**

**【注释】**

〔1〕忌日：指父母及其他亲属逝世的日子，因禁忌饮酒、作乐等事，故称。《礼记·祭义》："君子有终身之丧，忌日之谓也。"郑玄注："忌日，亲亡之日。"告庙：祭告祖庙。

〔2〕位：指灵位。

〔3〕无古：没有古代既成之法可效。

〔4〕荐：祭品。

〔5〕楮（chǔ）币：祭供时焚化用的纸钱。

**【集解】**

吕柟曰：忌有忧意，不可及诸位。（《张子抄释》卷四）

**【参读】**

朱熹曰：古无忌祭，近日诸先生方考及此。（《朱子语类》卷九十，第 2322 页）

朱熹曰：忌日祭，只祭一位。（《朱子语类》卷九十，第 2322 页）

**【译文】**

凡是遇到亲属的忌日，一定要祭告祖庙，因为庙中设有多个灵位，受祭者不可单独享祭，因此要将受祭者迎出庙外，设立在其他地方。既然要迎出庙外，就应当向庙中所有的灵位祷告，即使是辈分高的亲人的忌日也要迎出庙外。这件事虽然没有古代既成之法可以效仿，但是可以按道理推定。献祭要用酒和食物，但不烧纸钱，受祭者的子孙要吃素食。

**【章旨】**

本章论忌日迎出受祭者需"告庙"的礼仪，是张载以理推定。

**9·8** 书启称台候〔1〕，或以此言无义理。众人皆台〔2〕，安得不台！

【注释】

〔1〕书启：古代专指下级给上级的信件，后来用为信札的通称。台候：敬辞，用于问候对方寒暖起居。

〔2〕台：敬辞，用于称呼对方或跟对方有关的行为。

【集解】

黄震释"众人皆台，安得不台"曰：自立乃如此。(《黄氏日抄》卷三十三)

【译文】

书信上称呼对方"台候"，有人认为这种说法是没有道理的。但众人都称"台"，自己怎么能不称"台"呢！

【章旨】

本章论写书信时使用"台候"的称呼礼仪，也是以理推定。

**9·9** 上曰："慕尧舜者，不必慕尧舜之迹。""有是心则有是迹，如是则岂可无其迹①！"上又曰："尝谓孝宣能总人君之权〔1〕，绳汉之弊〔2〕。"曰："但观陛下志在甚处。假使孝宣能尽其力，亦不过整齐得汉法〔3〕，汉法出于秦法而已。"

**【校勘】**

① 是：鸣道本误作"岂"，据其他诸本改。

**【注释】**

〔1〕孝宣：指西汉孝宣帝刘询，开创"孝宣之治"，为后世称道。总：总览。

〔2〕绳：制裁，约束。

〔3〕整齐：整治，使有条理，使齐一。汉法：汉代的法律制度。

**【译文】**

皇上说："仰慕尧舜，不一定非要仰慕尧舜的行迹。"我说："有这样的心意就有这样的行迹，这么说来，哪能没有行迹？"皇上又说："我曾说汉孝宣帝能总揽大权，纠正汉代的弊病。"我回答说："只是要看陛下的心志在哪里。假使孝宣帝能尽力，也不过是能整顿汉代的法制，但汉代法制只是效法秦代法制罢了。"

**【章旨】**

本章是张载对他与宋神宗对答之语的回忆。张载劝说皇帝要超越秦汉之法，追慕尧舜之道。

9·10　祭用分至，取其阴阳往来，又取其气之中，又贵其时之均。寒食者，《周礼》四时变火〔1〕，惟季春最严〔2〕，以其大火心星其时太高〔3〕，故先禁火以防其太盛。既禁火，须为数日粮。既有食，复思其祖先祭祀。寒食与十月朔日展墓〔4〕，亦可为草木初生初死。〔5〕

**【注释】**

〔1〕变火：一年之中，随着季节的变换，取火的木材也相应变换，称"变火"。《周礼·夏官·司爟》："司爟，掌行火之政令，四时变国火，以救时疾。"郑玄注："变犹易也。郑司农说以鄹子曰：'春取榆柳之火，夏取枣杏之火，季夏取桑柘之火，秋取柞楢之火，冬取槐檀之火。'"贾公彦疏："火虽是一，四时以木为变，所以禳去时气之疾也"。孙诒让疏："谓五时各以其木为燧，钻以取火。"

〔2〕季春：春季的最后一个月，农历三月。

〔3〕大火心星：星宿名，即心宿。《尔雅·释天》："大火谓之大辰。"郭璞注："大火，心也，在中最明，故时候主焉。"

〔4〕展墓：省视坟墓。

〔5〕本章亦见于《张子语录·语录上》（第312、315页）。

**【译文】**

在春分、秋分、冬至、夏至这四天祭祀，是取用阴阳消长的意思，而且为了这时的气最中和，也看重这时在一年中的时间最均等。所谓"寒食"，按《周礼》所说，一年四季取火的木材要相应变换，只有农历三月最为严格，因为这时大火心星太高，所以要先禁止用火以防止它太盛。已经禁火了，就需要准备好几天的食物。已经有了食物，又想到对祖先的祭祀。寒食与十月初一去省视坟墓，也是因为那时的草木刚刚萌芽或枯萎。

**【章旨】**

本章再论四时祭和寒食祭，解释为何要在这时祭祀，体现了儒家礼仪中事死如事生的观念。

9·11　某自今日欲正经为事[1]，不奈何须着从此去，自古圣贤莫不由此始也。况如今远者大者又难及得，惟于家庭间行之，庶可见也。今左右前后无尊长可事，欲经之正，故不免须责于家人辈[2]。家人辈须不喜亦不奈何，或以为自尊大亦不奈何。盖不如此，则经不明。若便行之[3]，不徒其身之有益，亦为其子孙之益者也。

**【注释】**

〔1〕正经：使人的品行、态度规矩端庄、合乎礼仪规范。经：常道，礼仪规范。

〔2〕责：要求，期望。

〔3〕便：适合，适宜。

**【参读】**

《横渠先生行状》曰：近世丧祭无法，丧惟致隆三年，自期以下，未始有衰麻之变；祭先之礼，一用流俗节序，燕亵不严。先生继遭期功之丧，始治丧服，轻重如礼；家祭始行四时之荐，曲尽诚洁。闻者始或疑笑，终乃信而从之，一变从古者甚众，皆生先倡之。（《张载集》，第383页）

**【译文】**

我从现在开始准备按照礼仪做事，没有其他办法，必须要这样做下去，自古以来的圣贤没有不是从这里着手的。何况现在更远更大的目标又很难达到，只能在家中去尝试实行，或许可以见效。如今身边没有尊敬的年长者可以侍奉，想要执行礼仪，免不了必须严格要求家人。家人们可能会不喜欢，但也没有办法；也有人认为我是妄自尊大，那也没有办法。因为不这样，常道就不能彰明。如果适合推行，不仅对他们自身有好处，对他们的子孙也有好处。

**【章旨】**

本章是张载自道其"正经"从家人开始的困难和期望。所谓"正经"，也就是按照古代经典、礼仪、常道来规范今人的行为。此"经"，远则涉及天下国家，近则涉及己身和家庭，远者不可为则从自家开始。

**9·12** 今衣服以朝、燕、齐、祭四等分之〔1〕。朝则朝服也〔2〕，燕则寻常衣服也，齐则深衣〔3〕，祭则缁帛〔4〕。通裁宽袖〔5〕，须是教不可便用〔6〕。

**【注释】**

〔1〕朝：古代凡见人皆称朝，如诸侯朝见天子，臣下朝见君王，诸侯相拜见，晚辈问候长辈等。燕：休息，闲居。齐（zhāi）：同"斋"，斋戒。祭：祭祀祖先。

〔2〕朝服：君臣朝会或举行隆重典礼时穿的礼服。《论语·乡党》："吉月，必朝服而朝。"

〔3〕深衣：古代上衣、下裳相连缀的一种服装，为古代诸侯、大夫、士家居常穿的衣服，也是庶人的常礼服。《礼记·深衣》："古者深衣，盖有制度，以应规矩，绳权衡。"郑玄注："名曰深衣者，谓连衣裳而纯之以采也。"孔颖达疏："凡深衣皆用诸侯、大

夫、士夕时所着之服，故《玉藻》云：'朝玄端，夕深衣。'庶人吉服，亦深衣。"

〔4〕缁帛：黑色的丝织衣服。

〔5〕通：副词，皆，共。

〔6〕便：任意，不经心。

**【集解】**

吕柟曰：公服三，燕服止一，故能常敬且慎。(《张子抄释》卷四)

**【译文】**

如今的衣服可以用朝会、燕居、斋戒、祭祀四种情况来区分。朝会时穿朝服，燕居时穿平常的衣服，斋戒时穿深衣，祭祀时穿黑色的丝织衣服。这四种衣服都裁剪成宽阔的袖子，就是要教人不能随意穿着。

**【章旨】**

本章是张载对四等衣服形式和使用场合的区分，也是一种礼制。

9·13 某既闲居横渠〔1〕，说此义理，自有横渠未尝如此。如此地又非会众教化之所①。或有贤者经过，若此则似系着在此〔2〕。某虽欲去此，自是未有一道理去得。如诸葛孔明在南阳〔3〕，便逢先主相召入蜀②〔4〕，居了许多时日，作得许多功业。又如周家发迹于邠③〔5〕，迁于岐〔6〕，迁于镐〔7〕。春积渐向冬，汉积渐入秦④〔8〕，皆是气使之然。大凡能发见即是气至，若仲尼在洙泗之间〔9〕，修仁义，兴教化，历后千有余年，用之不已。今倡此道，不知如何。自来元不曾有人说着，如扬雄、王通又皆不见⑤〔10〕，韩愈又只尚闲言词。今则此道亦有与闻者，其已乎？其有遇乎？

**【校勘】**

① 地：鸣道本作"也"，抄释本误作"他"，据其他本改。

② 便：鸣道本作"在"，据其他诸本改。

③ 发：鸣道本作"废"，据其他诸本改。

④ 汉：诸本皆如此，章校本改为"周"。

⑤ 王：鸣道本误作"韩"，据其他诸本改。

**【注释】**

〔1〕横渠：凤翔府郿县（今陕西眉县）横渠镇，张载晚年定居于此。

〔2〕系着：牵挂，依恋。

〔3〕诸葛孔明：诸葛亮（181—234），字孔明，三国时期蜀汉丞相。南阳：今河南南阳市，诸葛亮曾躬耕于此地。

〔4〕先主：开国君主，这里指三国时期蜀汉开国皇帝刘备（161—223）。

〔5〕邠：同"豳"，地名，在今陕西省旬邑县。后稷的曾孙公刘由邰迁居于此。

〔6〕岐：岐山，在今陕西省岐山县境。周建国于此。

〔7〕镐：在今陕西省西安市西南沣水东岸。周武王既灭商，徙都于此，谓之宗周。

〔8〕汉积渐入秦：似当为"周积渐入秦"。诸本皆如此，张载

此言可能非实指，乃言大概趋势而已，且与前"春积渐向冬"对应，因而曰"汉积渐入秦"。

〔9〕洙泗：洙水和泗水，孔子在洙泗之间聚徒讲学，后因以"洙泗"代称孔子及儒家。

〔10〕王通（584—617）：字仲淹，号文中子，隋朝著名儒学家。

**【集解】**

吕柟曰：子厚发此，可谓真知的见者矣。当其趣信，非扬韩诸儒所能道也。(《张子抄释》卷四)

张伯行释"仲尼在洙泗之间"至"用之不已"曰：仲尼与群弟子讲学洙泗之间，修仁义，使人知所守；兴教化，使人知所从。一时之学者宗之，历至后世千有余年而后之人，用其仁义可以成己，用其教化可以成物，贻泽且未有已焉。吁！此仲尼所以为万世之师也。(《濂洛关闽书》卷二)

**【译文】**

我既然赋闲居住在横渠镇，讲说这种义理，自有横渠镇以来还没有人这样做。这个地方并不是适合聚集众人开展教化的场所。偶尔有贤人经过，看我好像是挂念这里不愿离开。我虽然想离开，却没有一个离开的理由。好比诸葛亮在南阳，遇到刘备邀请他去蜀地，待在那里很久，做出很大的功绩。又好比周朝的家族在邠兴起，迁到歧，又迁到镐。春季日子久了就渐渐进入冬季，汉代时间长了就渐渐进入秦代，这都是气的变化造成的。凡是能显现的，就是气的变化已经到了一定地步。就好像孔子在洙水与泗水之间，推行仁义，实施教化，历经一千多年仍然用之不竭。今天倡导这个道，不知会怎样。从来都没有人说到过，如扬雄、王通都没有能看出这个道，韩愈又只是喜好说一些不相关的闲话。如今这个道也有听说的人了，是会终结呢，还是会有复兴的机遇呢？

**【章旨】**

本章是张载自述其在横渠讲道以求风气改变、有用于世的寄望，并引诸葛亮躬耕于南阳、周家发迹于邠、孔子教礼乐于鲁以自况。

9·14　某自持期丧<sup>①〔1〕</sup>，恐人非笑，己亦自羞耻<sup>②</sup>。自后虽大功、小功亦服之<sup>〔2〕</sup>，人亦以为熟，己亦熟之。天下事，大患只是畏人非笑。不养车马，食粗衣恶，居贫贱，皆恐人非笑。不知当生则生，当死则死；今日万钟<sup>〔3〕</sup>，明日弃之；今日富贵，明日饥饿；亦不恤<sup>〔4〕</sup>，"惟义所在"<sup>〔5〕〔6〕</sup>。

**【校勘】**

① 自：其他诸本皆作"始"。

② 自：其他诸本皆作"自若"。

**【注释】**

〔1〕期丧：犹期服，指为期一年的丧服。

〔2〕大功：丧服名，五服之第三等，其服用熟麻布制成，服期九月。小功：丧服名，五服之第四等，其服以熟麻布制成，较大功为细，服期五月。

〔3〕钟：容量单位。万钟：指优厚的俸禄。

〔4〕恤：忧虑。

〔5〕"惟义所在"：只要合乎道义就行。语出《孟子·离娄下》："大人者，言不必信，行不必果，惟义所在。"

〔6〕"天下事"至"惟义所在"，朱熹辑入《近思录》卷七《出处》，出自《语录》。

**【集解】**

叶采曰：义之所在，则死生去就有所不顾，况夫怀龌龊之见，畏人非笑而耻居贫贱，岂有大丈夫之气哉？（《近思录集解》卷七，第151页）

黄震释"天下大患"至"惟义所在"曰：自立乃如此。（《黄氏日抄》卷三十三）

吕柟曰：此便是真知，孟子所谓"夭寿不贰"者也。（《张子抄释》卷四）

张习孔曰：我重物轻，则不畏人非笑。（《近思录传》卷七，第158页）

张伯行曰：懦夫不能自立，只管畏人非笑，满天下都是这般病痛。殊不知今之非笑人者，皆其自可非笑，而以人之非笑为畏者，正其大不足畏也。如不养车马，粗恶衣食，所居贫贱，乃分之常，何损于我？卑俗心肠，或相非笑，自家没见识，遂惴惴以此为恐，正坐不见有义耳。义之所在，可生可死，可万钟，可富贵，亦可弃之而饥饿，只当如此便如此，倏忽转移，惟义之适。大丈夫心事无愧怍，奚恤人言！有意要人服，便是伪；有意畏人诮，便是俗。试观今之高车驷马，纨绔膏粱者，或从攘窃而来，或由朘削而得，寡廉鲜耻，何等可非可笑！自不知畏，旁观亦或

艳而羡之，吾不知于义何居？此又今日之大患也！（《近思录集解》卷七，第 269 页）

李文炤曰：朱子曰："学者常以'志士不忘在沟壑'为念，则道义重，而计较死生之心轻矣。况衣食至微末事，不得未必死，亦何用犯义分、役心志，营营以求之耶？某观今人因不能咬菜根，而至于忘其本心者众矣，可不戒哉！"（《近思录集解》卷七，第 147 页）

茅星来曰：张子因始持期丧，恐人非笑，己亦若有羞色者。后虽大小功亦服之，人亦熟之，不以为怪矣。因言此，以见人非笑之不必畏也。（《近思录集注》卷七，第 222 页）

施璜曰：此言识得义之可贵，则不畏人非笑也。畏人非笑，不养车马，食粗衣恶，此是俗心肠、低见识耳。若知义之所在，则死生去就有所不顾，岂以居贫贱而畏人非笑哉？（《五子近思录发明》卷七，第 405 页）

郭嵩焘曰：此意贤者不免，大抵处有余之境，食粗衣恶亦自安之，愈穷厄则愈不能自适，由富贵而贫贱，所处愈难。横渠只是说道理合应如此。今人博学多能，有以自立，便看得富贵轻。若道义足以养其心，自然更别。是以学者先求所以自立。（《近思录注》卷七，第 140 页）

张绍价曰：此言人之行事，当视乎义，不可畏人之非笑也。不养车马，食粗衣恶，恐人非笑，此最为鄙俗识见，君子亦自行其是已耳。当生则生，当死则死，弃万钟如敝蹝，轻富贵如浮云。义之所在，虽饥饿而死，亦所不恤，何暇畏人非笑哉？（《近思录解义》卷七，第 226 页）

## 【译文】

我自己坚持穿了一年的丧服，害怕别人讥笑，自己也面有羞色。后来即便是大功、小功也坚持一直穿丧服，人们也看习惯了，我自己也习惯了。天下的事，最大的忧虑是怕人讥笑。养不起车马，吃粗食，穿不好看的衣服，住贫寒的屋子，都怕人讥笑。不懂得应该活着就活着，应该赴死就赴死；今天有丰厚的俸禄，明天就能放弃；今天地位尊贵，明天就能忍受饥饿；生死富贵都不必考虑，"只是按道义的要求去做事"。

## 【章旨】

本章是张载自道其持丧先是害怕别人非笑，之后习礼成自然的经过，告诫学者行事当"惟义所在"。

**9·15　人在外姻**[1]，**于其妇氏之庙**[2]，**朔望当拜。古者虽无服之人**[3]，**同爨犹缌**[4]。**盖同爨则有恩，重于朋友也。故壻之同居者当拜**[5]，**以其门内之事**[6]，**异居则否。**

## 【注释】

〔1〕外姻：由婚姻关系而结成的亲戚。

〔2〕妇氏：指妻子的娘家。

〔3〕无服：按丧制，五服之外无服丧关系称"无服"。

〔4〕爨（cuàn）：同"灶"，炊食，指同居，不分家。《礼记·檀弓上》："从母之夫，舅之妻，二夫人相为服，君子未之言也。或曰：同爨缌。"孔颖达疏："既同爨而食，合有缌麻之亲。"缌（sī）：丧服名，五服中之最轻者。其服用细麻布制成，较小功为

细，服期三月。

〔5〕婿：丈夫，夫婿。同居者：指未分家之亲属。

〔6〕门内：家庭。

【译文】

　一名男子住在妻子的家族中，对妻子娘家的祖庙，初一、十五应当祭拜。古时候即便是不需要服丧的人，如果同吃同住，也应当服与缌相当的丧，因为同吃同住就有恩情，要比朋友的情感更重。因此，同住的夫婿应当祭拜妻子娘家的祖庙，这属于家庭内部的事情，如果不同住就不需要。

【章旨】

本章论同居当服丧，也是以理推定。


**9·16**　"人而不为《周南》《召南》，其犹正墙面而立。"〔1〕近使家人为之。世学泯没久矣〔2〕，今试力推行之。〔3〕


【注释】

〔1〕"人而不为《周南》《召南》，其犹正墙面而立"：一个人如果不学习《周南》《召南》，那就像面对墙壁站着。语出《论语·阳货》："子谓伯鱼曰：'女为《周南》《召南》矣乎？人而不为《周南》《召南》，其犹正墙面而立也与？'"

〔2〕世学：家学。

〔3〕《近思录》中辑有与此章意思相近的一段话："'人不为《周南》《召南》，其犹正墙面而立'，常深思此言诚是。不从

此行，甚隔着事，向前推不去。盖至亲至近莫甚于此，故须从此始。"

**【参读】**

张载曰："人不为《周南》《召南》，其犹正墙面而立"，常深思此言诚是。不从此行，甚隔着事，向前推不去。盖至亲至近莫甚于此，故须从此始。近试使人家为《周南》《召南》之事，告之教之，则是为之也。道须是从此起。自世学不讲，殊不成次第，今试力推行之。(《论语说·阳货》，第 340 页)

**【集解】**

杨伯峻曰：子谓伯鱼曰："女为《周南》《召南》矣乎？人而不为《周南》《召南》，其犹正墙面而立也欤。"《仪礼·燕礼》有房中之乐。郑氏注："弦歌《周南》《召南》之诗，而不用钟磬之节也。谓之房中者，后夫人之所讽诵，以事其君子。"《诗·大序》："《关雎》《麟趾》之化，王者之风，故系之周公。南，言化自北而南也，《鹊巢》《驺虞》之德，诸侯之风也。先王之所以教，故系之召公。"《周南》《召南》，正始之道，王化之基。"郑氏曰："自，从也。从北而南，谓其化从岐周被江汉之域也。"朱氏曰："周公制礼作乐，于是取文王时诗，分为二篇。其言文王之化者，系之周公，以周公主内治故也。其言诸侯之国，被文王之化以成德者，系之召公，以召公长诸侯故也。"程氏曰："天下之治，正家为先。天下之家正，则天下治矣。二《南》，正家之道也。陈后妃夫人、大夫妻之德，推之士庶人之家，一也。故使邦国至于乡党皆用之，自朝廷至于委巷莫不讴吟讽诵，所以风天下。为此诗者，其周公乎？古之人由是道者，文

王也。故以当时之诗系其后，其化之行，俗之成，至如《麟趾》《驺虞》，乃其应也。"（《咏斋近思录衍注》卷六，第96页）

叶采曰："宜其家人"，而后可以教国人。不然，"犹正墙面"，隔碍而不可通行也。（《近思录集解》卷六，第137页）

张习孔曰："不从此行"与"莫甚于此"，二"此"字，皆是指闺门风化之始。孟子曰："身不行道，不行于妻子。"使人不以道，不能行于妻子。道者何？修身是也。不能修身尽道，先是妻子隔着，而况国与天下乎？故曰"向前推不去"也。○尝思为《周南》《召南》，是如何为？若谓修身齐家便是为《周南》《召南》，则夫子何不直言修齐之道，而顾为是隐语乎？愚深思之，夫子此教，或者专指宜家之道，而后儒未之疏明也。盖闺门衽席之地，有许多细微曲折。既不可以严厉乖恩，又不可以燕私害义，非寻常礼法格言所能尽、所能及者。惟是性情之用，感人于不言，故以此教之。二《南》之旨，不淫不伤，肄习既深，优游涵泳，永言以达其情，推行以类其事，则性情之地，宣畅动荡，自不能已，使当之者，气静心和，泮然俱化。然后语之而即喻，道之而即从，熏蒸灌彻，和气洽于庭闱，由是施于有政，御于家邦，一理无外矣。非然者，迩且弗格，何能及远乎？（《近思录传》卷六，第141页）

张伯行曰：《论语》言"人而不为《周南》《召南》，其犹正墙面而立"。张子以为常深思此言之旨，甚切当而不可易。人不从此实用工夫，则不能修身齐家，未出门庭，于事便多阻隔，向前许多事皆推行不去。盖至亲至近，莫如夫妇居室之间，此而能尽其诚敬，何处不是此诚此敬之推？非然，则无以对至亲，何论及疏？无以通至近，何论及远？故最要紧者莫甚于此，而存诚主敬须从此着脚。程子所谓"有《关雎》《麟趾》之意，然后可行《周官》之法"，亦是此意。(《近思录集解》卷六，第 243 页)

李文炤曰：朱子曰："所谓'正墙面而立'者，不以为不明乎治家之道，而以为不通乎治国之事。其意欲密，而其所以为说者反疏矣。"(《近思录集解》卷六，第 133 页)

茅星来曰：说见《论语》。此引夫子之言以见正家为急。"不从此行"三句，接上"是"字之意而申明之。"至亲至近"三句，又明所以"不从此行""向前推不去"之故也。○张氏曰："古人凡事谨小慎微，家庭间尤为紧要，能于嫌隙几微处潜消默化，不使积渐而长，则善矣。"(《近思录集注》卷六，第 201 页)

江永曰：朱子曰："《周南》《召南》所言，皆修身齐家之事。'正墙面而立'，言即其至近之地，而一物无所见，一步不可行。"(《近思录集注》卷六，第 177 页)

张绍价曰：此言夫妇之道。《周南》《召南》所言修身齐家之事，皆造端于夫妇。夫妇，人伦之始，万化之原，至亲至近，莫甚于此。主敬存诚之功，先从夫妇居室着力，隐微幽独之地，不弛其戒慎恐惧，则狎侮无自而生，乖违无自而起。夫妇之伦既正，则父子兄弟之伦亦易正矣。若不从此着力，则夫妇之道乖，身不修，家不齐，譬犹正墙面而立，一物无所见，一步不可行矣。(《近思录解义》卷六，第 653 页)

## 【译文】

"一个人如果不学习《周南》《召南》，就如同面对墙壁站立着一样。"我近来让家里人去实行。家学已经被埋没很久了，如今我尝试努力推行它。

**【章旨】**

本章为张载自述其从家人开始，推行诗礼之学。

**9·17　祭堂后作一室**[1]**，都藏位板**[2]**。如朔望荐新**[3]**，只设于室；惟分至之祭，设于堂。位板，正世与配位宜有差**[4]**。**

**【注释】**

〔1〕祭堂：专门用作祭祀用的厅堂。室：祭堂之后的庙室。古人房屋内部，前叫堂，堂后以墙隔开，后部中央叫室，室的东西两侧叫房。

〔2〕都：专门。位板：人死后暂时设的木牌，上面写着死者的名字，用做供奉对象。

〔3〕荐新：以时鲜的食品祭献。

〔4〕正世：正后嗣。配位：配享的位置。

**【译文】**

祭堂后面安排一个庙室，专门用来收藏神位木牌。如果初一、十五祭献时鲜，就只在庙室中祭祀；只有二分二至的时祭，才将神位木牌放置在祭堂中祭祀。正位和配位的位板应该有所区别。

**【章旨】**

本章论祭堂位板的存放和使用方法：分至正祭设于堂，朔望荐新设于室，正世与配位宜有差。

**9·18**　日无事，夜未深便寝，中夜已觉，心中平旷，思虑逮晓[1]。加我数年，六十道行于家人足矣。

**【注释】**

〔1〕逮：及，及至。

**【译文】**

白天没有事，夜还没深就睡了，半夜已醒，心中平静宽广，思虑到天亮。如果再给我几年时间，到六十岁时，道就足够在家人中实行了。

**【章旨】**

本章是张载表达其以道自认并怡然自信自励的心情。

**9·19**　某平生于公勇，于私怯。于公道有义，真是无所惧。大凡事，不惟于法有不得①，更有义之不可，尤所当避。

**【校勘】**

① 不惟：鸣道本脱，据其他诸本补。

**【集解】**

吕枏曰：义在处，法亦在。然亦有法不在处，义在。大抵义能兼法。（《张子抄释》卷四）

**【译文】**

我一生在公事上勇敢，在私事上胆怯。对于符合正义的公道之事，真是没有什么惧怕。但凡一件事不仅不合乎礼仪法度，更有道义所不允许的地方，尤其应当避免。

## 【章旨】

本章是张载继上章又述其勇于行道的担当，兼涉义与法的关系。

**9·20** 忌日变服，为曾祖、祖①，皆布冠而素带、麻衣[1]；为曾祖、祖之妣[2]，皆素冠、布带、麻衣；为父，布冠带、麻衣、麻履；为母，素冠、布带、麻衣、麻履；为伯叔父，皆素冠带、麻衣；为伯叔母，麻衣、素带；为兄，麻衣、素带；为弟姪，易褐不肉[3]；为庶母及嫂，一不肉②。

## 【校勘】

① 为曾祖祖：鸣道本后衍"忌"字，据其他诸本删。

② 一：徐刻本、四库本作"亦"。

## 【注释】

〔1〕布冠：白布制的冠。素带：白色的带子。麻衣：用麻布制成的衣服。

〔2〕妣（bǐ）：称祖母和祖母辈以上的女性祖先。

〔3〕褐：指粗布或粗布衣。

## 【集解】

吕柟曰：酌尽其情矣，不但文。（《张子抄释》卷四）

## 【译文】

亲属逝世的日子要改变服饰。如果是为曾祖、祖父，都戴布冠，系素带，穿麻衣；为曾祖母、祖母，都戴素冠，系布带，穿麻衣；为父亲，戴布冠，系布带，穿麻衣麻鞋；为母亲，戴素冠，系布带，穿麻衣麻鞋；为伯父、叔父，都戴素冠，系素带，穿麻衣；为伯母、叔母，穿麻衣，系素带；为兄，穿麻衣，系素带；为弟兄的孩子，穿粗布衣服，不露出身体；为庶母和嫂子，也不露出身体。

**【章旨】**

本章详论忌日变服的不同要求，以从中体现出尊卑秩序。

# 祭　祀

【解题】

　　本篇主要讨论祭祀礼仪中的一些疑难问题。这些问题，在《自道》篇也有涉及，但本篇更为集中。全篇共 24 章。张载这里关注的祭祀主要是士大夫家族对祖先的祭祀，其基本理论依据为《仪礼》《礼记》的相关记载。但一则很多祭祀的礼仪问题在礼经上并没有明确表述，二则随着社会结构的变化，礼经中的理解未必仍然适用。这样就需要针对这些祭祀的礼仪问题，结合礼经，做出新的诠释。张载在本篇讨论的主要问题有无后者的祭祀、祔食者的降杀、庶羞多少、祫祭、所迁之主的处理，以及"同几"、"香茶"、"鬼飨"、用尸、山川之祀、八蜡、零祭的意义等。总的来说，张载对礼制的理解是以"人情"来推，这与他其他的为学理论是可以贯通的。

　　**10·1　无后者必祭**[1]。借如有伯祖至孙而绝[2]，则伯祖不得言无后，盖有子也，至从父然后可以言无后也[3]。夫祭者必是正统相承，然后祭礼正，有所统属。今既宗法不正，则无缘得祭祀正，故且须参酌古今，顺人情而为之。今为士者，而其庙设三世几筵[4]，士当一庙而设三世，似是只于祢庙而设祖与曾祖位也①[5]。有人又有伯祖与伯祖之子者②，当如何为祭？伯祖则自当与祖为列，从父则自当与父为列。苟不如此，使死者有知，以人情言之必不安。礼于亲疏远近，则礼自有烦简，或月祭之，或享尝乃止[6]。故拜朔之礼施于三世[7]，伯祖之祭止可施于享尝③，平日藏其位版于牍中[8]，至祭时则取而祫之[9]。其位则自如尊卑，只欲尊祖，岂有逆祀之礼[10]！若使伯祖设于他所，则似不得祫祭，皆人情所不安。便使庶人亦须祭及三代。"大夫士有大事，省于其君，干祫及其高祖"[11][12]。

【校勘】

① 位：鸣道本误作"也"，据其他诸本改。

② 与：鸣道本误作"而"，据其他诸本改。

③ 祖：鸣道本误作"祭"，据其他诸本改。

【注释】

〔1〕无后者：没有后嗣的人。《礼记·丧服小记》："庶子不祭殇与无后者，殇与无后者从祖祔食。"

〔2〕伯祖：父亲的伯父。

〔3〕从父：父亲的兄弟，即伯父或叔父，这里指伯祖之子。

〔4〕三世：指曾祖、祖、父三代。几筵：犹几席，祭祀的席位。

〔5〕祢庙：父庙，或称考庙。父死，神主入庙后称祢。

〔6〕享尝：四时的祭祀。《礼记·祭法》："远庙为祧，有二

桃，享尝乃止。"郑玄注："享尝，谓四时之祭。"

〔7〕拜朔之礼：每月初一祭拜先祖的礼节。

〔8〕位版：同"位板"，指先祖的灵位。椟：同"楪"，柜、函一类的藏物器。

〔9〕袷（xiá）：集合远近祖先的神主进行的大合祭。本为天子诸侯宗庙祭礼之一，后也推及到士庶人的家祭中。

〔10〕逆祀：违反上下位次的祭祀。

〔11〕"大夫士有大事，省于其君，干袷及其高祖"：大夫、士人有大事，向君主请愿，实行上及于高祖的合祭之礼。语出《礼记·大传》。干袷，是袷祭的一种特例，指无庙袷祭。郑玄注："干，犹空也。空袷，谓无庙袷祭之于坛墠。"孙希旦集解："干者，自下而进取乎上之意，袷本诸侯以上之礼，而大夫士用之，故曰干袷。"

〔12〕本章亦见于《横渠礼记说·丧服小记》（第281页）。

## 【参读】

程颐曰：冠昏丧祭，礼之大者，今人都不以为事。某旧曾修六礼，冠、昏、丧、祭、乡、相见。将就后，被召遂罢，今更一二年可成。家间多恋河北旧俗，未能遽更易，然大率渐使知义理，一二年书成，可皆如法。礼从宜，事从俗，有大故害义理者，须当去。每月朔必荐新，如仲春荐含桃之类。四时祭用仲月。用仲，见物成也。古者天子诸侯于孟月者，为首时也。时祭之外，更有三祭：冬至祭始祖，厥初生民之祖。立春祭先祖，季秋祭祢。他则不祭。冬至，阳之始也。立春者，生物之始一作初也。季秋者，成物之始一作时也。祭始祖，无主用祝，以妣配于庙中，正位享之。祭只一位者，夫妇同享也。祭先祖，亦无主。先祖者，自始祖而下，高祖而上，非一人也，故设二位。祖妣异坐，一云二位。异所者，舅妇不同享也。常祭止于高祖而下。自父而推，至于三而止者，缘人情也。旁观有后者自为祭，无后者祭之别位。为叔伯父之后也。如殇，亦各祭。凡配，止以正妻一人，如诸侯用元妃是也。或奉祀之人是再娶所生者，即以所生母配。如葬，亦惟元妃同穴。后世或再娶皆同穴而葬，甚渎礼经，但于左右祔葬可也。忌日，必迁主，出祭于正寝，今正厅正堂也。盖庙中尊者所据，又同室难以独享也。于正寝，可以尽思慕之意。家必有庙，古者庶人祭于寝，士大夫祭于庙。庶人无庙，可立影堂。庙中异位，祖居中，左右以昭穆次序，皆夫妇自相配为位，舅妇不同坐也。庙必有主。既祧，当埋于所葬处，如泰祀人之高祖而上，即当祧也。其大略如此。且如豺獭皆知报本，今士大夫家多忽此，厚于奉养而薄于祖先，甚不可也。凡事死之礼，当厚于奉生者。至于尝新必荐，享后方食，荐数则渎，必因告朔而荐乃合宜。人家能存得此等事数件，虽幼者渐可使知礼义。凡物，知母而不知父，走兽是也；知父而不知祖，飞鸟是也。惟人则能知祖，若不严于祭祀，殆与鸟兽无异矣。（《河南程氏遗书》卷十八，第240页）

问无后祔食之位。（朱熹）曰："古人祭于东西厢。今人家无东西厢，某家只位于堂之两边。祭食则一。但正位三献毕，然后使人分献一酹而已，如今学中从祀然。"（《朱子语类》卷九十，第2320页）

**【集解】**

吕柟曰：此言适士一庙，而设三世几筵，可知庶人、大夫矣。与程氏礼合。（《张子抄释》卷四）

## 【译文】

没有后嗣的人应当被祭祀。假如某人的伯祖到了孙辈绝嗣了，就不能说伯祖没有后嗣，因为他还有儿子，到伯父以后才能说是没有后嗣。进行祭祀的人应该是由嫡系子孙来承担，这样祭礼才是正当的，家族才有统合。如今宗法紊乱，祭祀就不可能不乱，因此需要对古今祭礼参考斟酌，依照人的情感来进行祭祀。如今士人在祭庙中摆放父亲、祖父、曾祖三代的祭祀席位。士人在一个祭庙中所摆放的三代，似乎应当只是在父庙中摆放祖父和曾祖的神位。那么，有的人还有伯祖和伯祖的儿子要祭祀，那应该怎样祭祀呢？伯祖自然应当与祖父放在一起，伯父自然应当与父亲放在一起。如果不这样，假如死者有感知，从人情上来说必定是心中不安的。礼对于亲疏远近，自然有复杂和简单的区别，有的应该每月都祭祀，也有的只要四时祭祀就行。因此，每月初一的祭拜应该施用于父亲、祖父、曾祖三代，伯祖的祭祀只施用四时祭就可以了。平时将伯祖的牌位保存在柜盒中，到了祭祀时取出来合祭。神位自然有尊卑的次序，应当以祖父为尊，怎么能有违反上下位次的礼节呢？但如果把伯祖的祭祀席位摆在别的地方，就似乎不能使它得到合祭。这都是对于人情有所不安的。应该让庶人也能祭祀三代，所谓"大夫、士人有大事，向君主请愿，实行上及于高祖的合祭之礼"。

## 【章旨】

本章论在宗法不正和伯祖无后的情况下，如何在家庙中祭祀伯祖的各种考虑。这里主要涉及"尊"与"情"之间的协调问题。礼有亲疏远近，故而伯祖不能与祖父同等对待，这是"尊"

的要求，但另一方面，伯祖无后，又不忍心使伯祖不享受祭祀。因此，张载提出的方案是每月初一的祭拜应该施用于父亲、祖父、曾祖三代，伯祖只施用四时祫祭，从而既不冲突本家直系的祭祀，又使伯祖也能得到祭祀。本篇所讨论的内容，几乎都属此类祭祀中的疑难问题。程颐语录中有一条系统地论述了他的祭礼观点，对后世产生较大影响，也可与本篇多章参读。

10·2　近世亦有祭礼，于男子之位，礼物皆同，而于其配皆有降杀[1]，凡器皿、俎豆、筵席、纯缘之类莫不异也①[2]。此意亦近得之。其从食者必又有降[3]。虽古人必须有此降杀，以明尊卑亲疏。故今设袝位[4]，虽以其班[5]，亦须少退，其礼物当少损。其主祭者，于袝食者若其尊也[6]，则不必亲执其礼，必使有司或子弟为之。[7]

【校勘】

①凡：鸣道本作"几"，据其他诸本改。

【注释】

〔1〕配：男子的配偶。降杀：祭祀规格的递减。

〔2〕俎豆：俎和豆，祭祀、宴飨时盛食物用的两种礼器。筵席：特指祭祀所设鬼神的席位。纯缘：给衣履等物绲边。

〔3〕从食：配享。

〔4〕袝：原指帝王在宗庙内将后死者神位附于先祖旁而祭祀，后泛指配享、附祭。

〔5〕班：并列。

〔6〕祔食：合食，受祭时和祖先共享祭品。若：及得上，比得上。

〔7〕本章亦见于《横渠礼记说·丧服小记》（第281页），与上章合为一章，文字稍有异。

## 【译文】

近代也有人在祭祀的时候，对男子的祭祀席位、使用的祭物规格都相同，但对他们的配偶都有递减，凡是使用的器具、盛食物的盘子、设置、席位、衣履是否缝边等都不相同。这里的用意也是比较恰当的。依此，配享者的规格应当还有递减。即使是古人，祭祀时也必然有这种递减，以此来显示尊卑亲疏的不同。因此，如今设置的配享之位，尽管是并列的，也应当稍微退后一些，祭物应当稍微减少一些。如果主持祭祀的人与配享的人地位同等，就不需要亲自行礼，一定要让司礼的人或子侄辈来代行。

## 【章旨】

本章论配祭和祔位者的降杀之礼。

**10·3** 祭接鬼神，合宗族，施德惠，行教化，其为备须是豫〔1〕，故至时受福也〔2〕。羞无他物〔3〕，则虽羞一品足矣〔4〕。既曰庶羞〔5〕，则惟恐其不多，有则共载一器中。簿正之物，多无妨①〔6〕。

## 【校勘】

① 物：其他诸本皆作“外”。

**【注释】**

〔1〕备：完备，齐备。豫：预备，先事准备。

〔2〕受福：接受天地神明的降福。《周易·困·象传》："利用祭祀，受福也。"

〔3〕羞：进献食物。

〔4〕一品：一种。

〔5〕庶：众多。

〔6〕簿正：指立文书以正其不正。簿正之物：在文书上所记的祭物。《孟子·万章下》："孔子先簿正祭器，不以四方之食供簿正。"赵岐注："孔子仕于衰世，不可卒暴改戾，故以渐正之，先为簿书以正其宗庙祭祀之器，即其旧礼，取备于国中。不以四方珍食供其所簿正之器，度珍食难常有，乏绝则为不敬，故猎较以祭也。"

**【译文】**

祭祀可以迎接鬼神，统合宗族，施予道德恩惠，施行教化，要完备就要先有所准备，到时才能接受赐福。如果没有别的祭物，那么进献一种就足够了。既然说"多"，那就是担心数量不多。如果有很多种，就放在一个器皿中。在文书上所记的祭物，不妨可以很多。

**【章旨】**

本章论庶羞的使用，不在于多，而在于有所准备。

**10·4**　古者既为孟月之祭〔1〕，又为仲月之荐〔2〕。荐者，祭之略。今之祭不若仲月祭之。大抵仲月为荐新〔3〕，今将新物便可仲月祭之，盖物之成不如仲月，因时感念之深又不如仲月。祭必卜日，若不卜日则时同，时同则大宗小宗之家无由相助。今之士大夫，主既在一堂〔4〕，何不合祭之，分而作夏秋特祭则无义。天子七庙〔5〕，一日而行则力不给，故《礼》有一特一祫之说〔6〕，仲特则祭一，祫则遍祭。如春祭高祖<sup>①</sup>，夏祫群庙；秋祭曾，冬又祫；来春祭祖，夏又祫；秋祭祢，冬又祫。〔7〕

**【校勘】**

① 高：徐刻本、四库本作"享"。

**【注释】**

〔1〕孟月：四季的第一个月，即农历正月、四月、七月、十月。

〔2〕仲月：四季的第二个月，即农历二、五、八、十一月。因处每季之中，故称。

〔3〕荐新：以时鲜的食品祭献。

〔4〕主：神主，受祭祀的祖先灵位。

〔5〕七庙：四亲庙（父、祖、曾祖、高祖）、二祧（远祖）和始祖庙。《礼记·王制》："天子七庙，三昭三穆，与太祖之庙而七。"

〔6〕特：指单独祭祀。祫：指合祭。一特一祫：《礼记·王制》："天子犆礿，祫禘，祫尝，祫烝。"陆德明音义："犆音特。祫音洽。"

〔7〕"天子七庙"至"冬又祫"，亦见于《横渠礼记说·王制》

（第 261 页）。

**【译文】**

　　古时既有孟月的祭祀，又有仲月的荐献。荐是经过简省的祭祀。如今的祭祀，不如放在仲月。大抵仲月是祭献新收获的作物，如今取用新收获的作物就可以在仲月祭献，因为其他时候作物的成熟都不如仲月，由于时节而引发的感激思念之情也不如仲月强烈。祭祀必须选择吉日，如果不选择日子，那时间就是固定的；如果时间固定，那大宗与小宗同时祭祀，就没办法互相帮忙。如今士大夫的祖先灵位既然放在一个祭堂中，为什么不一起祭祀呢，分开来专门进行夏季秋季的特祭不合理。天子有七庙，要一天内祭祀完毕就会力所不及，因此《礼》书上有单独祭祀和合祭轮替的说法，仲祭特祭就祭一个庙，合祭就遍祭各个庙。如春季祭祀高祖庙，夏季遍祭群庙；秋季再祭曾祖庙，冬季又遍祭群庙；第二年春季祭祖庙，夏季祭又遍祭群庙；秋季祭父庙，冬季又遍祭群庙。

**【章旨】**

　　本章推论士大夫祭祖的时间可放在四季的第二个月，祭祀时可以进行合祭。

**10·5**　"铺筵设同几"[1]，只设一位，以其精神合也。后又见合葬，孔子善之[2]，知道有此义。然不知一人数娶，设同几之道又如何，此未易处。[3]

**【注释】**

〔1〕"铺筵设同几"：在庙堂的室中铺放一席，安设一几。语出《礼记·祭统》："铺筵设同几，为依神也。"孔颖达疏："设之曰筵，坐之曰席，同之言词。词，共也。言人生时形体异，故夫妇别几，死则魂气同归于此，故夫妇共几。铺席设几，使神依之。设此夫妇所共之几，席亦共之。必云'同几'者，筵席既长，几则短小，恐其各设，故特云'同几'。"

〔2〕孔子善之：孔子对此表示赞同、嘉许。语本《史记·孔子世家》："孔子母死，乃殡五父之衢，盖其慎也。陬人挽父之母诲孔子父墓，然后往合葬于防焉。"

〔3〕本章亦见于《横渠礼记说·祭统》(第302页)。

**【参读】**

张载曰："铺筵设同几"，疑左右几。一云交鬼神异于人，故夫妇而同几，求之或于室，或于祊也。(《正蒙·王禘篇》，第60页)

**【译文】**

"在庙堂的室中铺放一席，安设一几"，只设一个位置，是因为夫妇的精神是在一起的。后来又见有夫妇合葬的做法，孔子很赞同，知道有这个道理。但是不知道一个人如果多次娶妻，安设一几的办法又该怎样，这是不容易处理的地方。

**【章旨】**

本章论"铺筵设同几"和合葬的意义，同时提出当一人数娶时如何祭葬的疑难。

**10·6**　奠酒〔1〕，奠，安置也，若言奠挚、奠枕是也〔2〕，谓"注之于地"非也[3]。

【注释】

〔1〕奠酒：洒酒于地以祭神。

〔2〕奠挚：古人相见，位卑者置放挚礼于地，称"奠挚"。《仪礼·士相见礼》："宾入，奠挚再拜，主人答壹拜。"郑玄注："奠挚，奠卑异，不亲授也。"奠枕：犹安枕，放好枕头。

〔3〕注：灌，洒。

【参读】

问："祭酒用几奠？"(二程)曰："家中寻常用三奠，祭法中却用九奠。"以礼有九献，乐有九奏也。又问："既奠之酒，何以置之？"曰："古者灌以降神，故以茅缩酌，谓求神于阴阳有无之间，故酒必灌于地。若谓奠酒，则安置在此。令人以浇在地上，甚非也。既献，则彻去可也。"倾在他器。(《河南程氏遗书》卷十八，第241页)

【译文】

所谓"奠酒"，奠是安放的意思，如同说"奠挚"是把礼物放在地上，"奠枕"是把枕头放好一样。有人说"奠酒"是把酒洒在地上，这是不对的。

【章旨】

本章论奠酒当摆放，而不应洒于地。

**10·7**　祭则香茶[1]，非古也。香必燔柴之意[2]，茶用生人意事之[3]。膟膋升首[4]，今已用之，所以达臭也[5]。

**【注释】**

〔1〕香茶：供香与供茶。

〔2〕燔（fán）柴：古代祭天仪式，将牺牲、玉帛等置于积柴上而焚之。《尔雅·释天》：“祭天曰燔柴。”《仪礼·觐礼》：“祭山、丘陵，升。”邢昺疏：“祭天之礼，积柴以实牲体、玉帛而燔之，使烟气之臭上达于天，因名祭天曰‘燔柴’也。”

〔3〕生人：活着的、在世的人。

〔4〕膟膋（lǜ liáo）：祭祀用的牲血与肠间脂肪。升首：郊祭时用牲首上供。《礼记·郊特牲》：“祭黍稷加肺，祭齐加明水，报阴也。取膟膋燔燎，升首，报阳也。”郑玄注：“膟膋，肠间脂也，与萧合烧之，亦有黍稷也。”

〔5〕臭：气味。《礼记·郊特牲》：“周人尚臭，灌用鬯臭，郁合鬯，臭阴达于渊泉。”

**【译文】**

祭祀时供香和供茶，不是古时就有的礼仪。供香，肯定是古代祭天时燔柴使气味上达于天的意思；供茶，是以活着的人的礼仪对待的意思。用牲血、脂肪、牲首上供，如今还在使用，这是为了使味道上达于天。

**【章旨】**

本章论祭祀时供上香和茶的意义。

**10·8　古人因祭祀大事，饮食礼乐以会宾客亲族，重专杀**〔1〕**，必因重事**〔2〕**。**

**【注释】**

〔1〕专杀：指专门屠宰牲畜用于祭祀。

〔2〕重事：重大的事。

**【集解】**

吕柟曰：古事死即以合生。（《张子抄释》卷四）

**【译文】**

古人因为祭祀是非常重大的事情，所以举行饮食礼乐活动来聚集宾客和亲属，专门屠宰牲畜，这都是因为这是重要的事情。

**【章旨】**

本章论祭祀时聚会、专杀的意义。

**10·9**　今人之祭，但致其事生之礼〔1〕，陈其数而已〔2〕，其于接鬼神之道则未也〔3〕。祭祀之礼，所总者博，其理甚深。今人所知者，其数犹不足，又安能达圣人致祭之义〔4〕！〔5〕

**【注释】**

〔1〕事生：侍奉活着的人。《礼记·中庸》："践其位，行其礼，奏其乐，敬其所尊，爱其所亲，事死如事生，事亡如事存，孝之至也。"

〔2〕陈其数：陈列礼数。《礼记·郊特牲》："礼之所尊，尊其义也。失其义，陈其数，祝史之事也。故其数可陈也，其义难知也。"孔颖达疏："若不解礼之义理，是失其义。惟知布列笾豆，是陈其数，其事轻，故云祝史之事也。"

〔3〕接鬼神之道：与鬼神相交之道。《礼记·祭统》："夫祭有十伦焉：见事鬼神之道焉，见君臣之义焉，见父子之伦焉，见贵贱之等焉，见亲疏之杀焉，见爵赏之施焉，见夫妇之别焉，见政事之均焉，见长幼之序焉，见上下之际焉。此之谓十伦。"

〔4〕致祭之义：施行、制定祭礼的意义、义理。

〔5〕本章亦见于《横渠礼记说·郊特牲》（第277页）。

【参读】

程颢曰：祭者所以尽诚。或者以礼为一事，人器与鬼器等，则非所以尽诚而失其本矣。（《河南程氏遗书》卷十一，第127页）

【集解】

吕柟曰：古人事鬼即事人。（《张子抄释》卷四）

【译文】

如今人们的祭祀，仅仅是表达侍奉逝者如同还活着一样的礼仪，陈列礼数罢了，对于与鬼神相交的道理还远远没有达到。祭祀礼仪所包涵的内容广博，道理非常深刻。如今人们所知晓的连礼数还不全，又怎么能达到圣人要在祭祀中表达的全部义理呢！

【章旨】

本章论祭祀之礼"所总者博，其理甚深"。

**10·10**　凡荐，如有司执事者在外庖为之〔1〕，则男子荐之；又如笾豆之类本妇人所为者〔2〕，复妇人荐之。

【注释】

〔1〕有司执事：指由专门司礼之人而非家中嫡长子主管其事。

外庖：指受人佣赁的厨师。

〔2〕笾豆：笾和豆，竹制为笾，木制为豆，是祭祀及宴会时常用的两种礼器。

**【译文】**

但凡荐礼，倘若有专门司礼的人雇佣厨师准备的祭品，应当由家中男子进献；又倘若有笾和豆之类的本应由妇人所做的祭祀用具，又由家中妇人进献。

**【章旨】**

本章论用荐或笾豆的礼仪，由家人亲自进献是为了表达诚意。


**10·11　礼义之家，虽奴婢出而之他，必能笑人之丧祭无理者。贤者之效，不为细也。**


**【译文】**

礼仪之家中，即使奴婢出来去其他地方，也一定能笑话那些丧礼祭礼不合道理的人。贤人的功效，不在细微之处啊！

**【章旨】**

本章论知礼贤者之效，可以使人人知晓理义。


**10·12　五更而祭〔1〕，非礼也。**


**【注释】**

〔1〕五更：凌晨三点到五点，即天将明时。

**【译文】**

五更天将明时的祭祀，是不合乎礼仪的。

**【章旨】**

本章论不应该在五更时祭祀，由家人亲自进献是为了表达诚意。

**10·13** "庶羞不逾牲"[1]，不丰于牲也。传者以品之不逾[2]，非也。岂有牲体少而羞掩豆[3]，是谓之"逾牲"。[4]

**【注释】**

〔1〕庶羞：多种美味菜肴。牲：供祭祀用的家畜。"庶羞不逾牲"：语出《礼记·王制》："庶羞不逾牲，燕衣不逾祭服，寝不逾庙。"郑玄注："祭以羊，则不以牛肉为羞。"

〔2〕传者：作传的人，指郑玄。品：指食物的级别。

〔3〕牲体：供祭祀用的牺牲的躯体。羞掩豆：进献的美味盖住了盛放的器皿。

〔4〕本章亦见于《横渠礼记说·王制》（见"参读"）。

**【参读】**

张载曰："不逾"，不丰于牲也。传者以品之不逾，非也。牲体少而羞掩豆，是之谓"逾牲"。"庶羞不逾牲"，谓多少，不谓用羊而不用牛也。（《横渠礼记说·王制》，第261页）

**【译文】**

"菜肴不能超过牲牢"，这是指菜肴不能比牲牢还丰富。作传的人以为级别不能超过，这是不对的。哪能牲牢少而菜肴却多得盖住了盛放的器皿呢，这叫做"逾牲"。

【章旨】

本章驳正先儒对"庶羞不逾牲"的解释。郑玄将之解释为品级，张载则解释为数量。

10·14　尸惟虞则男女皆有〔1〕，是初祔庙时也〔2〕。至于吉祭〔3〕，则唯见男尸而不见女尸，则必女无尸也，当初祔时则不可以无尸。《节服氏》言郊祀而"送逆尸车"〔4〕，则祀天有尸也。天地山川之类，非人鬼者，恐皆难有尸，《节服氏》言郊祀有亦不害，后稷配天而有尸也〔5〕。《诗序》有言"灵星之尸"〔6〕，此说似不可取。《丝衣》之诗，正是既祭之明日，求神于门，其始必有祭，其实所以宾礼尸也〔7〕。天子既以臣为尸，不可祭罢便使出门而就臣位，故其退尸也皆有渐。言丝衣已是不着冕服〔8〕，言弁已是不冠冕也〔9〕，渐有从便之礼。至于燕尸必极醉饱，所谓"不吴不敖，胡考之休"〔10〕，吴敖犹言娱乐也〔11〕，不娱乐何以成其休考！

【注释】

〔1〕尸：祭祀时代死者受祭的人。《仪礼·士虞礼》："祝迎尸，一人衰绖奉篚，哭从尸。"郑玄注："尸，主也。孝子之祭，不见亲之形象，心无所系，立尸而主意焉。"虞：祭祀名，既葬而祭叫虞，有安神之意。《释名·释丧制》："既葬，还祭于殡宫曰虞。谓虞乐安神，使还此也。"

〔2〕祔庙：在宗庙内将后死者神位附于先祖旁而祭祀。

〔3〕吉祭：既虞之后，百日卒哭而祭，谓之"吉祭"。《礼记·檀弓下》："是月也，以虞易奠，卒哭曰成事。是日也，以吉祭易丧祭。"

〔4〕节服氏：《周礼》职官名，掌管祭祀、朝觐时的衮冕。逆：迎接，迎候。"送逆尸车"：语本《周礼·夏官·节服氏》："郊祀裘冕，二人执戈，送逆尸从车。"郑玄注："凡尸，服卒者之上服。从车，从尸车送逆之往来。"

〔5〕后稷配天：周朝祭天时以先祖后稷配享。《诗经·周颂·思文》："思文后稷，克配彼天。"《诗序》："《思文》，后稷配天也。"《史记·封禅书》："周公既相成王，郊祀后稷以配天，宗祀文王于明堂以配上帝。"

〔6〕灵星：星名，又称天田星、龙星，主农事，古代以壬辰日祀于东南，取祈年报功之义。"灵星之尸"：语出《诗序》："《丝衣》，绎宾尸也。高子曰：'灵星之尸也。'"郑玄笺："绎，又祭也。天子诸侯曰绎，以祭之明日。卿大夫曰宾尸，与祭同日。"

〔7〕宾礼：接待宾客的礼节。

〔8〕丝衣：丝质白色的祭服。《诗·周颂·丝衣》："丝衣其紑，载弁俅俅。"毛传："丝衣，祭服也。"冕服：大夫以上的礼冠与服饰，凡吉礼皆戴冕，而服饰随事而异。

〔9〕弁：贵族的一种帽子，通常穿礼服时用之。

〔10〕吴：大声说话，喧哗。敖：喧噪，叫喊。胡考：犹寿考，年纪大，亦指老年人。休：美好。"不吴不敖，胡考之休"：语出《诗经·周颂·丝衣》："兕觥其觩，旨酒思柔。不吴不敖，胡

考之休。"毛传:"吴,哗也。考,成也。"郑笺:"绎之旅士用觩
觓变于祭也,饮美酒者皆思自安,不謹哗,不敖慢也,此得寿考之
休征。"

〔11〕娱乐:欢娱快乐,使快乐。

【参读】

程颢曰:古人祭祀用尸,极有深意,不可不深思。盖人之魂
气既散,孝子求神而祭,无尸则不飨,无主则不依。故《易》于
涣、萃,皆言"王假有庙",即涣散之时事也。魂气必求其类而
依之。人与人既为类,骨肉又为一家之类。己与尸各既已洁齐,
至诚相通,以此求神,宜其飨之。后世不知此,直以尊卑之势,
遂不肯行尔。古人为尸者,亦自处如何,三代之末,已是不得已
而废。(《河南程氏遗书》卷十一,第6页)

【集解】

吕柟曰:尸未必尽然,故不能久行。(《张子抄释》卷四)

【译文】

尸只有在死者下葬以后受祭时才男女都有,这是将后死者的
灵位刚刚配享于宗庙的时候。到了卒哭后的祭祀,就只见到有男
尸,没有见到有女尸了,那么此时女子必然没有尸了,但死者灵
位刚配享于宗庙时却不可以没有尸。《周礼·节服氏》说在郊祭
时迎送尸车,那么祭天时也有受享之尸。天地山川这一类事物,
并非人鬼,恐怕都难以有尸,《节服氏》说郊祀有尸也不妨碍,
因为祭天时后稷配享应该有尸。《诗序》有"灵星之尸"的说法,
这似乎不可取。《丝衣》这首诗,说的正是祭祀完毕的第二天在
门外求神,刚开始一定有祭祀,这实际上是以宾客之礼招待受享

之尸。天子既然以臣为尸，不能祭祀完毕就让他出门马上回归臣位，故而退去尸位也有一个逐渐的过程。既然说"丝衣"，那就已经是不穿冕服了；说"弁"，那就已经是不戴冕冠了，这是逐渐改穿便服的礼制。至于宴请尸，一定要喝醉吃饱，所谓的"不吴不敖，胡考之休"，"吴敖"犹如说使人欢娱快乐，不欢娱快乐怎么能够体现对待长辈的美好呢！

**【章旨】**

本章以下三章都是论尸之用。本章认为，虞祭时男女尸均有，吉祭时只有男尸，物无尸而只有人有尸，退尸也当有渐，并以此考察经籍如《周礼》《诗经》中所载相关文献的意义。张载认为用尸是为了让祭祀者能够直观地想到亲人的样貌，故而祭祀天地山川所用之尸也是配享之尸，而祭祀后退去尸位也要有一个逐渐的过程。

**10·15** 祭所以有尸也，盖以示教。若接鬼神，则室中之事足矣。至于事尸，分明以孙行[1]，反以子道事之[2]，则事亲之道可以喻矣。[3]

**【注释】**

〔1〕行：辈分。

〔2〕子道：子女对待父母所应遵循的道德规范。

〔3〕本章亦见于《横渠礼记说·曲礼上》(第250页)。

**【译文】**

祭祀之所以要用尸，是为了体现教化。如果是为了迎接鬼神，那么在祭室中的仪式就足够了。至于侍奉尸的礼仪，尸明明是孙辈，祭祀时却反而被以子女对待父母的方式来侍奉，由此就可以知晓侍奉亲人的道理了。

【章旨】

本章论在祭祀时用尸是为了表现教化。

**10·16　"抱孙不抱子"**[1]，**父于子主尊严，故不抱；孙自有其父，故在祖则可抱，非谓尸而抱也。**[2]

【注释】

〔1〕"抱孙不抱子"：语出《礼记·曲礼》："《礼》曰：'君子抱孙不抱子。'此言孙可以为王父尸，子不可以为父尸。"郑玄注："以孙与祖昭穆同。"

〔2〕本章亦见于《横渠礼记说·曲礼上》（第250页），与上章合为一章。

【译文】

"抱孙不抱子"，是说父亲对于儿子要体现尊严，所以不抱；孙子自然有他的父亲，所以祖父可以抱他。这并不是说孙子可以作为祖父的尸而能被祖父抱。

【章旨】

本章由用尸而旁及"抱孙不抱子"的意义，张载认为这是祖孙隔代、重情而可以有所降尊的体现。

**10·17　七庙之主聚于太祖者**[1]，**此盖有意。以其当有**

祧者〔2〕，且祧者当易檐①〔3〕，故尽用出之，因而祧之，用意婉转。古者言迁主，所以安置之所不见②。若祭器、祭服则有焚埋之说，木主不知置之何地〔4〕。又公出疆及大夫出聘〔5〕，皆载迁庙之主而行③。以此观之，则是主常存也。然则当其祫时，必皆取而合祭也。庶人当祭五世〔6〕，以恩须当及也。然其祫也，止可谓之合食〔7〕。〔8〕

**【校勘】**

① 檐：徐刻本、四库本作"担"。

② 所以安置之所不见：其他诸本皆作"不见所以安置之所"。

③ 庙：鸣道本作"主"，据其他诸本改。

**【注释】**

〔1〕七庙：指四亲庙（父、祖、曾祖、高祖）、二祧庙（远祖）和始祖庙。太祖：指太祖庙。《礼记·王制》："天子七庙，三昭三穆，与太祖之庙而七。"

〔2〕祧（tiāo）：远祖庙，引申为迁去神主。《礼记·祭法》："远庙为祧。"孙希旦集解："盖谓高祖之父、高祖之祖之庙也。谓之远庙者，言其数远而将迁也。"

〔3〕檐：指屋檐。易檐：更换屋檐。祧者迁于太祖庙，原庙更换屋檐，或改涂墙壁，以示被撤毁。《春秋穀梁传·文公二年》："坏庙之道，易檐可也，改涂可也。"

〔4〕木主：木制的神位，上书死者姓名以供祭祀，又称神主，俗称牌位。

〔5〕疆：国界，边界。聘：聘问，指天子与诸侯或诸侯与诸侯

间的遣使通问。《礼记·曲礼下》:"诸侯使大夫问于诸侯曰聘。"

〔6〕五世:家族世系相传的五代。《礼记·大传》:"有百世不迁之宗,有五世则迁之宗。"

〔7〕合食:犹合祭。《春秋公羊传·文公二年》:"大祫者何?其合祭奈何? 毁庙之主,陈于大祖;未毁庙之主,皆升,合食于大祖。"

〔8〕"七庙之祖"至"用意婉转",亦见《横渠礼记说·王制》(第260页)。

**【参读】**

问祧礼。(朱熹)曰:"天子诸侯有太庙夹室,则祧主藏于其中。今士人家无此,祧主无可置处。《礼》注说藏于两阶间,今不得已,只埋于墓所。"问:"有祭告否?"曰:"横渠说三年后祫祭于太庙,因其祭毕还主之时,遂奉祧主归于夹室,迁主新主皆归于庙。郑氏《周礼》注大宗伯享先王处,亦有此意,今略放而行之。"(《朱子语类》卷九十,第2306页)

胡兄问祧主置何处。(朱熹)曰:"古者始祖之庙有夹室,凡祧主皆藏之于夹室,自天子至于士庶皆然。今士庶之家不敢僭立始祖之庙,故祧主无安顿处。只得如伊川说,埋于两阶之间而已。某家庙中亦如此。两阶之间,人迹不到,取其洁尔。今人家庙亦安有所谓两阶?但择净处埋之可也。思之,不若埋于始祖墓边。缘无个始祖庙,所以难处,只得如此。"(《朱子语类》卷九十,第2306页)

**【集解】**

吕柟曰:礼有隆杀,世无远近。(《张子抄释》卷四)

【译文】

将七庙的神主都聚集在太祖庙，这是有用意的。因为七庙中有应当迁出的神主，而且迁出神主的神庙应该更换屋檐，所以要把所有的东西都迁出，因而需要迁出神主，这是含蓄的用意。古时说迁出神主，但看不到迁出以后要安置到的地方，像祭器和祭服都有焚烧掩埋的说法，木制神主却不知道放到哪里。又有诸侯出国和大夫出使，都要带着迁出的神主出行。这样看来，神主应当是一直保存的。这样就在当合祭的时候，必定都取出来与其他神主一起祭祀。庶人应当祭祀五代祖先，因为这是人的恩情必须推及的范围。但合祭时，也只是说一同享受祭物。

【章旨】

本章先论祧庙，又论木主常存，祫时合祭。

**10·18**　祫祭既不见男女异庙之文[1]，今以人情推之，且不若男从东方，女从西方，而太祖居南面，祔其祖者男，祔其姑者妇①[2]。虽一人数娶，犹不妨东方虚其位以应西方之数。其次世，则复对西方之配也。

【校勘】

①祔其祖者男，祔其姑者妇：其他诸本皆作"男祔其祖，妇祫其姑"。

【注释】

〔1〕男女异庙：男女神主在不同的庙中。

〔2〕姑：丈夫的母亲。妇：媳妇。

## 【参读】

朱熹曰：古人无再娶之礼，娶时便有一副当人了，嫡庶之分定矣，故继室于正室不可并配。今人虽再娶，然皆以礼聘，皆正室也。祭于别室，恐未安。如伊川云，奉祀之人是再娶所生，则以所生母配。如此，则是嫡母不得祭矣。此尤恐未安。大抵伊川考礼文，却不似横渠考得较仔细。(《朱子语类》卷九十，第2319页)

## 【译文】

合祭时既然看不到关于男女神主不同庙的记载，如今依人情推测，不如将男子神主放置在东侧，女子神主放置在西侧，太祖神主放置在南面，男子祔祭于祖，女子祔祭于姑。即使有一名男子有多次娶妻的情况，也不妨将东侧男子的神主空着，来对应多出来的西侧女子神主。他的下一代，就接着再与西侧的位置相配。

## 【章旨】

本章再论祫祭时男女神主的摆放位置。

**10·19**　**凡人家正厅**[1]**，似所谓庙也，犹天子之受正朔之殿**[2]**，人不可常居**①**，以为祭祀吉凶冠昏之事于此行之**②[3]**。厅后谓之寝，又有適寝**[4]**，是下室**[5]**，所居之室也。**

## 【校勘】

① 不：鸣道本衍一"不"字，据其他诸本删。

② 昏：徐刻本、四库本作"婚"。

**【注释】**

〔1〕正厅：位居正中用来会客、行礼的大房间。

〔2〕天子之受正朔之殿：帝王颁布新历法的大殿。古代帝王易姓受命，必改正朔。《礼记·大传》："改正朔，易服色。"孔颖达疏："改正朔者，正谓年始，朔谓月初，言王者得政示从我始，改故用新，随寅丑子所损也。"

〔3〕祭祀吉凶冠昏之事：即祭礼、吉礼、凶礼、冠礼、昏礼。

〔4〕適寝：正寝，住宅的正屋。

〔5〕下室：内室，内堂。

**【集解】**

吕柟曰：存厅事以为先人犹在堂上乎，可教孝思矣。(《张子抄释》卷四)

**【译文】**

凡是家里正中的大厅，就好比所说的庙，如同帝王颁布新历的大殿，人不能长时间居住在这里，因为这里是举行祭礼、吉礼、丧礼、冠礼、昏礼的地方。大厅后面的屋子称为寝，又有正屋为嫡寝，属于内室，这是用来居住的卧室。

**【章旨】**

本章由庙祭又论厅寝的区分。宋代士大夫未必有庙，故祭祀时以厅来充当庙的功能。

**10·20** "去坛为墠"，"去墠曰鬼"[1]，从庙数以至坛墠，皆有等差定数，至于鬼，只是"鬼飨之"[2]，又非《孝经》所谓"鬼飨"也[3]。此言"鬼飨"，既不在庙与坛之数，即并合上世一齐飨之而已[4]，非更有位次分别，直共一飨之耳，只是怀精神也。鬼者，只是归之太虚，故共飨之也。既曰"鬼飨之"，又分别世数位次[5]，则后将有百世之鬼也。[6]

【校勘】

① 去墠曰鬼：诸本皆作"去鬼"，四库本改作"去墠曰鬼"，章校本依《礼记·祭法》补作"去墠曰鬼"，据改。

【注释】

〔1〕坛：高台。古代祭祀天地、帝王、远祖或举行朝会、盟誓及拜将的场所，多用土石等建成。墠（shàn）：供祭祀用的经清扫的场地。"去坛为墠，去墠曰鬼"：语出《礼记·祭法》："天下有王，分地建国，置都立邑，设庙、祧、坛、墠而祭之，乃为亲疏多少之数。是故王立七庙，一坛一墠，曰考庙，曰王考庙，曰皇考庙，曰显考庙，曰祖考庙，皆月祭之。远庙为祧，有二祧，享尝乃止。去祧为坛，去坛为墠，坛、墠有祷焉，祭之；无祷，乃止。去墠曰鬼。"郑玄注："庙之言貌也，宗庙者，先祖之尊貌也。祧之言超也，超上去意也。封土曰坛，除地曰墠。"

〔2〕飨（xiǎng）：通"享"，神鬼享用祭品。"鬼飨之"：语出《礼记·问丧》："祭之宗庙，以鬼飨之，徼幸复反也。"孔颖达疏："'祭之宗庙，以鬼飨之'者，谓虞祭于殡宫神之所在，故称'宗庙'。'以鬼飨之'，尊而礼之，冀其魂神复反也。"

〔3〕鬼飨：对鬼的祭祀。语本《孝经·孝治章》："生则亲安之，祭则鬼飨之。"《孝经·丧亲章》："为之宗庙，以鬼飨之；春秋祭祀，以时思之。"

〔4〕上世：距离现在较远的先辈、祖先。

〔5〕世数：世系的辈数。

〔6〕本章亦见于《横渠礼记说·祭法》（见"参读"）。

**【参读】**

张载曰：夏殷有虞，皆祭亲庙而止，曰考，曰王考，曰皇考，曰显考。天子、诸侯同，以其欲异数，故天子别立二祧。祧必以新迁庙为之，故曰"王者禘其祖之所自出"，以其祖配之而立四庙也。盖夏殷以前，大祖亦以世数而迁，复于郊禘及之。至周则大祖常存，当文武时则以后稷为大祖，至后世则以文王为大祖，稷则郊祀以配天，二祧则武王必居其一，若武王是其德可宗者也。三昭三穆与大祖之庙而七，传者言此周法，盖于古唯周有大祖。天子七庙，谓大祖与二祧、四亲七也，此且以周家为然。凡庙，须推始祖以为大祖，又须有一创业之主，即所谓祖也；又须有一有功业致太平者，所谓宗也；其下则自高祖至祢，为四亲庙也。祖宗为二祧，与始祖三庙，永不祧也。四亲庙，亲尽则祧，则祧常存四亲庙也。虽然如此，若后世之君有中兴大勋业者，亦当为不祧之主，如祖宗也。若汉高祖为创业之主，文帝为大宗，武帝为世宗，此二宗者后世祧之犹可，若光武复兴，后世安得不立为宗也？又如东汉既灭，刘先主复立汉嗣，后世安得不以宗事也？以此言之，则周之文武二祧，盖亦不可为定数。又如四亲庙，自高至祢，皆不可不祭。若使一世之中，各有兄弟数人代立，不可以庙数确定，却有所不祭也。虽数人，止是当得一世，故虽亲庙亦不害为数十庙也。殷而上七庙，自祖考而上五，并远庙为祧者二，无不迁之大祖庙。至周有百世不毁之祖，则三昭三穆，四为亲庙，二为文武二世室，并始祖而七。诸侯无二祧，故五。大夫无不迁之祖，则一昭一穆与祖考而三，故以祖考通谓为大祖。若祫则请于其君，并高祖干祫之。干祫者，不当祫而特祫之也。孔注王制为周制，亦粗及之而不详耳。天子诸侯有月祭，大夫以下但享尝。大夫祖考无庙，疑虽坛祭，亦止亲尽则下迁。若始祖，当有庙则当有祭矣。大夫二坛，有祷乃祭，若干祫高祖，则于祖考之一坛而已。"去坛为墠"，"去墠为鬼"，从庙数以至坛墠，皆有等差定数。至于鬼，只是鬼飨之者，又非《孝经》所谓"鬼飨"也。此言鬼飨，既不在庙与墠坛之数，则并合上世一齐飨之而已，非更有位次分别，直共一飨之耳，只是怀精神也。鬼者，只是归之大虚，故共飨之也。既曰鬼飨，又分别世数位次，则后将有至百世之鬼也。《孝》所谓鬼者，只以人死谓之鬼，犹周礼言天神、地示、人鬼是也。（《横渠礼记说·祭法》，第298页）

## 【译文】

所谓"除去坛而设墠"，"除去墠而为鬼"，从庙的数量到设坛设墠都有等级差别的确定规格。至于鬼，只是享用祭品，不是《孝经》中所谓对鬼的祭祀。这里所说的享用祭品，并不在庙与坛的祭祀规定之中，只是合并距离现在较远的祖先一起享用祭品罢了，也不再有位次的分别，只是一起享用，借以追怀祖先的精神。所谓鬼，只是回归到太虚之中，因此可以一起享用祭品。已经称为鬼享用祭品了，还要区分世代位次的话，那么后世便会有百世的鬼了。

**【章旨】**

本章解释"鬼飨"的意义在于上世之祖去今已远，只是共同享用祭品，而不再专门祭祀。

**10·21**　既是坛墠，则其礼必不如宗庙，但鬼飨之耳。鬼飨之者，血毛以为尚也[1]。《孝经》言"为之宗庙而鬼飨之"[2]，又不与此意同。彼之谓"鬼"者，只以人死为鬼，犹《周礼》言天神、地祇、人鬼[3]。

**【注释】**

〔1〕血毛：指牲畜的血和毛，祭祀时用以荐鬼神。《礼记·礼器》："血毛诏于室。"孔颖达疏："谓杀牲取血及毛，入以告神于室。"

〔2〕"为之宗庙而鬼飨之"：语出《孝经·丧亲章》："为之宗庙，以鬼飨之。"

〔3〕《周礼》言天神、地祇、人鬼：语本《周礼·春官·大宗伯》："以大宗伯之职，掌建邦之天神、人鬼、地示之礼，以佐王建保邦国。"

**【译文】**

既然是设置了坛和墠祭祀，那么礼仪必定比不上在宗庙，只是让鬼享用祭品而已。鬼享用的祭品，以牲畜的血和毛为尊贵。《孝经》所说的"设立宗庙，让鬼享用祭品"，又与这里的意思并不相同。《孝经》所说的"鬼"，是指人死后就成为鬼，如同《周礼》中所说的"天神、地祇、人鬼"之鬼。

**【章旨】**

本章续论鬼飨。

**10·22**　山川之祀，止是其如此巍然而高，渊然而深，蒸润而足以兴云致雨，必报之，故祀之。视三公诸侯[1]，何尝有此人像！圣人为政必去之。

**【注释】**

〔1〕视：比照，比较。三公：古代中央三种最高官衔的合称。周以太师、太傅、太保为三公，西汉以丞相（大司徒）、太尉（大司马）、御史大夫（大司空）为三公，东汉以太尉、司徒、司空为三公，唐宋沿东汉之制，但已非实职，惟用作大臣的最高荣衔。

**【参读】**

朱熹曰：如今祀天地山川神，塑貌像以祭，极无义理。（《朱子语类》卷九十，第 2290 页）

**【译文】**

祭祀山川，只是因为它们这样巍峨、深邃，水气蒸腾，足以产生云雨，因而必须报达它们，所以要祭祀。比照三公和诸侯，山川怎么会有人像呢？圣人如果治理国家，一定要把这种形式去掉。

**【章旨】**

本章论山川之祀，不需要用像。

**10·23**　八蜡[1]：先啬[2]，一也，始治稼穑者[3]，

据《易》则神农是也〔4〕；司啬〔5〕，是修此职者〔6〕，二也；农〔7〕，三也；邮表畷〔8〕，四也；猫虎〔9〕，五也；坊〔10〕，六也；水庸〔11〕，七也；百种〔12〕，八也。百种，百谷之种。旧说以昆虫为八，昆虫是害者①，不当祭。此岁终大报也〔13〕〔14〕。

【校勘】

① 是：其他诸本皆作"是为"。

【注释】

〔1〕八蜡：周代每年农事完毕，于建亥之月（十二月）举行的祭祀名称。《礼记·郊特牲》："天子大蜡八。伊耆氏始为蜡。蜡也者，索也，岁十二月，合聚万物而索飨之也。"郑玄注："蜡有八者：先啬一也，司啬二也，农三也，邮表畷四也，猫虎五也，坊六也，水庸七也，昆虫八也。"

〔2〕啬（sè）：通"穑"，泛指各种农事。先啬：即先农，最先教民耕种的农神，如神农。《礼记·郊特牲》："蜡之祭也，主先啬而祭司啬也。祭百种，以报啬也。"郑玄注："先啬，若神农者。"

〔3〕稼穑（sè）：耕种和收获，泛指农业劳动。

〔4〕据《易》则神农是也：语本《周易·系辞下》："包牺氏没，神农氏作，斫木为耜，揉木为耒，耒耨之利，以教天下。"

〔5〕司啬：即后稷。相传尧时后稷始作稼穑，故尊祀后稷为农神。《礼记·郊特牲》："蜡之祭也，主先啬而祭司啬也。"郑玄注："司啬，后稷是也。"

〔6〕修：实行，从事某种活动。此职：指农事。

〔7〕农：田官，掌管稼穑。《礼记·郊特牲》："飨农及邮表畷、禽兽，仁之至，义之尽也。古之君子，使之必报之。"郑玄注："农，田畯也。"

〔8〕邮表畷：田地间的交界处，是田官督促农事所住的地方。《礼记·郊特牲》："飨农及邮表畷、禽兽。"郑玄注："邮表畷，谓田畯所以督约百姓于井间之处也。"孔颖达疏："'邮表畷'者，是田畯于井间所舍之处。邮，若邮亭屋宇处所。表，田畔。畷者，谓井畔相连畷。于此田畔相连畷之所，造此邮舍，田畯处焉。"

〔9〕猫虎：猫捕食田鼠，虎捕食野猪，都是保护田地的益兽。《礼记·郊特牲》："迎猫，为其食田鼠也。迎虎，为其食田豕也。迎而祭之也。"

〔10〕坊（fáng）：堤防，防水或御敌的狭长建筑物。《礼记·郊特牲》："祭坊与水庸，事也。"孔颖达疏："坊者，所以畜水，亦以鄣水。"

〔11〕水庸：水沟。《礼记·郊特牲》："祭坊与水庸，事也。"郑玄注："水庸，沟也。"孔颖达疏："庸者，所以受水，亦以泄水。"

〔12〕百种：百谷的种子。《礼记·郊特牲》："祭百种，以报啬也。"

〔13〕大报：遍祭。《礼记·郊特牲》："大报天而主日也。"郑玄注："大，犹遍也。"

〔14〕本章亦见于《张子语录·语录下》(第327页) 及《横渠礼记说·郊特牲》(第277页)。

【集解】

吕柟曰：此解八蜡却是仁义。(《张子抄释》卷四)

【译文】

八蜡祭祀的神灵有：一是先啬，是最早教人们耕种的人，根据《易传》，这个人就是神农；二是司啬，是从事耕种的人；三是管理耕种的田官；四是田地间的交界处；五是猫虎等保护田地的益兽；六是防水的堤坝；七是浇水用的水沟；八是百种，即百谷的种子。过去认为昆虫是第八种，但昆虫是有害的，不应当受到祭祀。这是年末遍祭各种神灵以示感谢的祭祀。

【章旨】

本章论八蜡祭祀的神灵及其祭祀的报恩意义。

**10·24**　"龙见而雩"[1]，当以孟夏为百谷祈甘雨也①。水旱既其气使然，祈祷复何用意也？民患若此，不可坐视，圣人忧民而已。如人之疾，其子祷祈②，不过卒归无益也，故曰"丘之祷久矣"[2]。

【校勘】

①百谷：鸣道本脱"谷"，据其他诸本补。

②祷祈：徐刻本、四库本作"祈祷"。

【注释】

〔1〕龙见：东方苍龙星宿出现在天空。雩（yú）：为祈雨而举行的祭祀。"龙见而雩"：语出《左传·桓公五年》："凡祀，启蛰而郊，龙见而雩。"杜预注："龙见，建巳之月。苍龙宿之体，昏见

东方，万物始盛。待雨而大，故祭天。远为百谷祈膏雨也。"

〔2〕丘：孔子自称其名。"丘之祷久矣"：我已经祈祷很长时间了。语出《论语·述而》："子疾病，子路请祷。子曰：'有诸？'子路对曰：'有之。《诔》曰："祷尔于上下神祇。"'子曰：'丘之祷久矣。'"

**【译文】**

"东方苍龙星宿出现在天空，就举行祈雨的祭祀"，这应当是在农历四月为庄稼祈雨的仪式。水涝与干旱既然都是气造成的，祈祷又有什么用意呢？民众遭受这样灾害，不能坐视不管，这是圣人关心民众的疾苦罢了。就像有人生病了，他的孩子为他祈祷，只是终归没有什么帮助，因此孔子有"我已经祈祷很长时间了'这样的感叹。

**【章旨】**

本章论祈祷的意义，并非在于功用，而是在于内心的表达。其仁民爱物之意，可与9·6章相参。

# 月令统

【解题】

本篇主要讨论治国之道及国家制度之礼，但章节较少，语焉不详。篇名取自首章，与其他章关系不大，不能直接概括全篇内容。全篇共6章，第1章论施行先王之法须有仁心，第2章论封邦建国之法，第3章论泰社，第4章论章旒之数，第5章论推行井田、封建、肉刑的必要性，第6章论蒐狩。

**11·1** 秦为《月令》[1]，必取先王之法以成文字，未必实行之。"道千乘之国，敬事而信，节用而爱人，使民以时"[2]，此皆法外之意。秦苟有爱民为惠之心，方能行。徒法不以行[3]，须实有其心也。有其心而无其法，则是虽有仁心仁闻，不行先王之道，不能为政于天下。

【注释】

〔1〕月令：《礼记》篇名，所记为农历十二个月的时令、行政及相关事物。郑玄《目录》："名曰《月令》者，以其记十二月政之所行也，本《吕氏春秋·十二月纪》之首章也，以礼家好事抄合

之，后人因题之，名曰'礼记'，言周公所作。其中官名时事多不合周法。"

〔2〕"道千乘之国，敬事而信，节用而爱人，使民以时"：语出《论语·学而》。

〔3〕徒法不以行：语出《孟子·离娄上》："今有仁心仁闻，而民不被其泽，不可法于后世者，不行先王之道也。故曰：徒善不足以为政，徒法不能以自行。"

**【集解】**

吕柟曰：《月令》便是义袭而取。(《张子抄释》卷四)

**【译文】**

秦朝制定《月令》，必定是取用先代圣王的法令而写成的文章，不一定真正施行过。孔子说"治理一个拥有一千辆兵车的国家，就要严谨地处理国家大事而又恪守信用，节约开支而又爱护民众，役使民众要不误农时"，这都是法令以外的意思。秦朝如果有爱护民众并能给民众带来好处的用心，法令才能施行。仅仅有法令并不能自动推行，必须真有爱护民众的用心。倘若有爱护民众的用心却没有法令，那就是虽然有仁爱的用心和仁爱的名声，却不施行先王的法度，也不能治理好天下。

**【章旨】**

本章以《月令》的制定和推行为例，论行先王之法须有仁心，而有其心又须有其法。

**11·2** 古者诸侯之建，继世以立〔1〕，此象贤也〔2〕。虽有不贤者，象之而已。"天子使吏治其国"〔3〕，彼不得暴其民，故舜封象是不得已<sup>①</sup>。周礼建国<sup>②</sup>，大小必参相得<sup>〔4〕</sup>。盖皆建大国<sup>③</sup>，其势不能相下；皆小国，则无纪。以小事大，莫不有法。

【校勘】

① 故：徐刻本、四库本作"如"。

② 周：徐刻本、四库本作"用"。

③ 皆：鸣道本误作"是"，据其他诸本改。

【注释】

〔1〕继世：继承先世。

〔2〕象贤：能效法先人的贤德。语出《仪礼·士冠礼》："继世以立诸侯，象贤也。"郑玄注："象，法也，为子孙能法先祖之贤，故使之继世也。"

〔3〕"天子使吏治其国"：语出《孟子·万章上》："象不得有为于其国，天子使吏治其国而纳其贡税焉，故谓之放。岂得暴彼民哉？"

〔4〕大小必参相得：大国与小国必须彼此参互相配，使其互相制约。

【集解】

吕柟曰：此因论统属而及。（《张子抄释》卷四）

【译文】

古时封立诸侯，使其继承先世，这是为了让他们效法先人的贤德。即使有不贤明的诸侯，也让他效仿先人。"天子派遣官吏治理他的国家"，使不贤明的诸侯不能对他的百姓施行暴政，因此舜封象是不得已的做法。周代以礼制建立国家，一定要使大国与小国相互搭配制约。因为都建大国，那势力就得不到控制；都建小国，就漫无统纪；小国服从大国，就不会没有法度。

**【章旨】**

本章论古时诸侯建国的方法。一是继世象贤而立，二是以吏治之，三是大小国相参相治。

**11·3** 泰社[1]，王为群姓所立[2]，必在国外也。民各有社，不害为泰社。王社[3]，王自立为社，必在城内①。在汉犹有泰社，在唐只见一社。[4]

**【校勘】**

① 内：鸣道本误作"南"，据其他诸本改。

**【注释】**

〔1〕泰社：天子的宗社，亦称"大社"。

〔2〕群姓：百官万民。泰社，王为群姓所立：语本《礼记·祭法》："王为群姓立社曰大社。"郑玄注："群，众也。"孔颖达疏："群姓，谓百官以下及兆民。言群姓者，包百官也。""大社在库门之内之右，故《小宗伯》云'右社稷'。"

〔3〕王社：天子祀土神谷神之所。《礼记·祭法》："王自为立社曰王社。"孔颖达疏："其王社所在，《书传》无文，或云与大社同处，王社在大社之西。崔氏并云'王社在藉田，王自所祭，以供粢盛'。"

〔4〕本章亦见于《横渠礼记说·祭法》( 第 299 页)。

**【参读】**

张载曰：天子立大社为群姓，必不但为城中之民，为天下也。诸侯国社，则是一国也。郊者，祀天之位；社者，祭地之位。郊外无天神之祀，社外无地祇之祀，泽中方丘亦社也。故凡言社者，即地祇之祭，如大社、王社。又分而言之，大社祭天下之地祇，王社祭京师之地祇，五祀祭宫中之地祇。(《横渠礼记说·祭法》，第 299 页 )

**【译文】**

泰社是天子为百官和民众建立的宗社，一定在城外。百姓各有宗社，与泰社并不冲突。王社是天子为自己建立的宗社，一定在城内。在汉代还存有泰社，到唐代就只能看到一个王社了。

**【章旨】**

本章论泰社不同于王社。泰社是王为百姓所立之社，王社是王自立之社。

**11·4　章旒之数**[1]**，九降至五**①**，皆降差以两**[2]**。奇数有君之象，四以下恐是诸侯卿大夫之服。**

**【校勘】**

① 九：其他诸本皆作"自九"。

**【注释】**

〔1〕章：古代礼服上绣的红白相间的花纹。旒（liú）：冕冠前后悬垂的玉串。

〔2〕降差以两：指由九降至七，又降至五。

**【译文】**

章旒的数量从九个降到五个，每次都减少两个。奇数是君主的象征，四个以下可能是诸侯或者卿大夫的官服。

**【章旨】**

本章论章旒之数，君有九、七、五三种，四以下可能用于诸侯卿大夫。

**11·5** 井田而不封建，犹能养而不能教；封建而不井田，犹能教而不能养；封建井田而不肉刑，犹能教养而不能使[1]。然此未可遽行之。

**【注释】**

〔1〕使：役使，使唤。

**【集解】**

吕柟曰：此有时义乎。（《张子抄释》卷四）

**【译文】**

推行井田却不推行封建，如同只能养民却不能教民；推行封建却不推行井田，如同只能教民却不能养民；推行封建、井田却不推行肉刑，如同只能教民养民却不能役使民众。但这些都不能仓猝地推行。

**【章旨】**

本章论井田、封建、肉刑相互为用的关系，井田为养，封建为教，肉刑为使。

**11·6** 四时蒐狩田猎[1]，教师行于草莽之法[2]。行

于草莽则潜师<sup>〔3〕</sup>，潜师夜战声相闻。《易》曰："伏戎于莽。"<sup>〔4〕</sup>

**【注释】**

〔1〕蒐（sōu）：春猎。狩：打猎，亦特指古代君主冬猎。蒐狩：泛指狩猎。田猎：打猎。

〔2〕教：训练。师：军队。草莽：草丛，亦指草木丛生的荒原。行于草莽之法：即行军打仗之法。《春秋穀梁传·昭公八年》："因搜狩以习用武事，礼之大者也。"

〔3〕潜师：秘密出兵。

〔4〕"伏戎于莽"：语出《周易·同人》："九三，伏戎于莽。"孔颖达疏："伏潜兵戎于草莽之中。"

**【参读】**

朱熹曰：古人学校教养，德行道艺，选举爵禄，宿卫征伐，师旅田猎，皆只是一项事，皆一理也。(《朱子语类》卷八十六，第2218页)

**【译文】**

四季的狩猎活动是训练军队在草木丛生的荒原行进打仗的方法。在荒原行进就是秘密出兵，秘密出兵在夜间战斗就能听见动静。《周易》说："潜伏军队在荒原之中。"

**【章旨】**

本章论搜狩之礼，亦是练习行兵打仗之法。

# 丧　　纪

【解题】

本篇讨论丧礼的相关问题。全篇共33章，主要是结合现实，解释《礼记》中关于丧礼记载的一些疑难问题，如关于"丧不虑居"、"卒哭而祔"、"主""重"的使用、祔葬祔祭的原则、祭器祭服的处理、"功衰"的所指等等，特别是关于丧服更有反复讨论，如为出母服、母为长子服、父在为母服、適母在为生母服、为同母异父之兄弟服、为嫂服、为师服等等，反映出礼制本身的一些情理冲突问题以及张载自己的理解和处理方式。

**12·1　"丧不虑居"也〔1〕，非无薪也〔2〕，必毁屋扉，明于死者无所爱惜，所以趋其急也〔3〕。**

【注释】

〔1〕"丧不虑居"：语出《礼记·檀弓下》："丧不虑居，为无庙也。"郑玄注："'丧不虑居'，谓卖舍宅以奉丧。"

〔2〕薪：柴火。

〔3〕趋其急：指先忙于要紧的事。

**【译文】**

"因治丧而顾不上居住"，并不是没有薪柴可用，而一定要拆毁屋门，而是为了表明对用在死者身上的财务没有任何吝惜，所以先着急置办丧事。

**【章旨】**

本章论"丧不虑居"是形容心情急迫，而不是没有柴烧因而毁坏屋舍。这是针对《礼记》旧注的批评及对一些礼仪用意上的重新解释，本篇内容多属此类。

**12·2** 郑氏之说恐非[1]。丧须三年而祔，若卒哭而祔[2]，则三年都无事。礼卒哭，犹存朝夕哭[3]。若无祭于殡宫[4]，则哭于何处？古者君薨[5]，三年丧毕，吉禘然后祔[6]。因其祫，祧主藏于夹室[7]，新主遂自殡宫入于庙[8]。《国语》言"日祭月享"[9]，《礼》中岂有日祭之礼？此正谓三年之中不彻几筵[10]，故有日祭。朝夕之馈[11]，犹定省之礼[12]，如其亲之存也。至于祔祭，须是三年丧终乃可祔也。[13]

**【注释】**

〔1〕郑氏：指郑玄。

〔2〕卒哭：丧礼百日祭后，停止随时之哭，变为朝夕一哭，名为"卒哭"。《仪礼·既夕礼》："三虞卒哭。"郑玄注："卒哭，三虞之后祭名。始朝夕之间，哀至则哭，至此祭，止也。朝夕哭而已。"

〔3〕朝夕哭：朝夕哭奠。《仪礼·既夕礼》："朝夕哭，不辟子卯。"郑玄注："既殡之后，朝夕及哀至乃哭，不代哭也。"贾公彦疏："云'既殡之后，朝夕及哀至乃哭'者，此据殡后阼阶下朝夕哭，庐中思忆则哭。云'不代哭也'者，决未殡以前，大夫以上以官代哭，士以亲疏代哭，不绝声。"

〔4〕殡宫：停放灵柩的房舍。

〔5〕薨：死的别称。自周代始，人之死亡，有尊卑之分，"薨"以称诸侯之死。《礼记·曲礼下》："天子死曰崩，诸侯曰薨，大夫曰卒，士曰不禄，庶人曰死。"

〔6〕吉禘：古时除丧，奉死者神主入祭于宗庙，谓之"吉禘"。《春秋·闵公二年》："夏五月乙酉，吉禘于庄公。"杜预注："三年丧毕，致新死者之主于庙，庙之远主当迁入祧，因是大祭，以审昭穆，谓之禘。"

〔7〕祧主：远祖庙的神主。夹室：古代宗庙内堂东西厢的后部，藏五世祖以上远祖神主的地方。《释名·释宫室》："夹室，在堂两头，故曰夹也。"

〔8〕新主：刚迁入祖庙的神主。

〔9〕"日祭月享"：语出《国语·楚语下》："是以古者先王日祭月享，时类岁祀。"韦昭注："日祭于祖、考，月荐于曾、高。"

〔10〕彻：撤除，撤去。几筵：犹几席，祭祀的席位，后亦因以称灵座。

〔11〕馈：祭祀。

〔12〕定省：晚上为其父母安置床铺，早晨向其请安。《礼记·曲礼上》："凡为人子之礼，冬温而夏清，昏定而晨省。"郑玄

注："定，安其床衽也；省，问其安否何如。"

〔13〕"丧须三年而祔"至"哭于何处"，亦见于《河南程氏遗书》卷十七（第 180 页）。

**【集解】**

吕柟曰：三年于死生之心皆顺且安。（《张子抄释》卷四）

**【译文】**

郑玄的说法恐怕是不对的。丧礼应当三年之后才将死者的神主祔祭于其先祖庙中，如果卒哭之后就祔祭，那三年之内就没有仪式了。丧礼卒哭之后仍然保存着朝夕哭。如果不在停放灵柩的房舍祭祀，那去哪里哭呢？古时君主去世，三年丧期结束，将君主的神主入祭于宗庙，然后才祔祭。因为要祫祭，将远祖庙的神主放入夹室，新死者的神主于是从停放灵柩的房舍迁入庙中。《国语》说"按日祭祀，按月荐享"，《礼》书中怎么会有每天都祭祀的礼仪呢？其实这说的正是服丧三年中并不撤掉祭祀的席位，因此才有每天祭祀这种说法。早晚进献祭品，就像早晚请安，仿佛亲人还活着。至于祔祭，应当要三年丧期结束后才能进行。

**【章旨】**

本章论丧须三年而祔，以此反对郑玄"卒哭而祔"的注释。张载认为，卒哭之后仍然有朝夕哭，三年祔祭于祖庙之前，不撤几筵，待亲若存。

12·3　"卒哭"者，卒去非常之时哭，非不哭也。故伯鱼"期而犹哭"也〔1〕。

**【注释】**

〔1〕伯鱼：孔鲤，字伯鱼，孔子的儿子。伯鱼期而犹哭也：语本《礼记·檀弓上》："伯鱼之母死，期而犹哭。"

**【译文】**

所谓"卒哭"，只是停止随时感到哀痛就哭泣，并非完全不哭。因此，伯鱼的出母死了，伯鱼过了服丧周年还会哭。

**【章旨】**

本章继上章再论所谓"卒哭"不是完全不哭，只是停止不定时的哭泣，并以《礼记》关于孔子之子伯鱼的记载为证。

**12·4** 古人于忌日不为荐奠之礼〔1〕，特致哀示变而已〔2〕。古人亦不为影像〔3〕，绘画不真，世远则弃，不免于亵慢也，故不如用主〔4〕。古人犹以主为藏之于椟，设之于位亦为亵慢。故始无设，为重鬲以为主道〔5〕。其形制甚陋，止用苇篾为之〔6〕，又设于中庭〔7〕，则是"敬鬼神而远之"之义〔8〕。"重，主道也"，士大夫得其重，应当有主。既埋重，不可一日无主，故设苴〔9〕。及其已作主，即不用苴。〔10〕

**【注释】**

〔1〕荐奠：犹祭奠，祭祀的仪式，即向鬼神敬献祭品。

〔2〕致哀示变：表示哀悼和发生了剧变。

〔3〕影像：画像，遗像。

〔4〕主：为死者立的牌位。

〔5〕重（chóng）：古代丧礼中，在木主未及雕制之前代以受祭的木。《仪礼·士丧礼》："重，木刊凿之。甸人置重于中庭。"郑玄注："木也，县物焉曰重。刊，斫治，凿之为县簪孔也。士重，木长三尺。"贾公彦疏："以其木有物悬于下，相重累，故得'重'名。"《礼记·檀弓下》："重，主道也。"郑玄注："始死未作主，以重主其神也。"孔颖达疏："言始死作重，犹若吉祭木主之道。主者吉祭所以依神，在丧重亦所以依神，故云'重，主道也'。"鬲（lì）：古代丧礼中用以悬在重木上的瓦瓶。《仪礼·士丧礼》："新盆、槃、瓶、废敦、重鬲，皆濯造于西阶下。"郑玄注："重鬲，鬲将悬重者也。"胡培翚正义："以饭尸之余米，用鬲煮为鬻，县于重，故名重鬲。或曰鬲用二，故云重。重鬲，二鬲也。"

〔6〕苇篾（miè）：劈成条的芦苇。

〔7〕中庭：庙堂前阶下正中部分。

〔8〕"敬鬼神而远之"：语出《论语·雍也》："务民之义，敬鬼神而远之，可谓知矣。"

〔9〕苴（jū）：草垫。

〔10〕"重，主道也"至"即不用苴"，亦见于《河南程氏遗书》卷六（第86页）。

**【参读】**

或问："忌日有荐可乎？"（张载）曰：古则无之，今有，于人情自亦不害。古之祭祀一事，最是管摄人情。如萃，聚也；涣，散也。皆言王假有庙，当其物之涣散之时，欲其萃聚，则非祭祀何以能之。祭之义，追远反本，此理之大者也。不如是，则几于禽兽。（《横渠礼记说·祭义》，第300页）

## 【集解】

吕柟曰：重、主、苴一道也。（《张子抄释》卷四）

## 【译文】

古人在亲人忌日不举行祭奠的礼仪，只是表示哀悼和发生剧变罢了。古人也不设置影像，影像画得不真实，世代久远就丢弃了，难免受到轻慢，所以不如用神主牌位。古人还将神主收藏在函柜之中，摆在桌位上也是轻慢。所以起初并不设置神主，只是用重鬲来代表神主。重鬲的形状制式很简陋，只用条状的芦苇做成，放置在堂前台阶下的正中，这是表达"敬鬼神而远之"的意思。"设置重木，就是为死者立神主的道理"，士大夫有重木，也应当有神主。把重木掩埋之后，不能一天没有神主，因此设置苴来立神主。到了已有神主牌位的时候，就不用苴了。

## 【章旨】

本章论古礼的一些变化。古时忌日不行荐礼，只表示心情的哀痛。古时也不设影像，防止时间长色彩不清时被丢弃而显得不敬，故只设木主，并且将之藏于木盒中，以防亵慢。后来用"重"，类似于木主，埋后又设"苴"。如果有木主，则不用苴。

**12·5**　"重，主道也"[1]，谓人所嗜者饮食，故死以饮食依之。既葬然后为主。未葬之时，棺柩尚存，未可为主，故以重为主。今人之丧，既为魂帛①[2]，又设重，则是两主道也。

**【校勘】**

① 为：徐刻本、四库本作"设"。

**【注释】**

〔1〕"重，主道也"：见 12·5 注〔6〕。

〔2〕魂帛：人始死，其亲属结白绢以肖其形，作为死者灵魂凭依之具，在下葬之前起神主的作用。

**【译文】**

"设置重木，就是为死者立神主的道理"，这是指人喜欢的是饮食，所以死者依附重木来饮食。安葬以后，就可以设置神主。没有安葬的时候，棺椁灵柩还在，不可以做神主，因此以重当作神主。如今人们的丧礼，既做了魂帛，又设置了重木，这就等于设置两个神主了。

**【章旨】**

本章继续论"重"。葬后用木主，葬前不可用主，故用"重"。今人又用魂帛，也是代表主，又用重，这样就等于设置了两个神主，便不合礼仪了。

**12·6　古之椁言井椁**〔1〕**，以大木自下排上来，非如今日之笼棺也。故其四隅有隙，可以置物也。**

**【注释】**

〔1〕椁（guǒ）：古代套于棺外的大棺。井椁：即椁，因其形方中空似井，故称。《仪礼·士丧礼》："既井椁，主人西面拜工。"胡培翚疏："盖椁周于棺，其形方，又空其中，以俟下棺，有似于

井，故云井椁。”

**【译文】**

古时的椁也称井椁，用大木料从下往上排列，并不同于今天的笼棺。因此，它四角都有空隙，可以放置物品。

**【章旨】**

本章论棺椁的形制。

**12·7** 祔葬祔祭，极至理而论[1]，只合祔一人。夫妇之道，当其初婚①，未尝约再配，是夫只合一娶，妇只是合一嫁。今妇人夫死而不可再嫁，如天地之大义然[2]，夫岂得而再娶！然以重者计之，养亲承家[3]，祭祀继续[4]，不可无也，故有再娶之理。然其葬其祔，虽为同穴同筐几，然譬之人情[5]，一室中岂容二妻？以义断之，须祔以首娶，继室别为一所可也[6]。[7]

**【校勘】**

① 婚：其他诸本皆作“昏”。

**【注释】**

〔1〕极：推究。至理：最根本的道理。

〔2〕妇人夫死而不可再嫁，如天地之大义然：语本《礼记·郊特牲》：“天地合而后万物兴焉。夫昏礼，万世之始也。取于异姓，所以附远厚别也。币必诚，辞无不腆，告之以直信。信，事人也。信，妇德也。壹与之齐，终身不改。故夫死不嫁。”

〔3〕养亲承家：奉养父母，承继家业。

〔4〕祭祀继续：祭祀先祖，承继嗣续。

〔5〕譬：通晓，明白。

〔6〕继室：续娶之妻。

〔7〕本章亦见于《横渠礼记说·丧服小记》（第282页）及《横渠礼记说·郊特牲》（见“参读”）。

【参读】

张载曰：以义礼言，则妇死不当再娶，夫死不当再嫁。当其初娶时，便期以终身，岂复有再嫁之事？禽兽犹有不再匹者。男子正为无嗣承祭祀之重，犹可再娶，虽再娶，尚谓之继室。妇人则虽至穷饿而死，不可也。介甫直谓妇人得再嫁，岂有是理？今于祭祀，凡再娶者，其配并列，于人情未安。古者人君自元妃而下，姪娣媵御，不复再娶。元妃死，则继室摄内事。自卿大夫以下，有再娶之文，亦必大不得已。盖其始昏固未尝有约至于再也，不奈何为承家，为祭祀之义大，故再娶也。生而再娶，于情固未安；葬而同坎，则亵尤甚，滋不可也。袝葬袝祭，极至理而论之，止当袝一人。夫妇之道，是夫止合一娶，妇止合一嫁。今妇人夫死而不可再嫁，如天地之大义。然则夫岂得而再娶？特以重者计之，养亲承家，祭祀继续，不可废也，故有再娶之理。然其葬其袝，虽为同穴、同筵几，譬之人情，一室之中岂容二妻？故以义断之，唯袝以首娶，继室别在一所乃安。又非如姪娣，彼自是妾，与适葬者异竁而殊封，是“卫人之袝也，离之”，必也一穴而异坎为安。（《横渠礼记说·郊特牲》，第277页）

【译文】

从道理来推论，合葬与袝祭只应当配一个人。夫妇的道理，当第一次结婚时，并没有约定第二次结婚，所以丈夫只应当娶一回，妻子只应当嫁一次。如今妇人的丈夫去世，妇人不能再嫁，就如同天地的道义一样，那丈夫怎么能再娶呢？但从轻重上来衡量，奉养双亲，继承家业，祭祀先祖，承继嗣续，这些都不能没有，因此有再娶的道理。然而，合葬与祔祭虽然应当同用一个墓穴和祭祀席位，但是以人情晓喻，一个房间怎么能容纳两个妻子呢？从道义上判断，应当祔祭先娶之妻，将续娶之妻安置在另外一个地方也是可以的。

**【章旨】**

本章论妻子的祔葬祔祭。原则上夫妻相合，但如果再娶之后有二妻，则应以首娶为祔，后娶者别为他所。

**12·8** 正叔尝为《葬说》[1]，有五相地[2]："须使异日决不为道路，不置城郭，不为沟渠，不为贵家所夺，不致耕犁所及。"[3]

**【注释】**

〔1〕正叔：程颐，字正叔。《葬说》：见《河南程氏文集》卷十。

〔2〕相地：观察地形地物，也指察看住宅、墓地风水以定吉凶。

〔3〕本章亦见于《河南程氏文集》卷二下（见"参读"）。

**【集解】**

吕柟曰：此葬法至要。（《张子抄释》卷四）

**【参读】**

正叔尝为《葬说》，有五事：相地，须使异日决不为路，不置城郭，不为沟渠，不为贵人所夺，不致耕犁所及，此大要也。其穴之次，设如尊穴南向北首，陪葬者前为两列，亦须北首，各于其穴安夫妇之位。坐于堂上，则男东而女西，卧于室中，则男外而女内也。(《河南程氏遗书》卷二下，第56页)

**【译文】**

程颐曾著《葬说》，用五种方法察看葬地："应当在以后绝对不会修成道路，不会建成城市，不会挖成沟渠，不会被权贵侵占，不会被用为耕地。"

**【章旨】**

本章介绍程颐《葬说》相地中五种"不为"的情况。

**12·9** 安穴之次[1]：设如尊穴南向北首[2]，陪葬者前为两列[3]，亦须北首。各于其穴安夫妇之位，坐于堂上则男东而女西，卧于室中则男外而女内也。[4]

**【注释】**

〔1〕安穴之次：安葬死者于墓穴的顺序。

〔2〕南向北首：墓穴朝南，死者的头朝北。《礼记·礼运》："故天望而地藏也，体魄则降，知气在上，故死者北首，生者南乡，皆从其初。"

〔3〕陪葬者：合葬的死者。

〔4〕本章亦见于《河南程氏文集》卷二下，与上章合为一章。

**【译文】**

在墓穴中安葬死者的顺序：假如居尊位的墓穴朝南，逝者头在北面，合葬者在墓前排成两列，也是头在北面。各自在其墓穴中安置夫妇的位序，在堂上坐着的时候是男子在东、女子在西，那么在墓室中就是男子在外、女子在内。

**【章旨】**

本章论安穴的方位。

**12·10**　葬法有风水山岗〔1〕，此全无义理，不足取。南方用青囊〔2〕，犹或得之；西方人用一行〔3〕，尤无义理。南人试葬地，将五色帛埋于地下，经年而取观之，地美则采色不变〔4〕，地气恶则色变矣①。又以器贮水养小鱼埋经年，以死生卜地美恶。取草木之荣枯，亦可卜地之美恶。

**【校勘】**

① 则：鸣道本脱，据其他诸本补。

**【注释】**

〔1〕风水山岗：指坟地周围的风向、水流、山脉等形势。

〔2〕青囊：古代术数家盛书和卜具的布囊，借指卜筮之术。

〔3〕一行：本名张遂（673—727），唐代著名天文学家和佛教思想家，精通历象和阴阳五行之学。后世有伪托其名的风水相术流行。

〔4〕采色：指绚丽的颜色。

**【参读】**

　　二程曰："世间术数多，惟地理之书最无义理。祖父葬时，亦用地理人，尊长皆信，惟先兄与某不然。后来只用昭穆法。"或问："凭何文字择地？"曰："只昭穆两字便是书也。但风顺地厚处足矣。某用昭穆法葬一穴，既而尊长召地理人到葬处，曰：'此是商音绝处，何故如此下穴？'某应之曰：'固知是绝处，且试看如何。'某家至今，人已数倍之矣。"（《河南程氏遗书》卷二十二上，第 291 页）

**【集解】**

　　吕楠曰：地气如此求亦是，然即地气亦有时变。（《张子抄释》卷四）

**【译文】**

　　葬法中有察看风水山岗的做法，这完全没有道理，不足为凭。南方用青囊法，或许有可取之处；西方用僧一行的方法，尤其没有道理。南方人测试葬地，把五种颜色的帛埋在地下，多年后取出观察，如果地气好，那么帛的色彩不变；如果地气不好，帛的色彩就改变了。又用容器贮水养小鱼，埋在地下很多年，用小鱼的生死占卜地的好坏。用草木的荣枯，也可以判断地的好坏。

**【章旨】**

　　本章论葬法卜地的方法。张载反对以风水和一行的堪舆方法卜地，赞同用帛和小鱼埋于地下的方法来检验地气的美恶。这反映了张载较强的理学化色彩。

**12·11** 韩退之以少孤养于嫂，故为嫂服加等[1]。大抵族属之丧[2]，不可有加。若为嫂养，便以有恩而加服，则是待兄之恩至薄。大抵无母，不养于嫂，更何处可养？若为族属之亲有恩而加等，则待己无恩者可不服乎哉？昔有士人少养于嫂，生事之如母，死自处以齐衰[3]，或告之非先王之礼，闻而遂除之，惟持心丧[4]，遂不复应举[5]，人以为得礼①。

【校勘】

① 礼：徐刻本、四库本作"体"。

【注释】

〔1〕加等：提高服丧的等级。韩愈《祭郑夫人文》："尔幼养于嫂，丧服必以期。"

〔2〕族属：同族的亲属。

〔3〕齐衰：丧服名，五服第二等。子为母，应服齐衰三年。

〔4〕心丧：心中哀悼，指无服或释服后的深切悼念。

〔5〕应举：接受选用或举荐。

【参读】

二程曰：嫂叔无服，先王之权。后圣有作，虽复制服可矣。（《河南程氏遗书》卷二上，第23页）

问："嫂叔古无服，今有之，何也？"（程颐）曰："《礼记》曰：'推而远之也。'此说不是。嫂与叔，且远兼，姑与嫂，何嫌之有？古之所以无服者，只为无属。其夫属乎父道者，妻皆母道也。其夫属乎子道者，妻皆妇道也。今上有父有母，下有子有妇。叔父叔伯，父之属也，故叔母伯母之服，与叔父叔伯同。兄弟之子，子之属也，故兄弟之子之妇服，与兄弟之子同。若兄弟，则己之属也，难以妻道属其妻，此古者所以无服。以义理推不行也。今之有服亦是。岂有同居之亲而无服者？"又问："既是同居之亲，古却无服，岂有兄弟之妻死，而己恝然无事乎？"曰："古者虽无服，若哀戚之心自在。且如邻里之丧，尚舂不相不巷歌，匍匐救之，况至亲乎？"（《河南程氏遗书》卷十八，第244 页）

【集解】

吕柟曰：此孔子言子路丧姊之义，然恩亦须兼论。（《张子抄释》卷四）

【译文】

韩愈因为幼年失去父母，被嫂子抚养大，所以嫂子去世后，他加重了服丧的等级。一般来说，为同族的亲属服丧，不应当加重等级。如果因为被嫂子抚养，就觉得有恩而加重服丧等级，那么对待兄长的恩情就太薄了。一个人失去母亲，嫂子不抚养，何处还能抚养他呢？如果因为同族亲属有恩于己就要加重服丧等级，那么对自己没有恩情的人，难道就可以不为他们服丧了吗？过去有士人从小被嫂子养大，在嫂子活着的时候就像侍奉母亲一样，嫂子死后就主动为她服齐衰之礼，有人告诉他这不符合先王的礼仪，他知道后就除去齐衰，只是保持心里哀悼，也不再应举求仕，人们认为这样是符合礼的。

【章旨】

本章论即使族属有恩，服丧也不可加等，但可持心丧。

12·12 《礼》云:"大功之末,可以冠子[1],可以嫁子[2]。父小功之末,可以冠子,可以嫁子,可以娶妇[3]。"疑"大功之末"已下十二字为衍,宜直云"父大功之末"云云。父大功之末,则是己小功之末也,而己之子缌麻之末也[4],故可以冠娶也。盖冠娶者固已无服矣,凡卒哭之后皆是末也。所以言衍者,以上十二字义无所附着。"己虽小功,既卒哭,可与冠取妻"[5],是己自冠取妻也。[6]

**【注释】**

〔1〕冠子:为儿子举行的成年加冠礼。

〔2〕嫁子:嫁女。

〔3〕娶妇:为儿子举行的婚礼。"大功之末"至"可以娶妇":语出《礼记·杂记下》。郑玄注:"此皆谓可用吉礼之时。父大功卒哭,而可以冠子、嫁子。小功卒哭,而可以取妇。己大功卒哭,而可以冠子,小功卒哭,而可以取妻,必偕祭乃行也。"

〔4〕"父大功之末"至"己之子缌麻之末也":大功、小功、缌麻分别为丧服五服中之第三、四、五等。父服大功,己服小功,己之子服缌麻,依次递减。

〔5〕"己虽小功,既卒哭,可与冠取妻":语出《礼记·杂记下》,"与"作"以"。

〔6〕本章亦见于《横渠礼记说·杂记下》(第295页)。

**【译文】**

《礼记》说:"大功之末,可以冠子,可以嫁子。父小功之末,可以冠子,可以嫁子,可以娶妇。"我怀疑"大功之末"下面的十二个字是衍文，应当直接说"父大功之末，可以冠子，可以嫁子，可以娶妇"。父亲服大功丧期快结束时，就是自己服小功丧期快结束时，而自己的儿子是服缌麻丧期快结束时，因此可以为子女举行冠礼和婚礼了。因为接受冠礼和婚礼的人固然已经不再服丧，父亲和儿子只要是百日卒哭之后也都是快结束服丧了。之所以说有衍文，因为以上十二个字的意思没有可依附的地方。"自己虽然服小功之丧，已经百日卒哭了，就可以加冠和娶妻"，这是指自己的加冠和娶妻。

**【章旨】**

本章据理推论并怀疑《礼记·杂记下》"大功之末，可以冠子，可以嫁子"为衍文，认为己小功之末可以与冠取妻，也是以理推之。

**12·13**　"子上之母死而不丧〔1〕，门人问诸子思曰〔2〕：'昔者先君子丧出母乎〔3〕？'曰：'然。''子之不使白也丧之，何也？'子思曰：'昔先君子无所失道，道隆则从而隆，道污则从而污〔4〕，伋则安能〔5〕！'"出妻不当使子丧之〔6〕，礼；子于母则不忘丧，若父不使子丧之，为子固不可违父，当默持心丧〔7〕，亦礼也；若父使之丧而丧之，亦礼也。子思以我未至于圣，孔子圣人处权〔8〕，我循礼而已。〔9〕

**【注释】**

〔1〕子上：孔子曾孙，子思之子，名白。其母被休，去世后，子上不为其母服丧。"子上之母"至"伋则安能"：语出《礼记·檀

弓上》。

〔2〕子思：孔子之子孔鲤的儿子，名伋。

〔3〕先君子：对自己或他人已去世祖父的称呼，这里指孔子。孔颖达疏："子之先君子，谓孔子也。"出母：被父亲休弃的生母。丧出母：为被休掉的生母服丧。

〔4〕污：指礼仪规格的减低。郑玄注："污，犹杀也。有隆有杀，进退如礼。"孔颖达疏："道犹礼也，言吾之先君子无所失道，道有可隆，则从而隆。谓父在，为出母宜加隆厚，为之着服。'道污'者，污犹杀也，若礼可杀则从而杀。谓父卒，子为父后，上继至尊，不敢私为出母礼。当减杀，则不为之着服。"

〔5〕伋则安能：我怎么能够做到。孔颖达疏："子思自以才能浅薄，不及圣祖，故云'伋则何能'。郑云：'自予不能及。'予犹许也。自许不能及也。"

〔6〕出妻：指被休弃的妻子。丧之：为之服丧。

〔7〕心丧：心中哀悼，无服或释服后的深切悼念。《礼记·檀弓上》："心丧三年。"郑玄注："心丧，戚容如父而无服也。凡此以恩义之间为制。"

〔8〕权：权宜，变通，常与"经"对言。

〔9〕本章亦见于《横渠礼记说·檀弓上》(见"参读")。

【参读】

张载曰：孔子之母虽不正，然非遭出。当其死也，安得不以母服服之？为当时正是死不在孔氏之家，遂疑以为出。子思于此，又难以剧论，故但言"先君子无所失道"，谓无不中礼也。此语最好。子思不使白也丧出母，必是子思止有一子，故不使丧出母。適长则不为出母服也。言"不丧出母，自子思始"，非谓孔氏世世有出母，特于子思见此事耳。"道隆则从而隆，道污则从而污"，亦就其出母以定污隆。圣人则处情，子思则守礼。出妻不当使子丧之，礼也。子于母则不可忘，若父不使之丧，子固不可违父，当默持心丧，亦礼也。若父使之丧而丧之，亦礼也。子思以为我不至于圣人，不敢不循理，而孔子使丧出母，乃圣人处权。子思自以为不敢处权，唯循理而已，不敢学孔子也，故曰"先君子无所失道，道隆则从而隆，道污则从而污"。孔子所为皆义也，但子思未识圣人之意，所以不敢学也。道，即义也。隆，高也。污，下也。义高则礼亦高，义下则礼亦下。(《横渠礼记说·檀弓》，第253页)

朱熹曰：孔子令伯鱼丧出母，而子上不丧者，盖犹子继祖，与祖为体；出母既得罪于祖，则不得入祖庙，不丧出母，礼也。孔子时人丧之，故亦令伯鱼子思丧之；子上时人不丧之，故子上守法，亦不丧之。其实子上是正礼，孔子却是变礼也。故曰："道隆则从而隆，道污则从而污。"(《朱子语类》卷八十七，第2231页)

### 【译文】

"子思的儿子子上不为他被休掉的生母服丧。门人问子思说：'从前您的祖父孔子准许为被休掉的生母服丧吗？'子思说：'是的。'门人又问：'您为什么不准许子上为他被休掉的生母服丧呢？'子思说：'从前我的祖父没有做过违背道的事情，道升高就随之而高，道降低就随之而低，我怎能能做到这样呢！'"不准许儿子为被休掉的生母服丧，这是合乎礼义的；儿子对于自己的生母不忘服丧，如果父亲不许服丧，儿子肯定不能违背父亲，应当默默保持心丧，也是符合礼义的；如果父亲准许儿子为母亲服丧，那么就去服丧，还是符合礼义的。子思认为自己达不到圣人的地步。孔子是圣人，因而可以做到权宜变通，而自己只能是遵守礼制罢了。

## 【章旨】

本章论《礼记·檀弓上》"子上之母死而不丧"章的义理。张载认为，父亲允许其子丧则丧，不允许则持心丧可矣，二者都是符合礼义的。在此，张载意在表示礼制出于情理，是可以权衡变化的。

**12·14** 圣人不制师之服[1]。师无定体[2]，如何是师？见彼之善而己效之，便是师也。故有得其一言一义如朋友者，有相亲炙而如兄弟者[3]，有成就己身而恩如天地父母者，岂可一概服之？故圣人不制其服，心丧之可也。孔子死，吊服如麻[4]，亦是服也，却不得谓无服也。[5]

## 【注释】

〔1〕师之服：为老师服丧的礼制。圣人不制师之服：语本《礼记·檀弓上》："事师无犯无隐，左右就养无方，服勤至死，心丧三年。"

〔2〕定体：固定不变的形式或性质。

〔3〕亲炙：指亲受教育熏陶。

〔4〕吊服：吊丧之服。麻：古代丧服中的麻带。孔子死，吊服

如麻：语本《礼记·檀弓上》："孔子之丧，门人疑所服。子贡曰：
'昔者夫子之丧颜渊，若丧子而无服，丧子路亦然。请丧夫子若丧父
而无服。'"郑玄注："无服，不为衰，吊服而加麻，心丧三年。"
《孔子家语·终记》："既卒，门人所以服夫子者，子贡曰：'昔夫子
之丧颜回也，若丧其子而无服，丧子路亦然。今请丧夫子如丧父而
无服。'于是弟子皆吊服而加麻。"

〔5〕本章亦见于《横渠礼记说·檀弓上》（第253页）。

【集解】

吕枏曰：程子谓颜、闵于孔子，虽斩衰三年可也，则师岂可
无服？（《张子抄释》卷四）

【译文】

圣人不制定为老师服丧的礼制。老师没有固定的形式，怎
样是老师？看到别人的长处就向他学习，他就是老师。因此，有
如同朋友一样听到一句话懂得一个道理的老师，有如同兄弟一样
亲自受教的老师，有恩情如同天地父母一样成就自己的老师，怎
么能用一样的标准去服丧呢？因此，圣人不制定为老师服丧的礼
制，采取心丧的方式就可以了。孔子去世，弟子穿着吊衣，系上
麻带，也是服丧之礼，却不能说没有为老师服丧。

【章旨】

本章论师丧无服，在内心保持哀痛就可以了。之所以如此，
是因为师于弟子的恩惠形式多样，无法一概而论，故圣人不制
师服。

## 12·15　《礼》称母为长子斩三年[1]，此理未安。父

存，子为母期〔2〕，母如何却服斩？此为父只一子，死则世绝〔3〕，莫大之戚，故服斩。不如此，岂可服斩！

**【注释】**

〔1〕斩：斩衰，丧服五服中最重的一种，用粗麻布制成，左右和下边不缝，服制三年。母为长子斩三年：嫡长子去世了，其母要为他服丧斩衰三年。语本《仪礼·丧服》："疏衰裳齐，牡麻绖，冠布缨，削杖，布带，疏屦三年者，父卒则为母，继母如母，慈母如母，母为长子。"

〔2〕期：期服，齐衰为期一年的丧服。

〔3〕世绝：世系断绝。

**【集解】**

吕柟曰：母为子斩，只是因情戚以立文。（《张子抄释》卷四）

**【译文】**

《仪礼》说嫡长子去世了，其母要为他服丧斩衰三年，这个道理似乎是不妥当的。如果父亲在世，嫡长子为他的母亲服丧齐衰一年，为什么嫡长子去世，母亲却要服斩衰？这是因为父亲只有一个嫡长子，嫡长子去世，世系就会断绝，没有比这更大的悲伤了，故而要服丧斩衰三年。如果不是这样，母亲怎么可以会为儿子服丧斩衰三年呢！

**【章旨】**

本章先怀疑"母为长子服斩"于情理似不合，接着又推断这只能是因为长子有宗统之位，故哀痛之情莫大于此，故服斩。这里体现出礼制中情与理的冲突之处以及张载对这一问题的理解。

**12·16**　父在，母服三年之丧<sup>〔1〕</sup>，则家有二尊，有所嫌也<sup>①〔2〕</sup>。处今之宜<sup>②</sup>，但可服齐衰，一年外可以墨衰从事<sup>〔3〕</sup>，可以合古之礼，全今之制。

**【校勘】**

① 嫌：鸣道本误作"歉"，据其他诸本改。

② 今：鸣道本误作"合"，据其他诸本改。

**【注释】**

〔1〕母服：子为母服丧。

〔2〕嫌：指在礼制上因无所分别而生的嫌疑。《礼记·曲礼上》："夫礼者所以定亲疏，决嫌疑，别同异，明是非也。"

〔3〕墨衰：黑色丧服。

**【译文】**

父亲在世，如果儿子为母亲服斩丧三年，那么家中就会出现两个同等的尊者，就会导致礼制上因无所分别而生的嫌疑。如今合适的处理方式是，儿子只可为母服齐衰一年，一年以后就可以穿黑色的丧服做事，这样既可以符合古时的礼义，也顾全了如今的礼制。

**【章旨】**

本章论父在为母服丧之制。张载认为，如果服三年之丧，会造成家有二尊的局面，故今日只需服齐衰一年，之后墨衰从事，如此可以得行折中之法。

**12·17** 同母异父之兄弟，小功服之可也。或云"未之前闻"〔1〕，当古之时又岂有此事〔2〕！

**【注释】**

〔1〕"未之前闻"：语出《礼记·檀弓上》："公叔木有同母异父之昆弟死，问于子游。子游曰：'其大功乎？'狄仪有同母异父之昆弟死，问于子夏，子夏曰：'我未之前闻也。鲁人则为之齐衰。'狄仪行齐衰。今之齐衰，狄仪之问也。"

〔2〕岂有此事：意指古时妇女不二嫁，不当有同母异父兄弟之事。

**【参读】**

张载曰：同母异父之昆弟，狄仪服之齐衰，是与亲兄弟之服同，如此则无分别，无分别，禽兽之道也，是知母而不知父。或以为大功者亦似太过，以小功服之可也。问此而答云"我未之前闻"，当古之时，又安有此事！（《横渠礼记说·檀弓上》，第258页）

**【译文】**

同母异父的兄弟，为其服丧小功就可以了。有人说"之前没有听说过这种礼制"，古时女不二嫁，怎么会有同母异父这样的事呢！

**【章旨】**

本章论同母异父兄弟之服。此礼，也是因时依理而推定。

**12·18** "三年之丧，二十五月而毕"〔1〕，又两月为禫〔2〕，共二十七月。礼钻燧改火①〔3〕，天道一变，其期已矣<sup>[4]</sup>，情不可以已，于是再期；夫再期又不可以已<sup>②</sup>，于是加之三月，是二十七月也<sup>③</sup>。<sup>[5]</sup>

**【校勘】**

① 改：鸣道本脱，据其他诸本补。

② 夫再期：其他诸本皆作"再期"。

③ 二：鸣道本脱，据其他诸本补。

**【注释】**

〔1〕"三年之丧，二十五月而毕"：语出《礼记·三年问》："三年之丧，二十五月而毕；哀痛未尽，思慕未忘，然而服以是断之者，岂不送死者有已，复生有节哉？"

〔2〕禫（dàn）：除丧服的祭祀。《仪礼·士虞礼》："中月而禫。"郑玄注："中，犹间也；禫，祭名也，与大祥间一月。自丧至此，凡二十七月。"

〔3〕礼钻燧改火：古时钻木取火，因季节不同而用不同的木材。《论语·阳货》："旧谷既没，新谷既升，钻燧改火，期可已矣。"何晏集解："马曰：'《周书·月令》有更火之文。春取榆柳之火，夏取枣杏之火，季夏取桑柘之火，秋取柞楢之火，冬取槐檀之火。一年之中，钻火各异木，故曰改火也。'"

〔4〕期（jī）：时间周而复始，指一周年。已：结束，停止。

〔5〕本章亦见于《横渠礼记说·三年问》（见"参读"）。

**【参读】**

张载曰："三年之丧，二十五月而毕"，此言除之内于二十五月之晦为祥祭，又两月之禫，共是二十七月。二十七月之晦为禫祭。据礼"钻燧改火"，天道一变，期可已矣，情不可已，于是再期；再期又不可已，于是加之三月，是二十七月也。况书有明证，春秋书祭祀，可以考其得礼不得礼。(《横渠礼记解·三年问》，第 318 页 )

**【集解】**

吕柟曰：古二十五月，二年加一月。今二十七月，二年加一时。(《张子抄释》卷四 )

**【译文】**

"服丧为期三年，二十五个月结束"，再过两个月是除服祭礼，共二十七个月。依礼，四时钻不同的木而取不同的火，天道变化一次，服丧一年已经过去，但哀伤的情感不能停止，于是再服丧一年；又过了一年哀伤还是不能停止，于是再增加三个月，所以是二十七个月。

**【章旨】**

本章论三年之丧共二十七月的理论依据，亦是依情而定。

**12·19** 大功已下算闰月 ①〔1〕，期已上以期断〔2〕，不算闰月。三年之丧，禫祥闰月亦算之〔3〕。

**【校勘】**

① 已：其他诸本皆作"以"。

**【注释】**

〔1〕闰月：农历一年较回归年相差约 10 日 21 时，故须置闰，即三年闰一个月，五年闰两个月，十九年闰七个月。每逢闰年所加

的一个月叫闰月。最初放在岁末，称"十三月"或"闰月"；后加在某月之后，称"闰某月"。

〔2〕期已上：齐衰期服以上的丧服。以期断：按年计算。

〔3〕禫祥：禫祭、祥祭的合称，亲丧满十三个月或二十五个月而祥，十五月或二十七月而禫。

**【集解】**

吕柟曰：轻服算闰月。(《张子抄释》卷四)

**【译文】**

大功以下的服制要算闰月，齐衰期服以上的服制按年计算，不加闰月。三年之丧的祥祭和禫祭，也要算闰月。

**【章旨】**

本章论丧服期遇闰月的情况，重服不算，轻服算。

**12·20 古者为舅姑齐衰期**[1]**，正服也**[2]**。今斩衰三年，从夫也。**

**【注释】**

〔1〕舅姑：已嫁之女对丈夫父母的称呼，俗称公婆。

〔2〕正服：正式规定的丧服期。

**【译文】**

古时儿媳为公婆服齐衰一年，这是礼制规定的丧服。如今服斩衰三年，这是跟着丈夫服的丧服。

**【章旨】**

本章论为舅姑服丧期的古今之别，古者齐衰一年，今斩衰三年。

**12·21** "孔子恶哭诸野者"〔1〕，谓其有服之丧，不哭诸家而哭诸野者也。〔2〕

**【注释】**

〔1〕野：不合礼仪，不拘礼节。"孔子恶哭诸野者"：语本《礼记·檀弓上》："孔子恶野哭者。"孔颖达疏："哭非其地谓之野，为变众，故恶之也。"《礼记·檀弓上》："伯高死于卫，赴于孔子。孔子曰：'吾恶乎哭诸？兄弟，吾哭诸庙。父之友，吾哭诸庙门之外。师，吾哭诸寝。朋友，吾哭诸寝门之外。所知，吾哭诸野。于野则已疏，于寝则已重。夫由赐也见我，吾哭诸赐氏。'"

〔2〕本章亦见于《横渠礼记说·檀弓上》（见"参读"）。

**【参读】**

张载曰："孔子恶野哭者"，为有服者之丧，不哭诸家而哭于野，是恶凶事也。所知自当哭于野，又若奔丧者，安得不哭于道？（《横渠礼记说·檀弓上》，第258页）

**【译文】**

所谓"孔子厌恶不合礼节的哀哭"，是指在服丧中，不在家里哭泣哀悼，却在外面哭泣。

**【章旨】**

本章论孔子恶野哭。哭于家表现庄重，哭于野表现轻疏。

**12·22** 师不立服，不可立也，当以情之厚薄、事之大小处之。如颜、闵于孔子，虽斩衰三年可也，其成己之功与君父并。其次各有浅深，称其情而已[1]。下至曲艺[2]，莫不有师，岂可一概制服？[3]

**【注释】**

〔1〕称其情：以人情衡量，与人情的轻重相称。《礼记·三年问》："三年之丧，何也？曰：称情而立文，因以饰群，别亲疏贵贱之节，而弗可损益也。"郑玄注："称情而立文，称人之情轻重，而制其礼也。"

〔2〕曲艺：多指医卜以至书画之类的技能。《礼记·文王世子》："曲艺皆誓之。"孔颖达疏："曲艺谓小小技术，若医卜之属也。"

〔3〕本章亦见于《河南程氏遗书》卷二上（第23页）。

**【集解】**

吕柟曰：此议与程子同。（《张子抄释》卷四）

**【译文】**

不为老师设立丧服制度，是因为不能设立，应当以所受情分的厚薄、所教功业的大小来分别对待。比如颜回、闵损对待孔子，即使是服斩衰三年也是可以的，因为孔子对他们的成就之功可以与君主、父亲相提并论了。比这低一些的，感情各自有浅有深，服丧方式与人情的轻重相称就行了。再到医卜书画这些技能也都有老师，怎么能制定统一的服制呢！

**【章旨】**

本章再论为师服丧，可"称情"而已。可与12·14相参。

**12·23** 受祥日食肉、弹琴恐不是[1]。圣人举动，使其哀未忘，则"子于是日哭"[2]，"不饮酒食肉以全哀"[3]，况弹琴可乎？使其哀已忘，何必弹琴？[4]

**【注释】**

〔1〕受祥日：亲丧满十三个月或二十五个月的祭祀称"祥"，受祥日即进入祥祭的第一天。

〔2〕"子于是日哭"：语出《论语·述而》："子食于有丧者之侧，未尝饱也。于是日哭，则不歌。"邢昺疏："此章言孔子于是日闻丧或吊人而哭，则终是日不歌也。若一日之中，或哭或歌，是亵渎于礼容，故不为也。"

〔3〕不饮酒食肉以全哀：语本《礼记·檀弓下》："行吊之日，不饮酒食肉焉。"郑玄注："以全哀也。"

〔4〕本章亦见于《河南程氏遗书》卷十五（第155页）。

**【译文】**

进入丧服已满后祥祭的第一天，吃肉弹琴恐怕不对。圣人的举止动作，假如还没有忘记哀伤，那么就是"孔子在这天哭泣哀悼"，"不喝酒吃肉以保持哀伤"，况且是去弹琴，怎么可以呢？假如已经忘记哀伤，何必非要弹琴呢？

**【章旨】**

本章论受祥日不当吃肉、弹琴。

**12·24** "为人后者为其父母"[1]，不论其族远近，并以期服服之。据今之律，五服之内方许为后〔2〕。以《礼》文言，又无此文。居五服之内无人①，使后绝可乎？必须以疏属为之后也〔3〕。

**【校勘】**

① 五服：鸣道本作"正服"，据其他诸本改。

**【注释】**

〔1〕为人后者：改做他人后嗣的人。父母：指本生父母。"为人后者为其父母"：改做他人后嗣的人要为本生父母服丧。语出《仪礼·丧服》："为人后者为其父母，报。"贾公彦疏："此谓其子后人反来为父母在者，欲其厚于所后，薄于本亲，抑之，故次在孙后也。若然，既为本生不降斩，至禫杖章者，亦是深抑厚于大宗也。言报者，既深抑之，使同本疏往来相报之法故也。"

〔2〕五服：指高祖父、曾祖父、祖父、父亲、自身等五代直系亲属。

〔3〕疏属：远宗，旁系亲属。

**【译文】**

"改做他人后嗣的人要为本生父母服丧"，不管在族中亲属关系远近，都要服丧齐衰一年。依据如今的礼制，五服之内才允许立为后嗣。但从礼文上说，又没有这样的记载。那么，如果五服之中没有人可以过继，难道可以绝后吗？这就必须以远宗亲属过继为后嗣。

**【章旨】**

本章论为人后者服丧的情况。一是为其本生父母当服丧一年，二是选择继嗣者当首先在五服之内，三是若不得已，也可在更远的亲属中选择。

**12·25** 有適母在<sup>①〔1〕</sup>，其所生之母死<sup>②</sup>，虽服缌<sup>③</sup>，亦当心丧，难以求仕。

**【校勘】**

① 適母：鸣道本作"適父母"，据其他诸本改。

② 之：其他诸本无。

③ 虽：其他诸本皆作"礼虽"。

**【注释】**

〔1〕適母：同"嫡母"，妾生的子女称呼父亲的正妻。

**【集解】**

吕柟曰：今为所生母立三年丧，于人子独无悆。（《张子抄释》卷四）

**【译文】**

如果妾生子的嫡母还活着，自己的生母去世了，即便只是服缌，也应当保持心丧，不能去谋求居官任职。

**【章旨】**

本章论妾生子为其母服丧的情况。如嫡父母在，则服缌，持心丧。

**12·26** 祭器祭服，以其尝用于鬼神，不敢亵用，故有埋焚之礼<sup>①〔1〕</sup>。至于衰绖冠履<sup>〔2〕</sup>，不见所以毁之文，惟杖则言"弃诸隐者"〔3〕。弃诸隐者，不免有时而亵，何不即焚埋之？尝谓丧服非为死者②，己所以致哀也，不须道敬丧服也〔4〕。《礼》云："齐衰不以边坐，大功不以服勤"〔5〕，皆言主在哀也，非是为敬丧服。"不边坐"，专席而坐。《礼》云："有忧者侧席而坐，有丧者专席而坐。"〔6〕有忧则意不安，故侧席而坐。侧席者，坐不安也。有丧者则专在哀③，不为容也〔7〕，故专席而坐。得席则坐，更无所逊于前后，是以无容也。"大功不以服勤"，不以服勤劳之事，皆是不贰事之义也④〔8〕。毁丧服者，必于除日毁〔9〕，以散诸贫者，或诸守墓者，皆可也。盖古人不恶凶事，而今人以为嫌，留之家，人情不悦，不若散之。焚埋之，又似恶丧服⑤。〔10〕

**【校勘】**

① 有：徐刻本、四库本作"具"。

② 尝：其他诸本皆作"常"。

③ 在：其他诸本皆作"在于"。

④ 贰：徐刻本、四库本作"二"。

⑤ 鸣道本此章与上章合，其他诸本另分章，据改。

**【注释】**

〔1〕埋焚之礼：语本《礼记·曲礼上》："祭服敝则焚之，祭器敝则埋之。"郑玄注："此皆不欲人亵之也。焚之，必已不用；埋之，不知鬼神之所为。"孔颖达疏："若不焚埋，人或用之，为亵慢鬼神之物。所以'焚之'、'埋之'异者，服是身着之物，故焚之；牲器之类，并为鬼神之用，虽败，不知鬼神用与不用，故埋之犹在，

焚之则消。故焚、埋异也。"

〔2〕衰（cuī）：丧服胸前当心处缀有长六寸、广四寸的麻布，名衰，因名此衣为衰。绖（dié）：丧服所用的麻带，扎在头上的称首绖，缠在腰间的称腰绖。

〔3〕杖：指居丧时所执的丧棒。"弃诸隐者"：将丧棒丢弃到看不见的地方。语出《礼记·丧大记》："弃杖者，断而弃之于隐者。"孔颖达疏："杖是丧至尊之服，虽大祥弃之，犹恐人亵慢，断之不堪他用，弃于幽隐之处，使不秽污。"

〔4〕不须道：没有必要说。

〔5〕"齐衰不以边坐，大功不以服勤"：服齐衰不可以侧着身子坐，服大功不可以干杂事。语出《礼记·檀弓上》："衰，与其不当物也，宁无衰，齐衰不以边坐，大功不以服勤。"郑玄注："为亵丧服。'边'，偏倚也。"孔颖达疏："'齐衰不以边坐'者，因上'宁无衰'以广其事也。'边坐'，谓偏倚也。丧服宜敬，坐起必正，不可着衰而偏倚也。齐衰轻，既不倚，斩重，不言亦可知也。'大功不以服勤'者，大功虽轻，亦不可着衰服以为勤劳事也。齐衰言'不边坐'，则大功可也。大功不勤，则齐衰固不可，而小功可也。"

〔6〕"有忧者侧席而坐，有丧者专席而坐"：因父母生病而心中忧愁的人坐特殊的席子，因父母去世而服丧的人坐单独的席子。语出《礼记·曲礼上》。郑玄注："'侧'犹'特'也。忧不在接人，不布他面席。降居处也，'专'犹'单'也。"

〔7〕容：仪容。

〔8〕不贰事：不将心思放在其他事务上。

〔9〕除日：脱去丧服、不再守丧的那一天。

〔10〕本章亦见于《横渠礼记说·曲礼上》(第249、250页)。

**【参读】**

张载曰：有忧者，心未安，故侧席。丧已然者，坐无容，故专席。非谓不与宾客接也。(《横渠礼记说·曲礼上》，第249页)

**【集解】**

吕柟曰：释丧服亦与杖同，藏散皆可。(《张子抄释》卷四)

**【译文】**

祭祀用的器物和衣服，因为它们曾用于接待鬼神，不敢轻慢地处理，因此有掩埋或焚烧的礼仪。至于麻布、麻带、帽和鞋，没有见到将它们毁坏的文字记载，只有丧棒有"丢弃到隐蔽的地方"的记载。丢弃在隐蔽的地方，难免偶尔会受到亵慢，为何不将它马上焚烧掩埋？我曾说丧服并非为了死者而穿，是自己用来表达哀伤的，没有必要说要尊敬丧服。《礼记》说："服齐衰不可以侧着身子坐，服大功不可以干杂事。"这都是说主要在于哀伤，并不是为了尊敬丧服。"不侧着身子坐"，就是坐单独的席。《礼记》说："因父母生病而心中忧愁的人坐特殊的席子，因父母去世而服丧的人坐单独的席子。"因父母生病而心中忧愁，那么就心中不宁静，所以会侧着身子坐。侧着身子坐，坐着就不安稳。因父母去世而服丧，那么就一心在于哀伤，顾不上仪容，因此坐单独的席。有席就坐，更不会前后推辞，所以说不顾仪容。"服大功不可以干杂事"，不去干各种杂事，都是不将心思放在其他事务上的意思。处理丧服应当在除服的当日，分给贫困的人或者守墓的人都是可以的。因为古人不忌讳丧事，但今人却忌讳，放在家里，心情不愉快，那就不如分给别人。焚烧掩埋又显得是厌恶丧服。

**【章旨】**

本章论祭器祭服的处理方法。一种是焚埋，另一种送给穷人或守墓的人。张载这里特别纠正了对"齐衰不以边坐，大功不以服勤"的解释，认为这不是要尊敬丧服，而是服丧者心情哀伤的体现。

**12·27** 练亦谓之"功衰"[1]，盖练其功衰而衣之尔。据《曾子问》："三年之丧不吊。"[2] 又《杂记》："三年之丧，虽功衰不以吊。"[3] 又："服三年之丧既练矣，有期之丧既葬矣，则服其功衰。"[4] 又《杂记》："有父母之丧，尚功衰。"[5] 此云"尚功衰"，盖未祥之前[6]，尚衣绖练之功衰耳①[7]。知既练犹谓之功衰者，以下文云"则练冠"。三年之丧，礼不当吊，而《杂记》又云"虽功衰不以吊"。"兼服之服重者，以易轻者"[8]，旧注不可用②。此为三年之丧以上而言，故作《记》者以斩、齐及大功明之。若斩衰既练，齐衰既卒哭，则首带皆葛[9]；又有大功新衰之麻[10]，则与齐之首绖[11]，麻葛两施之[12]。既不敢易斩葛之轻，以斩葛大于大功之麻。③[13] 又不敢易齐首之重，轻者方敢易去，则重者固当存。④[14] 故麻葛之绖，两施于首。若大功既葬，则当服齐首之葛，不服大功之葛⑤。所谓"兼服之服重者，则变轻者"，正谓此尔。若齐麻未葛，则大功之麻亦止当免，则绖之而已。如此，丧变虽多，一用此制，前后礼文不相乖矣⑥[15]。

**【校勘】**

① 衣：鸣道本作"交"，据其他诸本改。经：黄刻本、抄释本作"经"，徐刻本、四库本作"轻"。

② 旧注：鸣道本作"以旧注"，衍"以"。

③ 以斩衰大于大功之麻：鸣道本无此注，据其他诸本补。

④ 易：鸣道本误作"为"，据其他诸本改。重：鸣道本脱，据其他诸本补。轻者方敢易去则重者固当存：鸣道本无此注，据其他诸本补。

⑤ 不服大功之葛：鸣道本无，据其他诸本补。

⑥ 矣：其他诸本皆作"庚"。

**【注释】**

〔1〕练：煮熟生丝或生丝织品，使之柔软洁白。父母丧后周年之祭称小祥，此时孝子可以穿练过的布帛，故称"练"。功衰（cuī）：斩衰、齐衰之丧在练祭之后所穿的丧服，斩衰、齐衰用粗麻布，功衰用熟麻布，与功服同，故称"功衰"。

〔2〕"三年之丧不吊"：自己正在服三年之丧，不去吊唁别人家的丧事。语出《礼记·曾子问》："曾子问曰：'三年之丧吊乎？'孔子曰：'三年之丧，练不群立，不旅行。君子礼以饰情，三年之丧而吊哭，不亦虚乎？'"孔颖达疏："此一节论身有重服，不得吊人之事。"

〔3〕"三年之丧，虽功衰不以吊"：自己正在服三年之丧，即使到了周年小祥改为功衰后，也不去吊唁别人家的丧事。语出《礼记·杂记下》："三年之丧，虽功衰，不吊，自诸侯达诸士。"孔颖

达疏："谓重丧小祥后衰与大功同，故曰功衰。衰虽外轻，而痛犹内重，故不得吊人也。"

〔4〕"服三年之丧既练矣，有期之丧既葬矣，则服其功衰"：自己正在服三年之丧，已经过了十三月练祭了，又遭遇期年之丧，也满三个月安葬了，身上就穿功衰。语出《礼记·服问》："三年之丧既练矣，有期之丧既葬矣，则带其故葛带，绖期之绖，服其功衰。有大功之丧，亦如之。小功，无变也。"郑玄注："为父，既练，衰七升；母既葬，衰八升。凡齐衰，既葬，衰或八升，或九升，服其功衰，服粗衰。"孔颖达疏："'服其功衰'者，功衰，谓服父之练之功衰也。"

〔5〕"有父母之丧，尚功衰"：正在服三年之丧，身上还穿着功衰。语出《礼记·杂记》："有父母之丧，尚功衰，而附兄弟之殇则练冠附于殇。"郑玄注："斩衰、齐衰之丧练，皆受以大功之衰，此谓之功衰。"孔颖达疏："'尚功衰'者，衰谓三年练后之衰，升数与大功同，故云功衰。"

〔6〕祥：服丧满一年或二年而祭的统称。

〔7〕绖（dié）：丧服所用的麻带。

〔8〕"兼服之服重者，以易轻者"：语出《礼记·间传》："男子重首，妇人重带。除服者先重者，易服者易轻者。""易服者何为易轻者也？斩衰之丧，既虞卒哭，遭齐衰之丧，轻者包，重者特。既练，遭大功之丧，麻葛重。齐衰之丧，既虞卒哭，遭大功之丧，麻葛兼服之。斩衰之葛与齐衰之麻同，齐衰之葛与大功之麻同，大功之葛与小功之麻同，小功之葛与缌之麻同，麻同则兼服。兼服之服重者，则易轻者也。"郑玄注："服重者，谓特之也。'则'者，

则男子与妇人也。凡下服，虞、卒哭，男子反其故葛带，妇人反其故葛绖，其上服除，则固自受以下服之受矣。"

〔9〕首带皆葛：指头上和腰上的丧带都换成葛带。首，指头上缠的丧带。带，特指腰上缠的丧带。葛，葛带，指用葛布制成的丧带。

〔10〕麻：指麻布制的丧服。

〔11〕齐之首绖：指服齐衰期间头上缠的麻带。

〔12〕麻葛两施之：在原来所带的葛带之外再缠上麻带。

〔13〕不敢易斩葛之轻：葛轻于麻，但斩衰重于大功，故不敢以麻易葛。

〔14〕不敢为齐首之重："齐首之重"与"斩葛之轻"互文，也是指齐衰重于大功，但大功也不可不服，故不敢为齐首之重。

〔15〕本章亦见于《横渠礼记说·服问》(见"参读")。

**【参读】**

张载曰：三年既练，期既葬，"服其功衰，有大功之丧亦如之"，谓若三年既练，期、大功既葬，止当服其既练功衰，不可便受以小功布也。以此三年无受小功之节，练衰除，则自当服以小功。练衣，必是煅练大功之布以为衣，故有言功衰。功衰，上之衣也。以其着衰于上，故通谓之功衰。必着受服之上，称受者，以此得名。受，盖以受始丧斩疏之衰而着之变服，其意以丧久变轻，不欲摧割之心亟忘于内也。练衣当既葬之后，受以大功之衰。及既练也，煅练其衰而已。或既练则以大功之布而为衰，或衰而加煅练，此则系其有亡也。小祥乃练其功衰而衣之，则练与功衰非二物。若正大功之服，则有小功之受。盖大功乃亚三年、期之重丧，其卒哭之税，亦其称尔。若殇则不练矣。练，亦谓之功衰，盖练其功衰而衣之尔。据《曾子问》"三年之丧不吊"，又《杂记》"三年之丧，虽功衰不以吊"，又《服问》"三年之丧既练矣，有期之丧既葬矣"，则服其功衰，经意盖谓当练而服后丧之衰，即用七八升则前丧易忘，故反七八升之衰矣。又《杂记》"有父母之丧，尚功衰"，此云尚功衰，盖未祥之前尚衣经练之功衰尔。知既练犹谓之功衰者，以下文云"则练冠"。又三年之丧，礼不当吊，而《杂记》又云"虽功衰不以吊"。(《横渠礼记说·服问》，第 316 页 )

张载曰："兼服之服重者，则易轻者"，旧注不可用。此为三年之丧以上而言，故作记者以斩衰及大功明之。若斩衰既练，齐衰既卒哭，则首带皆葛，又有大功新丧之麻，则与齐衰之首经，麻葛两施之。"兼服"之名得诸此。盖既不敢易斩衰之轻，以斩葛大于大功之麻也。又不敢易齐首之重，轻者方敢易去，则重者固当存。故麻葛之经两施于首。若大功既葬，则服齐首之葛，不服大功之葛，所谓"兼服之服重者，则变轻者"，正谓此尔。若齐麻未葛，则大功之麻亦止于当免则经之而已。如此，则丧变虽多，一用此制，而前后礼文不相乖戾。(《横渠礼记说·服问》，第 317 页 )

**【集解】**

吕柟曰：丧渐远则渐变。大抵一三年之丧，比终五服，皆易遍也。(《张子抄释》卷四 )

**【译文】**

"练"也称作"功衰"，因为练是把功衰服熬煮以后穿着的丧服。根据《礼记·曾子问》说："自己正在服三年之丧，不去吊唁别人家的丧事。"《礼记·杂记》又说："自己正在服三年之丧，即使到了周年小祥改穿功衰后，也不去吊唁别人家的丧事。"《礼记·服问》又说："正在服三年之丧，已经过了十三个月练祭了；期间又遭遇到期年之丧，也满三个月安葬了，身上就穿功衰。"《礼记·杂记》又说："正在为父母服三年之丧，身上还穿着功衰。"这里说"身上还穿着功衰"，大概是还未祥祭之前仍然穿着麻带和练布的功衰。之所以知道已经过了练祭还称之为功衰，因为下文接着说"带着练冠"。正在服三年之丧，按照礼的要求，不应当吊唁别人家的丧事，但《杂记》又说"即使改穿功衰后，也不去吊唁别人家的丧事"。"兼服是在所重的部位仍服旧丧之葛，而在所轻的部位改用新丧之麻"，旧注不能采用。这是针对三年之丧的丧服来说的，因此《礼记》作者用斩衰、齐衰以及大功服来说明。如果斩衰已经过了练日，齐衰已经过了卒哭，那么头上和腰上的丧带都换成葛带；又要为大功新丧缠上麻带，那么就在齐衰时头上的葛带之外再缠上新丧的麻带。这是因为既不敢用大功的麻带替换斩衰的葛带（因为斩衰的葛带大于大功的麻带），又不敢还用齐衰时头上缠的麻带（轻的部位才敢换掉，重的部分固然应当保留），因此就在头上的葛带之外再缠上麻带，两种都用上。如果是所服大功的亲人已经安葬，就应当用服齐衰时缠在头上的葛带，不用再缠大功时的葛带。所谓"兼服是在所重的部位仍服旧丧之葛，而在所轻的部位改用新丧之麻"，说的就是这种情形。如果说齐衰的麻带还没有替换为葛带，那么大功用的麻带也可以免去，只用麻带就行了。这样，丧服的变化虽然很多，一律用这样的方式，前后礼文就不会相互矛盾了。

**【章旨】**

本章解释经典中对丧变易服记载的混乱之处。一是练即功衰，二是大功新衰，麻葛两施之。

**12·28** 练衣，必煆炼大功之布以为衣[1]，故有言"功衰"。功衰，上之衣也，以其着衰于上，故通谓之衰。必着受服之上[2]，称受者，以此得名。受，盖受始丧斩疏之衰而着之变服[3]，其意以丧久变轻，不欲摧割之心亟忘于内也[4]。此说昔尝与学者言之。今三年，始获二人同矣①。

**【校勘】**

① "此说"至"同矣"：鸣道本无，据其他诸本补。三年：四库本作"二年"。

**【注释】**

[1]煆（xiā）炼：用猛烈的火气冶炼。

[2]受服：指守孝时穿的丧服。

[3]斩疏之衰：即斩衰和齐衰。

[4]摧割：指内心伤痛万分。亟（jí）：疾速。

**【集解】**

吕枏曰：服变，衰不变。（《张子抄释》卷四）

**【译文】**

练衣，是用猛火熬炼大功的布而做成的衣服，因此有人称为"功衰"。功衰，是衰服上面的衣服，因为要把熬炼后的衰缝在上面，因此统一称之为衰。功衰必须缝在丧服上面，之所以称为

"受"，也是从这里得名的。所谓"受"，就是接受开始服斩衰齐衰时穿的衰而将其缝在变服上，意思是随着服丧时间变长而丧服变轻，不想让伤痛的心迅速遗忘了。（这一理解我曾与学者说过，现在过了三年了，才有两个人赞同。）

【章旨】

本章继续论功衰变服。

**12 · 29**　**"古之冠也缩缝"**[1]，**古之吉冠缩缝也**[2]；**"今之冠也衡缝"**[3]，**今之吉冠衡缝也。吉冠当缩缝，丧冠当衡缝**[4]。**今丧反吉，非古也**①。

【校勘】

①反吉非古：鸣道本作"反古非吉"，据其他诸本改。

【注释】

〔1〕缩：纵，直。"古之冠也缩缝"：语出《礼记·檀弓》："古者冠缩缝，今也衡缝。故丧冠之反吉，非古也。"郑玄注："缩，从也。今礼制，衡读为横，今冠横缝，以其辟积多。"

〔2〕吉冠：吉礼如昏礼、冠礼等所带之冠。

〔3〕衡：横，与"纵"相对。

〔4〕丧冠：丧礼所带之冠。

【参读】

张载曰：吉冠之制，竖搭过布，布幅以二尺二寸为率，则前后共有四尺四寸。首围所占之外，余广尚多而为缝。以文多，故为吉。凶冠则横绕布，直缝无文。至后世不然，故曰"丧冠之反

吉，非古也"。(《横渠礼记说·檀弓上》，第 255 页)

【译文】

"古时冠的缝是纵向的"，这是说古时吉冠的缝是纵向的；"如今冠的缝是横向的"，这是说如今吉冠的缝是横向的。吉冠应当是纵向的缝，丧冠应当是横向的缝。如今的丧冠反而是吉冠的做法，这与古时不同。

【章旨】

本章论古今丧礼中冠缝的变化。古时吉冠缩缝，今世吉冠衡缝，正好相反。

12·30　小功大功言"末"〔1〕，恐止是以卒哭之后为末。齐衰不言"末"，谓其无是礼也。

【注释】

〔1〕小功大功言"末"：语本《礼记·杂记下》："大功之末，可以冠子，可以嫁子。父小功之末，可以冠子，可以嫁子，可以取妇。"

【译文】

《礼记》中称大功、小功之"末"，可能只是把百日卒哭之后称为"末"。齐衰不称"末"，这就是说齐衰没有这种礼仪。

【章旨】

本章论小功大功言"末"，齐衰不言"末"。

12·31　小祥乃练其功衰而衣之〔1〕，则练与功衰非二物也。

**【注释】**

〔1〕小祥：父母丧后周年的祭名，祭后可稍改善生活，并解除丧服的一部分。《仪礼·士虞礼》："期而小祥。"郑玄注："小祥，祭名。祥，吉也。"

**【集解】**

吕柟曰：只是布稍细。(《张子抄释》卷四)

**【译文】**

丧后周年的小祥祭就是把功衰服熬练以后再穿上，因此可知练与功衰不是不同的东西。

**【章旨】**

本章再论练与功衰本为一物，可与上 12·26、12·27 章相参。

12·32　"有父母之丧，尚功衰"〔1〕，此"尚功衰"，谓未祥犹衣所练之功衰，未衣麻衣也。〔2〕

**【注释】**

〔1〕"有父母之丧，尚功衰"：语出《礼记·杂记》："有父母之丧，尚功衰，而附兄弟之殇则练冠附于殇。"

〔2〕本章亦见于《横渠礼记说·杂记上》(第 295 页)。

**【译文】**

"正在为父母服丧，身上还穿着功衰"，这里的"身上还穿着功衰"是指在周年小祥祭之前还穿着熬练以后的功衰，没有穿麻衣。

**【章旨】**

本章解释《礼记·杂记》"有父母之丧，尚功衰"。

**12·33** 《特牲》《少牢馈食》〔1〕，一出孺子之学①〔2〕，不胜钦叹父母〔3〕。

**【校勘】**

① 孺子：其他诸本作"孺悲"。

**【注释】**

〔1〕《特牲》《少牢馈食》：指《仪礼》中的《特牲馈食礼》与《少牢馈食礼》两篇。特牲：指祭礼或宾礼只用一种牲畜。少牢：祭礼的牺牲，牛、羊、豕俱用叫太牢，只用羊、豕二牲叫少牢。馈食：古代的天子诸侯每月朔朝庙的一种祭礼。

〔2〕孺子：指孺悲，鲁国人，鲁哀公曾派他向孔子学礼，据此而写成《士丧礼》。《礼记·杂记下》："恤由之丧，哀公使孺悲之孔子，学士丧礼，《士丧礼》于是乎书。"

〔3〕不胜：非常，十分。钦叹：指《特牲馈食礼》与《少牢馈食礼》中用各种仪式，极尽表达对父母的尊敬。

**【译文】**

《特牲》《少牢馈食》都是出自孺悲的学问，因而反复礼敬父母。

**【章旨】**

本章论《特牲馈食礼》与《少牢馈食礼》的特点。

# 附　录

## 一、序跋

### 横渠经学理窟汪伟序[①]

《横渠经学理窟》，或以为先生所自撰。伟按，熙宁九年秋，先生集所立言以为《正蒙》，其平日所俯而读，仰而思，妙契而疾书者，宜无遗矣。明年，遂捐馆舍，所谓《文集》《语录》及诸经说等，皆出于门人之所纂集。若《理窟》者，亦分类语录之类耳，言有详略，记者非一手也。虽然，言之精者固不出于《正蒙》，谓是非先生之蕴不可也。

论学则必期于圣人，语治则必期于三代，至于进为之方，设施之术，具有节级，凿凿可行，非徒托诸空言者。朱子曰："天资高则学明道，不然，且学二程、横渠。"良以横渠用功亲切，有可循守。百世而下，诵其言，若盲者忽睹日月之光，聋者忽聆雷霆之音，偷惰之夫咸有立志，其《正蒙》之阶梯与！其间数条，与《河南程氏遗书》所载不殊，如"为学如登山麓"及"尧

---

① 录自《横渠经学理窟》卷首，明嘉靖元年刻本。

夫论他山之石可以攻玉"。可见先生平昔与程氏兄弟议论之同，而非剿以入也。

大理丞莆田黄君伯固，志趣高远，守道笃信，有先生之勇，闲取《理窟》刻于官寺，俾有志之士知所向往，亦推先生多栽培，思以及天下之意云。刻成，谨题其端始，识岁月。

嘉靖元年夏五月朔旦，后学弋阳汪伟谨书。

### 横渠经学理窟黄巩跋 [1]

右横渠先生子张子《经学理窟》凡五卷。按先生《西铭》《正蒙》皆列学宫，若《文集》、《语录》、诸经说之类，朱文公编次《近思录》则固取之矣，独《理窟》世所罕见。然晁氏《读书志》有"《经学理窟》一卷，张某撰"，《黄氏日抄》亦谓横渠好古之切，故以《诗书》次《周礼》焉。但晁云一卷而此则五卷，岂本自一卷而为后人所分？未可知也。考之《近思录》，凡取之先生《文集》、《语录》、诸经说者，乃皆出于《理窟》，意《理窟》亦其门人汇辑《文集》、《语录》、诸经说之语而命以是名，殆非先生所自著也。然则晁氏与《日抄》之所云者，其又未必然与？先生《文集》及诸经说皆不传，其见于《近思录》者亦无几，犹幸是编之存，先生所谓"知礼成性，变化气质"之道，"学必如圣人而后已"者，盖屡书焉。世之欲求先生之学者，其可忽诸！

嘉靖元年四月望日，后学莆阳黄巩谨识。

---

[1]　录自《横渠经学理窟》卷末，明嘉靖元年刻本。

## 经学理窟康海序 ①

此横渠夫子之微言，而门人之所记也，故曰《经学理窟》，若以为众理之所聚，其渊若窟而出无穷也。张载撰。尝细玩其辞说，其于天下之理，若指黑白而较坚脆，言不虚越而理皆深造，见之行事，无弗达矣。按察副使山阴成质夫刻之，属海序诸其首。

## 横渠张子抄释吕柟序 ②

横渠张子书甚多，今其存者，止二《铭》、《正蒙》、《理窟》《语录》及《文集》，而《文集》又未完，止得二卷于三原马伯循氏。然诸书皆言简意实，出于精思力行之后。至论仁孝、神化、政教、礼乐，盖自孔孟后，未有能如是切者也。顾其书散见漫行，涣无统纪，而一义重出，亦容有之。暇尝粹抄成帙，注释数言，略发大旨，以便初学者之观省。谪解之第三年，巡按潜江初公恐四方无是本也，命刻诸解梁书院，以广布云。

嘉靖五年三月辛丑，后学高陵吕柟序。

## 横渠张子抄释葛涧序 ③

涧锓《横渠子抄释》于梓。或曰："何居？"涧曰："夫横渠子，古之儒也。其质弘，其力勇，其思精，其造深，是故有至训

---

① 录自沈青崖等编《陕西通志》卷七十四《经籍第一》，清文渊阁四库全书本。

② 录自吕柟《张子抄释》卷首，明嘉靖五年刻本。

③ 录自吕柟《张子抄释》卷首，明嘉靖五年刻本。

焉。《西铭》大而理,《东铭》迤而恪,《正蒙》奥而通,《理窟》博而粹,《语录》明而实。若而文,若而诗,讽讽乎肆而中,曲而雅,治之经也,志之休也。其绍邹鲁之烈乎!夫泾野子,亦古之儒也,是故有《抄释》焉。推天以人,阐无以有,极内以外,验古以今,质而味,简而尽,横渠子之蕴,其离离然乎!是故由《抄释》可以知横渠子矣,由横渠子可以造圣神矣。涧也蒙诵而知爱焉,爱而欲传焉,是以锓诸梓也。子以为奚若?"或曰:"可哉!子其识诸泾。"曰:"然。"

嘉靖己丑仲夏望日,江都后学葛涧序。

## 合刻周张两先生全书徐必达序 [1]

自子舆氏后,学绝道丧者千五百余年,周张两先生崛起有宋之世。盖濂溪于洙泗称"承家肖子",于洛闽称"创基王父"云,而横渠则固其介弟行也。濂溪提纲启钥,首云"无极而太极",而横渠云"气本之虚则湛本无形,感而生则聚而有象",非所称造车于室,不谋而合辙者耶?

夫吾身一天地也,继之者善,遍体万物,而非有遗也。将来则进,成功则退,何有于我?此无极而太极之旨也。皇王得之,故不矜不伐,有天下而不与;五伯失之,故三归反坫,栩栩焉足已。自封成周,犹在得失之间乎?《召诰》《洛诰》诸篇,大则几矣,化于何有?孔孟得之,故天地位,万物育,而无声无臭,自若也;亲亲长长,以平天下,而不加不损,自若也。佛老失

---

[1] 录自徐必达编《合刻周张两先生全书》卷首,明万历三十四年刻本。

之，故不谓有生于无，即以万象为太虚中所见之物，而世儒或窃其髓以附吾道之影，遂有遗弃事物，屏黜思虑，专务静虚，以完养精神者矣。

有味乎紫阳之言，此理自来，实无形象，故曰"无极"。若论工夫，则只中正仁义，便是理会此事处，非别有一段根原工夫在讲学应事外也。而何世儒见之边也？盖尝就二者而衡其蔽。滞于有者，认生为得，认死为丧，认杯酒、棋局皆天地间不可磨灭之事，是以胸中不胜胶胶膅膅，而酌之易盈，取之易竭，然其蔽止于一身，于君臣父子之际，犹无伤也。沦于无者，注其心于茫昧不可知之地，而幸幸顿悟，谓昼夜阴阳皆不足以累其心，谓魂魄知觉即是己性，无其恶，并无其善。遂以过为不碍事障，可弗改也；以善为动用即乖，可弗迁也；以穷理集义为支离，而主静读书皆可废也。其归卒以山河大地为幻妄，以君臣父子为假合，其蔽不胥中国而夷之不止。吁！出奴入主，诞信相讥，其贼道可胜叹哉！君子欲激其波而回其澜，胡不自吾夫子折衷之也？以夫子从心不逾，必自立始，而曰"不知礼，无以立也"，然则入门次第，断可识矣。是以横渠《学大原》篇，专教"学者且须观礼"。又曰："礼即天地之德也，如颜子者，方勉勉于非礼勿言勿动。勉勉者，勉勉以成性也。"旨哉言乎！夫成性则圣，圣则位天德，不可致知谓神，神则无极而太极之能事毕矣。故不窥横渠之门而欲遽闯濂溪之室，吾未见其得也。

尝考二程亲受《太极图》于周子，然未尝言之。其论张子"清虚一大"之说，亦曰"使人向别处走"，而独于礼教深有契也，曰："子厚以礼教学者最善，使学者现有所据守。"呜呼！

二程先生忧世觉民之意，岂不甚甚切切乎哉！

　　盖必达少读《太极》《正蒙》，而不觉目眩心骇，徒望洋也已。求之《通书》《西铭》，间犹迷津也。又得张子礼教之指，而于济渡杠梁，少有悟焉，循而守之，差可鲜过。遂推原程子之意，而合刻之。濂溪书《太极》《通书》外，仅得诗文、尺牍数首，其余紫阳时已不传。横渠书甚多，今止得二《铭》、《正蒙》、《理窟》、《易说》，而《语录》《文集》则止得吕公梿所抄者，其散见《性理》《近思录》《二程书》者，稍采补之，遗言则曰《拾遗》，遗事则曰《附录》。挂一漏万，不无望于后之君子。

　　万历丙午四月望，槜李后学徐必达书于铨曹书院。

## 二、书目提要

### 《郡斋读书志》①

《理窟》二卷。右题曰金华先生，未详何人。盖为二程、张氏之学者。

### 《郡斋读书志·读书附志》②

　　横渠先生《经学理窟》一卷。右张献公载之说也。《读书志》云："《理窟》二卷，右题金华先生，未详何人，为程张之学者。"希弁所藏横渠先生《经学理窟》一卷，其目有所谓《周礼》《诗书》《宗法》《礼乐》《气质》《义理》《学大原》《自道》

---

① 录自《郡斋读书志》卷十《儒家类》，上海古籍出版社 2011 年版。
② 录自《郡斋读书志·读书附志》卷下《语录类》，上海古籍出版社 2011年版。

《祭祀》《月令统》《丧纪》，凡十二云。

《直斋书录解题》[1]

《经学理窟》一卷，张载撰。

《文献通考·经籍考》[2]

《信闻纪》一卷，《经学理窟》一卷。

晁氏曰：皇朝张载撰。杂记经传之义，辩释、老之失。

《宋史·艺文志》[3]

张载《经学理窟》三卷。

《文渊阁书目》[4]

张子《经学理窟》一部三册（完全）

张子《经学理窟》一部一册（阙）

《经义考》[5]

张子《经学理窟》，《宋志》三卷，存。晁公武曰：杂记经传之义，辨释老之失。（按：以下为汪伟序和黄巩跋，从略。）

---

① 录自《直斋书录解题》卷九《儒家类》，上海古籍出版社 2015 年版。
② 录自《文献通考·经籍考》卷三十七《儒家》，华东师范大学出版社 1985 年版。
③ 录自《宋史》卷二百二《艺文志一》，中华书局 1977 年版。
④ 录自《文渊阁书目》卷四《性理》，商务印书馆 1935 年版。
⑤ 录自《经义考新校》卷二百四十二《群经四》，上海古籍出版社 2010 年版。

《四库全书总目提要》

《张子全书》十四卷附录一卷①

宋张载撰。考载所著书，见于《宋史·艺文志》者，有《易说》三卷，《正蒙》十卷，《经学理窟》十卷，《文集》十卷。虞集作《吴澄行状》，称尝校正张子之书，以《东西铭》冠篇，《正蒙》次之，今未见其本。此本不知何人所编，题曰"全书"，而止有《西铭》一卷，《正蒙》二卷，《经学理窟》五卷，《易说》三卷，《语录抄》一卷，《文集抄》一卷，又《拾遗》一卷，又采宋元诸儒所论及《行状》等作为《附录》一卷，共十五卷。自《易说》《西铭》以外，与史志卷数皆不相符。又《语录》《文集》，皆称曰"抄"，尤灼然非其完帙。盖后人选录之本，名以"全书"，殊为乖舛。然明徐时达所刻，已属此本。嘉靖中吕柟作《张子抄释》，称《文集》已无完本，惟存二卷。康熙己亥，朱轼督学于陕西，称得旧稿于其裔孙五经博士绳武家，为之重刊，勘其卷次篇目，亦即此本，则其来已久矣。张子之学，主于深思自得，本不以著作繁富为长。此本所录，虽卷帙无多，而去取谨严，横渠之奥论微言，其精英业已备采矣。

《张子抄释》六卷②

明吕柟撰。是编摘录张子之书，以《西铭》《东铭》为冠，次《正蒙》十九篇，次《经学理窟》十一篇，次《语录》，次《文集》，而终以《行状》，亦每条各附以释，如《周子抄释》之

① 录自《四库全书总目》卷九十二《子部二儒家类二》，中华书局 1965 年版。
② 录自《四库全书总目》卷九十三《子部三儒家类三》，中华书局 1965 年版。

例。首有嘉靖辛丑栯自序，称张子书存者，止二《铭》、《正蒙》、《理窟》、《语录》、《文集》，而《文集》又未完，止得二卷于马伯循氏。诸书皆言简意实，出于精思力行之后。顾其书散见漫衍，涣无统纪，而一义重出，亦容有之。暇尝粹抄成帙，注释数言，略发大旨，以便初学观省。盖其谪官解州时作也。案虞集作《吴澄行状》，称澄校正张子之书，挈《东西铭》于篇首而《正蒙》次之，大意与栯此本合。澄本今未见，栯此本简汰不苟，较世所行《张子全书》亦颇为精要矣。

《周张全书》二十二卷 [①]

明徐必达编。周子书自《太极图说》《通书》而外，仅得诗文尺牍数首，附以《年谱》《传志》及诸儒之论，为七卷。张子书《正蒙》《理窟》《易说》而外，兼载《语录》《文集》，其散见于《性理》《近思录》《二程书》者，搜辑荟粹，别为《拾遗》《附录》，通十五卷。

---

① 录自《四库全书总目》卷九十五《子部五儒家存目类一》，中华书局 1965 年版。

# 参考文献

## 一、张载文献

（宋）佚名编：《诸儒鸣道集》，南宋端平二年刻本。

（宋）张载：《横渠经学理窟》，明嘉靖元年刻本。

（明）吕柟：《张子抄释》，明嘉靖五年刻本。

（明）徐必达编：《合刻周张两先生全书》，明万历三十四年刻本。

（宋）张载：《张子全书》，文渊阁四库全书本。

（宋）张载：《张载集》，章锡琛点校，北京：中华书局1978年版。

林乐昌编校：《张子全书》，西安：西北大学出版社2015年版。

林乐昌编校：《张子全书》（增订本），西安：西北大学出版社2021年版。

## 二、基本古籍

（清）阮元校刻：《十三经注疏》，上海：上海古籍出版社

1997 年版。

李学勤主编：《十三经注疏》（标点本），北京：北京大学出版社 2000 年版。

（宋）朱熹：《周易本义》，廖名春点校，北京：中华书局 2009 年版。

（宋）蔡沉：《书集传》，王丰先点校，北京：中华书局 2018 年版。

（清）孙星衍：《尚书今古文注疏》，陈抗、盛冬铃点校，北京：中华书局 2004 年版。

（清）王先谦：《尚书孔传参正》，何晋点校，北京：中华书局 2011 年版。

（清）皮锡瑞：《尚书大传疏证》，吴仰湘点校，北京：中华书局 2022 年版。

（宋）朱熹：《诗集传》，赵长征点校，北京：中华书局 2017 年版。

（清）马瑞辰：《毛诗传笺通释》，陈金生点校，北京：中华书局 1989 年版。

（清）孙诒让：《周礼正义》，王文锦、陈玉霞点校，北京：中华书局 1987 年版。

（清）胡培翚：《仪礼正义》，段熙仲点校，南京：江苏古籍出版社 1993 年版。

（宋）卫湜：《礼记集说》，文渊阁四库全书本。

（清）孙希旦：《礼记集解》，沈啸寰、王星贤点校，北京：中华书局 1989 年版。

（清）黄以周：《礼书通故》，王文锦点校，北京：中华书局2007年版。

杨伯峻：《春秋左传注》，北京：中华书局2018年版。

（宋）朱熹：《四书章句集注》，北京：中华书局1983年版。

（清）刘宝楠：《论语正义》，高流水点校，北京：中华书局1990年版。

程树德：《论语集释》，程俊英、蒋见元校，北京：中华书局2014年版。

（清）焦循：《孟子正义》，沈文倬点校，北京：中华书局1987年版。

高尚举等：《孔子家语校注》，北京：中华书局2021年版。

（清）段玉裁：《说文解字注》，许惟贤整理，南京：凤凰出版社2015版。

徐元诰：《国语集解》，王树民、沈长云点校，北京：中华书局2002年版。

（汉）司马迁：《史记》，北京：中华书局1982年版。

（汉）班固：《汉书》，北京：中华书局1962年版。

（元）脱脱等：《宋史》，北京：中华书局1977年版。

（宋）程颢、程颐：《二程集》，王孝鱼点校，北京：中华书局1981年版。

（宋）黎靖德编：《朱子语类》，王星贤点校，北京：中华书局1986年版。

（宋）杨伯嵒：《泳斋近思录衍注》，程水龙校点，上海：华东师范大学出版社2014年版。

（宋）叶采：《近思录集解》，程水龙校点，上海：华东师范大学出版社 2014 年版。

（清）张习孔：《近思录传》，方笑一校点，上海：华东师范大学出版社 2015 年版。

（清）李文炤：《近思录集解》，戴扬本校点，上海：华东师范大学出版社 2015 年版。

（清）张伯行：《近思录集解》，罗争鸣校点，上海：华东师范大学出版社 2015 年版。

（清）茅星来：《近思录集注》，朱幼文校点，上海：华东师范大学出版社 2015 年版。

（清）施璜：《五子近思录发明》，李慧玲校点，上海：华东师范大学出版社 2015 年版。

（清）江永：《近思录集注》，严佐之校点，上海：华东师范大学出版社 2015 年版。

（清）郭嵩焘：《近思录注》，严佐之校点，上海：华东师范大学出版社 2015 年版。

（清）张绍价：《近思录解义》，程水龙、姚莺歌整理，上海：上海古籍出版社 2021 年版。

（宋）黄震：《黄氏日抄》，文渊阁四库全书本。

（明）湛若水：《格物通》，文渊阁四库全书本。

（清）张伯行：《濂洛关闽书》，文渊阁四库全书本。

## 三、今人译注

高明注译：《横渠经学理窟注译》，西安：西北大学出版社

2021 年版。

张金泉注译:《新译张载文选》,台北:三民书局 2011 年版。

林乐昌解读:《张载集》,北京:国家图书馆出版社 2022 年版。

黄寿祺、张善文:《周易译注》,上海:上海古籍出版社 1989 年版。

顾颉刚、刘起釪:《尚书校释译论》,北京:中华书局 2005 年版。

程俊英、蒋见元:《诗经注析》,北京:中华书局 2017 年版。

杨天宇:《周礼译注》,上海:上海古籍出版社 2004 年版。

杨天宇:《仪礼译注》,上海:上海古籍出版社 2004 年版。

杨天宇:《礼记译注》,上海:上海古籍出版社 2004 年版。

王文锦:《礼记译解》,北京:中华书局 2001 年版。

杨伯峻:《论语译注》,北京:中华书局 1980 年版。

杨伯峻:《孟子译注》,北京:中华书局 2005 年版。

陈荣捷:《近思录详注集评》,上海:华东师范大学出版社 2007 年版。

程水龙:《〈近思录〉集校集注集评》,上海:上海古籍出版社 2012 年版。

查洪德注译:《近思录》,郑州:中州古籍出版社 2017 年版。

## 四、目录、提要、辞典

（宋）晁公武撰，孙猛校证：《郡斋读书志校证》，上海：上海古籍出版社 2011 年版。

（宋）陈振孙：《直斋书录解题》，徐小蛮、顾美华点校，上海：上海古籍出版社 2015 年版。

（元）马端临：《文献通考·经籍考》，华东师大古籍研究所标校，上海：华东师范大学出版社 1985 年版。

（明）杨士奇等：《文渊阁书目》，商务印书馆 1935 年版。

（清）朱彝尊撰，林庆彰等主编：《经义考新校》，上海：上海古籍出版社 2010 年版。

（清）永瑢：《四库全书总目》，北京：中华书局 1965 年版。

（清）沈青崖等：《陕西通志》，文渊阁四库全书本。

王力主编：《王力古汉语字典》，北京：中华书局 2000 年版。

徐中舒主编：《汉语大字典》，成都：四川辞书出版社；武汉：崇文书局 2010 年版。

罗竹风主编：《汉语大词典》，上海：上海辞书出版社 2008 年版。

钱玄：《三礼通论》，南京：南京师范大学出版社 1996 年版。

钱玄、钱兴奇：《三礼辞典》，南京：凤凰出版社 2014 年版。

白玉林、迟铎：《三礼文化辞典》，北京：商务印书馆 2019 年版。

# 后　记

　　思想离不开文化，理论离不开实践，注重文化与实践大概可以称得上是中国哲学的一个突出特点。与西方哲学注重智性，总是以"思维"直面"存在"不同，中国传统哲学特别是宋明理学虽然也关注"性与天道"的主题，但似乎更注重古圣先贤的指引，论"道"说"理"常常有意识地在解"经"的前提下进行，并且更喜欢用体验性的语录而非思辨性的论文或著作，随机地表达自己的看法。这种注重文化与实践的特点是中国哲学吸引人的地方，但表达上显得语境性强、论证性弱却也是我开始学习宋明理学时最感困难之处，而系统注解《经学理窟》正是我希望以此进入宋明理学思想境域的一个尝试。

　　我最早对《经学理窟》的细读是在 2007 年丁为祥老师的"宋明理学原著选读"课上。当时丁老师用前半学期时间带着学生们会读了其中的《气质》《义理》《学大原》诸篇，后半学期则读《传习录》中的几通书信。2009 年，林乐昌老师申报国家社科基金重大招标项目"张载学术文献集成与理学研究"，我主动承担了其中的《经学理窟》校注工作。2016 年，我个人获批教育部人文社科研究青年基金项目"张载《经学理窟》校注及其经学思想研究”后，在原有工作的基础上，大幅度修改体例，充实内容。项目结项后，书稿便搁置一旁。去年年中，经王璇女士联络，书稿拟交由崇文书局出版。到年底，我才抽出时间，对体例又做了一些改动，反复覈校了全稿。修改过程中，重点参考了林老师解读的《中华传统文化百部经典·张载集》和同门高明的《横渠经学理窟注译》；就一些文本解读上的疑难问题，与邱忠堂作了讨论。林老师在百忙之中慨然应允作序，并就书稿的体例和一些具体的文本解读提供了数千字的讨论意见，其认真、不浮泛、凡理解必求根据的治学态度令人钦佩，也令我惶恐，当是我以后的努力目标。书稿交付书局后，编辑王璇女士仔细校阅了全稿，指出了很多错误，也提供了很好的修改建议。这里对以上师友，特别是对林乐昌和丁为祥二位老师的启蒙之恩，致以诚挚感谢！

就在书稿排版之时，突传噩耗，家父因突发疾病辞世。家父一生，勤劳、俭朴、独立、乐观、乐于与人为善。因家境贫寒，他没有受过很多教育，对儿女也没有过多要求，但他的以身做则却胜过千言万语。

限于水平，本书虽经多次修改，但我每次阅读时依然能发现不少问题。每次修改时，在欣喜自己有所“改”的同时，也惊恐于自己的“过”。张载曾言其治学工夫：“学者潜心略有所得，即且志之纸笔，以其易忘，失其良心。若所得是，充大之以养其心，立数千题，旋注释，常改之，改得一字即是进得一字。始作文字，须当多其词以包罗意思。”又说：“学不长者无他术，惟是与朋友讲治。”本书编撰的目的也首先是出于我自己理解上的需要，如果对别人也可能稍有用处，那或许主要是在资料辑编和讨论基础上。现在本书即将面世，尚祈方家不吝指正，而后若真能达到张载所要求的"当自立说以明性，不可以遗言附会解之"，那就不辜负横渠先生这两万三千言的谆谆教诲了。

邸利平

2024 年 8 月 20 日于西安